商务能力训练与提升
——开启商务之门

主　编　唐　玲　唐金国　吴小平
副主编　唐　逸　蔡秋娥　陈小军
　　　　张峰玉　罗　霞　谭　慧
参　编　解　娟　肖燕子　吴　研

北京理工大学出版社
BEIJING INSTITUTE OF TECHNOLOGY PRESS

图书在版编目（ＣＩＰ）数据

商务能力训练与提升：开启商务之门／唐玲，唐金国，吴小平主编. -- 北京：北京理工大学出版社，2023.11

ISBN 978-7-5763-3154-7

Ⅰ. ①商…　Ⅱ. ①唐…②唐…③吴…　Ⅲ. ①商务-高等职业教育-教材　Ⅳ. ①F7

中国国家版本馆 CIP 数据核字（2023）第 227474 号

责任编辑：王梦春　　**文案编辑**：闫小惠
责任校对：刘亚男　　**责任印制**：李志强

出版发行／北京理工大学出版社有限责任公司
社　　址／北京市丰台区四合庄路 6 号
邮　　编／100070
电　　话／（010）68914026（教材售后服务热线）
　　　　　（010）68944437（课件资源服务热线）
网　　址／http://www.bitpress.com.cn

版 印 次／2023 年 11 月第 1 版第 1 次印刷
印　　刷／三河市天利华印刷装订有限公司
开　　本／787 mm×1092 mm　1/16
印　　张／20. 25
字　　数／475 千字
定　　价／92. 00 元

2022年中共中央办公厅、国务院办公厅印发的《关于深化现代职业教育体系建设改革的意见》中明确提出：提升职业学校关键办学能力。优先在现代制造业、现代服务业等专业领域，组织知名专家、业界精英和优秀教师，打造一批核心课程、优质教材、教师团队、实践项目，及时把新方法、新技术、新工艺、新标准引入教育教学实践。这就要求各专业学生不仅要掌握相关专业技能，还应具备较高的综合素质和能力，尤其是商务方面的能力，为其未来的职业发展奠定更广阔的基础。为深入贯彻党的二十大精神，由高职院校教师、行业企业专家组成的本教材编委会经多次研讨，反复打磨，数次易稿，最终成型定稿，旨在为有效提升大学生商务能力贡献力量。

商务能力课程以项目为导向，以任务为驱动，既突出知识的传达，又注重技能的强化，案例丰富，生动有趣。通过本课程的学习，学生在掌握专业技能的基础上可成长为复合型人才，对企业运营有更高的认识，有利于在职场的顺利发展，更有利于创业。

本教材在编写过程中，通过调研走访企业，发放调研问卷，与企业相关人员进行座谈，了解其对员工商务能力的具体要求；同时，通过毕业生反馈，确定了编写思路和内容。本教材特色之处体现在以下几个方面。

第一，课程内容结构合理。按照企业岗位能力要求，重构课程结构。本教材共设置8个模块，主要包含商务概述、商务礼仪与语言技巧、了解市场与消费者、市场细分与定位、寻找和接近顾客、商务谈判与成交、解决异议与处理抱怨和数据挖掘与信息归档。每个模块分为任务引入、任务实施、任务拓展3个部分，突出对学生职业能力的培养。同时，为了方便学生学习，每个模块都做了路径导图。

第二，数字化教学资源丰富。为了满足学生碎片化学习需求，融入了大量的文本、声音、视频和动画等资源，且以丰富的二维码实现资源链接；同时已经在超星学银在线平台搭建了课程体系，可以更好地服务于线上线下混合式教学及学生的灵活自学和知识拓展。

第三，校企双元合作开发。本教材在编写过程中突出校企双元合作开发的职业教育类型特色，强化行业指导和企业参与。本教材提供了大量的互动教学方式，包括课前准备、任务工单等，使用案例全部来自企业典型案例，以激发学生的学习热情和提高学生的学习效果。

第四，注重教与学的互动。本教材把"故事"融入优化内容，让学生在"听"故事中解决问题、在"玩"任务中提升能力，在享受成就感的前提下，兴趣盎然地建构知识体系，让学生学得轻松，并在不经意中改变思维结构、开拓认知视野。

　　第五，有效融入课程思政。本教材注重课程思政与思政课程的同向同行，注重知识传授、能力培养与价值引领相结合，培养学生高尚的理想信念、正确的价值取向和高度的社会责任感，设置了"德润礼行"栏目。以"诚信"为思政主线，充分挖掘并有效融入"以德为基、以智解市、以诚待人、以信处事、以质取胜、以义取利、与人为善"等思政元素。

　　本教材由唐玲、唐金国、吴小平担任主编，并制定编写大纲，由唐逸、蔡秋娥、陈小军、张峰玉、罗霞、谭慧担任副主编，由解娟、肖燕子、吴研担任参编。全书由唐玲统稿，全书的图表由唐金国最后校正。

　　本教材职业性、实践性强，突出能力培养，既适用于高职高专各专业商务能力课程的教学，也可用于成人高等教育、中等职业教育商务能力课程的教学，同时，还可作为公司员工培训和自我提升的参考用书。

　　本教材在编写过程中，得到了很多企业和兄弟院校的大力支持与帮助，也参考了较多的文献资料，在此一并致以诚挚的谢意！由于编者水平有限，书中难免存在疏漏与不足之处，恳请广大读者批评指正。

CONTENTS 目录

模块一　商务概述

模块简介

商务活动可以追溯到人类社会的早期。在过去，商务主要是指商品的交换和贸易活动。随着时代的变迁和科技的进步，商务范围逐渐扩大，涵盖了更多的领域，如市场营销、供应链管理、金融等。现代商务更注重创新、技术应用和数字化转型。商务活动的成功与否，取决于企业的战略规划、市场定位、产品质量、客户关系、供应链协调和财务管理等方面的能力和执行力。通过有效的商务运作，企业可以实现利润增长、市场份额扩大、品牌价值提升和持续的商业成功。

商务能力是指在商务环境中所需要的知识、技能和能力。商务能力包括但不限于市场分析、产品策划、销售技巧、谈判能力、人际沟通、团队合作、决策能力、创新能力等。具备良好的商务能力可以帮助个人和企业更好地应对市场变化和竞争挑战。

认识自我是指对自己的个性、能力、价值观和目标等进行全面而深入的理解和认知。通过认识自我，我们能够更好地规划个人职业发展和成长路径，提高自我认同感和满足感，追求自我实现和身心健康。同时，在团队合作和人际交往中，我们也能更好地了解自己的特点和优势，与他人建立积极、有效的合作关系。了解自己的优势和劣势，发现个人的潜力和价值，从而实现个人成长和职业发展。

自我推销是指展示个人才能和价值的过程。在商务领域，自我推销是重要的一环。个人要清楚了解自己的优点、专业技能和经验，并能够有效地展示出来。自我推销需要自信、清晰的沟通表达和客观评价。

通过认识商务的前世今生和商务能力，认识自我，进行自我推销，可以更好地在商务领域发展和实践。这有助于提升个人职业发展和企业在市场中的竞争力，实现商务目标，获得成功。

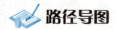 路径导图

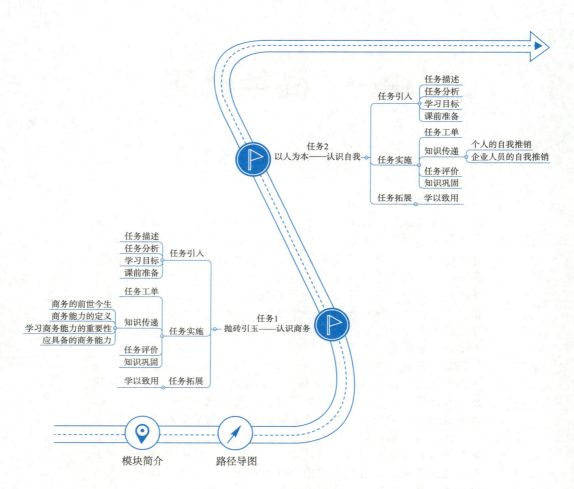

模块简介　　　路径导图

任务1 抛砖引玉——认识商务
Mission one ←

　　商务是指在市场经济条件下，人们通过交流、合作和交易来实现经济目标的活动。商务涉及供求双方之间的商品或服务交换，以及通过购买、销售、合作、投资等方式来实现经济利益的努力。商务活动包括市场调研、产品开发、生产、销售、供应链管理、营销推广等各个环节。商务的基本目标是为企业获取更多的利润和市场份额，同时满足客户的需求和要求。商务活动有时也涉及政府政策、法律、金融等方面的影响和调节。随着全球化和科技的发展，商务也越来越国际化、数字化和创新化。

一、任务引入

任务描述

小故事大道理

　　情景：有一家公司，名为 ABC。该公司决定组建一个优秀的开发团队，以应对市场竞争的挑战。他们明白只有通过吸引高素质的人才并促进团队的紧密合作，才能取得成功。

　　第一步，ABC 公司开始招聘人才。他们不仅看重候选人的技术能力，还注重协作和沟通技巧。在招聘过程中，他们特别强调团队合作的重要性，并组织小组面试，以评估候选人在团队中的表现。

　　第二步，ABC 公司注重团队的凝聚力。公司的领导者开始积极促进团队成员之间的合作。他们举办团队建设活动，如工作坊、团队旅行和定期的团队会议。

　　第三步，领导者在团队中构建激励文化。为了激发团队成员的积极性和创造力，团队领导者提供一系列的激励机制。例如，他们设立每月的最佳团队成员奖，表彰在工作中表现出色的人员。此外，他们还鼓励团队成员提出改进建议，并及时给予反馈和奖励。

　　通过上述的招聘优秀人才、促进团队协作以及激励团队成员的做法，ABC 公司成功地打造了一个优秀的开发团队。这个团队技术非常强大，而且团队成员之间表现出优秀的协作和沟通能力。他们成功地完成了复杂的项目，并获得了业界的赞誉。

　　拟打造一个优秀团队，要完成以下任务。

　　(1) 自由分组：8~10 人为一组，每个组建立一个公司（团队），通过竞选选出公司总经理。

　　(2) 进行公司（团队）CIS（企业识别系统）设计：在总经理的领导下，进行公司（团队）CIS 设计，包括确定公司（团队）名称、产品及品牌名称，确定公司理念，并制定公司（团队）的管理制度。

　　(3) 设置公司组织结构：根据公司（团队）的需要，设置相应的部门，如总经理办公室、行政部、财务部、商务部、销售部、生产部、平台项目运营部等；进行人员安排，如总经理、销售经理、总经理助理、行政主管、财务主管、商务主管、销售主管、生产主管、平台项目运营主管、商务内勤等。

　　(4) 绘制公司组织结构图。

任务分析

　　任务分为三个方面："了解古代的商业活动、现代的商业活动""现代企业需要怎样的营销人才""确定本公司名称、产品及品牌名称，确定公司理念，并制定公司（团队）的管理制度和公司组织结构"。

　　在老师指导或自愿选择的基础上，按每组 8~10 人进行分组，并通过团队分工与协作，完成任务，绘制公司组织结构图；列出公司（团队）名称、产品及品牌名称，确立公司理念，并制定公司（团队）的管理制度。

德润礼行

 **学习目标**

知识目标：了解商务的前世今生，初步认识商务活动，掌握商务能力的内涵。

能力目标：具备一定的商务能力，具备良好的学习能力和沟通能力。

素质目标：热爱商务工作，养成良好的职业道德、素养，良好的规范意识，以及忠于职守、诚实守信的品格。

 课前准备

（1）网络调研：在互联网上搜索目标企业的官方网站、新闻报道、行业报告、业务介绍等，了解其组织结构、部门设置和职能分工。

（2）采访：如果你有机会，可以尝试采访目标企业的员工，特别是高层管理人员或部门负责人，询问他们关于组织结构的信息和观点。

（3）公开信息：查找目标企业的年度报告、招股说明书、企业文件等公开信息，这些信息通常包含组织结构的描述和图表。

（4）参观交流：如果条件允许，你可以向目标企业提出参观申请，并尝试与相关部门的员工进行交流并了解其组织结构。

在调研时，可以关注以下方面：

①部门设置：了解目标企业的各个部门及其在组织结构中的位置和职责。

②层级关系：了解各层级的管理关系和权力分配。

③沟通渠道：了解不同部门之间的沟通方式和协作机制。

二、任务实施

 **任务工单**

第一步：组建公司（团队）。

第二步：确定公司（团队）名称、产品及品牌名称，列出所属行业。

第三步：确定公司理念，并制定公司（团队）的管理制度。

第四步：根据公司（团队）的岗位需要，设置相应的部门，并进行人员安排，绘制公司组织结构图。将上述内容填入表1-1中。

第五步：小组汇报展示。

表1-1　组建公司信息

公司信息	内容
公司名称	
所属行业	
公司产品	

续表

公司信息	内容
公司品牌 公司理念	
部门设置 职位设置	
组织架构	
职能分工	
人员配备	

 知识传递

（一）商务的前世今生

1. 古代的商业活动

商务概述
（微课视频）

（1）商朝时期。商业是社会生产力发展到一定阶段的产物。在我国古代，早就有神农"日中为市""祝融作市"等传说，但都没有确凿的史料可以证实。然而，商代是正式出现商业活动的时期，人们把从事商业活动的人称为"商人"，并以贝类为货币。商业活动已经初具规模，商人通过贩卖物品、进行物物交换等方式来进行商业活动。商朝时期的经济中心主要在黄河流域，商业贸易的范围也逐渐扩大，商人通过不断地探险和开拓，逐渐建立了较为完善的商业网络。

（2）春秋战国时期。随着封建土地所有制的建立和农业、手工业的发展，春秋战国时期开始允许民间商业发展的政策。这种政策促进了许多商品市场的出现和商人的崛起，打破了由官府控制的商业局面。商业活动得到进一步的发展，各国的商业贸易逐渐活跃，出现了许多商业城市和集市。同时，货币也逐渐普及，商业交易变得更加便捷。这个时期的商业活动也促进了各国之间的经济交流和文化交流。

（3）秦汉时期。秦统一货币、度量衡，促进了商业的发展。同时，出现了著名的商业中心，如长安、洛阳、邯郸、临淄、宛、成都。两汉时期开"关梁"，开通了陆上和海上丝绸之路，进一步推动了商业的繁荣，商业活动得到更进一步的发展。秦始皇统一六国后，采取了一系列措施来促进商业的发展，如修建驰道和灵渠等交通要道，方便了各地的商业往来。汉朝时期，商业贸易更加繁荣，汉武帝时期更是推行了"均输法"等政策来促进商业的发展。同时，这个时期的商业活动也促进了民族之间的融合和文化交流。

（4）魏晋南北朝时期。由于国家长期分裂，政权更替频繁，社会生产遭到巨大破坏。尽管如此，南方的商业仍然得到了小幅发展，商税及与商品流通交易有关的税种成为政府财政收入的主要来源。虽然战乱频繁，但是商业活动仍然得到了发展。这个时期的商业贸易主要以南北贸易为主，丝绸之路也得到进一步的发展。同时，该时期的商业政策也较为宽松，

许多商人都通过经商致富。

（5）隋唐时期。隋唐时期是中国历史上一个重要的时期，该时期商业活动也取得了巨大的发展。隋朝时期，修建了大运河等水利工程，促进了南北的商业往来。唐朝时期，商业贸易更加繁荣，丝绸之路和海上丝绸之路都得到了进一步的发展，商业城市也逐渐增多。同时，这个时期的商业政策也较为开放，许多外国商人纷纷来到中国经商。农业经济的发展、手工业的进步以及隋朝时开凿的贯通南北的大运河，促进了商业的繁荣。市场上出现了柜坊和飞钱等金融创新，同时长安、洛阳、扬州、益州等商业城市也取得了显著的发展。唐朝允许外商在境内自由贸易，胡商遍布各大都会。西市就有西域，以及波斯、大食商人，"胡风""胡俗"流行。农村集市也有了进一步发展，广州成为重要的外贸港口，唐政府在这里设有市舶使，专管对外贸易。

（6）宋元时期。商业活动在两宋时期得到了进一步发展。市井文化繁荣，商业贸易日趋活跃。边境贸易呈现繁荣的景象，北宋与辽、西夏对峙，南宋与金对峙，双方在边境地区设立榷场进行贸易，这种双边贸易互通有无，为双方都带来了丰厚的利益。同时，海外贸易也取得了显著的进步：北宋时期，与东南亚、南亚、阿拉伯半岛以至非洲的几十个国家都有贸易往来；南宋时期，海外贸易更加发达，出现了世界上最早的纸币"交子"，外贸税收成为国库财富的重要来源之一。泉州作为对外贸易的重要港口，发挥了重要的作用。元朝时，政府采取了一系列措施来促进商业的发展。他们疏浚大运河，开辟海运，并在全国各地设立驿站，这些基础设施的建设为商业活动提供了便利。元朝的统治者也重视商业发展，推行了多项有利于商业的政策，如减免商税等。同时，元朝的海外贸易也取得了巨大的进步，与欧洲、非洲等地区的贸易往来逐渐增多。城市商业繁荣，开封城内有繁华的商业区，元大都既是政治中心，也是商业大都市，商品交换的品种迅速增加，许多农副产品开始进入市场流通。此外，城市中还出现了定期和不定期、专业性和节令性的各种不同类型的集市。商税收入成为政府的重要财源，进一步推动了商业的繁荣。

（7）明清时期。明清时期的商业活动继续得到了发展。该时期市井文化更加繁荣，商业贸易更加活跃。同时，明朝的海外贸易也继续得到了发展。清朝时期，商业贸易更是达到了巅峰。然而，这个时期的商业政策也更加封闭和保守，限制了商业的发展。随着商品经济的发展和农业、手工业的进步，城镇经济空前繁荣，出现了商帮，如徽商和晋商等大型商业团体。这两大商业团体的发展历程如表1-2所示。

古代的商业活动如图1-1所示。

表1-2　徽商和晋商的发展历程

发展历程	第一阶段	第二阶段	第三阶段
徽商	经营盐业致富	经营茶叶、木材、粮食	典当，走出国门
晋商	经营盐业致富	经营丝绸、铁器、茶叶、棉花、木材	票号，走出国门

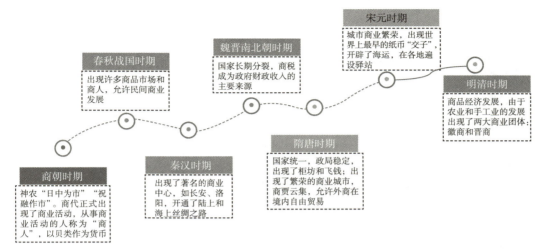

图1-1 古代的商业活动

2. 现代的商业活动

现代的商业活动也称商事活动，是指经法律认可的以商品或劳务交换为主要内容的营利性经济活动。现代的商业活动涵盖了广泛的领域和实践，包括电子商务、科技创新、服务业、可持续发展、社交媒体营销等。

（1）电子商务：随着互联网的普及和电子商务平台的发展，越来越多的商业活动转向线上进行，包括在线购物、线上支付、物流配送等。电子商务提供了更便捷、全球化的消费体验，让企业和消费者能够更广泛地进行交流和交易。

（2）科技创新：科技创新在现代商业中起着重要的作用。人工智能、物联网、大数据分析等技术正在改变商业模式和运营方式，为企业提供更高效的管理工具和创新产品。例如，智能家居、无人机配送、虚拟现实等新技术正在不断地给商业活动带来新的机遇和挑战。

（3）服务业：随着社会经济的发展，服务业在全球范围内占据越来越重要的地位。现代服务业包括酒店、旅游、餐饮、娱乐、金融、医疗等领域，通过提供优质的服务来满足消费者的需求。服务业的发展也进一步推动了经济的增长和就业机会的扩大。

（4）可持续发展：在面对全球环境和社会挑战的同时，企业越来越关注可持续发展。许多企业积极采取环保措施，减少碳排放、提高资源利用效率、推动循环经济等，以实现经济、社会和环境的可持续发展。绿色商业和社会责任成为越来越多企业的重要战略。

（5）社交媒体营销：随着社交媒体的普及，企业开始在平台上积极开展营销活动，通过社交网络与消费者进行互动和沟通，提供个性化的产品推荐和服务体验。社交媒体营销为企业提供了与全球用户直接互动和品牌推广的机会。

总之，现代的商业活动不断演变和发展，面临着新的机遇和挑战。随着科技的进步和社会变革的推动，商界的创新和适应能力将成为企业成功的关键。同时，企业也需要关注可持续发展和社会责任，以构建一个更加繁荣和可持续的商业环境。现代的商业活动如图1-2所示。

3. 现代企业需要怎样的营销人才

根据市场调查，当前社会与企业对市场营销的人才需求包括三个层次。

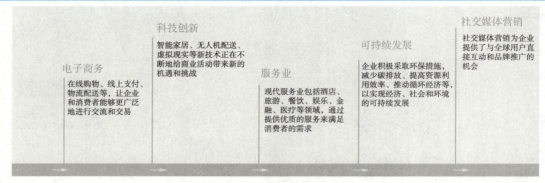

图 1-2　现代的商业活动

（1）战略型人才：包括营销项目策划与规划人才、营销教学科研与培训人才。他们从事企业营销战略、发展方向的研究，具备敏锐的市场预测能力，能够深入分析市场营销宏观环境与微观环境，熟知企业、行业的营销活动全局以及各个流程、环节。

（2）管理型人才：他们掌握企业或行业的经营活动规律，能够胜任企业经营管理各个方面的工作；具备良好的协调能力，既积累了一定的营销技能，又具备与营销有关的其他方面的知识、经验、素质。

（3）技术型、技能型人才：他们在企业中从事具体营销工作，主要包括市场调查、促销、推销等。

4. 现代企业需要的营销人才应具备的特点和能力

（1）综合市场知识：营销人才需要对市场趋势、消费者行为和竞争环境等方面有深入的了解，能够及时分析市场变化并做出应对策略。

（2）数据分析能力：现代营销离不开数据分析，营销人才需要懂得使用大数据工具和技术，善于从数据中发现商机和趋势，并能将数据转化为实际的营销策略。

（3）创新思维能力：在快速变化的市场中，创新思维是成功的关键。营销人才需要具备创新能力，能够不断尝试新的营销方法和策略，拓展市场和吸引消费者注意力。

（4）数字化营销能力：随着互联网和社交媒体的发展，数字化营销已经成为企业不可或缺的一部分。营销人才需要懂得利用各种数字渠道进行营销，包括社交媒体营销、搜索引擎优化、内容营销等。

（5）沟通与协作能力：营销人才需要具备良好的沟通和协作能力，与内部团队和外部合作伙伴紧密合作，制定和执行营销策略。

（6）强大的品牌意识：营销人才需要深入理解企业的品牌价值和定位，并能够通过营销活动传达品牌形象和核心价值。

现代企业需要的营销人才不仅需要基本的市场知识和技能，还需要具备创新性思维、数字化营销能力和良好的沟通协作能力，以适应快速变化的市场环境，并推动企业营销业绩的提升。营销人才应具备的综合素质如图 1-3 所示。

图 1-3　营销人才应具备的综合素质

（二）商务能力的定义

商务是广义的概念，是指一切与买卖商品服务相关的商业事务。商业是以货币为媒介进行交换，从而实现商品流通的经济活动，商业包括商务。商务的实质是利用互联网实现业务，商务过程的实质是人与人的交流，物品的流通与交换，产品附加值的提升。

商务活动是指企业为实现生产经营目的而从事的各类有关资源、知识、信息交易等活动的总称。纵观互联网发展，商务活动一直是驱动互联网发展的强大力量。

一般而言，商务能力是指在经济事务、商业往来中表现的商事专业技能和水平。商务能力是一种跨职业的能力，可以说是一种组合的概念。在商业活动中，我们以个人身份或企业代表身份所表现的自我推销、市场分析、营销策划、谈判沟通等能力都是商务能力的一个范畴。

商务能力作为职业能力的重要组成部分，是保障职业专门技能能够很好实现的基础。

（三）学习商务能力的重要性

牛技术员推销美食 APP

小牛：你好，我是技术牛公司的牛技术员，我们公司新开发了一款美食 APP，它能够统计五类数据指标：第一类数据指标包括活跃用户数、新增用户数、用户留存率、用户活跃天数、DAU（日活跃用户数）/MAU（月活跃用户数）、用户结构；第二类行为指标包括产品功能指标、转化率、启动次数、使用时长、使用时间间隔、页面访问次数、停留时长、跳出率、用户访问页面数和用户页面访问路径；第三类收入指标包括付费用户数、ARPU（每用户平均收入）、付费率、GMV（成交总额）、续费率、LTV（用户生命周期价值）；第四类收入指标包括自不同渠道的活跃用户数、新增用户数、留存率；第五类用户画像指标可以分成三类：基本属性、行为属性、偏好属性。基本属性包括性别、地域、年龄、职业、学历、收入等人口统计学特征和设备品牌、型号、操作系统、运营商、联网方式等设备属性。行为属性包括使用时长、启动次数、活跃天数、消费频次、页面浏览次数等属性。偏好属性在内容产品中主要指用户对内容的偏好，比如科技类、游戏类、生活类、政治类等，可以通过用户对不同类型内容的点击数、收藏数、点赞数、评论数、搜索等数据来反映用户的偏好，可以很方便统计您要的数据。您喜欢这款 APP 吗？

客户：……（一脸茫然）

小牛：您看还有什么不清楚的需要问我吗？

客户：……（依然没反应）

小牛耷拉着头，很难过，他想不通客户为啥不喜欢这款 APP。

从上面这个案例可以看出，牛技术员技术确实很牛，他能流利地说出各种技术参数，但他也是一个典型的缺少商务能力的"技术男"，不会推销，不会有效沟通，虽有好产品却推销失败。由此可以看出学习商务能力的重要性。

通过课程学习，我们能熟悉商务工作的基本活动内容与规律，掌握处理商务工作的基本知识与方法技巧，明确企业或经营主体的市场运作主要过程环节，掌握从事商务工作的职业知识与素养要求。

（四）应具备的商务能力

一般来讲，商务岗位主要表现为做销售代表、客户服务、市场专员、谈判代表等，这个岗位的能力体现在职业性、实践性、开放性上。要胜任这些岗位，我们必须具备相应的商务能力，如自我推销能力、市场分析能力、营销策划能力、商品推销能力、商务沟通能力、商务谈判能力等综合性的商务能力。我们要具备良好的心态、饱满的激情、良好的沟通和书面表达能力，善于学习和总结，具备敏捷缜密的思维体系、敏锐的洞察力和市场反馈能力以及基本的应酬能力。用脑生活，用心工作，注重过程，关注结果，勤于学习，勇于实践，善于创新。这是新世纪商务人员的最佳素质写照。另外，一个商务人员的"品德素质""知识素质"和"能力素质"更是从事商务活动的"黄金规则"。期待通过学习这门课程，同学们能够全面了解各种商务知识，掌握市场营销、消费心理学、推销、商务沟通、商务谈判等内容，增强商务意识，提高在商务活动中进行市场分析、推销和商务谈判的能力，懂得商务，会做商务，具备商务头脑，养成商务素质。

任务评价

序号	评价项目	评价指标	分值	自评（20%）	互评（20%）	师评（60%）	合计
1	知识目标（40分）	了解商务的前世今生	10				
		初步认识商务	15				
		掌握商务能力的内涵	15				
2	能力目标（20分）	具备一定的商务能力	10				
		具备良好的学习能力和沟通能力	10				
3	素质目标（40分）	热爱商务工作	10				
		养成良好的职业道德、素养	10				
		养成良好的规范意识	10				
		养成忠于职守、诚实守信的品格	10				
合计			100				
综合得分							

知识巩固

（一）判断题

1. 商务能力属于专有名词概念范畴。 （　　）

2. 商务能力是一个组合概念。 （　　）

3. 商务能力是商业往来中表现的商事专业技能和水平。 （　　）

（二）多选题

1. 商务能力主要体现的能力有（　　）。

A. 自我推销能力　　 B. 市场分析能力　　 C. 营销策划能力

D. 商务沟通能力　　 E. 商务谈判能力

2. 下面哪些活动是古代商业活动的体现？（　　）

A. 日中为市 B. 祝融作市

C. 海上丝绸之路 D. 徽商和晋商

三、任务拓展

 **学以致用**

白象换标

2012 年 5 月，白象食品集团的官方网站 Logo 发生了变化。曾经可爱的小白象托着一碗方便面的标志消失了，被一款云彩般的橙色标识所取代。尽管换标对于任何企业来说都是一个重大事件，但白象食品集团却选择对外保持沉默，没有召开新闻发布会，也没有进行广告宣传。

2011 年，中国方便面行业的总产量突破了 500 亿元，但行业的总销量增长放缓，甚至出现下滑的趋势。白象方便面一直以来都以低调、实惠、稳定的形象赢得了中国消费者的认可，尤其是在二线市场，白象方便面的消费者忠诚度很高。然而，随着行业竞争的加剧，消费者对产品多样性的需求越来越高，白象的品牌形象和定位已经不能满足消费者现在的审美需求。因此，白象需要更新现有形象与定位，跟上时代的发展。

因此，白象启动了全新的品牌战略。他们悄然进行标志变更，一方面是为了不引起竞争者的警觉，另一方面是为了将品牌的短板转变为品牌的优势。面对日益激烈的方便面行业竞争，白象进行品牌定位的更新是必然之路。

白象的新 Logo 外形由中文的"品"字演变而来。一方面传达了白象以食品为主业，致力于打造食品行业的领军品牌；另一方面传达了白象作为企业的定位，将持续生产高品质、安全可靠的食品。同时，新 Logo 的外形也酷似一朵云彩，传达出中国传统云纹的"愉悦、大气、自然、包容多元"的丰富内涵。因此，白象提出了新的广告语"享受健康、快乐的生活"，希望未来的白象不仅能给消费者带来更多健康、安全的食品，同时也能让消费者享受快乐的生活。

俗话说"酒香不怕巷子深"，但现代社会商品非常丰富，企业却有"酒香也怕巷子深"的说法，你觉得白象换标后，从哪些方面顺应了消费者市场需求的变化，赢得企业发展？

任务② 以人为本——认识自我
Mission two ←

认识自我是指对自己进行深入思考和了解的过程。它涉及个人特点、价值观、兴趣爱好、优点和缺点等方面。认识自我对于个人成长和发展非常重要，它能够帮助我们更好地理解自己，增强自信心，优化自我管理和决策能力。认识自我的过程包括反思自己的经历和感受，与他人的交流和反馈，以及探索自己的兴趣和目标。通过这一过程，我们能够更加清晰地认识自己的优势和不足，从而更好地发挥自身潜力，实现个人的成就和幸福。

一、任务引入

 任务描述

小故事大道理

张坦是一位即将毕业的大学生，已经准备好迎接人生中的第一份工作。明天是他面试的日子，他感到非常紧张和不安。他打电话向自己的老师请教，老师让他准备一张纸和一支笔，在上面写下自己过去的经历、技能和兴趣爱好。然后，让他把这些纸条分成两堆。第一堆纸条上写着他曾经参加的志愿者活动、在大学期间的实习经历，以及他所学的技能和专业知识。第二堆纸条上写着他认为自己还需要进一步提升的领域，比如沟通能力和领导力。老师告诉他，只要做好这些准备，自信回答面试官提出的问题就好。

他按照老师说的方法认真地做好准备。第二天，当他来到面试地点时，他的紧张感开始逐渐消退。面试官逐一询问他的经历和能力，张坦从容地回答每一个问题。他运用自己的经历和技能，展示出自己的优势和潜力。同时，他也坦诚地提到了自己还需要发展的领域，并表示自己愿意积极学习和成长。

面试结束后，面试官对张坦的表现给予了肯定和赞赏。他们提到，他的积极态度和自我认知让他在众多应聘者中脱颖而出。

在求职应聘中应如何正确认识自己，推销自己？

 任务分析

德润礼行

（1）可以从以下几个方面认识自己：我的兴趣爱好是什么？我擅长做什么？我具有哪些资格证书？我有何实践经验？我的缺点和不足是什么？这次的自我梳理对自己有何启发？

（2）如何正确地推销自己，有效地展示自己？如何有效地向顾客推销自己的人品、形象、情感？

学习目标

知识目标：了解个人的自我推销，学习自我推销的重要性，了解企业人员的自我推销，学会向顾客推销个人人品、形象和情感。

能力目标：能够正确认识自己、剖析自己、有效地展示自己，能够打造个人品牌。

素质目标：养成良好的职业道德、素养，良好的规范意识，以及良好的学习习惯。

 **课前准备**

（1）请走访你喜欢的某个行业及其企业的工作人员，查找有关材料，根据岗位要求，对其进行梳理，确定自己拟求职的岗位。

（2）分析自己的职业定位：了解自己的兴趣、技能和价值观，并与职位要求进行匹配。思考自己适合哪种职业领域以及如何在其中发挥自己的优势。

（3）推销自己的三大强项：列出自己的三大优势，然后进行排序，以凸显最为重要和突出的强项。这三大优势可以包括专业技能、领导能力、团队合作能力、沟通能力等方面。在简历、面试或自我介绍中重点强调这些优势，并举出相关的实例来加以证明。

（4）举例说明自己的优势：选择一件事情，描述这件事情发挥了自己什么样的优势，自己是如何出色地完成任务，并得到长辈、领导、同事或同学的赞誉的。这个例子可以是在学校的项目中、工作经历中或志愿者活动中的成就。通过具体的案例向老板展示自己的能力和表现。

二、任务实施

任务工单

第一步：填写职场定位表（见表1-3）。

表1-3　职场定位表

职场定位	内容
分析自己的职场定位	
列出自己的三大强项	① ② ③
举例说明自己的优势	

第二步：进行自我分析（见表1-4）。

表1-4　自我分析

自我分析	内容
兴趣爱好	
擅长做什么	

续表

自我分析	内容
具有的资格证书	
有何实践经验	
缺点和不足	
此次自我梳理的作用	

第三步：撰写个人求职简历（见表1-5）。

表 1-5　个人求职简历

个人信息： 姓名：[你的姓名] 联系方式：[你的手机号码] 电子邮件：[你的电子邮件地址] **求职目标：** 在这里简明扼要地描述你的求职目标，包括职位名称和所期望的工作领域。 **教育背景：** 学位：[你的学位名称/专业] 学校：[就读学校的名称] 就读时间：[就读的起止时间] **工作经历：** 公司名称：[公司名称] 职位：[担任的职位] 工作时间：[工作的起止时间] **主要职责和成果：** 描述你在该职位上的主要工作职责和取得的成果 **技能：** 技能1：[具备的技能1] 技能2：[具备的技能2] 技能3：[具备的技能3] 其他相关技能： **实习经历（可选）：** 公司名称：[公司名称] 职位：[担任的职位] 实习时间：[实习的起止时间] 主要职责和成果： 描述你在实习期间的主要工作职责和取得的成果 **项目经历（可选）：** 项目名称：[项目名称] 时间：[项目进行的起止时间] 描述：[描述你在项目中扮演的角色和所取得的成果]	

续表

个人能力和特点： 在这里列出与你所申请的职位相关的个人能力和特点，例如沟通能力、领导能力、解决问题能力、团队合作能力等。 证书和奖项（可选）： 获得的证书和奖项	

第四步：思考并分析。

（1）通过对岗位职责的梳理，自己是否适合该岗位？

（2）不同行业的相同岗位名称，其职责要求是否一致？

第五步：小组（团队）推荐一人上台汇报。

 知识传递

认识自我
（微课视频）

（一）个人的自我推销

每个人都有一个代表他们的符号，那就是他们的名字。一个人的名字不仅是社会角色的标识，还是一个包含认可度和声誉的品牌。在经济活动和人际交往中，每个人的每一个行动和言论都是在经营自己。无论是对于工作单位还是个人，自我推销都具有不可估量的积极作用。每个人都希望别人能记住自己、关注自己、信任自己，而实现这一点需要通过自我推销来实现。

1. 什么是推销

从广义的角度来说，推销是指信息发出者利用特定的方法和技巧，通过沟通、说服、引导和帮助等手段，使信息接收者接受发出者的建议、观点、愿望、形象等活动的总称。

从狭义的角度来说，推销是指企业营销策略中的人员推销，即企业推销人员通过传播信息、说服等技巧和手段，确认并激发顾客需求，然后利用合适的产品来满足顾客需求，实现双方的利益交换过程。例如，婴儿哭闹，即向母亲推销自己，表达渴望吃奶或换尿布；员工要求加薪时，是在推销自己的能力。

实际上，每个人都处在不断地自我推销之中。当你向他人展示自己时，你需要对自己有清晰的认识。例如，你是什么样的人？你能为别人提供什么？你必须向别人提供什么？你不擅长什么？你的优点和缺点是什么？别人对你的看法如何？要让对方相信，你拥有一种特殊的东西，而这正是他们迫切需要的。在经济活动和人际交往中，每个人的每一个行动和言论都是在经营自己。要懂得找到自己向他人推销的最佳方案，比如自己的个性、习惯、风格、缺点，并将它们整合起来设计出最佳方案。

2. 为什么要学习自我推销

生活就是一连串的推销，我们可以推销任何有价值的东西。我们推销产品、推销计划，同时我们也在推销自己。自我推销就是向世人展示我们的才能和真诚的品格，证明我们具备从事某种工作的能力，让我们能够找到适合自己的工作，实现生命的价值和意义。学习自我推销不仅是学习一种技巧、一种方法，更是学习智慧生活和有策略地生活。

（1）自我推销是人生的挑战。

要想取得成功，一个人必须善于推销自己。自我推销是一种才华，一种艺术。掌握了这种才华，你就不用担心生活的物质问题，因为当你学会了自我推销，你可以推销任何值得拥有的东西。有些人天生具备这种才华，而有些人可能就没有这么幸运。有些人不善于展示自己，使自己的优点得不到充分展示。很多人并不了解什么是自我推销，他们将自己牢牢封闭起来，不让别人发现自己，结果在职场中默默无闻度过一生。

心理医生罗西诺夫曾说过："你要推销的第一个对象是你自己。"他说："当你展现出对自己充满自信的样子，就能营造出一种你很优秀的氛围。你要感受到自己有权利呼吸、占据空间，并感到非常自在。"你的态度会在你的举手投足中体现出来。一个自在的人会坐在整个椅子上，而不只是坐在边缘。如果他是个高大的人，也不会低头垂肩。自信的程度对于自我推销来说，比任何你要推销的产品或观点都重要。你必须直视对方的眼睛，让对方深信你是一个可靠的人。

举例来说，在求职过程中，尽可能地展示你的成功案例。对于艺术家或作家来说，这个过程是传统的做法；但对于其他人来说，这也是一个很有效地表现你如何解决特定问题的方式。如果你曾经参与创造某个产品，你可以展示照片，并加上简短的说明，解释该产品相比其他产品的优势。视觉印象往往比仅仅用文字解释更有深远和持久的影响力，它也比仅凭口述更有说服力。

（2）学会有效地展示自己。

年轻人通常喜欢展示自己，但如果表现不佳，很容易给人一种夸夸其谈、轻浮浅薄的印象。因此，最好的方法是最大限度地展示你的美德，这是通过你的行动而非自夸来实现的。

依赖别人的发现总是被动的，积极主动地展现自我才是正确的方式。成功者擅长积极地展示自己最高水平的才能、品德和解决问题的方式。这种做法不仅展示了自己，还能吸收他人的经验，并赢得谦虚的声誉。

（3）适当展示你的智慧。

一个人的智慧是多方面的。如果你想展示口语表达能力，在对话中要注意语言的逻辑性、流畅性和幽默感；如果你想展示专业能力，在上司问及你的专业学习情况时要详细说明，或者主动介绍与你专业相关的工作单位的情况；如果你想让上司知道你是一个多才多艺的人，当被问及兴趣爱好时可以借机发挥，引导话题。如果上司本身也是一个爱好广泛的人，你可以主动向他学习。上司最喜欢的是你能为他的意见和观点提供新的论据，这样既展示了你的智慧，也为上司提供了新的教育素材。

（二）企业人员的自我推销

俗话说"金子到哪里都会发光"，这句话是从金子自身的质量来讲的。但是，如果一块金子和垃圾混在一起，就无法为人所知。同样，在社会上，有成千上万个企业或部门存在，并且同行业也有众多竞争者。如果所有人都保持缄默，不进行明确的定位，又有谁能知道哪个好哪个坏呢？如果真是这样的话，竞争就没有必要存在了，因为表面上看起来都是一样的。然而，在市场经济下，竞争是不可避免的。企业人员的自我推销在很大程度上是企业形象的推销，是企业参与市场竞争的重要手段。

1. 正确认识自己

企业的业务人员是企业形象的代表，在工作中面临的首要问题就是向顾客推销自己。在了解顾客之前，我们必须能够正确认识自己，并对自己进行客观评价。了解自己的长处和短处，善于发掘自己的优点和特长，并在与他人交往时展现自己的长处，避免暴露自己的不足。

我们可以通过自我提问的方式来更好地认识自己。例如，我们可以问自己有哪些优点、专业特长是什么、兴趣爱好等。通过这样的自我提问，我们能够进一步认识自己，找到自己的优点和不足之处。通过自我推销，我们要善于发掘自己的优点和长处，在与人交往的过程中让人们记住自己并建立信任。

2. 打造个人品牌

（1）推销你的人品。

在与人交往的过程中，人们通常关注对方的品格。业务人员应展现出良好的人品，如热情、勤奋、谦虚、自信和乐于助人等，这些品质将赢得顾客的好感。

（2）推销你的形象。

良好的第一印象会让顾客心生好感。首先，业务人员应注重穿着得体，符合个人身份、性格和环境要求。其次，业务人员应保持精神饱满，言谈举止文雅，展现个人修养，同时遵循交往礼节和礼貌。

（3）推销你的情感。

业务人员与顾客交往是情感交流的过程。人是感性的，因此激发情感效果最为持久。业务人员可以通过赞美顾客、倾听顾客的言谈等方式来帮助顾客解决问题，从而赢得顾客的信任，进一步打造个人品牌。在与顾客互动中展现关怀和真诚，加强情感连接。

通过推销自己的人品、形象和情感，业务人员能够树立积极的个人品牌，吸引顾客的注意力，建立信任和忠诚。这有助于我们在职场竞争中脱颖而出，实现个人的职业发展。

3. 自我推销应遵循的原则

（1）首因效应原则：首因效应原则也被称为首次效应、优先效应或第一印象效应。它指的是在社会认知中，个体通过最初接收到的信息对后续认知产生影响，即先入为主的情况。因此，对方会根据最初的印象形成对你的整体认识。

（2）全面印象原则：全面印象原则也被称为晕轮效应、成见效应、光圈效应或日晕效应。它指的是人际知觉中形成的倾向于以个别点来概括整体或以片面信息来形成主观印象的情况。在日常生活中，我们有时会因为某一件事情而对一个人持有偏见，从而以个别点来概括对方的整体形象。

（3）定型印象原则：定型印象原则也被称为刻板效应。它指的是人们根据他们头脑中关于某人或某一类人的固定印象来判断和评价对方。例如，我们可能认为老年人保守，年轻人冲动，北方人豪爽，南方人善于经商，英国人保守，美国人热情，农民质朴，商人精明等。这些固定印象会成为我们评价他人的依据。

任务评价

序号	评价项目	评价指标	分值	自评（20%）	互评（20%）	师评（60%）	合计
1	知识目标（40分）	了解个人的自我推销，学习自我推销的重要性	10				
		了解企业人员的自我推销	15				
		学会向顾客推销个人人品、形象和情感	15				
2	能力目标（30分）	能够正确认识自己，能够有效地展示自己	10				
		能够打造个人品牌	10				
		能够正确认识自己，剖析自己	10				
3	素质目标（30分）	养成良好的职业道德、素养	10				
		养成良好的规范意识	10				
		养成良好的学习习惯	10				
合计			100				
综合得分							

知识巩固

（一）单选题

1. 认识自己的途径有（　　　）。

①自我探索　②与他人比较　③仿效他人　④倾听他人评价

A. ①②③　　　　　　　B. ①②④　　　　　　　C. ②③④　　　　　　　D. ①③④

2. 小青在自己的成长记录本上写道："本学期学习退步的主要原因是学习方法不当，学习效率不高。"小青认识自我的途径是（　　　）。

A. 他人的态度　　　　　　　　　　B. 考试的成绩反馈

C. 自我观察和反省　　　　　　　　D. 集体综合评价

3. "人不是因为美丽而可爱，而是因为可爱而美丽"，所以我们（　　　）。

①要坦然接受自己的容貌与长相　②要丰富自己的学识、智慧　③要注重个人良好的言行举止　④要提高自己的内在素质，以内补外，使自己更可爱

A. ①②③④　　　　　　B. ②③④　　　　　　　C. ①②④　　　　　　　D. ①③④

（二）判断题

1. 我们要具备良好的时间管理能力和自我组织能力。　　　　　　　　　　（　　　）

2. 我们要善于处理团队内部的冲突和矛盾。　　　　　　　　　　　　　　（　　　）

3. 我们要擅长利用数据分析和统计来支持决策。　　　　　　　　　　　　（　　　）

4. 创新和创造力对于我们来说是非常重要的。　　　　　　　　　　　　　（　　　）

5. 我们要具备良好的沟通能力和表达能力。　　　　　　　　　　　　　（　　　）

三、任务拓展

 学以致用

小明是一名年轻工程师，他一直对技术充满热情，并且具备出色的解决问题的能力。然而，他常常因为过于害羞和胆小而不敢积极地推销自己。

有一次，小明得知一家知名科技公司正在招聘人才，他深知这是一个难得的机会。尽管有些紧张，但他决定展示自己的技能和价值。他花了大量时间准备面试，并自信地表达了自己的观点和解决问题的方法。他还准备了一个小项目的演示，展示了自己的技术能力。

最终，在面试过程中，小明以他的知识、才华和自信深深吸引了面试官的注意力。他成功地展示了自己具备的技术能力和潜力。随后，他被公司录用，成为他梦寐以求的工程师。

这个故事带给你什么启示？请你从小明认识自我、有效推销自己等几方面进行分析。

模块二　商务礼仪与语言技巧

模块简介

在商务交流中，善用有声语言是非常重要的。良好的口头表达能力和沟通技巧可以帮助人们建立积极的商务关系。善用有声语言包括清晰而准确地表达意见和想法、有效地展示产品或服务的优势、运用具有说服力的语言技巧等。除了有声语言，无声语言也是商务交流中的重要元素。无声语言包括身体语言、面部表情、姿势和眼神等。善于运用无声语言可以传达自信、诚信和专业形象，有助于建立良好的商务关系。

在商务场合，端庄的仪容仪表是展示个人形象和专业素质的重要方面。合理的穿着、整洁的发型、干净的指甲、适度的化妆等都可以传递专业、有信任感的形象。同时，适当的配饰如领带、手表、珠宝等也能提升整体形象。大方的仪态与举止能够展示个人的自信和从容。这包括保持良好的姿势，如直立而不僵硬的站姿、自然而微笑的面部表情，以及适当的礼节，如问候、握手等。在商务交往中，注重对他人的尊重和关注，遵守社交规范与礼仪，是建立积极商业关系的关键。

商务语言和商务礼仪在商业环境中起到了至关重要的作用。它们能够帮助个人与他人建立良好的业务关系，增加沟通的有效性和影响力。因此，在商务活动中，注重发展和运用恰当的商务语言与商务礼仪，是成功商务人士必备的能力之一。

路径导图

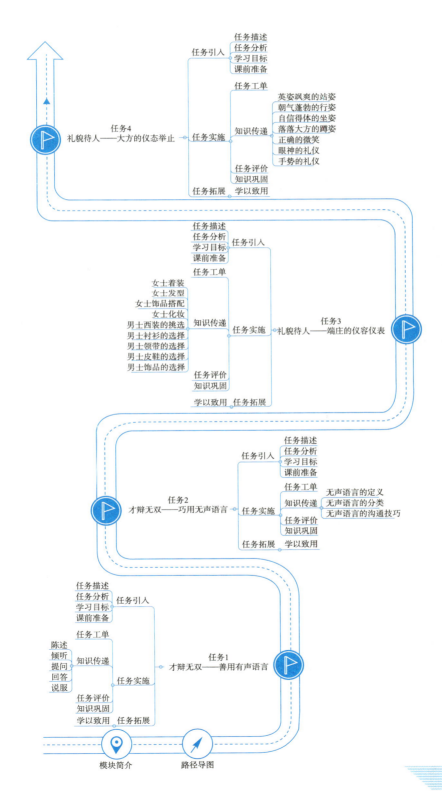

任务1 才辩无双——善用有声语言
Mission one

善用有声语言是指充分利用语言表达能力，包括语言的声音、语调、节奏和表情等方面来进行有效的交流和沟通。它涉及口头表达能力和技巧，能够帮助我们更好地传达信息、影响他人和建立良好的人际关系。

善用有声语言在日常生活和职业发展中都非常重要。通过清晰、自信地表达自己的想法和意见，我们能够更好地与他人沟通，避免误解和冲突。同时，善用有声语言也可以增加我们的说服力和影响力，使我们能够更好地引导他人的行为和思考。

善用有声语言的方法包括注意语速和掌控语调，利用适当的表情和肢体语言来增强表达效果，善于运用恰当的语言技巧（如讲故事、使用比喻等），并注重倾听和理解他人的意见和反馈。通过练习和反思，我们可以不断提高自己的有声语言能力，使自己的沟通更加精确、生动和有效。

一、任务引入

  任务描述

小故事大道理

每个公司（团队）根据具体场景和提示完成四个模拟展示内容。

1. 模拟陈述

贵公司正准备召开新产品发布会，如果你是一位销售人员，正在向顾客推销一款新产品。

请根据顾客提出的疑问，运用陈述的技巧，详细陈述你的产品信息、品牌背景和口碑、保修和售后服务、价格等内容。

2. 模拟倾听

你是一位团队领导，你团队中 A 和 B 成员之间存在一些矛盾冲突。

根据团队成员 A、B 之间的矛盾冲突内容，运用倾听的技巧和陈述的技巧解决他们之间的矛盾。

3. 模拟提问与回答

你是一名产品经理，参加一个新产品发布会，有观众提出关于产品特性的问题。根据观众的提问，运用回答的技巧，详细解答观众的疑惑。

4. 模拟说服别人购买产品

你是一名电子产品销售人员，你的目标是说服一个潜在顾客购买最新款手机。请你从建立连接、引起兴趣、强调价值、进行个性化推荐、社会证明、价值优惠、解决疑虑、呼唤行动等八个方面说服顾客购买这款新手机。

 **任务分析**

执行要求：每个公司（团队）根据具体的场景完成任务，如一方陈述某个事项，另一方倾听对方陈述，或一方就某个方面提出问题，另一方回答对方提问。双方都尽可能地表现出相应的方法技巧。分组进行现场展示汇报。

执行条件：参考教材和教学内容，依据自己的生活、学习、工作、交往等经历，进行口头表达，团队成员之间互相配合。

德润礼行

 **学习目标**

知识目标：掌握陈述、倾听的作用和技巧，掌握提问、回答的作用和技巧，掌握说服的重要性、说服三部曲和技巧。

能力目标：能够运用陈述、倾听、提问、回答、说服的技巧进行得体的沟通和交流，能在日常生活及商务工作中灵活运用。

素质目标：认识有声语言的重要性，增强自身语言交流的效果，养成良好的语言习惯。

 **课前准备**

（1）分组收集电影、电视剧关于陈述、倾听、提问、回答、说服的精彩或经典片段并分享。

从某一段对话中分析它运用了陈述、倾听、提问、回答、说服的哪些技巧。

（2）全班同学分成若干小组，一起讨论特定话题，分享日常生活中的一段对话，揣摩善用有声语言在我们日常生活中的重要性。

（3）个人演讲：进行个人演讲，表达自己的意见、经验或观点。

（4）设计一个辩论或角色扮演活动，同学们可代表不同立场，就特定问题进行辩论或表演。

二、任务实施

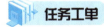 **任务工单**

第一步：模拟陈述（见表2-1）。

表2-1　模拟陈述

场景：贵公司正准备召开新产品发布会，如果你是一位销售人员，正在向顾客推销一款新产品。请根据顾客提出的疑问，运用陈述的技巧，详细陈述你的产品信息、品牌背景和口碑、保修和售后服务、价格等内容	
销售人员：您好！我是××公司的销售人员，我们最近推出了一款全新的产品，它具有先进的功能和高品质的设计。我相信这款产品能够满足您的需求并提升您的体验	
客户：请告诉我更多关于这款产品的详细信息	销售人员：

续表

客户：这听起来不错，但是我对这个品牌还不太熟悉，您能多说说品牌的背景和口碑吗	销售人员：
客户：我对保修和售后服务也比较关注，能告诉我相关的信息吗	销售人员：
客户：我对价格也很关注，这款产品的价格如何	销售人员：
客户：我需要进一步考虑一下，请给我一些时间	销售人员：

第二步：模拟倾听（见表2-2）。

表2-2　模拟倾听

场景：你是一位团队领导，你团队中A和B成员之间存在一些矛盾冲突。 根据团队成员A、B之间的矛盾冲突内容，运用倾听的技巧和陈述的技巧解决他们之间的矛盾	
团队成员A：我觉得B在项目上的表现不够积极，总是拖延任务，影响我们整个团队的进度	团队领导：
团队成员A：比如上个星期，B承担的任务没有按时完成，我们其他成员都在等他的工作，最后只能推迟整个计划	团队领导：
团队成员B：说实话，我在处理这个任务的过程中遇到了一些技术上的问题，导致工作进展比较缓慢。我会尽快解决这个问题，并确保下次按时交付工作	团队领导：

第三步：模拟提问与回答（见表2-3）。

表2-3　模拟提问

场景：你是一名产品经理，参加一个新产品发布会，有观众提出关于产品特性的问题。 根据观众的提问，运用回答的技巧，详细解答观众的疑惑	
观众：我对这个产品的耐用性很感兴趣，请问它的寿命有多长	产品经理：
观众：如果产品在保修期内出现问题，会如何处理？保修范围包括哪些内容	产品经理：
观众：产品的兼容性方面有什么问题吗？能够与其他设备或系统进行良好的兼容吗	产品经理：

第四步：模拟说服别人购买产品（见表2-4）。

表2-4　模拟说服别人购买你的产品

场景：你是一名电子产品销售人员，你的目标是说服一个潜在顾客购买某品牌最新款手机。请你从建立连接、引起兴趣、强调价值、进行个性化推荐、社会证明、价值优惠、解决疑虑、呼唤行动等八个方面说服顾客购买这款新手机

建立连接	
引起兴趣	
强调价值	
进行个性化推荐	
社会证明	
价值优惠	
解决疑虑	
呼唤行动	

第五步：分组上台展示汇报。

 知识传递

善用有声语言之陈述
（微课视频）

（一）陈述

1. 陈述的作用

陈述是指对某个事实、观点或情况进行明确陈列和表达。它是一种表述性语句，旨在提供信息、描述某种状态或观察的真实性。陈述的主要作用有以下几个方面。

（1）传达信息：陈述用于传递信息和表达事实。通过陈述，人们可以分享和传递想法、观点和观察结果。

（2）描述现实：陈述可以用来描述某个事物、情况或观点的真实状态。它可以提供客观、准确的描述，帮助人们理解和认识事物的本质。

（3）建立共识：陈述可以用来建立共识和沟通。当人们对某个问题或观点进行陈述时，可以促使其他人理解和认同，进而形成共识和讨论。

（4）支持论证：陈述在辩论和论证中起着重要的作用。通过陈述观点、数据和证据，人们可以支持自己的论点，增强说服力。

2. 陈述的技巧

（1）入题的技巧。

开门见山：直接进入主题，清晰明了地表达你的观点或要述说的内容。避免过多的前言和废话，以节省时间并引起听众的兴趣。例如，你可以直接陈述问题或给出一个简明扼要的概述。

触景生情：通过生动的描写或具体的案例来引入话题，使听众能够更好地体验你要陈述的内容。这种方式可以引发听众的情感共鸣，并帮助他们更好地理解和关注你的陈述。

（2）阐述的技巧。

结构清晰：组织你的观点并以一个有条理的结构进行阐述。你可以使用时间顺序、因果

关系、问题解决等方式来呈现你的观点，使听众能够清楚地理解你的论述。

使用论据：提供具体的事实、数据、案例或引用来支持你的观点。这些论据可以增强你的说服力，并帮助听众更好地接受你的观点。

解释和解剖：用简明的语言解释和解剖你的观点，确保听众能够理解你想要传达的具体含义。避免使用过于专业化或复杂的术语，以免引起混淆或误解。

引用权威观点：引用专家、权威人士的观点或研究，以增加你观点的可信度和说服力。这也可以展示你对这个话题的深入了解和研究。

（3）结束的技巧。

总结观点：在结束时进行观点的总结，以便给听众留下明确的印象，并突出你强调的重点。这有助于强化你的观点，并让听众更好地理解和记住你的讲话内容。

强调行动：在结束陈述时，可以提出一些具体的行动建议或呼吁，以激发听众的积极行动。这使你的陈述更具实际意义，能够启发人们采取具体措施来解决问题或实现目标。

留下思考余地：在结束时，可以引入一些开放性问题或让人深思的观点，鼓励听众进一步思考和探索。这有助于促进对话和讨论，激发创造性思维和提高思考的深度。

强调共鸣：在结束时，可以回顾一些与听众共鸣的观点或经历，以建立更紧密的联系和共情。这有助于提高听众参与的积极性和唤起情感共鸣，使陈述更具说服力和影响力。

3. 陈述的要领

陈述的要领是一种有效的传达信息的方式，可以帮助我们清晰地表达观点、说明事实或阐述观点。

（1）简明扼要：陈述应该简洁明了，避免啰嗦和冗长，以便让读者或听众能够迅速理解你的意思。使用简练的句子和清晰的语言来概括要点，不要过多地使用修饰词或废话。有效的陈述要能够在短时间内传递所需信息。

（2）准确易懂：陈述应该准确地传递信息，避免模棱两可或不确定的表达。使用准确的词语和明确的语句结构来确保你的意思能够被读者或听众准确理解。另外，避免使用过于专业化或专属的术语，以便让广大受众能够轻松理解你的陈述。

（3）客观中立：陈述应该以客观、中立的态度来表达观点或说明事实，避免过度主观或带有个人偏见。使用客观的证据、事实和数据来支持你的陈述，避免过度夸大或夸张。以理性和客观的态度来陈述能够让你的观点更具说服力。

（4）印象深刻：陈述应该给人留下深刻的印象，使其易于记忆和理解。使用生动的词语、有趣的例子或引人入胜的描述，可以使你的陈述更加生动有力，并且容易被观众记住。另外，使用恰当的节奏和语调，以及适当的语言技巧，可以增强陈述的影响力。

要做到简明扼要、准确易懂、客观中立和印象深刻，需要注意语言的清晰度和准确性，避免主观偏见和冗长赘述，同时运用生动有趣的表达方式来吸引读者或听众的注意力。

（二）倾听

1. 倾听的原则

倾听是一种重要的沟通技巧，可以帮助我们建立更良好的人际关系和有效地理解他人。提高倾听效果就必须要掌握以下倾听的原则。

（1）良好的倾听习惯：养成良好的倾听习惯是倾听的基础。这包

善用有声语言之倾听（微课视频）

括尊重对方且不打断对方的发言，给予对方充分的时间表达观点，不对话题进行干扰或批评等。建立良好的倾听习惯可以让对方感受到你的关注和尊重，从而更加愿意与你进行深入的交流。

（2）保持注意力：倾听时要保持高度的注意力，全神贯注地关注对方所说的话。避免走神或分散注意力，以免错过重要的信息。通过保持目光接触、采取积极的肢体语言和表情等方式表达对对方的关注和兴趣，让对方感受到你的专注程度。

（3）主动与对方沟通：倾听并不仅仅是被动地接受对方的发言，还需要主动与对方进行沟通。可以通过提问、澄清或回应对方观点的方式来展示你的理解和关注。例如，可以用开放性的问题来引导对话，让对方更深入地表达自己的想法和感受。

（4）学会倾听自己：倾听不仅仅是关注他人，还需要倾听自己的内心。了解自己的情感和需要，可以帮助你更好地理解他人和回应他们的需求。倾听自己也是建立自我意识和自我成长的重要环节，通过倾听自己的内心，可以更好地与他人建立连接。

通过遵循这些倾听原则，我们可以建立更有效的沟通，增进与他人的理解和信任，同时也能够更好地认识和发展自己。倾听是一项持续学习和提升的技巧，通过实践和反思，我们可以不断提高自己的倾听能力。

2. 倾听的技巧

（1）专心致志、集中精力：要做一个好的倾听者，首先要将注意力集中在对方身上，全神贯注地倾听他们所说的话。避免分心或中途打断对方，给予对方充分的注意和尊重。

（2）增强鉴别能力：倾听并不仅仅是听到对方说话，还需要理解和解读对方的意思。要提升鉴别能力，需要学会分辨语言中的细微差别，包括语速、语调、表情和肢体语言等非语言信号，以更好地理解对方的意图和情感。

（3）保持良好的姿态：在倾听过程中，态度和姿态十分重要。保持开放、友好和尊重的姿态，不要预先对对方做出判断或发表评价。通过传递积极的肢体语言和表情，表达对对方的关注和支持。

（4）做好笔记：在倾听过程中，做好笔记可以帮助你记录重要的信息，避免遗漏关键点。可以记录关键词、要点和问题，以便回顾和深入探讨。但要注意平衡，不要过度专注于做笔记而忽略对对方的实时倾听。

（5）克服先入为主的倾听做法：先入为主是指我们在与他人交流时，往往会被自己的经验、偏见或主观认知所限制，只关注自己接收信息中符合自己观点的部分。要克服先入为主的倾听做法，需要保持开放的心态，不带偏见地接受对方的观点并尝试理解对方的角度。

（三）提问

提问是一种重要的沟通技巧，可以帮助我们引导对话、深入了解对方、获得信息并准确表达自己的看法。

1. 提问的功能

（1）引起他人注意：通过提出有趣或引人思考的问题，可以吸引对方的注意力，激发对方的兴趣和参与度。

善用有声语言之提问（微课视频）

（2）获得情报：提问可以帮助我们获取所需的信息，了解对方的观点、经验或背景，从而更好地理解对方。

（3）向对方说明自己的看法：通过问题的方式，可以向对方传递自己的观点或意见，引导对方进一步思考和表达自己的看法。

（4）引导对方思考问题：提问可以促使对方思考和反思，激发对方的思维和创造力，并帮助对方更好地组织自己的思路和观点。

（5）归纳成结论：通过问题的引导，可以帮助对方将零散的想法或信息整理成条理清晰的结论或总结。

2. 提问的方式

（1）封闭式问题：这种问题要求对方给出简短的回答，通常是"是"或"否"，或者从预设的选项中选择。封闭式问题适用于获取明确的答案或快速了解对方的态度或意见。

（2）开放式问题：这种问题要求对方进行更详细、完整的回答，不限制回答的范围和方式。开放式问题适用于引导对方深入思考和表达想法，促进对话的展开和探索。

（3）婉转式问题：通过委婉的方式提出问题，避免给对方压力或冲突感，使对方更愿意回答。婉转式问题适用于敏感话题或需要谨慎处理的情况。

（4）澄清式问题：通过提出澄清或明确的问题，确保自己和对方对话语的理解一致，避免误解或混淆。

（5）探索式问题：通过提出进一步探索的问题，帮助对方更深入地思考和表达观点，挖掘更多信息。

（6）借助式问题：通过借助外部资源或比喻等方式提问，帮助对方理解抽象的概念或复杂的问题。

（7）引导式问题：通过提问引导对方思考和表达特定的想法或行动。

（8）协商式问题：通过提出需要双方共同讨论和决策的问题，促进合作和共识的达成。

3. 提问的时机

提问的时机关乎对话的顺畅进行和信息获取的效果。

（1）在对方发言结束之后：当对方完成发言后，你可以提出问题来进一步探索主题或观点。通过等待对方发言结束，你能确保对方有充足的时间表达自己的想法，同时也可以展示你对对方观点的关注和尊重。

例如，如果对方谈到了某个观点，你可以提问："你能详细说明一下这个观点的背后逻辑吗？""你认为这个观点如何适用于现实生活中的实际情境？"

（2）在对方发言停顿时：当对方有短暂停顿时，这可能是一个提问的合适时机。对方的停顿可能表明他们需要一些时间来思考或整理思路。通过抓住这个机会，你可以引导对话前进，并激发更多的思考和探索。

例如，如果对方在讲述一个观点时停顿了一下，你可以问："你是否能提供一些具体的例子来支持你的观点？""你是否有任何对这个观点的疑虑或反驳？"

（3）在议程规定的辩论时间：在辩论或讨论会等有明确时间规定的场合，需要有计划地提出问题。在规定的时间内，你可以针对性地提问，推动讨论和深入思考。

例如，在一场辩论中，如果你支持某个立场，你可以向对方提问："你能否解释一下你的立场在道德层面上的优势？""你是否认为你的立场会带来某些潜在的负面影响？"

提问的时机非常重要，它能够展示你对对方观点的尊重和关注，同时也可以推动对话和深入思考。选择恰当的时机，灵活运用提问技巧，有助于有效引导对话和获取更多信息。

4. 提问的技巧

提问的技巧对于引导对话和获取信息至关重要。

（1）预先准备好问题：在与他人对话前，考虑并准备好一些问题，这样你就能在合适的时机提出有针对性的问题。预先准备能帮助你更好地组织思路，确保问题具有连贯性和深入性。

（2）倾听之后再提出问题：在提问之前，先倾听对方的发言。通过仔细聆听，你能确保准确理解对方的观点和意见，然后根据他们的发言内容提出有针对性的问题。这样做能展示出你对对方话语的重视和理解。

（3）提出验证性问题：提问时，可以通过寻求对方观点和证据的方式来验证或深入了解对方的立场。这样的问题能够促使对方更深入地解释和支持他们的论点，同时也为你获取更多信息提供了机会。

（4）保持心平气和的态度：在提问过程中，保持冷静、客观和尊重的态度非常重要。避免使用过于主观或挑衅的言辞，以免破坏对话的氛围和双方的互信关系。

（5）提问之后耐心等待：在提问之后，给对方充分的时间思考和回答。避免急于插话或打断对方，尊重他们的思考过程，并展示出你对他们回答的重视和关注。

（6）必要时追问：根据对方的回答，可以提出追问，以深入了解他们的观点和观点的逻辑。追问能够帮助你澄清疑惑、引导更深入的讨论，并为你提供更全面的信息。

（7）换角度提出问题：从不同的角度和观点提出问题能够促使对方思考和回答。这样的提问方法能够激发对方思考其他可能性和不同角度的观点，并推动对话的深入和丰富。

通过运用这些提问技巧，你可以更好地引导对话、获取更多信息，并与他人进行有意义的交流。

（四）回答

1. 熟悉回答的类型

（1）缩小外延回答：缩小外延回答是指回答者通过限定范围或排除某些特定情况来缩小答案的范围。这种回答方式通常用于复杂或广泛的问题，帮助回答者更具针对性地回答问题。

例如，对于问题"你喜欢什么食物？"回答者可能会说："我喜欢意大利菜，特别是意大利面食。"通过缩小外延回答，回答者将注意力集中在某个特定类型的食物上，而不是提及所有可能喜欢的食物。

（2）不确切回答：不确切回答是回答者有意或无意地回避问题的关键点或直接回答带来的问题。这种回答方式可能是因为回答者觉得直接回答会引发困扰或涉及敏感话题。

例如，对于问题"你多大了？"回答者可能回答："我已经成年了。"这个回答并没有直接回答具体的年龄，而是强调了他已经达到法定的成年年龄。

（3）不马上回答：这种回答方式是回答者在提问后略显犹豫，需要一段时间进行思考或整理想法，然后再给出答案。这种回答方式通常是因为问题较为复杂或需要仔细考虑。

例如，对于问题"你最欣赏哪位科学家？"回答者可能会停顿一会儿，然后说："嗯，这是一个很有趣的问题，让我考虑一下……"这种回答方式给予回答者思考和回答的时间，并表现出他对问题的重视。

（4）使问话人中止追问的回答：这种回答方式是回答者回答一个问题后，以某种方式使问话人无法追问或进一步探索细节。回答者可能会回避或给出模糊的回答，以避免进一步揭示或暴露他们不愿意透露的信息。

例如，对于问题"你是否与某个公司合作过?"回答者可能回答："我曾与许多公司进行过业务合作。"这种回答方式不具体指出是否与某个特定公司合作过，从而使问话人难以追问详细信息。

2. 回答的技巧

（1）充分考虑、缜密思考：在回答问题之前，充分考虑问题的背景、意图和可能的回答方式。思考问题的各个方面可以帮助你给出准确、合理和有深度的回答。避免匆忙回答，尽量细致思考并整理自己的观点。

例如，当被问到一个复杂的伦理问题时，充分考虑不同的伦理观点、道德原则和相关的情景，从多个角度思考，以便给出全面而准确的回答。

（2）依对方提问动机来回答：理解对方提问的动机和目的，根据其提问方式和上下文来回答问题。人们提问的动机可能是寻求信息、表达观点、引发讨论等。理解这些动机可以帮助你回答更具针对性和有效性的问题。

例如，如果对方提问的动机是想了解你的观点，你在回答时应考虑到对方可能对你的观点感兴趣，从而提供清晰的论据和理由支持。

（3）学会避而不谈：在某些情况下，回答问题可能会涉及敏感话题、个人隐私或者不适宜公开的信息。学会巧妙地避开这些话题，而不直接回答，可以避免引发冲突、尴尬或泄露不应该透露的信息。

例如，如果被问到私人的收入情况，你可以委婉地回答："我认为个人的财务状况是私密的，我更愿意谈论我的职业经历和成就。"

（4）学会迂回回答：迂回回答是一种巧妙和灵活的回答方式，通过给出相关但不直接回答问题的答案，可以转移对方的注意力、增加探索的深度或避免直接回答敏感问题。

例如，如果被问到对某位政治人物的看法，你可以迂回回答："我认为政治是一个复杂的话题，它涉及许多因素和利益之间的平衡。我更愿意讨论政治问题的具体议题和对策的影响。"这样的回答可以引导对话进一步探讨更具体的议题，而不需要直接评论某位政治人物。

通过运用这些回答技巧，你可以更好地回答问题，提供有深度和准确性的回答，并确保在交流中保持尊重、适当和有效。

（五）说服

1. 说服的重要性

说服是指通过合理的论据、有效的表达和沟通技巧来影响他人的观点、信念或行为，使他们接受自己的观点或采取自己的建议。说服是一种社交和沟通技巧，旨在以理性和有益的方式影响他人，促使他们做出自己期望的决定或行动。

善用有声语言之说服（微课视频）

说服的目的是建立共识、促进合作、解决问题以及推动变革。在个人生活、职业工作、商业谈判、政治辩论等各个领域，说服都是一项重要的技能。它涉及有效沟通、逻辑思维、情绪管理和影响力的运用。

在说服他人时，以下几个要素是重要的。

（1）论据：论据是说服的核心。它是支持你观点的事实、数据、逻辑推理等。论据需要具备可信度和说服力，以使对方能够接受你的观点。

（2）情感诉求：除了逻辑和理性的论据，情感诉求也是说服的一种重要手段。人们往往是情感动物，情感因素可以引起他们的共鸣和共情，进而影响他们的决策。

（3）语言和表达方式：清晰、简洁和有力的表达方式对有效说服至关重要。采用恰当的语言、语调和非语言信号，能够更好地与对方建立联系，并引发共鸣。

（4）倾听和理解：说服他人不仅仅是说自己的观点，更重要的是倾听对方的需求和观点。倾听和理解对方能够帮助你更好地调整自己的论述和表达方式，并找到与对方的共鸣之处。

（5）互惠原则：在说服他人时，要注重互惠原则。即在说服对方接受你的观点之前，先考虑对方的利益和需求，找到双方的共同利益和目标，以建立合作关系。

2. 说服三部曲

（1）消除对抗：在说服对方之前，消除对方可能存在的抵触情绪或对立立场。可以通过倾听对方观点、表达理解和接受他们的情绪来减少对抗。

（2）耐心提议：提出自己的建议时要耐心，不要急于说服对方接受。给予对方充分的时间和空间来思考和表达。使用适当的语言和沟通技巧，让对方逐渐接受你的建议。

（3）接纳提议：在对方愿意听取你的建议后，提出具体的解决方案，并帮助对方理解方案的优势。确保对方明确接受你的提议，进而达成共识或合作。

3. 说服的技巧

（1）认同的技巧：寻找与对方观点的共同点，建立共鸣和联系。通过强调共同的目标、价值观或利益，逐步说服对方接受你的观点。

（2）循序渐进的技巧：将你的建议和观点分解成多个小步骤，从容易的方面开始，逐步引导对方接受更深入、更复杂的观点。渐进的过程可以减少对方的抵触情绪和阻力。

（3）权衡利弊的技巧：向对方解释接受你的建议所带来的利益和优势，同时也要考虑可能存在的风险和损失。清晰地说明利益和损失的权衡，帮助对方做出明智的决策。

（4）"揉面"的技巧：将尚未解决的问题巧妙地融入已经解决的问题中。通过解决已有的共同问题，进而影响对方接受更大范围的改变和提议。这种技巧可以让对方在思考过程中潜移默化地改变观点。

在运用这些说服技巧时，还需要注意以下几点。

①倾听和理解对方的观点和需求，尊重对方的意见，避免采用强硬、武断的方式说服对方。

②使用简洁明了的语言，避免过于技术化或复杂的术语，确保对方能够理解你的观点。

③注重沟通的双向性，鼓励对方提出疑问和反驳，以便更好地回应对方的关切和困惑。

④展示自信和专业知识，但不要过于自负或傲慢，保持谦逊和包容的态度。

⑤灵活应对，根据对方的反应和情况做出调整和改变，不要固守一成不变的说服策略。

通过运用这些说服技巧，你可以更有效地影响他人的观点和决策，促进更好的交流和合作。

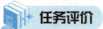 任务评价

序号	评价项目	评价指标	分值	自评 （20%）	互评 （20%）	师评 （60%）	合计
1	知识目标 （40分）	掌握陈述、倾听的作用和技巧	10				
		掌握提问、回答的作用和技巧	15				
		掌握说服的重要性、说服三部曲和技巧	15				
2	能力目标 （20分）	能够运用陈述、倾听、提问、回答、说服的技巧进行得体的沟通和交流	10				
		能在日常生活及商务工作中灵活运用	10				
3	素质目标 （40分）	认识有声语言的重要性，增强自身的语言交流的效果	10				
		养成良好的语言习惯	10				
		提升个人的语言素养和商务素养	10				
		养成良好的学习习惯	10				
	合计		100				
	综合得分						

知识巩固

（一）单选题

1. 一个职业人士所需要的三个最基本的职业技能是（　　）、时间管理技巧和团队合作技巧。

A. 沟通技巧　　　　　　　　　　B. 写作技巧

C. 演讲技巧　　　　　　　　　　D. 表达技巧

2. 沟通结束以后一定要（　　）。

A. 双方感觉十分愉快　　　　　　B. 一方说服另一方

C. 形成一个共同的协议　　　　　D. 约定下次沟通的时间

3. 沟通的模式分为（　　）和肢体语言沟通两种。

A. 口头语言沟通　　　B. 书面语言沟通　　　C. 图片或者图形　　　D. 语言沟通

4. 语言沟通更擅长传递的是（　　）。

A. 思想　　　　　　　B. 情感　　　　　　　C. 思路　　　　　　　D. 信息

5. 在沟通中，特别是在工作沟通中，谈论行为不要谈论（　　）。

A. 性格　　　　　　　B. 人品　　　　　　　C. 个性　　　　　　　D. 思想

6. （　　）是最好的沟通方式。

A. 电子邮件　　　　　　　　　　　　B. 电话

C. 面谈　　　　　　　　　　　　　　D. 会议简报

7. 聆听的第一个步骤是（　　）。

A. 寒暄问候　　　　　　　　　　　　B. 提出问题

C. 准备聆听　　　　　　　　　　　　D. 身体前倾

8. （　　）是聆听的最好层次。

A. 选择性聆听　　　　　　　　　　　B. 设身处地地聆听

C. 专注地聆听　　　　　　　　　　　D. 建议性聆听

9. 没有（　　），就没有形成一次完整的沟通。

A. 面谈　　　　　　B. 反馈　　　　　　C. 评价　　　　　　D. 批评

10. 沟通一定是（　　）的。

A. 单向的　　　　　　B. 多向的　　　　　　C. 双向的　　　　　　D. 反复的

（二）判断题

1. 思想和情感沟通起来比较简单，信息是不太容易沟通的。　　　　　　　（　　）

2. 肢体语言更擅长沟通的是思想和情感。　　　　　　　　　　　　　　　（　　）

3. 在沟通过程中说的话一定要非常明确，让对方有一个准确的唯一的理解。　（　　）

4. 电话是一种语言沟通，是对一些短小的信息、简单的思想情感传递的有效方式。

（　　）

5. 说比听更重要，说是更重要的沟通技巧。　　　　　　　　　　　　　　（　　）

6. 眼睛看到的是信息，耳朵听到的更多的是对方传递的思想和情感。　　　（　　）

7. 沟通中的发送，要注意发送的有效方法、在什么时间发送、发送的具体内容、发送对象以及在什么场合中发送等几个方面。　　　　　　　　　　　　　　　（　　）

8. 听比说更重要，听是更重要的沟通技巧。　　　　　　　　　　　　　　（　　）

9. 沟通中发送的不仅仅是信息，还有思想和情感。　　　　　　　　　　　（　　）

10. 一个职业人士所需要的三个最基本的职业技能是时间管理技巧、团队合作技巧及演讲技巧。　　　　　　　　　　　　　　　　　　　　　　　　　　　　（　　）

三、任务拓展

演讲者介绍成功的秘诀

在一个教育培训机构的演讲活动中，一位演讲者正在向学员们介绍成功的秘诀。

演讲者：大家好！非常荣幸能够在这个特殊的场合与各位分享成功的秘诀。我坚信成功并非偶然，而是我们的努力和行动所带来的结果。请允许我通过语言传达给你们一些关键的要素。

演讲者：首先，我们要确立明确的目标。你们有没有想过，一个没有目标的人就像一艘没有舵的船，无法前进。制定明确的目标是追求成功的第一步。

演讲者：接下来，我想问大家一个问题：你们追求成功的最大动力是什么？请与我分享一下。

演讲者：非常感谢各位的分享。每个人都有自己独特的追求成功的动力，有的是为了家人，有的是为了自我实现。倾听别人的故事能够让我们更好地理解他人的动力和目标。

演讲者：接下来，我会回答一些你们提出的问题，以便更好地帮助你们。谁有问题想要向我提问？

演讲者：成功的道路上，必然会遇到挑战和困难。但请记住，优秀的人并非没有失败过，而是从失败中积累经验，并勇敢地继续前进。我相信每个人都拥有成功的潜力，只要你们相信自己，并付出努力，就能取得你们想要的成就。

通过以上案例，我们看出演讲者巧妙地运用言辞和声音表达，通过陈述、提问、倾听、回答和说服等技巧，与观众建立联系，传达成功的秘诀。他引发观众的思考，倾听他们的分享，回答他们的问题，并通过具有说服力的语言激励观众相信自己拥有成功的潜力。这样的善用有声语言的演讲能够激发观众的积极性和思考，并为他们带来正能量和启示。

任务2 才辩无双——巧用无声语言
Mission two ←

巧用无声语言是指在交流和表达时，除了语言之外，还利用身体语言、面部表情和姿态等非语言元素来传递信息和与他人进行互动。无声语言是一种非语言交流方式，常常比语言更直接、更具表达力，能够传达出情感、态度和意图。

无声语言在人际交往和沟通中起着重要的作用。它可以帮助我们更好地理解他人的情感和意图，增强彼此之间的亲近感和信任感。同时，巧用无声语言也可以提升我们自身的表达能力和影响力，使我们的信息更加生动、清晰和有说服力。

巧用无声语言的方法包括注意自己的面部表情，例如微笑、眼神交流和面部表情的变化，这些可以传递出我们的情感和态度。此外，合适的姿势和身体动作也能够传达出自信、开放和友好等信息。在交流时，倾听和观察对方的非语言信号也是至关重要的，可以帮助我们更好地理解他们的想法和感受。

通过不断观察和练习，我们可以提高自己对无声语言的敏感度和运用能力，使其成为我们沟通和表达的强大工具，为我们建立更好的人际关系和实现交流目标提供支持。

一、任务引入

 任务描述

小故事大道理

通过学习无声语言谈判技巧，掌握在商务活动中怎样运用类语言、面部语言、身体语言、空间语言等技巧，基本学会各种无声语言风格与技巧，并能够在实际商务活动中加以运用。

每个公司（团队）根据具体的场景和提示完成模拟运用无声语言谈判。

1. 模拟一个房地产买卖的谈判场景

角色：买方代表（A）和卖方代表（B）。

请每个公司（团队）从类语言、面部语言、身体语言和空间语言等方面模拟买方代表（A）和卖方代表（B）在谈判现场运用的无声语言技巧，为赢得谈判打下坚实的基础。

2. 模拟一个工资谈判的场景

角色：员工代表（A）和雇主代表（B）。

请每个公司（团队）从类语言、面部语言、身体语言和空间语言等方面模拟员工代表（A）和雇主代表（B）在谈判现场运用的无声语言技巧，为赢得谈判打下坚实的基础。

3. 模拟一个合作伙伴关系谈判的场景

角色：公司代表（A）和潜在合作伙伴代表（B）。

请每个公司（团队）从类语言、面部语言、身体语言和空间语言等方面模拟公司代表（A）和潜在合作伙伴代表（B）在谈判现场运用的无声语言技巧，为赢得谈判打下坚实的基础。

 任务分析

德润礼行

任务项目：模拟运用无声语言谈判。

执行要求：每个公司（团队）成员分成谈判 A 方和 B 方，双方都尽可能地表现出相应的方法和技巧，在现场展示。

 学习目标

知识目标：掌握类语言、面部语言、身体语言和空间语言的沟通技巧。

能力目标：能在日常生活及商务工作中灵活运用无声语言，能提升沟通的准确性和表达的力度，能增强自身的沟通能力。

素质目标：认识无声语言的重要性，增强自身的语言交流的效果，养成良好的语言习惯，提升个人的语言素养。

课前准备

（1）分组收集电影、电视剧关于运用类语言、面部语言、身体语言的精彩或经典片段并分享。

（2）从某一段对话中分析它运用了类语言、面部语言、身体语言的哪些无声语言技巧。

（3）全班同学分成小组，一起讨论特定话题，分享日常生活中的一个场景，揣摩善用无声语言在我们日常生活中的重要性。

二、任务实施

 任务工单

请根据具体的场景、具体的角色，揣摩该角色如何运用类语言、面部语言、身体语言、空间语言等无声语言，并解释这样做的原因。

第一步：模拟一个房地产买卖谈判的场景（见表2-5）。

表2-5　房地产买卖谈判的场景

场景： 角色：		
无声语言		
类语言		
面部语言		
身体语言		
空间语言		
这样做的原因		

第二步：模拟一个工资谈判的场景（见表2-6）。

表2-6　工资谈判的场景

场景： 角色：		
无声语言		
类语言		
面部语言		
身体语言		
空间语言		
这样做的原因		

第三步：模拟一个合作伙伴关系谈判的场景（见表2-7）。

表2-7　合作伙伴关系谈判的场景

场景： 角色：		
无声语言		
类语言		
面部语言		
身体语言		
空间语言		
这样做的原因		

第四步：分公司（团队）上台展示汇报。

 知识传递

巧用无声语言
（微课视频）

（一）无声语言的定义

无声语言是指一种非语言交流方式，通过身体动作、肢体动作、面部表情、眼神交流、姿势和姿态等方式进行沟通和表达。它是人类传达情感、意图和想法的一种重要方式，常常比语言更直接、更具表现力。

无声语言可以是自愿的或无意识的，有时甚至比语言更具有力量和效果。它在人类交流中起着至关重要的作用，尤其是在跨文化和跨语言的交流中。

尽管不同文化有不同的肢体语言和非语言表达方式，有些无声语言信号是普遍的，跨越文化和主观经验的界限，具有普遍的认知共享。例如，微笑通常被认为是友好和愉快的表达，眼神朝上看可能表示思考或回忆，拥抱表示亲密和支持等。

无声语言可以用于补充、强调或替代语言表达，增强交流的效果。它可以传达情绪状态，如愤怒、喜悦、无聊等，也可以用于指导、引导或提示他人的行为。

研究无声语言对于跨文化交流、社交技巧和人际关系建立都非常重要。它是一种普遍存在且丰富多样的交流方式，不仅限于特定的地区或群体，而且是全球范围内人类交流的重要组成部分。

心理学研究发现，在两人面对面的沟通中，高达93%的沟通是非语言的，其中有55%是通过面部表情、形体姿态和手势等无声的身体行为语言来传递的，38%通过音调传递。那么，我们将如何运用无声语言进行有效沟通呢？

（二）无声语言的分类

当谈到无声语言时，有四个重要的概念需要理解：类语言、面部语言、身体语言和空间语言。

1. 类语言

类语言是指声音、音调和语音特征的非语义方面，即非语言的声音表达方式。这包括说话的音量、语速、语调、语气、节奏、重音和停顿等元素。类语言可以传达情绪、强调、感叹、疑问和鼓励等语气和情绪信息。通过类语言，人们能够在语言交流中提高表现力和准确性。

2. 面部语言

面部语言是指通过面部表情来传达情感、意愿和态度的非语言方式。人类面部肌肉的运动可以产生丰富的表情，如微笑、皱眉、眨眼、挑眉等。面部表情是人与人之间最直接、最普遍理解的非语言交流方式之一。它可以表达喜怒哀乐、惊讶、厌恶、恐惧等一系列情绪，同时也是社交互动中重要的沟通手段。

3. 身体语言

身体语言是指通过身体姿势、动作、手势和触摸等方式来传递信息和表达意图的无声语言。身体语言可以包括身体的姿态、手势的使用、头部和身体的方向、肢体运动的速度和幅度等。通过身体语言，人们可以表达自信、疲惫、紧张、关注等情感状态，并且可以强调、补充或替代语言表述。

4. 空间语言

空间语言是指利用空间的布局、位置和距离来传达信息和显示关系的一种非语言方式。它包括人与人之间、人与环境之间的相对位置和运动方式等。例如，站在某人的旁边表示亲近，远离表示疏离，或者在会议室中坐在桌子的特定位置表示权威性或重要性。空间语言在文化和社会交往中具有重要的作用，可以影响人际关系、社交互动和身份认同等。

总的来说，类语言、面部语言、身体语言和空间语言都是非语言沟通方式，增强了语言交流的效果和准确性，在人际交流中起重要的作用。非语言沟通对于理解他人的意图、情感和态度，以及跨文化交流至关重要。

（三）无声语言的沟通技巧

1. 类语言运用技巧

（1）音量和语速：适当地调整音量和语速可以传达不同的情感和意图。提高音量可以表达兴奋、强调或紧急的情绪，而降低音量则可以表达亲密、安静或沉思的情绪。控制语速可以使你的表达更加清晰和准确，适当的节奏和停顿可以让听者更好地理解和吸收信息。

（2）节奏和重音：在语言中适当使用节奏和重音，有助于突出重要的信息和想法。强调重点部分和关键词可以引起听者的注意，并帮助他们更好地理解你的观点。

（3）语调和语气：适当地调整语气和语调可以传达不同的情感和态度。通过改变音调的升降、平稳或起伏可以表达肯定、疑问、感叹和命令等语气。同时，调整语调的明亮程度和语气的韵律可以表达愉快、严肃、温暖或严厉等情感。

（4）停顿和沉默：适当的停顿和沉默可以帮助你的听众理解和吸收信息。在必要的地方短暂停顿，让听者思考和吸收你所说的内容。同时，在面对一些敏感或重要的话题时，适当的沉默可以传达你的思考、谦卑和尊重。

（5）非语音元素的配合：运用面部表情、手势和身体动作等非语音元素来支持你的语言表达。通过微笑、眼神接触、点头、手势或肢体动作，可以增强你所传达的情感和意图，帮助听众更好地理解你的观点。

（6）与听众建立联系：通过眼神交流、面部表情的呈现和积极的身体姿态，与听众建立联系和共鸣。展示友好、开放和尊重的姿态，使听众感觉受到重视和关注。

2. 面部语言运用技巧

面部语言是一种重要的非语言沟通方式，通过面部表情可以传达丰富的情感和意图。

（1）了解基本的面部表情：学习并熟悉基本的面部表情，如微笑、皱眉、眨眼、挑眉等。了解每种表情所传递的情感和意思，以便能够准确地表达自己的情感和理解他人的表达。

（2）同理他人的情感：尝试观察和理解他人的面部表情，试图揣测他们所传递的情感。这将帮助你更好地与他人建立情感连接，并适时地回应他人的情感。

（3）自然而真实：在表达面部表情时，保持自然而真实。过度夸张或不自然的面部表情可能会给人做作或不真诚的印象。在表达时，确保表情与你的情感一致，以便传达真实的情感。

（4）适应场合和文化：不同的场合和文化对面部表情的使用可能有不同的规范和理解。因此，在不同的文化环境中，要注意遵循当地的社交习惯和礼貌，以确保你的面部表情能够被正确理解和接受。

（5）面部表情与语言相协调：面部表情可以辅助和增强你的语言表达效果。在适当的时候，尝试通过面部表情来强调或补充你所表达的信息。例如，微笑可以传递友好和开放，皱眉可以表示疑问或关注。

（6）观察反馈：观察他人对你面部表情的反馈，以了解你的表达是否被真实地理解。通过观察他人的面部表情，可以调整自己的表达方式，从而更好地与他人沟通和建立联系。

（7）注意面部表情的一致性：确保你的面部表情与你的言辞和情感一致。不一致的面部表情可能会给人困惑和不信任的感觉。因此，确保你的面部表情与你的内心状态相符，可以增强你表达的可信度。

通过运用这些技巧，你可以有效地运用面部语言来增强你的沟通能力。不断练习和观察他人的面部表情，将帮助你更好地理解和运用面部语言，提升你的人际交往能力和沟通技巧。

3. 身体语言运用技巧

身体语言是一种重要的非语言沟通方式，通过身体的姿势、动作和手势等来传递信息和表达意图。

（1）姿势和站姿：保持自信和开放的姿势是有效的身体语言技巧之一。挺直腰背，放松肩膀，展示自信和积极的形象。同时，适应场合和文化习俗，遵循当地的社交规范和礼仪。

（2）手势和动作：适当运用手势和动作可以补充和强调你的语言表达。使用合适的手势来指示、解释或强调重点。同时，要注意手势的适度，避免过于夸张或过度活跃的动作，以免分散注意力或给人造作的印象。

（3）眼神接触：与他人进行良好的眼神接触可以表达关注和尊重。避免过于频繁或短暂的眼神接触，以免给人不自然或不舒服的感觉。眼神接触应该是温和、自然而流畅的，以表达真实的兴趣和参与。

（4）身体运动和姿态的变化：根据情境和目的，灵活运用身体的运动和姿态变化能够更好地表达你的意图和情感。例如，在表达自信、热情或兴奋时，身体运动可以充满活力和动感，而在表达安静、关注或专注时，身体运动可以适度减少并保持稳定。

（5）肢体的定向和姿态：在与他人交流时，肢体的定向和姿态可以传递出你的注意力和兴趣所在。将肢体朝向对话的对象，表达你的关注和参与。同时，保持身体的开放姿态，避免交叉手臂或交叉腿等封闭形态，以保持良好的沟通氛围。

（6）观察反馈：观察他人对你的身体语言的反馈，以了解你的表达是否被理解。通过观察他们的反应，你可以调整自己的肢体表达方式，与他们更好地建立联系和沟通。

（7）自我意识和控制：要注意自己的身体语言并控制其表达。确保你的身体语言与你想要传达的信息和意图一致。要意识到自己的身体语言可能会传递一些无意的信息，因此，在重要场合或敏感话题中，要特别关注自己的身体姿势和动作。

4. 空间语言运用技巧

空间语言是一种非语言的沟通方式，通过利用空间的布局、位置和距离来传达信息和显示关系。

（1）利用距离：距离是空间语言中重要的元素之一。在与他人交往时，通过调整与对方的距离，可以传达不同的信息和关系。例如，站得过近可能会给对方带来不适，而保持适度的距离可以营造舒适和亲密的氛围。

（2）空间布局：合理的空间布局可以传达出组织与秩序的印象。在会议或某个场合中，选择适当的座位或位置，以显示你的角色和地位。例如，在会议桌上坐在主会议者的旁边，可以显示你的重要性或影响力。

（3）方向和朝向：身体和头部的朝向也是空间语言中的重要元素。将身体或头部朝向对话的对象，可以显示你的关注和参与。同时，注意与对话伙伴的眼睛或身体方向的一致性，以保持良好的交流互动。

（4）创造合适的环境：通过布置和装饰环境，可以影响人们的情绪和态度。创造一个舒适、温馨或专业的环境，可以促进有效的沟通和交流。

（5）文化适应性：在不同的文化环境中，了解并遵循当地的空间规范和习俗是非常重要的，这可以帮助你避免被误解或冒犯他人。

 **任务评价**

序号	评价项目	评价指标	分值	自评（20%）	互评（20%）	师评（60%）	合计
1	知识目标（40分）	掌握类语言沟通技巧	10				
		掌握面部语言沟通技巧	15				
		掌握身体语言和空间语言沟通技巧	15				
2	能力目标（30分）	能在日常生活及商务工作中灵活运用无声语言	10				
		能提升沟通的准确性和表达的力度	10				
		能增强自身的沟通能力	10				

续表

序号	评价项目	评价指标	分值	自评（20%）	互评（20%）	师评（60%）	合计
3	素质目标（30分）	认识无声语言的重要性，增强自身的语言交流的效果	10				
		养成良好的语言习惯	10				
		提升个人的语言素养	10				
合计			100				
综合得分							

 知识巩固

（一）单选题

1. 若注视对方的时间占全部时间的（　　）左右，表示友好；表示重视的比重为2/3左右；若注视对方的时间不到相处时间的1/4，则表示轻视。

A. 3/4　　　　　　　　B. 1/3　　　　　　　　C. 3/5　　　　　　　　D. 1/2

2. 走路时姿态美不美，关键在于行走的（　　）和步位。

A. 姿势　　　　　　　　　　　　　B. 状态

C. 步幅　　　　　　　　　　　　　D. 形态

3. 在面对面会议中，你想表达开放和友好的态度，应该采取的无声语言技巧是（　　）。

A. 微笑　　　　　　　　　　　　　B. 频繁点头

C. 交叉手臂　　　　　　　　　　　D. 眯起眼睛

4. 在与他人交谈时，你想显示出专注和关注，应该采取的无声语言技巧是（　　）。

A. 频繁张望周围　　　　　　　　　B. 保持身体朝向对方

C. 漫不经心地摆弄手中的物品　　　D. 避免眼神接触

5. 在某个正式场合中，你想传达出自信和领导力，应该采取的无声语言技巧是（　　）。

A. 低下头　　　　　　　　　　　　B. 手指不断敲击桌面

C. 站直身体，挺起腰杆　　　　　　D. 倚靠在墙壁上

6. 在与他人交流时，你想表现尊重和关心，应该采取的无声语言技巧是（　　）。

A. 不断触碰对方的手臂　　　　　　B. 避免眼神接触

C. 倾听并点头示意　　　　　　　　D. 摆出冷漠的表情

（二）判断题

1. 通过眯起眼睛可以显示出专注和认真的态度。　　　　　　　　　　　　（　　）

2. 频繁触碰对方的身体可以表达友好和亲密的关系。　　　　　　　　　　（　　）

3. 倾听并展示积极的肢体语言，如点头和微笑，可以表达你的关注和参与。（　　）

4. 经常转移注意力并避免眼神接触，可以表达自信和领导力。　　　（　）

三、任务拓展

服务员巧用无声语言

一天下午，一位聋哑人士来到一家餐厅用餐。他用手势和纸笔与服务员沟通，点了一份特色菜和一杯茶。服务员接受了订单，并向厨房转达。

当他的菜做好后，服务员将盘子放在托盘上，静静地走到聋哑人士的旁边。服务员轻轻地拍拍他的肩膀，示意他转过来。聋哑人士转身看到盛满美食的盘子，露出了满意的微笑。服务员把菜逐一指给他看，用手势告诉他这是他点的特色菜。聋哑人士点了点头，表示理解。

接着，服务员又将杯子指给聋哑人士看，并做出抓住的手势，示意这是他点的茶。聋哑人士再次点了点头，表示理解。服务员将盛茶的杯子放在托盘旁边，轻轻地拍拍聋哑人士的肩膀，示意他可以开始用餐了。

在整个过程中，服务员没有发出一丝声音，他通过手势、面部表情和肢体语言与聋哑人士进行有效沟通。聋哑人士通过这种无声的交流方式，感受到服务员的真诚和关心。他沉浸在美食中，感受到了来自餐厅的温暖和友善。

这个案例展示了哪些无声语言技巧，传递了哪些重要信息？

任务3 礼貌待人——端庄的仪容仪表
Mission three ←

仪容仪表是指个人在外表形象上所展现的外观和装饰，包括衣着、发型、妆容以及所佩戴的饰品等方面。它们在日常生活和社交场合中扮演着重要的角色，可以影响他人对我们的第一印象和态度。

仪容仪表对于形成良好的个人形象和展示个性风格至关重要。适合的衣着和发型可以展示我们对自己形象的关注和重视，体现整洁、得体的外表。化妆和护肤的合理运用可以增强自信和美感。配饰的选择和搭配则能够突出个人的风格和个性，使整体形象更加完整和有亮点。

当然，仪容仪表并不是唯一重要的方面，更重要的是内在品质和能力。外在的打扮只是展示内在品质和能力的一种方式，它们应该相辅相成。仪容仪表的目的是通过刻意塑造形象，传达自己的个性和态度，为我们的沟通和社交提供更多的可能性和更好的机会。

一、任务引入

小故事大道理

任务描述

又到一年毕业季，毕业班的女生张倩也和其他同学一样迎来了离别校园、步入社会的时刻。她积极地寻找适合自己的就业岗位，并幸运地收到一家心仪公司的面试通知，应聘商务文员的职位。张倩感到兴奋和喜悦，但同时也有一个疑虑：听说面试中职场着装非常重要，她不知道穿什么样的服装才算是适合职场的着装。现代社会注重个性化着装，但她是否可以穿运动装去面试呢？

根据具体情境，男生、女生分别完成对应的任务：

（1）请结合张倩应聘的职位，为她提供合适的职场服装搭配建议。

（2）女士：选出一名女生模特，观察模特的发型是否符合职场标准，如果不符合，应怎样改进？讨论女士在商务场合如何佩戴饰品；讨论职业女性化妆的注意事项。

（3）男士：课前准备一张男士公务西装图片，一张休闲西装图片，在课堂上讲解各自的特点；准备一张适合搭配西装穿着的衬衫图片，在课堂上讲解搭配西装的衬衫适合的材质、颜色、样式及花纹图案；学习一种领带的打法；讨论适合搭配西装的皮鞋款式；找出一张你认为饰品搭配适合正式场合的男士模特图片，并在课堂上进行小组讨论。

任务分析

每个公司（团队）成员学习并展示职场正确得体的站姿。请根据具体的场景、具体的角色，揣摩该角色（女士）如何着装、选择发型、搭配饰品和化妆；揣摩该角色（男士）如何搭配西装、衬衣、领带、皮鞋和饰品，并解释这样做的原因。

学习目标

知识目标：掌握职场女士适合的着装、发型、饰品及妆容，理解个人的仪容仪态对于打造个人形象、塑造企业文化和提升全社会文明程度的重要意义；掌握男士西装、衬衫、领带、皮鞋和饰品的选择。

能力目标：能选择适合职场女士的服装、发型、饰品和妆容；能正确挑选男士西装、衬衣、领带、皮鞋和饰品。掌握商务人员着装的技巧与要求。

素质目标：掌握得体的着装礼仪，举手投足彬彬有礼，提升审美观；具备商务人员基本的形象意识，提升商务素养和综合素养；规范仪容仪表，塑造职业形象。

课前准备

（1）通过网络或电话调研，结合张倩应聘的职位，为她提供合适的职场服装搭配建议。

（2）收集并观察不同职场环境中的女性发型特征。

（3）收集并观察在不同商务场合中女士饰品的佩戴使用情况。

（4）收集并观察在不同商务场合中职业女性化妆的特征。

（5）准备一张男士公务西装图片和休闲西装图片，在课堂上讲解各自的特点。

（6）准备一张适合搭配西装穿着的衬衫图片，在课堂上讲解搭配西装的衬衫适合的材质、颜色、样式及花纹图案。

（7）课前通过查找资料，学习一种领带的打法。

（8）课前小组讨论收集一款适合搭配西装的皮鞋款式，并准备一张照片。

（9）课前通过网络搜索和文献翻阅，找出一张你认为饰品搭配适合正式场合的男士模特图片，并在课堂上进行小组讨论。

二、任务实施

 任务工单

第一步：请结合张倩应聘的职位，为她提供合适的职场服装搭配建议（见表2-8）。

表2-8　职场服装搭配建议

情境：毕业班的女生张倩应聘商务文员的职位，但听说面试中职场着装非常重要，但不知道穿什么样的服装才算是适合职场的着装。请结合张倩应聘的职位，为她提供合适的职场服装搭配建议	
职场服装搭配建议	

第二步：每组选出一名女生模特，观察模特的发型是否符合职场标准，如果不符合，给出改进的建议（见表2-9）。

表2-9　女士发型改进建议

情境：一名女生模特，观察模特的发型是否符合职场标准（商务文员、销售专员、谈判代表、经理助理），如果不符合，给出改进的建议	
发型符合职场标准（商务文员、销售专员、谈判代表、经理助理）的理由	
发型不符合职场标准（商务文员、销售专员、谈判代表、经理助理）的改进建议	

第三步：女士在商务场合如何佩戴饰品（见表2-10）。

表2-10　女士配佩饰品改进建议

情境：女士佩戴的饰品是否符合商务职场的标准（商务文员、销售专员、谈判代表、经理助理），如果不符合，给出改进的建议	
女士佩戴的饰品符合商务职场标准（商务文员、销售专员、谈判代表、经理助理）的理由	
女士佩戴的饰品不符合商务职场标准（商务文员、销售专员、谈判代表、经理助理）的改进建议	

第四步：讨论并写出职业女性化妆的注意事项（见表2-11）。

表2-11　职业女性化妆的注意事项

情境：分组讨论职业女性（商务文员、销售专员、谈判代表、经理助理）化妆的注意事项	
底妆	
眼妆	
腮红和唇膏	

第五步：准备一张男士公务西装图片和休闲西装图片，在课堂上讲解各自的特点（见表2-12）。

表2-12　男士西装的优点与不足

情境：小组在课前准备一张男士公务西装图片和休闲西装图片，分析优点与不足	
男士公务西装的优点与不足	
男士休闲西装的优点与不足	

第六步：小组在课前准备一张适合男士搭配西装穿着的衬衫图片，在课堂上讲解搭配西装的衬衫适合的材质、颜色、样式及花纹图案（见表2-13）。

表2-13　适合搭配西装的衬衫

情境：小组在课前准备一张适合男士搭配西装穿着的衬衫图片，在课堂上讲解搭配西装的衬衫适合的材质、颜色、样式及花纹图案	
衬衫材质适合的理由	
衬衫颜色、样式及花纹图案适合的理由	

第七步：完成一种领带的打法（见表2-14）。

表2-14　领带打法

情境：小组在课前通过查找资料，学习一种领带的打法，将打好的领结拍照上传	
图片	分享

第八步：讨论适合搭配男士西装的皮鞋款式，准备一张皮鞋照片（见表2-15）。

表 2-15　适合搭配西装的皮鞋款式

情境：小组讨论适合搭配男士西装的皮鞋款式，并准备一张照片，说明适合的理由	
图片	分享

第九步：准备一张饰品搭配适合正式场合的男士模特图片，在课堂上进行小组讨论，完成表 2-16。

表 2-16　男士饰品选择

情境：准备一张你认为饰品搭配适合正式场合的男士模特图片，在课堂上进行小组讨论，阐述理由	
图片	分享

第十步：分公司（团队）上台展示汇报。

 知识传递

端庄的仪容仪表
（微课视频）

在日常的人际交往中，两个人初次见面，第一印象中的 55% 是来自外表，包括衣着、发型等；第一印象中的 38% 来自一个人的仪态，包括举手投足之间传达出来的气质、说话的声音、语调等；而只有 7% 的内容来源于简单的交谈。也就是说，第一印象中的 93% 都是关于外表形象的。

（一）女士着装

1. 女士职场衣柜必备

很多刚入职场的女性在上班之前往往都会对着衣柜发愁：我穿哪件衣服去公司才显得更专业，才不会被认为是菜鸟？上学时买的牛仔裤还可以穿吗？

（1）套装。

女士职场着装以套装为主，面料和男士正装一样，以羊毛、羊绒、棉、亚麻等为主，避免选择过度闪光的面料。

女士套装有两件套和三件套之分，两件套包括西装外套和长裤或西装外套和西装裙；三件套包括西装外套、长裤和西装裙，其中长裤和西装裙分别与西装外套搭配穿着。西装裙套装比长裤套装显得更传统和正式。西装裙的长度以到达膝盖以上约 2.5 厘米为宜。

相比男士西装，女士职场套装的色彩选择较多。除了传统的海军蓝、绛红色、灰褐色、炭灰色等深色，湖绿色、驼色、裸粉色等中性色现在也是女性套装的常用颜色。在正式商务场合，应尽量避免选择亮橙色、玫红色等色彩花哨华丽的套装。套装的图案可以选择条纹、方格、小波点等规则的几何图形，避免夸张图案和卡通图案。

（2）连衣裙。

在国际商务场合，女士可将无袖连衣裙搭配西装外套穿着。连衣裙的面料包括真丝、棉、亚麻及各种混纺面料等，颜色以白色、奶油色等保守色为主。

（3）衬衫。

女士衬衫的颜色可以有多种选择，只要与套装相匹配即可。白色、奶油色和米色的衬衫与大多数套装都能搭配。常见的女士衬衫面料包括真丝、纯棉和混纺，真丝是最好的衬衫面料，但是价格可能会高一些。纯棉是比较常见的衬衫面料，但要保证熨烫平整。

女士套装、连衣裙和衬衫如图 2-1 所示。

图 2-1　女士套装、连衣裙和衬衫

（4）丝袜和鞋。

女士穿裙子应当搭配干净、无破洞抽丝的长筒丝袜或连裤丝袜，颜色以肉色、黑色最为常用，肉色长筒丝袜配长裙、旗袍最为得体。女士的袜子一定要大小相宜，太大时就会往下掉，或者显得一高一低。尤其要注意，女士不能在公众场合整理自己的长筒袜，而且袜口不能露在裙摆外边；不要穿网袜或带图案的袜子，因为它会惹人注意你的腿部；应随身携带一双备用的透明丝袜，以防袜子拉丝或跳丝。

在正式商务场合中，女鞋（见图 2-2）不宜露脚趾、后跟或带有鞋襻，皮质要好。鞋的颜色应略深于套装颜色。鞋跟以 3~5 厘米高为宜。高跟鞋仅适宜工作以外的场合穿着。凉鞋、运动鞋都不适宜在商务场合穿着。

图 2-2　女鞋

（5）国际商务女士职场着装的注意事项。

①在穿着套装之前，一定要撕掉价格标签。

②在穿着套装、衬衫之前，务必将服装熨烫平整。

③在正式场合，套装的扣子一定要全部系好。

④穿着之前，认真检查服装是否有掉扣，丝袜是否有抽丝和破洞情况。

⑤一身的颜色，包括皮鞋、皮包的颜色，不得超过 3 种。

⑥在正式场合中，任何情况下，都不要卷起袖口和裤腿。

 商道秘籍

职场绝对不可以穿着的服装类型。

（1）背心。

（2）过度紧身的服装。

（3）过度暴露的服装。

（4）透视面料的服装。

（5）过度短小的服装。

（6）破洞、褪色的牛仔裤。

2. 商务着装的 TPO 原则

在商务场合中，衣着体现一个人的气质和品位，职场着装要想规范、得体，就要牢记并严守 TPO 原则。T、P、O 三个字母，分别是时间（Time）、地点（Place）、场合（Occasion）这三个英文单词的缩写。也就是说，职场女士在选择职场服饰时，首先应当兼顾时间、地点和场合，并应力求使自己的着装与着装的时间、地点、场合和谐相配。

（1）时间原则。

着装的时间原则有时间性、四季性、年龄性和时代性四个特征。

第一，时间性是指着装应考虑一天的时间变化。通常来讲，白天工作时，应根据自身的工作性质，选择合适的职场服装，以体现专业性；而晚间的宴请、音乐会等则比较正规，以晚礼服等为主，符合典雅端庄原则。

第二，四季性是指着装应考虑一年中春、夏、秋、冬四季气候条件的变化对着装的心理和生理的影响。冬天的服饰应以保暖、轻快、简练为原则。夏天的服饰应以简洁、凉爽、大方为原则，拖沓累赘的装饰，会使周围的人产生闷热烦躁的感觉，自己也会因为汗水渍而显得局促不安。

第三，年龄性是指着装应与年龄相吻合。由于年龄的差异，服装的款式和色彩均有差异。在踏入职场之后，穿着打扮应顺应年龄的增长、职位的改变，主动回避那些慵懒随意的学生形象或者娇娇女般的公主风格。

第四，时间原则的第四个特征——时代性，是指时代间的差异。着装要顺应时代的潮流和节奏，过分复古（落伍）或过分新奇（超前）都会令人刮目，会拉大与公众的心理距离。

（2）地点原则。

在职场中，应穿职业套装，以显得专业；外出时，要顾及当地的传统和风俗习惯，如去教堂或寺庙等场所，不能穿过露或过短的服装。

（3）场合原则。

场合原则是指服饰要与穿着场合的气氛相协调。在面对客户的正式商务场合，衣着应庄重大方，如男士应着西装套装或职业制服；女士可着套装、套裙，切忌服装色彩过于鲜艳。在办公室等商务休闲场合下，夹克、便装可以体现开放、友好的工作气氛。

技能训练

请分组讨论不同场合下（如商务会议、商务晚宴、商务谈判等）的衣着礼仪要求，并填入表2-17中。

表2-17　不同场合的衣着礼仪要求

场合	衣着礼仪要求
商务会议	
商务晚宴	
商务谈判	

（二）女士发型

初次和客户见面，对方首先注意到的是你的头部，因此发型在第一印象中占据了较大的比例。时尚白领的发型应体现职业、干练、知性、简洁的特征。蓬头垢面的形象，容易给人不修边幅的印象；而马尾辫或者清汤挂面的长发则容易让人感觉你还是学生，不能够胜任目前的工作。

1. 整洁

不管是长发还是短发，都应保持发型整洁，定期洗头，避免出现油腻、头皮屑等问题。长发不要披散在肩上，应盘起来或者梳成发髻，露出额头和眉毛，碎发最好用定型水固定，增添自信和干练气质。

2. 简单

不宜烫染过于夸张的发型发色。女士的头发最好不挡住眼睛，出席正式商务活动最好将长发挽起来。头发上也不要佩戴过分花哨夸张的发饰。

3. 发型与脸型的搭配

（1）适合圆脸型的发型。

尽量不留刘海，侧分可以增加高度；脸部两侧的头发宜稍长，长过下巴是最理想的；两边的头发要紧贴耳际，不要露出耳朵，把脸圆的部分盖住，显得脸长一些。

（2）适合长脸型的发型。

以多层次、两侧蓬松的发型为宜。同时可以在前额处留刘海，前额的刘海可以缩短脸的长度，两边修剪少许短发，盖住腮帮，脸就不显得长了。

（3）适合方脸型的发型。

以多层次、柔和的发型为主。顶部头发蓬松，刘海一定要短甚至不要刘海，弱化脸部的硬线条。最简单的就是选用斜的偏分刘海，使脸型变得柔和。

（4）适合倒三角或菱形脸型的发型。

适合留短发。上面的头发要蓬松，下面轻盈一点，层次感强一些，修剪出刘海可以显得有亲和力。

 商道秘籍

发型与脸型搭配的六大误区。

（1）圆脸型中分。

（2）长脸型不留刘海。

（3）方脸型剪平直或中分发型。

（4）东方人做沉重的大卷发。

（5）倒三角或菱形脸型梳厚重的发型。

（6）脸大剪清爽的短发。

（三）女士饰品搭配

职场女士常用的饰品包括手袋、首饰、丝巾等。

1. 手袋

职业女性在包的选择上，应从"上"而为。如果你所在的公司或你的行业要求在你这个层次的人员使用某种特定类型的提包，那你最好这样做。购买公文包时应注意以下几点。

（1）公文包不应显得过于男性化，不要买过大的提包。

（2）棕色或茶色的公文包为女士公文包的基本色。

（3）一个公文包内的设计工艺比其外观重要得多。购买公文包之前，最好把你日常用到的所有文件都带上，看看是否合适。

（4）不要买样式过于夸张的公文包，公文包一定要使人看上去显得职业化。

2. 首饰

在职场上合理地选用首饰能够反映审美品位和素养，职场女性需要表现干练却又不失女性角色优雅的一面，佩戴适当的饰品才能为整体造型加分。商务场合选择饰品应注意以下几点。

（1）服装款式与首饰搭配。

搭配职业装需要选择简练大方的首饰，如服装是偏休闲的，则可以佩戴一些比较有造型艺术的首饰，这样能更好地彰显你的个性；如穿着的是直线条、块面组合的简洁套装，则可以佩戴一些精巧的小耳钉或者串珠、挂件项链，这样更能彰显白领丽人的干净雅致。

（2）根据服装颜色搭配首饰。

除了服装的款式，首饰搭配也需要注意色彩上的搭配，冷色系服装以冷色系首饰为主搭配，如铂金或银饰等，暖色系服装则以金色或珍珠装点。当然也可以考虑配套首饰，这类首饰色彩造型一致，能够形成很好的连贯统一的视觉效果，在正式场合中选用与服装相称的套件首饰，可显得隆重且气派不凡，大多数时候两件套首饰最受青睐。

（3）根据不同场合搭配首饰。

若是在职场办公区，想在职场上表现出色的女性，可以选择一些简约大气的款式，在突出干练气质的同时，又能很好地展现优雅的气质；若是经常需要外出的上班族，则可以成对搭配首饰，以增加个人印象；久坐办公室的上班族或长时间使用计算机的女性，则可选择耳环及项链，如使用手部较多，戴戒指容易影响手指的灵活度，可选择更简单的戒指款式。

3. 丝巾

丝巾（见图2-3）的轻盈飘逸和柔亮光泽可以衬托女性的柔美气质，增添女性的魅力。根据尺寸，丝巾可以分成方巾和长条巾两种。一般主流丝巾的材质为丝质，其中以桑蚕丝为原料的丝质丝巾为首选，桑蚕丝具有珠光及柔软纤细的质地，此材质与任何质料的服装都可搭配，具有画龙点睛的效果。其他材质有亚麻、棉质、羊毛、呢、混纺等，可根据不同的季节选择。

图2-3　丝巾

 技能训练

小组讨论职场丝巾的打法，将小组打好的丝巾拍照填入表2-18中。

表2-18　丝巾的不同打法

丝巾的打法	图片分享
正面蝴蝶结	
侧边打结	
领带法	
平叠法	
红领巾法	
发带结	

（四）女士化妆

很多刚刚步入职场的女生常常有这种困惑：上班必须要化妆吗？素颜有什么不好？不是说"清水出芙蓉"最美吗？事实并非如此，化妆是对他人的一种尊重，尤其在职场中，保持良好的个人形象和适当的妆容会让你显得更专业和有权威感。

1. 妆成却似无

商务人员应化淡妆。职场妆容与生活妆容不同，没有经过专业培训的职场新人，很可能踏入化妆误区而适得其反，给他人留下不好的印象。职场化妆礼仪要求化妆后的效果是简约、清丽、素雅，具有鲜明的立体感。它既要给人以深刻的印象，又不容许显得脂粉气十足。总体来说，就是既清淡又传神。

2. 妆容的统一

首先，妆容应上下统一。很多初接触化妆的女性很容易犯的一个错误是脸和脖子的颜色不一样。原因主要有两个：一个是很多女性忘记或者怕麻烦只在脸上涂了粉底，而忽略了脖子上的大面积皮肤；另一个原因是肤色偏暗的女性在选粉底的时候一味求白，而没有考虑个人的肤色，结果也会出现尴尬的境遇。其次，妆容应该与服装统一。蓝色、紫色等冷色系的服装应搭配粉色、浅紫色等冷色系的妆容；而橙色、大红色等暖色系的服装则应搭配橙色、酒红色的暖色妆容。

职场化妆技巧

1. 底妆

粉底液分额头、两侧脸颊两部分涂抹：脸颊部位用手指从内向外涂开，顺便涂嘴周围；额头部分从中间向两边涂开，顺便向下涂鼻子和上眼皮。粉底涂开后，用海绵按压，可以使粉底更好地贴合肌肤，不易脱妆。用粉扑轻轻蘸上散粉在脸上滑过，薄薄地涂一层散粉，更容易上彩妆，而且可以使皮肤看起来更细腻。

2. 眼妆

（1）涂眼影。用眼影刷蘸棕色眼影粉，涂整个上眼皮及下眼皮靠近眼尾一侧1/3处。

（2）画眼线。把眼线笔的黑墨涂在棉签上，用棉签左右小幅涂抹更容易一次成功。

（3）用睫毛夹卷睫毛。睫毛根部、中间、头部分3次夹，会让你拥有自然上翘的睫毛。

（4）涂睫毛膏。上睫毛用睫毛刷左右来回涂，使睫毛上全部涂满。下睫毛用睫毛刷的尖部轻轻扫过即可。

（5）画眉。首先找到眉头、眉峰、眉尾。用眉刷蘸取眉粉，眉粉的颜色应接近发色。从眉头扫至眉峰再到眉尾。刷眉粉时，力度应从重到轻，在眉尾处轻轻带过即可。如果眉毛比较稀少，先用眉刷蘸取眉膏填充出完整的眉形，尤其要画出比较清晰的眉尾。用眉扫将画过的眉毛，以略微倾斜的角度轻刷，让眉色和眉形看上去更自然。

3. 腮红

用腮红刷蘸少许腮红粉，在纸巾上按两下，去掉不必要的余粉，从脸部中央处开始涂刷。

4. 唇膏

用手指蘸少许唇膏涂在唇上即可。唇膏上面可以涂一层唇蜜，这会让你看起来神采奕奕。

根据所提供的化妆品，练习职场化妆（每一组自备化妆品一套），并拍照填入表2-19中。

表 2-19　分不同场合化妆

化妆效果	图片分享
参加公司会议化妆效果	
参加公司晚宴化妆效果	

（五）男士西装的挑选

挑选西装是一门艺术，细节上的差别都会对形象的塑造产生很大的影响。按功能分类，西装可分为公务西装、休闲西装、礼服西装等。鉴于西装在对外活动中往往充当正装或礼服，西装面料的选择应力求高档。按照惯例，越是正规的场合，越讲究穿单色西装。下面简要介绍公务西装和休闲西装的穿着要领。

1. 公务西装的穿着要领

公务西装的挺度和坠度都比较好，虽然款式比较简单，但能极大限度地修饰男士身材，是商务男士最好的"战袍"。

西装套装如作为正式交际场合的礼服，色彩应较暗、沉稳，以藏蓝色、灰色为主，且无明显的花纹图案，西装套装上下装的颜色应一致，最好用毛料制作，裁剪合体，整洁笔挺。在半正式交际场合，如在办公室参加一般性的会见，可穿色调比较浅的西装。

穿双排扣的西装一般应将纽扣都扣上。穿单排扣的西装，一粒扣的，扣或不扣都可以；两粒扣的，扣顶端一颗；三粒扣的，扣顶端前两颗。西装穿着应站时系扣，坐时解扣。西装的衣袋和裤袋里不宜放东西。西装的左胸外面有个口袋，这是用来插手帕的，起装饰作用，在此口袋里不宜插钢笔或放置其他物品。

穿着西装的步骤

第一步，拆除商标。穿西装前，要把上衣左袖口的商标或质地的标志拆掉。有些高档西装在购买后，售货员就拆除了。

第二步，扣好纽扣。不管穿什么衣服都要注意把扣子扣好，而穿西装时上衣纽扣的系法讲究最多。起身站立后，上衣的纽扣应当系上。就坐后，上衣的纽扣可以解开，以防衣服走样。如果是单排扣上衣，里面穿了背心或羊毛衫，站着的时候可以不系扣子。

第三步，避免卷挽。不可以当众随心所欲地脱下西装上衣，也不能把衣袖挽上去或卷起西裤的裤腿，否则就显得粗俗、失礼。

第四步，减负。为使西装在外观上不走样，西装口袋就要少装甚至不装东西。上衣、背心和裤子也要这样。西装上衣的外胸口袋除了放用来装饰的真丝手帕，不要再放其他东西。内侧的胸袋，可以放钢笔、钱夹或名片夹，但不要放过大过厚的东西。外侧下方的两个大口袋，原则上不放东西。

 **技能训练**

演练西装套装的穿着步骤并讨论注意事项，然后拍照填入表2-20中。

表2-20　面装套装的穿着效果

穿着效果	图片分享
西装套装的穿着效果	

2. 休闲西装的穿着要领

休闲西装的款式多样，面料也比较容易皱，一般会采用一些天然纤维（棉、麻、毛、皮等），是商务人士非正式场合的必备之选。

在半正式交际场合，如在办公室参加一般性的会见，可穿色调比较浅的西装。在非正式场合，如外出游玩、购物等，如穿西装，最好是穿单件的上装，配以其他色调和面料的裤子。大格子浅灰色西装，搭配深蓝色的窄领带，即便在休闲场合穿着，也能在人群之中突显出来，并且显得非常帅气、个性和时尚。

 **商道秘籍**

男士的西装混搭

西装是男人衣柜里必须保留的单品，就像每个女人都应该拥有一件小黑裙一样。出席正式场合需要正式的西装套装，日常穿休闲西装可以有不同风格的搭配。

1. 牛仔夹克当内搭

西装里的内搭已经不再只有衬衫、马夹和毛衣了，现在连牛仔夹克都被穿在里面。从敞开的领口里能很清楚地看到牛仔夹克的质感轮廓，两种质感的面料混合在一起，有种很奇妙的和谐感。当然，西装肯定要选择休闲款。

2. 颜色丰富的围巾

若单穿西装太单调，可以在配饰方面下功夫。除了领带、胸针、口袋巾，还可以选一条颜色丰富的围巾，温暖又时髦，若能配上合适的帽子更佳。

 **技能训练**

搜索娱乐界男士与商界男士穿着西装的图片，讨论并点评他们的穿着是否符合参加的场合，然后填入表2-21中。

表2-21　不同场合男士穿着西装点评

娱乐界男士	商界男士

（六）男士衬衫的选择

衬衫是男士着西装的点睛之笔，一件质地精良、搭配得宜的衬衫不仅可以完美地呈现男人的优雅，还能为男人的形象锦上添花，可谓男人形象的最佳注脚。

1. 正装衬衫的选择

和西装一起穿的衬衫，应当是长袖的，材质以纯棉、纯毛制品为主。以棉、毛为主要成分的混纺衬衫，也可以酌情选择。正装衬衫必须是单一色彩，白色衬衫是最佳选择。另外，蓝色、灰色、棕色、黑色也可以考虑。正装衬衫最好是没有任何图案的。较细的竖条衬衫在普通商务活动中也可以穿着，但不要和竖条纹的西装搭配。印花衬衫、格子衬衫，以及带有人物、动物、植物、文字、建筑物等图案的衬衫，都不是正装衬衫。

正装衬衫的领型多为方领、短领和长领。具体选择时，要兼顾自己的脸型、脖长及领带结的大小，它们之间反差不要过大。立领、翼领和异色领的衬衫，不太适合和正装西装相搭配。

当正装衬衫和西装配套时，应注意以下几点。

一是要系上衣扣。穿西装时，衬衫的所有纽扣都要系好。只有在不打领带时，才可以解开衬衫的领扣。

二是下摆要收好。穿长袖衬衫时，要把下摆均匀地掖到裤腰里面。

三是大小要合身。除休闲衬衫，衬衫都不要太短小紧身，也不要过分宽松肥大、松松垮垮，一定要大小合身。衣领和胸围要松紧适度，下摆不能过短。在自己的办公室里，可以暂时脱掉西装外套，直接穿长袖衬衫、打上领带。

2. 正装衬衫的穿着要领

（1）衬衫款型要分清。正式场合配穿西装或礼服时，应选穿内穿型衬衫；衬衫穿在夹克衫或中山装里面时，以内穿型最好，内外兼穿型次之。当衬衫仅作为外衣穿着时，外穿型或内外兼穿型是比较适当的选择。

（2）正规场合应穿白衬衫或浅色衬衫，配以深色西装和领带，以显庄重。

（3）衬衫袖子应比西装袖子长1厘米左右，这既可体现着装的层次，又能保持西装袖口的清洁。

（4）当衬衫搭配领带穿着时（不论配穿西装与否），必须将领口的纽扣和袖口的纽扣全部扣上，以显示男士的刚性和力度。

（5）衬衫领子的大小，以塞进一个手指的富余量为宜。脖子细长者，尤忌领口太大，否则会给人羸弱之感。

（6）不系领带配穿西装时，衬衫领口处的一粒纽扣绝对不能扣上，而门襟上的纽扣则必须全部扣上，否则就会显得过于随便和缺乏修养。

（7）配穿西装时，衬衫的下摆忌穿在裤腰之外，这样会给人不伦不类之感；反之，则会使人显得更精神抖擞、充满自信。

（8）应尽量选穿曲下摆式样的衬衫，既便于下摆掖进裤腰内，又使穿着舒适，腰臀部位平服美观。

（9）外穿型衬衫忌穿在任何外套里面（尤其是西装），避免给人臃肿、不和谐的感觉。

（10）正规的短袖衬衫可搭配领带出现于正式场合。这既适应气候环境，又不失男子汉风度。

（11）新买的衬衫，必须洗涤之后再穿，以除去生产过程中可能存在的脏污，确保贴身穿着时清洁卫生。

（12）男士衬衫应勤洗勤换，穿脏领子衬衫者，会给人不负责任之感。

（七）男士领带的选择

英国著名的剧作家奥斯卡·王尔德曾说过："学会系好领带是男人生活中最严肃的一步。"领带是男人的概念和风格，是男人每日变换服装效果最有效的工具。领带虽然是一件小小的配饰，却对男士的形象起着不可忽视的作用。

1. 领带的选择

领带是男士衣着品位和绅士风度的象征，凡在比较正式的场合，穿西装都须系领带。领带最高档、最正宗的面料是真丝与纯毛。除此之外，尼龙亦可制作领带，但其档次较低。其他面料如棉、麻、皮革、塑料、纸张、珍珠等制作的领带，大多不适合在正式场合使用。

领带的花色有纯色、圆点、佩斯利花纹、斜条纹、小花纹、格子花纹等。斜条纹、圆点、纯色领带显得正式，小花纹、佩斯利花纹领带显得古典，而格子、针织（平头）领带显得轻松和休闲。

一般来说，越素的花色越稳妥。在领带的选择上，必须依照衬衫的颜色来搭配，而领带的花纹或图案，也应以保守沉稳为宜，如斜纹、小圆点、小方块或规则重复的小图案等，都是不错的选择。无论同色系还是对比色彩的搭配，只要使领带具有画龙点睛的效果，整体造型就能十分突出，品味也就能立即展现。

领带的长度

成人日常所用的领带（见图2-4），通常长130~150厘米。恰当的领带长度根据人的身高及领带的打法来定：领带打好之后，外侧应略长于内侧，其标准的长度应当是领带的尖端恰好触及皮带扣。这样，当外穿的西装上衣系上扣子后，领带的下端便不会从衣服下面"探头探脑"地露出来。出于这一考虑，不提倡在正式场合选用难以调节其长度的"一拉得"的领带。

图2-4　领带

2. 领带的打法

（1）平结：平结是男士选用最多的领带打法之一，几乎适用于各种材质的领带。完成后领带呈斜三角形，适合窄领衬衫。

（2）双环结：一条质地细致的领带搭配双环结，颇能营造时尚感。双环结适合年轻的上班族选用。该领结的特色在于第一圈会稍露出于第二圈之外，切勿刻意将其掩盖。

（3）交叉结：交叉结是单色素雅质料且较薄的领带适合选用的打法。喜欢展现流行感的男士不妨多使用交叉结。交叉结的特点在于打出的结有一道分割线，适用于颜色素雅且质地较薄的领带，非常时尚。

（4）四手结：四手结是所有领结中最容易上手的，适用于各种款式的浪漫系列的衬衫及领带。因为它通过4个步骤就能完成打结，故名为四手结。它是最便捷的领带系法，适合宽度较窄的领带，搭配窄领衬衫，风格休闲，适用于普通场合。

（5）温莎结：温莎结是最正统的领带系法，打出的结呈正三角形，饱满有力，适合搭配宽领衬衫，用于出席正式场合。该结应多往横向发展，避免选择材质过厚的领带，结也勿打得过大。

（6）半温莎结（十字结）：半温莎结（十字结）是温莎结的改良版，最适合搭配浪漫的尖领及标准式领口系列衬衣。半温莎结是一个形状对称的领带结，它比普瑞特结略大而比温莎结小，适合较细的领带，以及搭配小尖领与标准领的衬衫，但不适用于质地厚的领带。

（7）亚伯特王子结：亚伯特王子结适用于浪漫扣领及尖领系列的衬衫，搭配质料柔软的细款领带。该结要绕3圈，因此领带切莫选择较厚的质地。

（8）浪漫结：浪漫结是一种完美的结型，故适用于各种浪漫系列的领口及衬衫。浪漫结能够靠褶的调整自由放大或缩小，而剩余部分的长度也能根据实际需要任意掌控。浪漫结的领带结形状匀称，领带线条顺直优美，容易给人留下正直严谨的良好印象。领带的打法如图2-5所示。

平结　　　　　　交叉结　　　　　　半温莎结　　　　　　四手结

温莎结　　　　　　双环结　　　　　　浪漫结　　　　　　亚伯特王子结

图2-5　领带的打法

商道秘籍

温莎结

温莎结是一个形状对称、尺寸较大的领带结，适合宽衣领衬衫及商务和政治场合。温莎结的缺点是不适合搭配狭窄衣领的衬衫。如果使用厚的领带，打出来的温莎结将会太大。温莎结并不是温莎公爵发明的，而是出自他的父亲乔治五世。但由于温莎公爵善于研究，并由衷地喜欢他父亲这种领带结的打法，故在出席很多公开场合时都搭配温莎结，间接推动了日后温莎结名扬天下的进程。

技能训练

练习平结、交叉结、温莎结、十字结和浪漫结的打法，拍照将图片填入表2-22中。

表2-22　领带的打法

领带打法	图片分享
平结	
交叉结	
温莎结	
十字结	
浪漫结	

（八）男士皮鞋的选择

一双好的皮鞋不仅穿起来健康舒适，还能体现一位男士对形象的用心，关系到个人的仪表风度，是一位男士魅力的最好证明。对于崇尚成熟稳重的成年男士而言，皮鞋绝对是首选。这里主要介绍几种常见款式皮鞋的特点及其搭配方式，分别是牛津鞋、布洛克鞋、德比鞋、僧侣鞋及乐福鞋。

（1）牛津鞋。牛津鞋是目前最为正式的鞋，可搭配的范围很广，搭配正式的西装套装和商务便装均可。牛津鞋的特点是鞋头及鞋身两侧做出如雕花般的翼纹设计，不仅为皮鞋带来装饰性的变化，更透露出低调雅致的人文情怀，勾勒出典雅的绅士风范。牛津鞋比较适用于严肃正式的场合，通常情况下都是搭配正装，所以经典百搭的黑色是首选。

（2）布洛克鞋。布洛克鞋的特征是鞋头有着精致的花卉钉孔图案，装饰性孔眼和锯齿状拼接，W形的孔眼排列最经典，被称为翼尖型纹案。鞋头处孔眼的设计初衷是沥出在湿地步行时渗入鞋内的水。布洛克鞋一定要选择最经典的棕色，它绝对是实穿百搭的典范。

（3）德比鞋。德比鞋也属于正装皮鞋，其正式度次于牛津鞋。与牛津鞋相比，德比鞋的鞋舌和鞋面是连在一起的。穿好后的牛津鞋看不到鞋舌，而德比鞋可以。德比鞋是在欧洲非常流行的一种绑带鞋的统称，鞋子的设计颇具舒适感。

（4）僧侣鞋。僧侣鞋也被称为孟克鞋，是商务场所正式度第二高的正装皮鞋。它标志性的特征是横跨脚面、有金属扣环的横向搭带，分单扣和双扣的款式。僧侣鞋最早出现于系带鞋发明之前，因此是西方最古老的鞋种之一。

（5）乐福鞋。乐福鞋指的是无鞋带的平底或低帮皮鞋，特点是易穿易脱，是男性便装鞋中的经典款式。乐福鞋最早流行于美国东部校园，因在横跨鞋面的带子上有一个刚好能塞下 1 美分硬币的菱形切口而得名。乐福鞋是男士休闲皮鞋里的经典款式，最能凸显男士优雅气质。男士皮鞋如图 2-6 所示。

牛津鞋　　　　　　　　　布洛克鞋　　　　　　　　乐福鞋

德比鞋　　　　　　　　　僧侣鞋

图 2-6　男士皮鞋

 **商道秘籍**

正装皮鞋的颜色搭配技巧

正装皮鞋应选择比衣服更暗的颜色。浅色的皮鞋或袜子会把他人的视线吸引到脚部，连带着把视线引到下半身，会显得人个子较矮。深海蓝色或灰色套装搭配黑色皮鞋或棕色皮鞋，棕色色调的套装配棕色皮鞋。

其一，最易搭配的方法是裤、袜、鞋采用色系组合。

其二，也可以裤子与鞋用同色系，而袜子用不同的颜色，但应避免反差太大的颜色，如黑与白。

其三，裤子为一种颜色，而鞋和袜子用同色系，这样更能突出个性。每个人只有结合自己的特点和个性来选择，才可取得良好的效果。

 技能训练

讨论比较常见的藏蓝色、中灰色、炭黑色、棕色和黑色西装分别与哪些颜色的皮鞋相搭配，并填入表 2-23 中。

表 2-23　西装与皮鞋的搭配

西装颜色	皮鞋颜色
藏蓝色	
中灰色	
炭黑色	
棕色	
黑色	

（九）男士饰品的选择

1. 皮带

男士的穿着不像女士那样可以百变，也不像女士那样可以不系腰带，所以，男士要表现自己的优雅，就少不了腰间的一根皮带。皮带的质地通常有猪革、牛皮、羊皮、鳄鱼皮和帆布，这些类型的皮带由于本身材质和加工工艺的不同，会呈现迥异的风格。高质量的皮带应该是全皮的，牛皮通常是制作正装皮带最常用的材质。

在皮带的选择上，男士请千万保持低调，不要轻易使用式样新奇的皮带。黑色、栗色或棕色的皮带配以钢质、金质或银质的皮带扣比较正统，它们既可搭配各种衣服，又适合各种场合，还可以很好地表现职业气质。皮带花色的选择应该同衣着的搭配相适宜。在正装场合中，皮带的花色应与皮鞋的颜色相统一。黑色的皮带可谓"万能皮带"，因为它与任何服饰在一起搭配都不会特别显眼。

正装皮带的特点

正装皮带的款式为针扣皮带，风格简洁，扣头上最好无明显图案。其颜色以黑色、棕色为主，材质是真皮，主要用来搭配西装和皮鞋，皮带宽为 3 厘米，不能过宽或过窄。正装皮带应该有 5 个孔，第三个（或中间）孔应该是正好用到的。

皮带的材质一般采用全植鞣头层黄牛皮。双层薄牛皮中间夹硬革芯，不能太厚，外层要光面。单层厚牛皮一般不用来做正装皮带。扣头以原色纯铜为佳，也可以用镀铂、镀铑工艺。缝线要细密，最好是上下都有缝线。

演练正装皮带的选择和使用，并拍照将图片填入表 2-24 中。

表 2-24　正装皮带的选择

正装皮带	图片分享

2. 手表

手表是男士不可或缺的饰品之一。手表的选择应遵循尊贵、简约、大方的原则，不能过分夸张。就出席商务场合的男士而言，手表的形状宜庄重、保守，特别是职位较高和年长的男士，切忌选择怪异、新潮的手表。一般情况下，正方形、长方形、正圆形、椭圆形、菱形等款式的手表是男士的最佳选择，因为这些形状最能体现男士的成熟稳重。

手表的颜色宜选择单色、双色，切忌选择繁杂凌乱的色彩。通常情况下，金色、银色、棕色、黑色是男士最理想的选择。

 **商道秘籍**

男士手表的搭配法则

（1）比起那些让人眼花缭乱的复杂功能手表，简洁的黑白色盘面手表更适合正装。

（2）粗重的表壳在正装搭配中不太实际，手表越薄越好。

（3）中规中矩的圆形表壳是最稳妥的款型；酒桶形或方圆形也可以，不刻板，给人的印象是容易接受新事物。

（4）纯金手表虽然有保值的功能，但金灿灿让人眼晕的手表，还是不免有炫耀之嫌。相比之下，钢款和钛金会显得更有风度，如果要选择金色，玫瑰金是个不错的选择。

（5）选择黑色或者深棕色的鳄鱼皮表带，蛇皮这种材质更适合喜欢朋克的年轻人。

（6）基本的防水和日期功能足够日常使用，一只带有排氦阀门和醒目刻度表圈的粗重手表，更适合休闲时佩戴。

 **技能训练**

讨论职场新人第一次购买手表比较合适的价位，并填入表2-25中。

表2-25　选择手表

手表样式	价位

3. 袖扣

对于讲求品味的绅士而言，能够体现其男人魅力的服饰细节还有袖扣。袖扣是一种老式的衬衫扣具，号称男士唯一的专用饰品，只能配法式双叠衬衫使用。因其材质多选用贵重金属，有的还要镶嵌钻石、宝石等，所以袖扣从诞生起就被戴上了贵族的光环，也因此成为人们衡量男士品位的不二单品，而其挑选、搭配、使用都是男士的一门学问。

在出席严肃的正式场合时，如果穿着套装，袖扣颜色最好与手表的颜色相搭配，材质最好是高级金属，可以配以天然材料，如石头、贝壳等。纯金属材质的袖扣，沉稳大气，且因为其颜色单纯而具有较高的搭配性，适合低调内敛的男士，也是入门级男士的安全之选。

商道秘籍

袖扣的颜色搭配技巧

在颜色搭配上，如果是西装，袖扣的颜色尽量以冷色为主。黑、白、灰衬衫搭配银色袖扣，有沉稳、高贵的效果。黑色袖扣是百搭单品，搭配白色衬衫、黑色礼服或者正式的套装都很合适。

技能训练

练习使用袖扣，并拍照将图片填入表 2-26 中。

表 2-26　练习使用袖扣

袖扣效果	图片分享

4. 公文包

公文包是职场人士必备的，也是最适合西装的箱包种类。为了配合西装的犀利造型，公文包的设计一般采取简约大方的风格，尽量与服装的色调统一，颜色首选黑色。手拿包偏新潮，适合非正式的休闲装扮。

公文包的功能并非越多越好，要考虑实用、耐用、舒适等多个方面。公文包的容量要足够大，能装得下 A4 纸大小的文件、笔记本计算机及其他物品。在皮料上，职场男士挑选公文包最好选择皮质柔软易打理的头层牛皮材质。从实用角度看，最好选择手拎/肩背两式的公文包，以便于携带。

 商道秘籍

职场公文包的选购技巧

随身的公文包就像男人的一张隐形名片，适合自己的公文包是品位的象征。首先，公文包最好与日常经常穿着的服装色调统一，以黑色的公文包搭配深色的西装，黄色或者咖啡色的公文包搭配浅色西装为最佳。

其次，有些金属包上会有明显的金属扣环，选购的时候一定要注意这个细节，因为这个金属扣环的质量是判断一个公文包好坏的标准，也是品位的一个象征。

 技能训练

小组讨论公文包的色彩和款式与西装的搭配，并将讨论结果填入表 2-27 中。

表 2-27　公文包的搭配

公文包的色彩和款式	适合的西装

📑 任务评价

序号	评价项目	评价指标	分值	自评（20%）	互评（20%）	师评（60%）	合计
1	知识目标（40分）	掌握职场女士适合的着装、发型、饰品及妆容	10				
		理解个人的仪容仪态对于打造个人形象、塑造企业文化和提升全社会文明程度的重要意义	10				
		掌握男士西装、衬衫的选择	10				
		掌握男士领带、皮鞋、饰品的选择	10				
2	能力目标（30分）	能选择适合职场女士的服装、发型、饰品和妆容	10				
		能正确挑选男士西装、衬衫、领带、皮鞋和饰品	10				
		掌握商务人员着装的技巧与要求	10				
3	素质目标（30分）	掌握得体的着装礼仪，举手投足彬彬有礼，提升审美观	10				
		具备商务人员基本的形象意识，提升商务素养和综合素养	10				
		规范仪容仪表，塑造职业形象	10				
合计			100				
综合得分							

📑 知识巩固

（一）单选题

1. 对于正式场合的女士礼服，以下选项中哪种是不合适的？（   ）

A. 短裙　　　　　　　　B. 长裙　　　　　　　　C. 裤装　　　　　　　　D. 运动装

2. 在商务场合，以下选项中哪种发型适合女士？（　　　）

A. 高马尾 　　　　　　　　　　　　B. 自然直发

C. 凌乱的卷发　　　　　　　　　　　D. 扎起的低麻花辫

3. 在正式场合，以下选项中哪种首饰搭配是合适的？（　　　）

A. 夸张的大号耳环和颈链　　　　　　B. 简约的珍珠耳环和项链

C. 多层次的金属项链和手镯　　　　　D. 鲜艳的彩色手链和戒指

4. 在正式场合，以下选项中哪种鞋子是不合适的？（　　　）

A. 尖头高跟鞋　　　B. 小白鞋　　　C. 细高跟鞋　　　D. 坡跟鞋

5. 在正式场合，以下选项中哪种妆容是合适的？（　　　）

A. 鲜艳的浓妆　　　　　　　　　　　B. 自然淡妆

C. 强调眼部的烟熏妆　　　　　　　　D. 夸张的彩妆

6. 在正式场合穿着西装，以下选项中哪种颜色是常见且合适的？（　　　）

A. 鲜艳的红色　　　B. 深灰色　　　C. 橙色　　　D. 蓝色

7. 在商务场合，以下选项中哪种发型适合男士？（　　　）

A. 长发披肩　　　B. 平头　　　C. 自然卷发　　　D. 蓬乱的发型

8. 在正式场合，以下选项中哪种腰带搭配是合适的？（　　　）

A. 宽大花纹腰带　　　　　　　　　　B. 简约黑色皮质腰带

C. 五颜六色的尼龙腰带　　　　　　　D. 银色金属腰链

9. 在正式场合，以下选项中哪种鞋子是不合适的？（　　　）

A. 亮面皮鞋　　　　　　　　　　　　B. 运动鞋

C. 带有图案的休闲鞋　　　　　　　　D. 深色皮革鞋

10. 在正式场合，以下选项中哪种胡须类型是合适的？（　　　）

A. 大胡子　　　B. 光洁的面部　　　C. 痕迹胡须　　　D. 长圆胡须

三、任务拓展

 学以致用

南开"镜箴"与周恩来的气质

周恩来在南开中学上学时，该校教学楼前竖立一面镜子，上面写着40字"镜箴"：面必净，发必理，衣必整，纽必结；头容正，肩容平，胸容宽，背容直；气象：勿傲，勿暴，勿怠；颜色：宜和，宜静，宜庄。周恩来在学生时代就以此"镜箴"作为言谈举止的规范，他独特的仪态被称为周恩来风格的体态美，举手投足皆潇洒，一笑一颦尽感人。因此，在光辉的一生中，他永远保持着举世公认的优美风度，给人留下不可抗拒的吸引力。

走上革命道路的周恩来，同样没有忘记南开"镜箴"，他的衣着总是那样得体，神态总是那样平和。即使在南昌起义失败的时刻，周恩来仍能气质"勿暴勿怠"；在长征的恶劣条件下，周恩来仍旧颜色"宜和宜静宜庄"。愈是在关键时刻，愈是在危难之时，周恩来身上所表现出来的气质就愈能成为鼓舞人们继续革命、坚持到底的动力，周恩来心中的镜子还将光辉折射到身边的战友身上，成为一种动力、一种勇气。在后来的对外工作中，无论是同对手谈判，还是与朋友交往，周恩来举手投足之间流露出来的温文尔雅，都曾让谈判对手折

服，也曾让无数不了解中国共产党的人开始重新认识中国共产党。成为中国总理后，周恩来同样以其儒雅风度给中外人士留下了深刻印象。尼克松说："他通过他优雅的举止和挺立而又轻松的姿态，显示出巨大的魅力和稳健。"

"镜箴"，以镜子为鉴正衣冠，以箴言为鉴修德行，也许正是这面"镜箴"在一定程度上铸就了周恩来的不凡风范与高雅气质；也许正是这面"镜箴"，把南开时代的周恩来以更丰富、更鲜活的形象呈现在后人面前，镌刻在世人心中。

任务4 礼貌待人——大方的仪态举止
Mission four ◀

仪态与举止是指个人在行为和举止上所展现的礼仪、态度和举止规范。它们是我们与他人互动和交流的一种方式，能够显示我们的教养、自信和尊重他人的态度。

良好的仪态与举止对于建立良好的人际关系和社交礼仪至关重要。通过展示良好的姿态和举止，我们能够给他人留下积极、礼貌和专业的印象。尊重他人的个人空间和隐私，使用适当的身体语言和手势以及保持良好的站姿和坐姿等，都是展示良好仪态的重要方面。

仪态与举止还涉及语言和听觉上的态度。用恰当的语言表达自己的意见和感受，并注意自己的说话声音和音量，可以使我们的沟通更加有效和表示尊重。倾听和关注他人的意见也是良好仪态的一部分，表现我们对他人的尊重和重视。

我们要注意个人仪态和举止的一致性。外在行为要与内在态度和价值观匹配，即言行一致。一个人的仪态和举止应该能够体现他们的真诚、诚信和自信。通过练习和培养良好的仪态与举止，我们可以提升自己的社交能力和沟通效果，展现成熟、自信和专业的形象，并与他人建立更好的关系。

一、任务引入

 任务描述

小故事大道理

她错在哪儿了

文冬到达办公室后，部门的张经理让文冬到总经理办公室取一份文件。文冬气喘吁吁跑到总经理办公室，一屁股坐在沙发上，跷起二郎腿。总经理见状，眉头紧锁。文冬见总经理不说话，也很尴尬，不知哪里做错了。你能帮她改正错误吗？

文冬低着头从总经理办公室出来，心里很不高兴，边走边想：问题出在了哪里？她抱着一摞文件准备去复印室复印，一不小心，文件掉在了地上。穿着套裙的文冬，该用什么样的姿势捡起掉在地上的文件呢？

在走廊的拐弯处，她遇见了同事小杨。小杨很热情地与文冬打招呼，可是文冬却面无表情地走了过去。小杨感到很诧异！

通过学习得体的站姿、行姿、坐姿、蹲姿，正确的微笑、眼神和手势礼仪，掌握商务人员得体的仪态与举止，设计并演示文冬在总经理办公室中应有的仪态；设计并演示文冬捡文件的仪态；设计并演示文冬在遇到同事时正确的表情、神态礼仪。

任务分析

每个公司（团队）成员学习并展示职场正确得体的站姿。思考并讨论怎样的行姿才是最优雅的，讨论不正确的坐姿，并指出这些坐姿会给人怎样的印象，讨论如何优雅地在公共场合蹲下捡东西，讨论商务场合中面对客户时，怎样的表情最为得体，并现场展示。

 学习目标

知识目标：了解商务人员站姿、坐姿、行姿、蹲姿的相关要求；学会商务场合中的站姿、坐姿、行姿、蹲姿；学会在商务场合中运用正确的微笑、眼神、手势。

能力目标：能够在各种场合中熟练运用适宜的站姿、坐姿、行姿、蹲姿；能够在商务场合中运用正确的微笑、眼神、手势；能够做到仪态端庄和举止大方、彬彬有礼。

素质目标：具备得体的仪态举止，举手投足彬彬有礼；成功塑造商务形象；提升商务素养和综合素养。

 课前准备

（1）通过网络收集或电话咨询商务人员在商务场合中常用的站姿、行姿、坐姿和蹲姿。

（2）通过网络收集或电话咨询商务人员得体的仪态和举止。

二、任务实施

 任务工单

（1）第一步：练习并演示商务场合中常用的站姿（见表2-28）。

表2-28　站姿

任务	教师现场指导	教师点评
①服饰准备：男生着西装，女生着职业套装		
②学生练习商务场合中的常用站姿		
③学生展示商务场合中的常用站姿		

（2）第二步：练习并演示入座与离座礼仪（见表2-29）。

表2-29　入座与离座礼仪

任务	教师现场指导	教师点评
①服饰准备：男生着西装，女生着职业套装		
②学生练习入座与离座礼仪		
③学生展示学习成果		

（3）第三步：模拟演示在商务场合中的行姿和引领客人进出电梯的礼仪（见表2-30）。

表 2-30　行姿和引领礼仪

任务	教师现场指导	教师点评
①服饰准备：男生着西装，女生着职业套装		
②学生练习标准行姿		
③学生练习引领礼仪		
④学生练习进出电梯礼仪		
⑤学生展示学习成果		

（4）第四步：设计并演示文冬在总经理办公室中应有的仪态（见表 2-31）。

表 2-31　坐姿和进出房门礼仪

任务	教师现场指导	教师点评
①服饰准备：男生着西装，女生着职业套装		
②学生练习坐在各种椅子或沙发上的标准坐姿		
③学生练习进出房门礼仪		
④学生展示学习成果		

（5）第五步：设计并演示文冬捡文件的仪态（见表 2-32）。

表 2-32　蹲姿

任务	教师现场指导	教师点评
①服饰准备：男生着西装，女生着职业套装		
②学生练习标准的蹲姿，如何优雅地在公共场合蹲下捡东西		
③学生展示学习成果		

（6）第六步：练习并演示商务人员在工作中常用的手势（见表 2-33）。

表 2-33　常用手势

任务	教师现场指导	教师点评
①服饰准备：男生着西装，女生着职业套装		
②学生练习商务人员工作状态下常用的手势：引领手势、递接物品、招呼别人、致意手势、挥手道别等		
③学生演示商务人员在日常工作中常用的手势		

（7）第七步：设计并演示文冬在遇到同事时正确的表情、神态礼仪（见表 2-34）。

表 2-34　表情、神态礼仪

任务	教师现场指导	教师点评
①在充分讨论的基础上，确定文冬在遇到同事时应有的表情与神态		
②根据操作要点在教师的指导下进行表情和神态的训练		
③学生进行成果展示		

（8）第八步：分公司（团队）上台展示汇报。

知识传递

仪态是指人在各种行为中所体现出来的表情和风度，即我们通常所说的体态语。我们必须注重细节，不断养成良好的行为习惯，克服不良的行为举止。下面将依次介绍站、行、坐等多种姿势的礼仪，并介绍微笑、眼神和手势的礼仪。

大方的仪态举止
（微课视频）

（一）英姿飒爽的站姿

1. 男士的基本站姿

站立是人们生活交往中的一种最基本的举止。站姿是人静态的造型动作，优美、典雅的站姿是发展人的不同动态美的基础和起点。优美的站姿能显示个人的自信，衬托美好的气质和风度，并给他人留下美好的印象。得体的站立姿势要点：头正、肩平、臂垂、躯挺、腿并，身体重心主要支撑于脚掌、脚弓上，从侧面看，头部与肩部、上体与下肢应在一条垂直线上。

大方的仪态举止 1
（案例音频）

男子站立时应显得风度洒脱，挺拔向上，舒展俊美，精力充沛。站立时，身体重心放在两脚中间，不要偏左或偏右；双脚与肩同宽；手可自然下垂，在体前或体后交叉。

（1）身体立直，抬头挺胸，下颌微收，双目平视，嘴角微闭，双手自然下垂于身体两侧，双膝并拢，两腿绷直，脚跟靠紧，脚尖分开呈 V 字形。

（2）身体立直，抬头挺胸，下颌微收，双目平视，嘴角微闭，双脚平行分开，两脚之间的距离不超过肩宽，一般以 20 厘米为宜，双手手指自然并拢，右手搭在左手上，轻贴于腹部，不要挺腹或后仰。

（3）身体立直，抬头挺胸，下颌微收，双目平视，嘴角微闭，双脚平行分开，两脚之间的距离不超过肩宽，一般以 20 厘米为宜，双手在身后交叉，右手搭在左手上，贴于臀部。

2. 女士的基本站姿

女士的站姿应显得庄重大方，亲切有礼，秀雅优美，亭亭玉立。站立时身体重心在两脚中间脚弓前端位置，手自然下垂或于腹前交叉。在正式场合，站立时，不能双臂抱在胸前或者两手插入口袋，也不能身体东倒西歪或倚靠其他物体。因为每个人下意识都有一个个人空间，若走得太近，会使对方有被侵犯的感觉，所以在正式场合与人交谈时，不要与人站得太近，应尽量保持一定的距离。

（1）身体立直，抬头挺胸，下颌微收，双目平视，嘴角微闭，面带微笑，双手自然下垂于身体两侧，双膝并拢，两腿绷直，脚跟靠紧，脚尖分开呈 V 字形。

（2）身体立直，抬头挺胸，下颌微收，双目平视，嘴角微闭，面带微笑，两脚尖略分开，右脚在前，将右脚跟靠在左脚脚弓处，两脚尖呈 V 字形，双手自然并拢，右手搭在左手上，轻贴于腹前，身体重心可放在两脚上，也可放在一脚上，并通过重心的移动缓解疲劳。女士的基本站姿如图 2-7 所示。

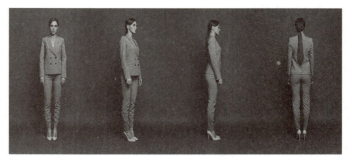

图 2-7　女士的基本站姿

 商道秘籍

站姿的注意事项

（1）站立时，切忌东倒西歪，无精打采，懒散地倚靠在墙上、桌子上。
（2）不要低着头、歪着脖子、含胸、端肩、驼背。
（3）不要将身体的重心明显地移到一侧，只用一条腿支撑着身体。
（4）身体不要下意识地做小动作。
（5）在正式场合，不要将手插在裤袋里，切忌双手交叉抱在胸前，或是双手叉腰。
（6）男子双脚左右开立时，注意两脚之间的距离不可过大，不要挺腹翘臀。
（7）不要两腿交叉站立。

 技能训练

练习职场站姿，特别要注意双脚、双肩、胸部、下巴四个部位。

大方的仪态举止 2
（案例音频）

（二）朝气蓬勃的行姿

行姿（见图 2-8）是人体所呈现的一种动态，是站姿的延续。行姿是展现人的动态美的重要形式。行姿是有目共睹的肢体语言。

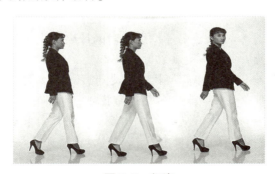

图 2-8　行姿

1. 行姿的基本要求及操作标准

正确的行姿要求：头正、肩平、躯挺、步位直、步幅适度、步速平稳。正确的走姿的操作标准如下。

（1）上身保持基本站姿。

（2）起步时身体稍向前倾3°~5°，身体重心落在前脚掌上，膝盖挺直。

（3）两臂以身体为中心，前后自然摆动。前摆约35°，后摆约15°。手掌心向内，指关节自然弯曲。

（4）步幅适度，女性的步幅一般不超过30厘米，标准步幅是本人脚长的1~1.5倍。

（5）步速均匀，行走速度一般保持在110~120步/分钟，约每2秒走3步。

（6）行进中，应目光平视前方，下颌微收，头颈与背部呈一条直线，女式两脚内侧呈一条直线。

不雅的行姿不可取。

（1）方向不定，忽左忽右。

（2）体位失当，摇头、晃肩、扭臀。

（3）扭来扭去的外八字步和内八字步。

（4）左顾右盼，重心后移或前移。

（5）与多人走路时，或勾肩搭背，或奔跑蹦跳，或大声喊叫等。

（6）双手反背于背后。

（7）双手插入裤袋里。

2. 常见情况的行姿规范

（1）后退步。向他人告辞时，应先向后退两三步，再转身离去。退步时，脚要轻擦地面，不可高抬小腿，后退的步幅要小。转体时，要先转身体，头稍后再转。

（2）侧身步。当走在前面引导来宾时，应尽量走在宾客的左前方。髋部朝向前行的方向，上身稍向右转体，左肩稍前，右肩稍后，侧身向着来宾，与来宾保持两三步的距离。当走在较窄的路面或楼道中与人相遇时，也要采用侧身步，两肩一前一后，并将胸部转向他人，不可将后背转向他人。

（3）疾步。在进行快速服务时，需要提高步速，在基本行姿的基础上可根据情况，将步速提高至4~5步/秒。行走时应保持一般步幅，不可给客人跑的感觉，以免引起客人不适。

商道秘籍

女士着不同服装时的行姿

这里为大家介绍几种女士穿着各类服装时的行姿。

（1）穿着西装时的行姿。保持身姿挺拔。行走时，膝盖要挺直，步幅可略大些，手臂放松、前后自然摆动。女服务员在行走时不要摆动髋部。

（2）穿着短裙时的行姿。步幅不应过大，一般不应超过着装者的一个脚长。尽量走成一条直线，显示着装者的端庄。穿着有下摆的短裙时，步幅可略大些，要表现女性轻盈敏捷的风格。

（3）穿着旗袍时的行姿。无论是站立还是行走，都要身姿挺拔，下颌微收，双目平视，面带微笑，不要塌腰翘臀。应配穿高跟鞋，行走时大腿带动小腿，两脚内侧应保持在一条直线上，脚掌先着地，步幅不宜过大，一般不超过 24 厘米，以免旗袍开叉过大，显得不雅。

 技能训练

结合以上要点，展示职场优雅的行姿。每组推选男生、女生各一人上台展示。

（三）自信得体的坐姿

大方的仪态举止 3
（案例音频）

正确的坐姿可以给人端庄、稳重的印象，使人产生信任感，同时也可以给双方的交谈带来方便。其实，坐姿本身就是一种身体语言，可以向对方传递信息，因此与人交谈的过程中应注意自己的坐姿。

1. 男士的坐姿要求

（1）入座时要轻稳。

（2）入座后上体自然挺直，挺胸，双膝自然并拢，双腿自然弯曲，双肩平整放松，双臂自然弯曲，双手自然放在双腿上或椅子、沙发扶手上，掌心向下。

（3）头正，嘴角微闭，下颌微收，双目平视，面容平和自然。

（4）坐在椅子上，应坐满椅子的 2/3，脊背轻靠椅背。

（5）离座时，要自然稳当。男士坐姿如图 2-9 所示。

图 2-9　男士坐姿

2. 女士的坐姿要求

（1）入座时要稳、要轻。就座时要不紧不慢，大大方方地从坐椅的左后侧走到座位前，轻稳地坐下。若着裙装，应用手将裙稍稍拢一下，不要坐下来后再站起来整理衣服。

（2）面带笑容，双目平视，嘴唇微闭，微收下颌。

（3）双肩放松平正，双手可采取以下手位之一摆放：

①双手平放在双膝上；

②双手叠放，放在一条腿的中前部；

③一手放在扶手上，另一手仍放在腿上或双手叠放在侧身一侧的扶手上，掌心向下。

（4）坐在椅子上，要立腰、挺胸，上体自然挺直。

（5）双膝自然并拢。双腿可采取图 2-10 中姿势摆放。

（6）坐在椅子上，至少要坐满椅子的 2/3，脊背轻靠椅背。

图 2-10　女士坐姿

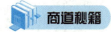

坐姿的注意事项

（1）坐时不可前倾后仰，或歪歪扭扭。

（2）双腿不可过于叉开，或长长地伸出去。

（3）坐下后不可随意挪动椅子。

（4）不可将大腿并拢，小腿分开，或双手放于臀部下面。

（5）不可跷二郎腿或 4 字形腿。

（6）腿、脚不可不停抖动。

（7）不要猛坐猛起。

（8）与人谈话时不要用手支着下巴。

（9）坐沙发时不应太靠里面，不能呈后仰状态。

（10）双手不要放在两腿中间。

（11）脚尖不要指向他人。

（12）不要脚跟落地、脚尖离地。

（13）不要双手撑椅。

（14）不要把脚架在椅子或沙发扶手上，或架在茶几上。

练习并展示多种职场坐姿。

（四）落落大方的蹲姿

在日常生活中，人们对掉在地上的东西，一般是习惯弯腰或蹲下将其捡起，而作为职场白领，对于掉在地上的东西，也像普通人一样采用随意弯腰蹲下捡起的姿势是不合适的。

1. 蹲姿的操作标准

（1）下蹲拾物时，应自然、得体、大方，不遮遮掩掩。

（2）下蹲时，两腿合力支撑身体，避免滑倒。

（3）下蹲时，应使头、胸、膝关节在一个角度上，使蹲姿优美。

（4）女士无论采用哪种蹲姿，都要将腿靠紧，臀部向下。女士蹲姿如图2-11所示。

图2-11　女士蹲姿

2. 基本的蹲姿

（1）交叉式蹲姿。

实际生活中常常会用到蹲姿，如集体合影前排需要蹲下时，女士可采用交叉式蹲姿，下蹲时右脚在前，左脚在后，右小腿垂直于地面，全脚着地。左膝由后面伸向右侧，左脚跟抬起，脚掌着地。两腿靠紧，合力支撑身体。臀部向下，上身稍前倾。

（2）高低式蹲姿。

下蹲时右脚在前，左脚稍后，两腿靠紧向下蹲。右脚全脚着地，小腿基本垂直于地面，左脚脚跟提起，脚掌着地。左膝低于右膝，左膝内侧靠于右小腿内侧，形成右膝高左膝低的姿态，臀部向下，基本上以左腿支撑身体。

（3）半蹲式蹲姿。

半蹲式蹲姿一般在行走时临时采用。它的正式程度不及前两种蹲姿，但在应急时也可采用。基本特征是身体半立半蹲。主要要求：下蹲时，上身稍许弯下，但不要和下肢构成直角或锐角；臀部务必向下，而不是撅起；双膝略为弯曲，角度一般为钝角；身体的重心应放在一条腿上；两腿不要分开过大。

（4）半跪式蹲姿。

半跪式蹲姿又叫单跪式蹲姿。它也是一种非正式蹲姿，多用在下蹲时间较长，或为了用力方便时。双腿一蹲一跪。主要要求：在下蹲后，改为一腿单膝点地，臀部坐在脚跟上，以脚尖着地；另外一条腿应当全脚着地，小腿垂直于地面；双膝应同时向外，双腿应尽力靠拢。

商道秘籍

女士下蹲的注意事项

下蹲时应注意迅速、美观、大方。若用右手捡东西，可以先走到东西的左边，右脚向后退半步再蹲下来。脊背保持挺直，臀部一定要蹲下来，避免弯腰翘臀的姿势。女士要两腿并紧，穿旗袍或短裙时需更加留意，以免尴尬。

弯腰捡物品时，两腿叉开，臀部向后撅起，是不雅观的姿态。两腿展开平衡下蹲，其姿态也不优雅。下蹲时注意内衣"不可以露，不可以透"。

技能训练

演练并展示正确的蹲姿。

（五）正确的微笑

保持一个微笑的表情、谦和的面孔，是表示自己真诚、守礼的重要途径。微笑是有自信心的表现，是表示对自己的魅力和能力抱有积极的态度。微笑可以表现温馨、亲切的表情，能有效地缩短双方的距离，给对方留下美好的心理感受，从而形成融洽的交往氛围。

正确的微笑应该体现动态的特点，其要点如下。

1. 把握微笑的展现时机

把握好展现笑容的时机是至关重要的。应该在与交往对象目光接触的瞬间展现微笑，表达友好。如果与对方目光接触的瞬间仍然延续之前的表情，即使是微笑也会让人感觉有些虚伪，给人做作之感。

2. 把握微笑的层次变化

在整个交往过程中，微笑的程度要有所变化，在整个过程中需要保持微笑，但要有收有放。微笑的程度有很多层次，有浅浅一笑、眼中含笑，也有热情的微笑、开朗的微笑。

3. 注意微笑维持的长度

当我们与人交谈时，这个过程可能是几分钟也可能是几小时，为了表达良好、积极的情绪，展现自信与涵养，在整个过程中我们可能要始终保持微笑。对表情的控制，也是一个人修养的体现。在交往过程中，目光停留在对方身上的时间应该占整个过程的 $1/3 \sim 2/3$，在这段时间里，在与对方目光接触时应该展现灿烂的笑容。其余的时间段内，应该适当地将笑容稍微收拢，保持亲和的态度即可。

商道秘籍

职业微笑的训练方法

笑脸中最重要的是嘴型。因为嘴型不同，嘴角朝向不同，微笑就不同。面部肌肉跟其他的肌肉一样，使用得越多，越可以形成正确的移动。

1. 简易训练方法

用门牙轻轻地咬住木筷子，把嘴角对准木筷子，两边都要翘起，并观察连接嘴唇两端的线是否与木筷子在同一水平线上。保持这个状态 10 秒。在这一状态下，轻轻地拔出木筷子，练习维持该状态。

2. 细节训练方法

形成微笑是在放松的状态下训练的，练习的关键是使嘴角上升的程度一致。如果嘴角歪斜，表情就不会太好看。在练习各种笑容的过程中，就会发现最适合自己的微笑。

（1）小微笑。

往上提起两端嘴角，稍微露出 2 颗门牙，配合微笑。保持 5 秒后，恢复原来的状态并放松。

（2）普通微笑。

往上提起两端嘴角，露出上门牙 6 颗左右，眼睛也带一点笑意。保持 5 秒后，恢复原来的状态并放松。

（3）大微笑。

往上提起两端嘴角，稍微露出 2 颗门牙，配合微笑。保持 5 秒后，恢复原来的状态并放松。也可以稍微露出下门牙，保持 5 秒后，恢复原来的状态并放松。

3. 微笑的矫正训练

虽然认真地进行了训练，但如果笑容还是不那么完美，就要看看其他部分是否有问题。

矫正 1：嘴角不能同时提起。

两侧的嘴角不能一齐上升的人很多，这时利用木制筷子进行训练很有效。刚开始会比较难，若反复练习，两侧的嘴角就会在不知不觉中一齐上升，形成干练的微笑。

矫正 2：露出很多牙龈。

检查牙齿排列：面对镜子，嘴巴呈 E 字形张开，仔细检查，看看上下排牙齿的咬合状况及排列的整齐度。露出牙龈时，可以通过嘴唇肌肉的训练来弥补。

矫正 3：表情不当。

面对镜子假装拿起手机在跟朋友打电话，仔细看看自己说话时的各种表情，如眉头是否不自觉皱起，自己的眼神是否有亮泽变化等，观察后再加以改善。

 **技能训练**

演练并展示正确的职业微笑。

（六）眼神的礼仪

眼睛是人体传递信息最有效的器官，能表达人们最细微、最精妙的内心情思，从一个人的眼睛中，往往能看到他的整个内心世界。一个良好的交际形象，眼神应是坦然、亲切、和蔼、有神的。

与人交谈时，应注视对方，不应该躲闪或游移不定。在整个谈话过程中，视线与对方接触累计时间应达到全部交谈时间的 2/3 左右。人际交往中，如呆滞、漠然、疲倦、冰冷、惊慌、敌视、轻蔑、左顾右盼的眼神都是应该避免的，更不要对人上下打量、挤眉弄眼。交谈时要将视线转向交谈人，以示自己在倾听，这时应将视线放虚，相对集中于对方某个区域上，切忌"聚焦"，死盯着对方的眼睛或脸上的某个部位，因为这样会使对方难受、不安，甚至有受侮之感，产生敌意，无意中积小恶而产生抵触、敌意情绪，很不值得。

即使是在普通的社交谈话中，礼仪的要求之一也是一定要注视谈话者。通常认为，在别人讲话时眼睛东张西望、心不在焉、玩弄东西或者不停地看手表是很不礼貌的行为，也难以得到他人的尊重和信赖。

运用眼神礼仪的注意事项如下。

1. 注视时间

一般来说，在整个交谈过程中，与对方的视线接触应该累计达到全部交谈过程的 50%～70%，其余 30%～50% 的时间，可注视对方脸部以外 5～10 米处，这样比较自然、礼貌。

2. 注视部位

场合不同，注视的部位也不同。一般分为公务凝视、社交凝视、亲密凝视。

（1）公务凝视：在洽谈、磋商、谈判等严肃场合，眼神要给人严肃、认真的感觉。注视的位置在对方双眼或双眼与额头之间的区域。

（2）社交凝视：这是指在各种社交场合使用的注视方式。注视的位置在对方唇心到双眼之间的三角区域。

（3）亲密凝视：这是亲人之间、恋人之间、家庭成员之间使用的注视方式。凝视的位置在对方双眼到胸之间。

3. 注视方式

无论是公务凝视、社交凝视还是亲密凝视，都要注意不可将视线长时间固定在所注视的位置上。这是因为，人本能地认为，过分地被人凝视是他人在窥视自己内心深处的隐私。所以，双方交谈时，应适当地将视线从固定的位置上移动片刻。这样能使对方放松，感觉平等，易于交往。

社交眼神的注意事项

要注意不能对不熟或关系一般的人长时间凝视，直至对方感到浑身不自在。这似乎是全世界通行的礼仪规则。若路遇陌生人，应倾向于避开对视。如果是上下打量人，则更是一种轻蔑和挑衅的表示，容易引起对方不满的情绪。

在公众场合避免令人不愉快的凝视可采用的方法：一是适时地转移视线，尽量不要长时间注视同一个人；二是善用失神的眼光，如乘坐公交车时，由于人多拥挤，有时不得不面对对方，这时可以使眼神显出茫然失神或若有所思的样子，以免失礼。

练习多种场合的眼神礼仪。

（七）手势的礼仪

手势是指人们在运用手臂时，所呈现的具体动作与体位。手是传情达意的重要工具，有着极强的表现力和吸引力。

1. 手势使用礼仪

（1）使用规范化的手势。商务人员使用的手势应符合相关规范，这样才不致引起对方的误解。

（2）注意区域性差异。有些手势在使用时，应注意不同区域和不同国家的不同习惯，不可以乱用。因为各地习俗迥异，相同的手势表达的意思有所不同，甚至可能大相径庭。例如，伸出右臂，掌心向下，手臂反复向内侧挥动，其含义在中国主要是招呼别人，而在美国则是叫狗跑过来。商务人员使用手势时要注意不同国家、不同地区、不同民族的风俗习惯。

（3）手势宜少不宜多。手势的使用应有助于表达自己的意思，但不宜过于单调重复，也不宜做得过多。与他人交谈时，随便乱做手势，会影响他人对你说话内容的理解。

（4）注意手势的力度和幅度。使用手势应注意力度和幅度的大小，力度大小适中，不宜单调重复，上不超过头顶，下不低于胸部，左右不超过肩宽。

（5）禁用手指指点他人。在任何情况下，都不要用手指指自己的鼻尖或用手指指点他人，谈到自己时应用手掌轻按自己的左胸，那样会显得端庄、大方。用手指指点他人的手势是十分不礼貌的。

几种常见手势符号在不同国家、地区的不同含义

1. "OK" 手势

"OK" 手势是指将拇指和食指相接成环形，其余三根指头伸直，掌心向外。在不同的国家，"OK" 手势有不同的含义：在我国和世界其他一些地方，伸手示数时该手势表示零或三；在美国、英国，表示 "赞同" "顺利" "很好" "了不起" 的意思；在法国，表示 "零" 或 "没有" 的意思；在泰国，表示 "没问题" "请便" 的意思；在日本、缅甸、韩国，表示 "金钱"；在印度，表示 "正确" "不错" 的意思；在突尼斯，则表示 "傻瓜" 的意思。

2. "V" 形手势

"V" 形手势是指食指和中指上伸成 "V" 形，拇指弯曲压于无名指和小指上。在不同的国家这种手势有不同的含义，在欧洲大多数国家中，用它表示 Victory（胜利），据说是第二次世界大战时期英国首相丘吉尔发明的。不过，表示胜利时，手掌一定要向外，如果手掌向内，就是贬低人、侮辱人的意思了；在希腊做这一手势时，即使手心向外，如手臂伸直，也有对人不恭之嫌。在我国，此手势则表示数字 "2" 或 "剪刀" 的意思。

3. 竖起大拇指

竖起大拇指，一般表示顺利或夸奖。在我国，右手或左手握拳，伸出大拇指，表示 "好" "了不起"，有赞赏、夸奖之意；在德国表示数字 "1"；在希腊，拇指上伸表示 "够了"，拇指下伸表示 "厌恶" "坏蛋"；在美国、英国和澳大利亚等国，拇指上伸表示 "好" "行" "不错"，拇指左、右伸大多是向司机示意搭车方向。

2. 引领手势

引领客人，常见于会议、宴请、客人拜访时，出于礼貌，主人常常会为重要客人亲自带路或安排专门人员负责将客人带到指定地点或座位处。在这种情形下，通常主人应走在客人的左斜前方，在拐弯或有楼梯台阶的地方，应用明确的手势指出前行方向并提醒客人 "这边请"。

引领手势的要求是掌心向上，四指并拢，大拇指微微张开，以肘关节为轴，前臂自然上抬伸直，如图 2-12 所示。指示方向时，上身稍向前倾，面带微笑，以指尖方向表示前行方向，自己的眼睛看着目标方向，待客人明白后，再前行。

图 2-12　引领手势

3. 递接物品的手势

递物与接物是常用的一种动作，应当双手递物，双手接物，以表示对他人的尊重。不方便双手并用时，也应尽量用右手递接物品，以左手递接物品通常被视为失礼之举。递给他人的物品，应直接交到对方手中，不到万不得已，最好不要将所递的物品放在别处。若双方相距过远，递物者应主动走近接物者，假如自己坐着的话，还应尽量在递物时起身站立。在递物时，应为对方留出便于接取物品的地方，不要让其感到接物时无从下手。

将带有文字的物品递交他人时，还须使其正面朝向对方。将带尖、带刃或其他易于伤人的物品递于他人时，切勿以尖、刃直指对方，而应使尖、刃朝向自己，或是朝向他处。

4. 致意手势

致意是一种表达问候的手势，常用于相识的人在社交场合打招呼。它是已经相识的友人之间在相距较远或不宜多谈的场合，用无声的动作语言相互表示友好与尊重的一种方式。一般来说，致意时要求与对方的距离不能太远，以 2~5 米为宜，也不能在对方的侧面或背面。在社交场合中，人们往往采用招手致意、欠身致意、脱帽致意等形式来表达友善之意。

举手致意时，应全身直立，面向对方，举起右手，掌心朝向对方，面带笑容。致意时应手臂自下而上向侧上方伸出，手臂既可略有弯曲，亦可全部伸直。

5. 挥手道别

与人挥手道别时，身体应站直。尽量不要走动、乱跑，更不要摇晃身体。应目送对方远去直至离开，若不看道别对象，便会被对方理解为目中无人或敷衍了事。

挥手道别时，可用右手，也可双手并用，手臂应尽力向前伸出，注意手臂不要伸得太低或过分弯曲。挥手道别时要保持掌心向外，否则是不礼貌的。要将手臂左右两侧轻轻来回挥动，但尽量不要上下摆动。

 商道秘籍

日常生活中应该避免出现的手势

商务人员在使用手势时，以下几种手势是值得特别重视的，否则，将会向对方传递不良信息。

（1）工作中决不可随意用手指对他人指指点点，与人交谈时更不可这样做。

（2）工作时，不可将一只手臂伸在胸前，指尖向上，掌心向外，左右摆动。这些动作的一般含义是拒绝别人，有时还有极不耐烦之意。

（3）双臂抱起然后端在胸前这一姿势，往往暗含孤芳自赏、自我放松，或置身事外、袖手旁观、看他人笑话之意。

（4）用双手抱头，这一体态的本意是自我放松，但在商务场合中这么做，则会给人以目中无人之感。

（5）工作中无聊时反复摆弄自己的手指，活动关节或将其捻响、打响指，或手指动来动去，在桌面或柜台不断敲扣，这些动作往往会带给人不严肃、散漫之感，让人望而生厌。

（6）工作时将手插入口袋，这种表现会使人觉得此人悠闲散漫，在工作中并未尽心尽力。

（7）在工作中搔首弄姿，会给人以矫揉造作、当众表演之感。

（8）在工作时，有人习惯抚摸自己的身体，如摸脸、擦眼、搔头、挖鼻、剔牙、抓痒、搓泥，这会给别人留下缺乏公德意识、不讲卫生、个人素质低下的印象。

（9）用食指或中指竖起并向自己怀里勾，其他四指弯曲，示意他人过来，这种手势是极不礼貌的。

 任务评价

序号	评价项目	评价指标	分值	自评（20%）	互评（20%）	师评（60%）	合计
1	知识目标（40分）	了解商务人员站姿、坐姿、行姿、蹲姿的相关要求	10				
		学会商务场合中的站姿、坐姿、行姿、蹲姿	15				
		学会在商务场合中运用正确的微笑、眼神、手势	15				
2	能力目标（30分）	能够在各种场合中熟练运用适宜的站姿、坐姿、行姿、蹲姿	10				
		能够在商务场合中运用正确的微笑、眼神、手势	10				
		能够做到仪态端庄和举止大方、彬彬有礼	10				
3	素质目标（30分）	具备得体的仪态举止，举手投足彬彬有礼	10				
		成功塑造商务形象	10				
		提升商务素养和综合素养	10				
	合计		100				
	综合得分						

 知识巩固

（一）单选题

1. 在正式场合或正式会议上，以下哪种站姿最为适宜？（　　　）

A. 倚靠在墙壁或家具上　　　　　　B. 交叉双臂，嘴角微微上扬

C. 笔直挺胸，双脚并拢或略微分开　　D. 随意弯曲身体，手放于腰旁

2. 当你与人进行正式交谈时，以下哪种站姿会给予对方积极的信号？（　　）

A. 低头看手机
B. 将手插入口袋
C. 轻轻晃动身体
D. 保持直立，目光注视对方

3. 在演讲时，以下哪种站姿最能展现自信和权威？（　　）

A. 弯腰驼背
B. 双手放在腰际
C. 摇摆踱步
D. 笔直站立，双肩放松下垂

4. 当你需要长时间站立时，以下哪种姿势会减少疲劳感？（　　）

A. 习惯靠在一侧腿上
B. 膝盖微曲，重心前移
C. 交替脚步，偶尔移动位置
D. 腿部肌肉紧绷，保持挺立姿势

5. 下列哪种行姿最能展现自信和力量？（　　）

A. 动作迟缓，步伐不稳
B. 摇摆腿部，缓慢行走
C. 策马扬鞭，踏实有力
D. 弯腰低头，脚步轻盈

6. 在社交场合中，以下哪种行姿会给人留下积极印象？（　　）

A. 抬头挺胸，昂首阔步
B. 前倾身体，快速小跑
C. 低头垂眉，双臂交叉
D. 脚步拖沓，漫不经心

7. 当你需要快速行走时，以下哪种行姿最为合适？（　　）

A. 小步快走，匆忙奔跑
B. 扭动身体，忽左忽右
C. 保持直立，步幅适中
D. 放松身体，慢悠悠行走

8. 在参加正式场合时，以下哪种行姿会给人留下专业和得体的印象？（　　）

A. 圆肩驼脊，脚步踉跄
B. 走路时摇摆上半身
C. 缓慢行走，眼神四处游离
D. 直立挺胸，步伐稳健

9. 下列关于坐姿的描述，正确的一项是（　　）。

A. 优雅的坐姿传递着自信、友好、热情的信息，彰显高雅庄重的良好风范
B. 双脚内收式只适合男士，并且用于较为重要的场合
C. 在公共场所我们可以随意坐在别人身旁
D. 在会务交谈时，应为主方先入座，后请客方入座

10. 关于手势的使用，下列说法中不正确的是（　　）。

A. 手势是人们交往中不可缺少的动作
B. 手势其实在人们交往中并不是那么的重要
C. 手势是非常具有表现力的一种体态语言
D. 手势美是一种动态美，得体适度的手势可增强感情的表达，建立友好的人际关系

11. 在正式会议中，以下哪种坐姿给人一种专业和得体的印象？（　　）

A. 笑嘻嘻地坐在椅子上
B. 两腿交叉又举起来
C. 脚平稳地放在地面上
D. 上身微微向后倾斜

12. 当你需要长时间坐着时，以下哪种坐姿有助于保持舒适？（　　）

A. 倚靠在椅背上
B. 将双脚放在桌子上
C. 挺直的坐姿
D. 身体侧倾一侧

13. 在与重要客户进行商务洽谈时，以下哪种坐姿会给人留下专业和自信的印象？（　　）

A. 伸展四肢，懒散地坐着

B. 紧张地手舞足蹈

C. 直立挺胸，表情专注

D. 双腿交叉，眉头紧锁

14. 当你在参加会议或培训时，以下哪种坐姿可展现尊重和专注？（　　）

A. 坐在椅子上颠来颠去

B. 直立挺胸，双手放在腿上

C. 不断踢打座椅

D. 低头看手机，不与他人交流

15. 在正式场合，以下哪种微笑会给人留下亲切和友善的印象？（　　）

A. 张嘴大笑，露出所有的牙齿

B. 轻轻微笑，唇角微微上扬

C. 嘴唇紧闭，没有笑容

D. 噘嘴一笑，嘴角向下

16. 当你与陌生人交流时，以下哪种微笑表达了真诚和善意？（　　）

A. 嘴角上扬微笑，但眼神冷漠

B. 不露齿的微笑，唇部紧绷

C. 面露微笑，眼神温暖友善

D. 强行咧开嘴巴，露出所有的牙齿

17. 当你接受感谢或赞扬时，以下哪种微笑展示了谦虚和感激之情？（　　）

A. 冷漠的表情，没有微笑

B. 大笑，表现得非常开心

C. 微微一笑，表示谢意

D. 皱起眉头，表达不满或不信任

18. 在面对困难或压力时，以下哪种微笑传达了坚强和乐观的信号？（　　）

A. 强行挤出微笑，但眼神凝重

B. 嘴角下垂微笑，表现消沉

C. 面带微笑，眼神坚定自信

D. 抿着嘴唇微笑，表现紧张不安

19. 在正式场合，以下哪种手势表达了尊重和谦虚？（　　）

A. 双手放在腰间

B. 双臂交叉于胸前

C. 双手插入口袋

D. 双手合十于胸前

20. 当你在谈话中想要表示同意或赞同时，以下哪种手势最为恰当？（　　）

A. 双手摆动

B. 鼓掌

C. 拇指竖起

D. 翘起食指

21. 在会议或演讲中，以下哪种手势可以增强你的说服力和自信心？（　　）

A. 频繁地摆动手臂

B. 手指交叉

C. 将手握拳并放在胸前

D. 使用手势强调关键词

22. 当你想要表达感谢或称赞时，以下哪种手势最为适宜？（　　）

A. 摇动双手

B. 用手掌鼓掌

C. 伸出拇指

D. 将手放在心口处

（二）判断题

1. 在交流中，保持眼神接触可以展示自信和专注。 （　　）

2. 当听取他人发言时，避免眼神接触可以传达尊重和关注。 （　　）

3. 眼神漫游和频繁转动视线可以显示紧张和不自信。 （　　）

4. 当与他人交流时，避免眯眼可以表现沟通的真诚和开放态度。 （　　）

5. 使用眼神交流有助于建立良好的沟通和互动。 （　　）

三、任务拓展

 学以致用

凡有刺刃者，以授人则辟刃

古人在拿放、传递物品时也很注意礼仪。《礼记》中有"凡有刺刃者，以授人则辟刃"，意思是凡有锋利刀刃的物品，递给他人时，要避免把刀刃朝向对方。"奉者当心，提者当带"中，"当"是对的意思，捧东西的时候，双手要对着心的地方，提东西的时候不要在地上拖着，手要在对着腰带的位置。"执轻如不克"，持轻小物品，要像持重物、盈满之器那样谨慎。《弟子规》中也有"执虚器，如执盈"的要求。

首先，当我们递给他人有锋利刀刃的物品时，应该避免将刀刃朝向对方，以避免伤害或不安全的情况发生。这提醒我们在日常生活中，对待他人应该更加谨慎，确保他人安全和舒适。

其次，当我们捧东西时，应将双手对着心的位置，这显示了一种尊重和虔诚的态度。同时，在提东西时，应避免在地上拖着，而是让手保持在对着腰带的位置，显示了对物品的敬重和珍视。这告诉我们要在处理物品时保持专注和细心，避免不必要的磨损或损坏。

最后，持轻小物品时要像持重物或盈满之器一样谨慎。这提醒我们即使是看似不重要或微小的事物，也应以同样的态度对待，严肃认真地处理。这反映了一个人的修养和品格，无论面对什么情况，都应该尽力做到最好。

模块三 了解市场与消费者

模块简介

了解市场与消费者是企业成功经营和营销的关键。通过深入了解市场和消费者的需求、偏好和行为，企业可以更好地制定营销策略、开发产品和提供服务，以满足消费者的需求，并获得市场竞争优势。

市场是指买卖商品和服务的交易场所，也可以理解为需求和供给之间的交汇点。市场可以细分为消费者市场和商业市场。消费者市场是指个人消费者购买商品和服务的市场，而商业市场是指企业之间进行商品和服务交易的市场。了解市场的规模、增长趋势、竞争状况和市场细分等因素对企业制定市场营销战略至关重要。

消费者是购买和使用产品或服务的个人或家庭。了解消费者的需求、偏好、购买决策过程和行为特点对企业非常重要。消费者的需求和偏好受个人因素、社会因素、心理因素和外部环境因素的影响。通过市场调研和分析，企业可以洞察消费者的需求，并针对消费者开发有针对性的产品和服务。

了解市场与消费者涉及的关键要素还包括市场调研和数据分析、品牌定位和市场营销策略、产品研发与创新、渠道管理和客户关系管理等。企业需要通过市场研究和数据分析来了解市场和消费者的趋势与特点，然后根据这些信息制订营销策略和计划，并不断改进产品和服务，以满足消费者的需求并留住忠诚的客户。

消费者在购买产品或服务时会经历一系列决策步骤，了解消费者决策过程对企业制定营销战略和推动销售非常重要。消费者决策过程受多种因素的影响，包括个人因素、社会因素、心理因素和外部环境因素。企业可以通过了解消费者决策过程，针对每个阶段的关键因素和触点来制定适当的营销策略，以提供有针对性的产品或服务，满足消费者的需求，并促进销售增长。

路径导图

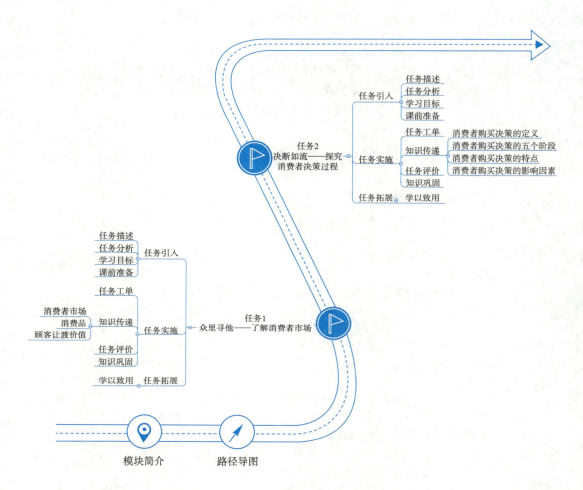

模块简介　　　路径导图

任务1 众里寻他——了解消费者市场
Mission one

　　了解消费者市场是指对消费者行为、需求和偏好进行深入研究和分析，以便更好地满足消费者的需求，并做出有效的市场决策。消费者市场研究是市场营销中至关重要的一环，它帮助企业了解消费者的需求和心理，为产品开发、定价、推广和销售战略提供指导。

　　通过消费者市场研究，企业可以更深入地了解消费者，把握市场机会，优化产品和服务，提供与消费者需求相匹配的价值，从而提升竞争力和市场份额。

一、任务引入

小故事大道理

任务描述

人民需要什么，五菱就造什么

说起面包车，大家都会想到五菱。实惠的价格，实用的功能，带给中国老百姓喜悦和自豪，也见证了中国老百姓的勤劳和辛酸。

2020年2月13日，五菱生产的口罩批量出货。从提出自产口罩的想法到第一批产品交付，仅用时3天。日产200万只的产能，为打赢疫情防控的人民战争贡献了巨大的力量。

两会闭幕不久，李克强总理在山东烟台考察时提到了"地摊经济"，指出地摊经济是就业岗位的重要来源，是人间的烟火，是中国的生机，对解决就业、创造就业起很好的拉动作用。6月2日当天，"五菱专用车"微信公众号发了一篇文章《五菱翼开启售货车——地摊经济的正规主力军》，令人震惊的是，文章阅读量竟突破了10万，这款地摊专用车升级国六标准，全国首发，属于两翼一键开关的模式，打开就能直接卖货，价格在5万~6万元。

2020年8月11日，五菱宣布与YOHO跨界联名合作。从五菱牌口罩、人民地摊车荣登热搜，到五菱螺蛳粉，再到五菱品牌联合喜茶旗下品牌"喜小茶瓶装厂"，在成都车展现场以及成都IFS国际广场举办"灵感碰撞派对"，都传递出五菱年轻化、多元化的品牌面貌。

2021年2月12日，五菱官宣了由上汽通用五菱联合中央广播电视总台共同打造的春晚红口罩。春晚红口罩上，五菱红Logo与"2021年中央广播电视总台春节联欢晚会"图标交相辉映，口罩中央，两头中国生肖牛昂扬向上，周围环绕着朵朵祥云，饱含新年牛运当头的寓意。在口罩的配色方面，五菱从造车中汲取全新色彩灵感，融入新年元素，提供了黄、粉、红、橙、蓝、深红六种颜色，十二款样式，以精心的设计点缀新春氛围。

五菱改造口罩生产线，生产五菱牌口罩，只赠不卖，用"人民需要什么，五菱就造什么"极具号召力、感染力的口号进行传播，引发社会讨论与关注，得到社会与直接、间接消费者的关注与认同，提升了品牌认知度与美誉度。

"人民需要什么，五菱就造什么"是五菱汽车的服务宗旨。有人说："五菱汽车太会抓机会！太会做营销了！"也有人说："万能的五菱，抓住了营销的本质——以用户需求为驱动。"你如何理解"人民需要什么，五菱就造什么"？以小组为单位，分组讨论，并现场汇报。

任务分析

德润礼行

请根据上述案例分析五菱以用户需求为驱动的五件营销事件，分析五菱是如何满足消费者需求的，并分析该事件的社会反响或影响力。分享自己的生活购物经历，说说自己最愉悦的购物体验。

学习目标

　　知识目标：了解消费者市场和消费需求，掌握消费者市场的特点和消费品的分类，能运用相关知识分析消费者市场的一些现象，提升了解市场和分析市场的能力。

　　能力目标：能准确把握消费者市场，准确把握消费者。

　　素质目标：养成勤于思考、做事认真的优良作风；树立责任意识和规则意识；具备严谨细致的工作作风。

 课前准备

　　（1）调查五菱的发展史，收集五菱近年来著名的营销事件。

　　（2）分小组讨论并整理自己最愉悦的购物体验。

二、任务实施

 任务工单

　　（1）第一步：以小组为单位，找出五菱以用户需求为驱动的五件营销事件，并填入表3-1中。

表3-1　五菱营销事件

营销事件	主要内容	社会反响或影响力	如何满足消费者需求
事件一			
事件二			
事件三			
事件四			
事件五			

　　（2）第二步：以小组为单位，以自己生活购物经历为依据，回忆消费体验，把自己感觉到的顾客价值和顾客满意表达出来，并说明原因，填入表3-2中。

表3-2　总结购物体验

最愉悦的购物体验	主要经历	个人满意情况

（3）第三步：在理解顾客让渡价值的基础上，结合上述两题，以小组为单位，制作PPT展示汇报。

 知识传递

（一）消费者市场

消费者市场又称最终消费者市场、消费品市场或生活资料市场，是指个人或家庭为满足生活需求而购买或租用商品的市场。消费者市场是现代市场营销理论研究的主要对象。成功的市场营销者是那些能够有效地发展对消费者有价值的产品，并运用富有吸引力和说服力的方法将产品有效地呈现给消费者的企业和个人。消费者市场是市场体系的基础，是起决定作用的市场。

了解消费者市场
（微课视频）

消费者市场与其他市场相比较，具有以下特点。

（1）广泛性。生活中的每一个人都不可避免地发生消费行为或消费品购买行为，从而成为消费者市场的一员。

（2）分散性。消费者的购买单位是个人或家庭，一般而言，家庭商品储藏地点小，设备少，买大量商品不易存放；家庭人口较少，商品消耗量不大；再者，现代市场供应丰富，购买方便，不必大量存储，故消费者每次购买数量少，购买次数多。

了解消费者市场1
（案例音频）

（3）复杂性。消费者受年龄、性别、身体状况、性格、习惯、文化、职业、收入等多种因素的影响而具有不同的消费需求和消费行为。

（4）易变性。消费需求具有求新、求异的特性，要求商品的品种、款式不断翻新，有新鲜感。消费者不喜爱一成不变的老面孔。

（5）发展性。人类社会的生产力和科学技术总是在不断进步，新产品不断出现，消费者收入水平不断提高，消费需求也就呈现由少到多、由粗到精、由低级到高级的发展趋势。

（6）情感性。消费者对所购买的商品大多缺乏专门的甚至是必要的知识，只能根据个人好感和感觉做出购买决策，多属非专家购买，受情感因素影响大，受企业广告宣传和推销活动的影响大。

（7）伸缩性。消费需求受消费者收入、生活方式、商品价格和储蓄利率影响较大，在购买数量和品种上表现为较大的需求弹性或伸缩性。

（8）替代性。消费品种类繁多，不同品牌甚至不同品种之间往往可以相互替代。

（9）地区性。同一地区的消费者在生活习惯、收入水平、购买特点和商品需求等方面具有较大的相似之处，而不同地区消费者的消费行为则表现较大的差异性。

（10）季节性。季节性气候变化引起的季节性消费；季节性生产引起的季节性消费；风俗习惯和传统节日引起的季节性消费。

（二）消费品

1. 消费品的分类。

（1）按购买习惯分类。

①便利品，又称日用品，是指消费者日常生活所需、需重复购买 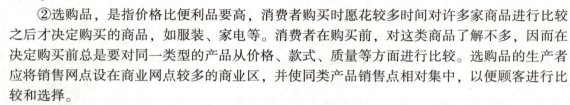的商品，如粮食、饮料、肥皂、洗衣粉等。消费者在购买这类商品时，一般不愿花很多的时间比较价格和质量，而愿意接受其他任何代用品。因此，便利品的生产者，应注意分销的广泛性和经销网点的合理分布，以便消费者能及时就近购买。

②选购品，是指价格比便利品要高，消费者购买时愿花较多时间对许多家商品进行比较之后才决定购买的商品，如服装、家电等。消费者在购买前，对这类商品了解不多，因而在决定购买前总是要对同一类型的产品从价格、款式、质量等方面进行比较。选购品的生产者应将销售网点设在商业网点较多的商业区，并使同类产品销售点相对集中，以便顾客进行比较和选择。

③特殊品，是指消费者对其有特殊偏好并愿意花较多时间去购买的商品，如电视机、电冰箱、化妆品等。消费者在购买前对这些商品有一定的认识，偏爱特定的品牌和商标，不愿接受代用品。为此，企业应注意争创名牌产品，以赢得消费者的青睐，要加强广告宣传，扩大本企业产品的知名度，同时要切实做好售后服务和维修工作。

（2）按耐用程度分类。

①耐用品，是指能多次使用、寿命较长的商品，如电视机、电冰箱、音响、电脑等。消费者购买这类商品时，决策较为慎重。生产这类商品的企业，要注重技术创新，提高产品质量，同时要做好售后服务，满足消费者的购后需求。

②非耐用品，是指使用次数较少、消费者需经常购买的商品，如食品、文化娱乐品等。生产这类产品的企业，除应保证产品质量外，要特别注意销售点的设置，以方便消费者购买。

2. 消费者市场如何满足消费者需求？

企业的生存是以满足消费者需求为前提条件的。换句话说，就是"顾 客是企业的衣食父母"。企业开拓市场，培植忠诚顾客，必须具有符合时代发展的营销观念。企业营销观念是企业营销活动的指导思想，是指企业如何看待顾客和社会的利益，即如何处理企业、顾客和社会三者之间的利益关系。

企业营销观念经历了由"以生产为中心"转变为"以顾客为中心"，从"以产定销"变为"以销定产"的过程。企业营销观念的演变过程，既反映了社会生产力及市场的发展趋势，也反映了企业领导者对市场营销发展客观规律认识的深化。

企业开展消费者市场工作的本质是通过满足消费者的需求，获取合理的收益。而消费者满足自己的需求，必须付出相应的成本，因此消费者总是希望自己付出的成本较小，而获得的价值较大。菲利普·科特勒在 1994 年出版的《市场营销管理——分析、规划、执行和控制》（第 8 版）中，提出了顾客让渡价值的新概念。这一概念的提出，解读了企业开展消费者市场工作的本质。

了解消费者市场 2
（案例音频）

了解消费者市场 3
（案例音频）

（三）顾客让渡价值

顾客让渡价值是指顾客总价值与顾客总成本之间的差额。顾客总价值是指顾客购买某一产品与服务所期望获得的一组利益，包括产品价值、服务价值、人员价值和形象价值等。顾客总成本是指顾客为购买某一产品所耗费的时间、精神、体力以及所支付的货币资金等，包括货币成本、时间成本、精神成本和体力成本等。

由于顾客在购买产品时，总希望把有关成本包括货币、时间、精神和体力等降到最低限度，同时又希望从中获得更多的实际利益，以使自己的需要得到最大限度的满足，因此顾客在选购产品时，往往从价值与成本两个方面进行比较分析，从中选出价值最高和成本最低的产品，即将顾客让渡价值最大的产品作为优先选购的对象。

企业为了在竞争中战胜对手，吸引更多的潜在顾客，就必须向顾客提供比竞争对手具有更多顾客让渡价值的产品，这样才能使自己的产品为消费者所注意，进而使消费者购买本企业的产品。为此，企业可从两个方面改进自己的工作：一是通过改进产品、服务、人员与形象，提高产品的总价值；二是通过降低生产与销售成本，减少顾客购买产品的时间、精神与体力等的耗费，从而降低货币与非货币成本。

1. 顾客总价值

让顾客获得更大顾客让渡价值的途径之一是增加顾客总价值。顾客总价值由产品价值、服务价值、人员价值和形象价值构成，其中每一项价值因素的变化均对总价值产生影响。

（1）产品价值。

产品价值是由产品的功能、特性、品质、品种与式样等所产生的价值。它是顾客需要的中心内容，也是顾客选购产品的首要因素，因而在一般情况下，它是决定顾客购买总价值大小的关键和主要因素。产品价值是由顾客需要决定的，在分析产品价值时应注意在经济发展的不同时期，顾客对产品的需要有不同的要求，构成产品价值的要素以及各种要素的相对重要程度也会有所不同。在经济发展的同一时期，不同类型的顾客对产品价值也会有不同的要求，在购买行为上显示出极强的个性特点和明显的需求差异性。这就要求企业必须认真分析不同经济发展时期顾客需求的共同特点以及同一发展时期不同类型顾客需求的个性特征，并据此进行产品的开发与设计，增强产品的适应性，从而为顾客创造更大的价值。

（2）服务价值。

服务价值是指伴随产品实体的出售，企业向顾客提供的各种附加服务，包括产品介绍、送货、安装、调试、维修、技术培训、产品保证等所产生的价值。服务价值是构成顾客总价值的重要因素之一。在现代市场营销实践中，随着消费者收入水平的提高和消费观念的变化，消费者在选购产品时，不仅注意产品本身价值的高低，而且更加重视产品附加价值的大小。特别是在同类产品质量与性质大体相同或类似的情况下，企业向顾客提供的附加服务越完备，产品的附加价值越大，顾客从中获得的实际利益就越大，从而购买的总价值也越大。因此，在提供优质产品的同时，向消费者提供完善的服务，已成为现代企业市场竞争的新焦点。

（3）人员价值。

人员价值是指企业员工的经营思想、知识水平、业务能力、工作效益与质量、经营作风、应变能力等所产生的价值。企业员工直接决定着企业为顾客提供的产品与服务的质量，决定着顾客总价值的大小。一个综合素质较高又具有顾客导向经营思想的工作人员，会比知识水平低、业务能力差、经营思想不端正的工作人员为顾客创造的价值更高，从而吸引更多的顾客，进而为企业创造市场。人员价值对企业、对顾客的影响作用是巨大的，并且这种作用往往是潜移默化、不易度量的。因此，高度重视对企业人员综合素质与能力的培养，加强对员工日常工作的激励、监督与管理，使其始终保持较高的工作质量与水平就显得至关重要。

（4）形象价值。

形象价值是指企业及其产品在社会公众中形成的总体形象所产生的价值。形象价值包括企业的产品、技术、质量、包装、商标、工作场所等构成的有形形象产生的价值，公司及其员工的职业道德行为、经营行为、服务态度、作风等行为形象产生的价值，以及企业的价值观念、管理哲学等理念形象产生的价值等。形象价值与产品价值、服务价值、人员价值密切相关，在很大程度上是上述三个方面价值综合作用的反映和结果。形象对于企业来说是宝贵的无形资产，良好的形象会对企业的产品产生巨大的支持作用，赋予产品较高的价值，从而带给顾客精神上和心理上的满足感和信任感，使顾客的需要获得更高层次和更大限度的满足，从而增加顾客总价值。因此，企业应高度重视自身形象塑造，为企业进而为顾客带来更大的价值。

2. 顾客总成本

使顾客获得更大顾客让渡价值的途径之二是降低顾客总成本。顾客总成本不仅包括货币成本，还包括时间成本、精神成本、体力成本等非货币成本。一般情况下，顾客购买产品时首先要考虑货币成本的大小，因此货币成本是构成顾客总成本大小的主要和基本因素。在货币成本相同的情况下，顾客在购买时还要考虑所花费的时间、精神、体力等，因此，这些支出也是构成顾客总成本的重要因素。

（1）时间成本。

在顾客总价值与其他成本一定的情况下，时间成本越低，顾客总成本越小，从而顾客让渡价值越大。以服务企业为例，顾客为购买餐馆、旅馆、银行等企业所提供的服务时，常常需要等候一段时间才能进入正式购买或消费阶段，在营业高峰期更是如此。在服务质量相同的情况下，顾客等候购买该项服务的时间越长，所花费的时间成本越大，购买的总成本就会越大。同时，等候时间越长，越容易引起顾客对企业的不满意感，从而中途放弃购买的可能性亦会增大。因此，努力提高工作效率，在保证产品与服务质量的前提下，尽可能减少顾客的时间支出，降低顾客的购买成本，是为顾客创造更大的顾客让渡价值、增强企业产品市场竞争力的重要途径。

（2）精神与体力成本。

精神与体力成本是指顾客购买产品时，在精神、体力方面的耗费与支出。在顾客总价值与其他成本一定的情况下，精神与体力成本越小，顾客为购买产品所支出的总成本就越小，从而顾客让渡价值越大。因为消费者购买产品的过程是一个从确认需要、收集信息、评估选择、决定购买到实施购买，以及购后评价的全过程。在购买过程的各个阶段，均需付出一定的精神与体力。当消费者对某种产品产生了购买需求后，就需要收集该种产品的有关信息。消费者为收集信息而付出的精神与体力的多少会因购买情况的复杂程度不同而有所不同。就复杂购买行为而言，消费者一般需要广泛全面地收集产品信息，因此需要付出较多的精神与体力。对于这类产品，如果企业能够通过多种渠道向潜在顾客提供全面、详尽的信息，就可以减少顾客为获取产品情报所花费的精神与体力，从而降低顾客总成本。又如，对于结构性能比较复杂、装卸搬运不太方便的机械类、电气类产品，如果企业能为顾客提供良好的售后服务，如送货上门、安装调试、定期维修、供应零配件等，就会减少顾客为此所耗费的精神与体力，从而降低精神与体力成本。因此，企业采取有效措施，对增加顾客购买的实际利益、降低购买的总成本、获得更大的顾客让渡价值具有重要意义。

 任务评价

序号	评价项目	评价指标	分值	自评 （20%）	互评 （20%）	师评 （60%）	合计
1	知识目标 （40分）	了解消费者市场和消费需求	10				
		掌握消费者市场的特点和消费品的分类	15				
		能运用相关知识分析消费者市场的一些现象	15				
2	能力目标 （30分）	提升了解市场和分析市场的能力	10				
		能准确把握消费者市场	10				
		能准确把握消费者	10				
3	素质目标 （30分）	养成勤于思考、做事认真的优良作风	10				
		树立责任意识和规则意识	10				
		具备严谨细致的工作作风	10				
合计			100				
综合得分							

 **知识巩固**

（一）单选题

1. 满足最终消费者的需求，是市场营销活动的（　　　）。

A. 起点 　　　　　　　　　　　B. 中间点

C. 终点 　　　　　　　　　　　D. 起点和终点

2. 个人为了人身安全和财产安全而对防盗设备、保安用品、保险产生的需要是（　　　）。

A. 生理需要 　　　B. 社交需要 　　　C. 尊重需要 　　　D. 安全需要

3. （　　　）是指存在于人体内驱使人们产生行为的内在刺激力，即内在需要。

A. 刺激物 　　　B. 诱因 　　　C. 反应 　　　D. 驱使力

4. 同类产品不同品牌之间差异小，消费者购买行为就（　　　）。

A. 简单　　　　B. 复杂　　　　C. 一般　　　　D. 困难

5. 对于协调型的购买行为，营销者要提供完善的（　　），通过各种途径提供有利于本企业和产品的信息，使顾客确信自己购买决定的正确性。

A. 售前服务　　　B. 售后服务　　　C. 售中服务　　　D. 无偿服务

（二）判断题

1. 消费者大多根据个人的好恶和感觉做出购买决策。（　　）

2. 通常企业并不试图去改变消费者对其产品、服务的态度，而是使自己的产品、服务和营销策略符合消费者既有态度。（　　）

3. 一般而言，人类的需要由低层次向高层次发展。（　　）

4. 选择性记忆是指人们倾向于记住和保留那些与其态度和信念相一致的信息。（　　）

5. 消费品尽管种类繁多，但不同品种甚至不同品牌之间不能相互替代。（　　）

三、任务拓展

 学以致用

蒙牛：从传统乳业制品企业转型为 O2O "互联网+" 的奶制品企业

互联网对传统产业的渗透越来越彻底，从而使传统企业面临一个两难的境地：坚持传统盈利难，转型更难。周易曰："穷则变，变则通，通则久。"这是指事物发展到了极点，就要发生变化，这样才会使事物的发展不受阻塞，事物才能不断地发展。道行不通时选择变化，变化了之后就会豁然开朗，行得通则可以长久。在互联网时代，所有行业都不能置身事外，唯有转型，才能继续发展。而转型就意味着必须要舍弃一些原有的线下渠道，去推动线上的发展。谁先转型互联网成功，谁就能有一席立足之地。

在传统企业前加上一个"互联网+"会出现怎样的化学反应呢？

蒙牛的"互联网+"转型升级通过跨界战略路线实现。在毒奶粉事件后，为保证产品的品质，蒙牛在质量与技术方面直接引进国际合作伙伴，整合和运用全球先进的技术、研发和管理经验。

蒙牛的营销手段也非常具有互联网思维，跨界与百度合作，通过二维码追溯牛奶产地"精选牧场"，让客户清晰地了解蒙牛的生产技术和管理体系。与滴滴战略合作，从线上扩展到线下，如送蒙牛红包，滴滴专车用户上车后有机会享受蒙牛牛奶。蒙牛更是与自行车品牌捷安特、NBA、上海迪士尼度假区等签订了品牌、渠道、资源等多方面的战略合作协议。

蒙牛的转型带来的是更多跨界的合作，互联网思维下的营销使蒙牛战略合作深入品牌、渠道、资源，甚至供应等方面，这对蒙牛来说是最好的转型方式。

如今的蒙牛是中国领先的乳制品供应商，位列全球乳业第七，品牌价值 685 亿元。旗下拥有特仑苏、纯甄、真果粒、冠益乳、优益 C、每日鲜语、爱氏晨曦、瑞哺恩等王牌产品，以满足不同消费者营养需求。

蒙牛是如何做到消费者需求第一、体验第一、福祉第一的？

任务2 决断如流——探究消费者决策过程

Mission two ←

消费者决策过程是消费者在购买商品或服务时所经历的一系列阶段和决策过程。了解消费者决策过程对企业了解消费者行为和市场需求至关重要，可以指导企业制定有效的市场推广和销售策略。

消费者决策过程受多种因素影响，如受个人、社会和心理、文化等因素的影响。

通过探究消费者决策过程，企业可以了解消费者的需求和决策的驱动因素，有针对性地开展市场推广活动、提供个性化的产品和服务，以满足消费者的需求并赢得竞争优势。

一、任务引入

任务描述

小故事大道理

阿雯买车

阿雯是上海购车潮中的一位普通的上班族，35 岁，月收入 1 万元以上。阿雯身边的朋友与同事纷纷加入了购车者的队伍。看他们在私家车里享受美妙的音乐而不必忍受公交车的拥挤与嘈杂，阿雯不免开始心动。另外，她工作地点离家较远，加上交通拥挤，来回花在路上的时间要近三小时，且周末外出游玩时，她与老公只能租车前往，因此她的购车动机越来越强烈。只是这时的阿雯除了预算 8 万～15 万元，对车一无所知。阿雯心中有一辆梦想之车：漂亮的白色，流畅的车型，大而亮的灯。

她的朋友们向她推荐了吉利星越、大众朗逸、本田思域、比亚迪秦 PLUS、丰田卡罗拉等几款不同的车型。

如果你是阿雯，请收集以上五款车的相关信息，结合自身情况，列出购买决策过程。

任务分析

请根据"消费者购买决策过程的五个阶段""影响消费者购买决策的主要因素"等内容，帮助阿雯分析购买的车型。如果你是吉利星越、大众朗逸、本田思域、比亚迪秦 PLUS 或丰田卡罗拉汽车的销售顾问，你将如何推荐你的车型，说服她购买；如果你是她的好朋友，你将从哪些方面给她好的建议？

德润礼行 1

德润礼行 2

学习目标

知识目标：掌握消费者购买决策过程的五个阶段，掌握影响消费者购买决策的主要因素。

能力目标：能列出理性消费的几种表现；提升逻辑思维能力；具备从顾客购买决策过程中实现成功销售的能力。

素质目标：树立责任意识和规则意识；保持沉着冷静、处变不惊的工作态度；具备严谨细致的工作作风；养成理性的消费习惯。

 课前准备

（1）学生围绕市场上 8 万~15 万元的小型汽车进行调研，具体为该价格范围内不同品牌汽车的参数及驾驶体验（五款以上）。推荐吉利星越、大众朗逸、本田思域、比亚迪秦 PLUS、丰田卡罗拉等。

（2）全班同学进行投票，选出上述五款车中最中意的一款。

二、任务实施

 任务工单

第一步：如果你是消费者，并且手中有十余万元，在购买汽车时，你是如何完成购买决策五个阶段的？

第二步：如果你是销售顾问，顾客在你的店里购买汽车时，你是如何从顾客购买决策过程中实现成功销售的？

第三步：运用角色扮演的方式，表演顾客和销售顾问沟通交流并最终购买他梦想汽车的全过程。

第四步：考虑多方因素，结合上述内容，完成表3-3。

表 3-3　汽车购买决策过程

购买决策过程	内容		
确认需要	内部刺激：（　　　） 外部刺激：（　　　）		
收集信息	个人渠道：（　　　） 公共渠道：（　　　）	商业渠道：（　　　） 经验来源：（　　　）	

续表

购买决策过程	内容
评估选择	我做了几次比较？ 我考虑的车型有哪些？ 我的购车价位是多少？
影响因素	个人因素： 文化因素： 社会因素： 心理因素：
决定购买	
购后评价	

 **知识传递**

（一）消费者购买决策的定义

消费者购买决策是指消费者谨慎地评价某一产品、品牌或服务的属性并进行选择、购买能满足某一特定需要的产品的过程。

广义的消费者购买决策是指消费者为了满足某种需求，在一定的购买动机的支配下，在可供选择的两个或者两个以上的购买方案中，经过分析、评价、选择并且实施最佳的购买方案，以及购后评价的活动过程。它是一个系统的决策活动过程，包括需求的确定、购买动机的形成、购买方案的抉择和实施、购后评价等环节。

探究消费者决策过程
（案例音频）

（二）消费者购买决策的五个阶段

在复杂购买中，消费者购买决策过程由确认需要、收集信息、评估选择、决定购买和购后评价五个阶段构成。

1. 确认需要

消费者购买过程的起点是诱发需求。消费者的需求是在内外因素的刺激下产生的。当消费者对市场中出现的某种商品或某种服务产生兴趣后，才可能产生购买欲望。

探究消费者决策过程
（微课视频）

对于消费者来说，除了传统的诱发因素会引起消费者购买的动机以外，视觉和听觉、文字的表述、图片的设计、声音的配置等也是诱发消费者购买的直接动因。

因此，营销者要了解这些需求是由哪些刺激因素诱发的，进而巧妙地设计促销手段来吸引更多的消费者，诱导他们的需求欲望。如产品的购买与使用用来满足哪些需求或动机？消费者的这些需求是潜在的需求还是激活的需求？目标市场的消费者以何种程度卷入产品？

营销者还应了解与其产品种类有关的现实需要或潜在需要，以及在不同时间这种需要的程度，这种需要会被哪些诱因所触发等。这样可通过巧妙地设计诱因，在适当的时间和地点以适当的方式唤起消费者的需要。

2. 收集信息

收集信息、了解行情，是消费者购买过程的第二个阶段。这个阶段的作用就是汇集商品的有关资料，为下一步的评估选择奠定基础。

收集信息的渠道主要有以下四个。

（1）个人渠道：它是指通过家庭、朋友、邻居、熟人获得的信息。这种信息在某种情况下对购买者的购买决策起着决定性的作用，营销者绝不可忽视这一渠道的作用。一件好的商品，一次成功的销售可能带来若干新的消费者；一件劣质产品，一次失败的销售可能使销售商几个月甚至几年不得翻身。

（2）商业渠道：它是指通过广告、推销员、经销商、展销会等获得的信息。网络营销的信息传递主要依靠网络广告和检索系统中的产品介绍，包括在信息服务商网页上所做的广告、中介商检索系统上的条目以及自己主页上的广告和产品介绍。

（3）公共渠道：它是指通过大众传播媒体获得的信息。网络实际上就是最好的传播媒体，网络营销者可以通过网络论坛、邮件列表、E-mail 等网络传播工具提升自己产品和服务的社会声誉，最大限度地获得消费者的认同。

（4）经验来源：它是指个人所存储、保留的消费者信息，包括购买商品的实际经验、对市场的观察以及个人购买活动的记忆等。

营销者需要确认：哪些产品或品牌的信息存储到潜在消费者的记忆里；消费者是否具有搜寻外部信息的动机或意图；消费者搜寻有关购买信息时利用哪些信息来源；消费者所要获得的信息是产品的哪些属性方面的信息。

3. 评估选择

消费者需求的满足是有条件的，这个条件就是实际支付能力。为了使消费需求与自己的购买能力相匹配，评估选择是购买过程中必不可少的环节。消费者对各条渠道汇集而来的资料进行比较、分析、研究，了解各种商品的特点和性能，从中选择最为满意的一种。一般说来，消费者的综合评价主要考虑产品的功能、可靠性、性能、样式、价格和售后服务等。通常，一般消费品和低值易耗品较易选择，而对耐用消费品的选择则比较慎重。

营销者需要知道：消费者评价或比较购买方案的努力程度如何；在消费者评价对象中包括哪些品牌；消费者利用哪些评价标准来制定评价方案；哪些评价标准最突出；评价的复杂程度如何？以哪些类型的决定方法来选择最佳方案；对各方案的评价结果如何；是否相信各方案的特征或特性是事实；对各方案的主要特性的认知程度如何；对各方案的购买或使用持哪些态度；购买意图如何；这些购买意图能否变成现实。

4. 决定购买

消费者在完成对商品的评估选择后，便进入决定购买阶段。消费者决定购买是指消费者在购买动机的支配下，从两件或两件以上的商品中选择一件满意商品的过程。

一般意义上的决策是指为了达到某一预定目标，在两种以上的备选方案中选择最优方案的过程。购买决策则是消费者作为决策主体，为实现满足需求这一特定目标，在购买过程中进行的评价、选择、判断、决定等一系列活动。

对于消费者的购买行为，有一种叫作"5W1H"的研究方法。

（1）What——买何种商品，即确定购买的对象。要研究消费者购买什么，以决定生产什么。

（2）Why——为什么购买，即确定购买的动机。消费者为什么购买？是为了自己消费还是馈赠亲朋好友？

（3）When——何时购买，即确定购买时间。要研究消费者购买决策过程中的时间规律性，以适当调整营销对策。比如季节性商品、节假日商品，往往在节假日到来之前是最旺销的时候。这个时候，为了适应购买的时间特征，应建立临时的分销渠道，或者摆出临时摊位。

（4）Where——何处购买，即确定购买地点。在百货商场，还是到商家购买？这涉及营销渠道的选择问题，可以多样化。比如，如果消费者愿意到中间商那里去购买，那么你就可以借助中间商实施商品分销；如果消费者愿意到专卖店去购买，你就可以进专卖店，采取直销的形式；如果消费者愿意在家里购买，那么你就可以采用网上分销的形式，让消费者在家里就可以订购。这样就出现了多样化的分销渠道。

（5）Who——何人购买，即确定购买的人。通常要考虑几种不同的角色，比如谁是倡导者，谁是决策者，谁是购买者，谁是使用者。

谁是倡导者关系到如何选择广告媒体。比如，你想针对小孩做广告，那么广告媒体就应该选择电视，小孩在电视上看到活灵活现的玩具和适合的商品，就会成为积极的倡导者。

（6）How——如何购买，即确定购买方式。是函购、邮购、预购还是代购？这要根据消费者的要求来组织营销活动。消费者是愿意一次性付款还是分期付款，是要求送货还是自己提货，这些都是应该考虑的。

消费者在决定购买某种商品时，一般应具备三个条件：第一是对厂商有信任感；第二是对支付有安全感；第三是对产品有好感。

5. 购后评价

消费者购买商品后，往往通过使用，对自己的购买选择进行检验和反省，重新考虑这种购买是否正确，效用是否理想，以及服务是否周到等问题。这种购后评价往往决定了消费者今后的购买动向。

商界中流传一句话："一个满意的顾客就是我们最好的广告。"在这里，"满意"的标准是产品的价格、质量和服务与消费者预期的符合程度。产品的价格、质量和服务与消费者的预期匹配，则消费者会得到心理的满足；否则，就会产生厌烦心理。购后评价是消费者发泄内心情绪的一条非常好的渠道，同时也为厂商改进工作收集了大量第一手资料。

为提高企业的竞争力，最大限度地占领顾客，企业必须虚心倾听顾客反馈的意见和建议。厂商可以在订购单的后边附上一张意见表。消费者在购买商品的同时，就可以填写自己对厂商、产品以及整个销售过程的评价。厂商收集这些评价后，通过计算机的分析、归纳，就可以迅速找出工作中的缺陷和不足，从而时时了解消费者的意见和建议，及时改进自己的产品性能和售后服务。

因此，作为营销者，我们需要掌握：消费者偏好哪些类型的商店；是否有满意方案，满意程度如何；有没有不满意的理由，它们反映了什么问题。

（三）消费者购买决策的特点

（1）消费者购买决策的目的性。消费者进行决策，就是要促进一个或若干个消费目标的实现，这本身就带有目的性。在决策过程中，要围绕目标进行筹划、选择、安排，就是实现活动的目的性。

（2）消费者购买决策的过程性。消费者购买决策是指消费者在受到内、外部因素刺激，产生需求，形成购买动机，抉择和实施购买方案，购后经验又会反馈回去影响下一次的消费者购买决策，从而形成一个完整的循环过程。

（3）消费者购买决策的需求个性。由于购买商品行为是消费者主观需求、意愿的外在体现，受许多客观因素的影响。除集体消费外，个体消费者的购买决策一般都是由消费者个人单独进行的。随着消费者支付水平的提高，购买行为中独立决策特点将越来越明显。

（4）消费者购买决策的复杂性。决策是人大脑复杂思维活动的产物。消费者在做决策时，不仅要开展感觉、知觉、注意、记忆等一系列心理活动，还必须进行分析、推理、判断等一系列思维活动，并且要计算费用支出与可能带来的各种利益。因此，消费者的购买决策过程一般是比较复杂的。

①决策内容的复杂性。消费者通过分析，确定在何时、何地，以何种方式、何种价格购买何种品牌商品等一系列复杂的购买决策内容。

②购买决策影响因素的复杂性。消费者的购买决策受多方面因素的影响和制约，具体包括消费者个人的性格、气质、兴趣、生活习惯与收入水平等主体相关因素，以及消费者所处的空间环境、社会文化环境和经济环境等各种刺激因素，如产品本身的属性、价格、企业的信誉和服务水平，以及各种促销形式等。这些因素之间存在着复杂的交互作用，它们会对消费者的决策内容、方式及结果有不确定的影响。

（5）消费者购买决策的情景性。影响决策的各种因素不是一成不变的，而是随着时间、地点、环境的变化而不断发生变化。因此，同一个消费者的消费决策具有明显的情景性，其具体决策方式因所处情景不同而不同。由于不同消费者的收入水平、购买传统、消费心理、家庭环境等影响因素存在着差异性，因此，不同的消费者对于同一种商品的购买决策也可能存在着差异。

（四）消费者购买决策的影响因素

1. 个人因素

（1）稳定因素。这主要是指个人某些特征，如年龄、性别、种族、民族、收入、家庭、生活周期、职业等。稳定因素不仅影响参与家庭决策者，而且影响人们决策过程的速度。在决策过程的某一特殊阶段，购买行为也部分取决于稳定因素。例如，在收集信息阶段，一个人的年龄和收入会影响信息来源的数量和类型，以及用来征集信息所花费的时间。稳定因素也能够影响消费者对某产品的使用范围。例如，假定一个大学教授每年的收入和一个行政官员一样多，然而这些收入的分配却有很大的差别，这是由两种职业的不同引起的，他们在工作中需要和使用的生活用品都会有明显区别。

（2）随机因素。随机因素是指消费者进行购买决策时所处的特定场合和具备的一系列条件。有时，消费者购买决策是在未预料的情况下做出的，例如某人也许要购买一张机票去与弥留之际的亲人度过其生命的最后几天；或者某种情况的出现将延迟或缩短人们的决策过程，例如一个正在考虑购买电脑的消费者可能会在评价与选择上耽搁，这种耽搁肯定会减慢决策过程或者会导致他放弃这种购买行为。但是，假如此人在另一种不同的环境下，如工资上涨20%，购买决策过程可能会比工资不上涨完成得快很多。而且，随机因素对消费者行为的影响，往往还是多方面的。

2. 心理因素

（1）感觉。不同的人用不同的方法同时看到同一事物，结论是不一样的。同样，同一个人在不同的时间用不同的方式看同一事物，结论自然也不同。感觉是为了获得结果对输入的信息进行识别、分析和选择的过程。人们通过感官看、听、闻、品和摸等获得需要的信息，从而做出选择。

（2）信息。我们通过各种感官获得信息。当我们听到一个广告、看到一个朋友、闻到污染的空气、摸到一种产品时，我们就获得了信息。尽管我们立即接收到大量的信息，但只有一部分信息能被我们意识到。这是因为我们在同一时间内无法关注所有的信息，这种现象被称为选择保留，我们只会注意到那些被认为重要的信息。例如，当你正在集中注意力阅读一篇文章时，你可能会忽略周围的噪声。即使已经接收到这些噪声信息，你也会等到需要关注这些信息时才会意识到。这就是有些信息能被我们意识到，而有些信息则不能被意识到的原因。如果信息与我们的期望相符，那么这些信息就会被我们意识到。例如，肯德基通过广告牌吸引人们的注意力，即使有些司机不停下来，也至少有机会让他们注意到这些商店。如果这些信息符合我们的当前需求，那么我们也会让这些信息进入我们的意识。例如，当你饥饿时，你可能会更加关注食品广告；相反，如果你刚吃过饭，那么这种广告被意识到的可能性就会大大降低。如果信息的输入强度发生急剧变化，那么这些信息被意识到的可能性就会更大。例如，如果商品的降价幅度较小，我们可能不会注意到，因为变化太小；但是，如果商品降价一半，我们注意到这种削价的可能性就会大大增加。

（3）动机。动机是激励一个人的行动朝一定目标迈进的一种内部动力。在任何时候，一个购买者受多种动机影响而不是仅受一个动机影响，而某一时点一些动机比另一些动机强，但这种强烈的动机在不同的时点是不同的。例如，一个想买沙发的人可能被这种沙发的特性所吸引，如耐久性、经济性、式样等。假如一个市场营销者通过强调仅有的一个有吸引力的特性去吸引消费者，也许这种努力不能得到一个满意的销售。

影响人们在习惯性地点购买商品的动机被称为惠顾动机。某个购买者可能因为此动机在某一特殊商店购买商品，例如商品的价格、服务态度、地点、信誉、产品的多样性或者售货员的友善等方面。利用消费者的惠顾动机，市场营销应该设法了解为什么习惯性消费者惠顾一个商店，并在销售组合中突出这些特点。

动机研究能帮助市场营销者分析那些去买或不买他们产品的消费者的主要动机。动机常常处于潜意识状态，很难加以衡量，人们通常不知道怎样激发动机，所以市场营销者不能简单地去询问他们的动机是什么，许多动机研究依靠交谈和推测技术。

（4）经验。经验包括由信息和经历所引起的个人行为的变化。一些生理条件如饥饿、劳累、身体成长变化、衰老、退休而引起的行为变化，不列入经验考虑范围。个人行为的结果强烈地影响着经验积累过程。如果个人的活动带来了满意的结果，那么他在以后相同的情况下，会重复以前的做法；如果行为没有带来满意的结果，那么将来他可能采取完全不同的做法。例如，一个消费者购买了某种品牌的饮料，而且很喜欢，那么他以后还一直购买同样品牌的饮料，直到这个品牌不再使他满意为止。

一个公司要成功地推销产品，它就要帮助消费者了解产品。消费者可以通过直接经验了解产品，许多营销者都设法在消费者购买产品前向他们提供直接经验。通过推销人员和广告作用，销售员在消费者购买前就要向其提供信息以影响消费者经验，从而使消费者对产品的态度有利于销售产品。

（5）态度。态度由知识和对目标的积极和消极的情感构成。我们有时说一个人有积极的态度，但这种表述不完整。只有知道了与这种态度相联系的目标时，这种表述才有意义。人们所持态度针对的目标可能是有形的或无形的，有生命的或无生命的，例如我们有针对性别、信仰、政治等事物的不同态度。然而，个人的态度基本上是保持稳定的，不会时刻变化。同样，任何时候，个人的态度产生的影响都是不同的，有的强，有的弱。消费者对公司和产品的态度，对公司营销战略的成功或失败至关重要。当消费者对公司营销实践的一个或几个方面持否定的态度时，不仅他们自己会停止使用公司的产品，他们还会要求亲戚和朋友也这样。

销售员应该估计消费者对价格、包装设计、品牌名称、广告、推销人员、维修服务、商店布局、现存和未来产品的特点等各方面所持的态度，销售员有几种办法来估量消费者的态度，最简单的一种方法就是直接向人们提问题，动机调查中的推测技术也可以用来估计态度。

（6）个性。有的个性不一定引人注目，但每个人都有这种个性。个性是和人们的经验与行为联系在一起的内在本质特征。源于不同的遗传和经历，每个人的内心世界、知识结构、成长过程都不同。比较典型的个性表现为以下一种或几种特征，如冲动、野心、灵活、死板、独裁、内向、外向、积极进取和富有竞争心。

销售员要试图发现这些特点和购买行为之间的关系，相信人的个性对所购商品的品牌和类型会有影响。例如，人们购买的服装、首饰、汽车等类型也反映了一种或几种个性特征。通常，营销者把广告宣传瞄准在某些一般人都有的个性特点上，通过运用那些积极的、有价值的个性特征来进行促销。能够通过这种方法促销的产品主要包括啤酒、软饮料、香烟及服装等。

3. 社会因素

（1）角色和家庭。我们当中的每个人都在一定的组织、机关和团体中占有一定位置，和每个位置相联系的就是角色。由于人们占据多种位子，他们同时扮演多种角色。例如一个男子不仅扮演父亲和丈夫的角色，而且可能是公司主管、学会理事、体育教练或者某大学在读研究生，这样对一个人的行为就有多种期望。个人角色不仅影响一般行为，而且影响购买行为。个人的多种角色需求可能不一致，比如假定上面提到的男子打算买一辆车，他的妻子希望买一辆广州本田车，他的儿子要买上海别克，他的同事却建议买进口宝马，因为那个牌子知名度更高，因此，个人的购买行为部分地受其他人意见的影响。在家庭中扮演的角色直接和购买决策联系在一起。家庭中的男主人可能主要是烟酒这些商品的购买者，而许多家庭用品的购买决策，包括保健品、洗漱用品、纸类产品和食品主要由妻子决定。丈夫和妻子、子女共同参与的购买决策，主要是耐用商品。当两个或两个以上的家庭成员参与购买时，他们就要进行分工，每个人都要完成一定的任务。

（2）社会阶层。社会阶层是具有相似社会地位的人的一个开放的群体。开放指的是个人可以自由地进入和离开，主要因素包括职业、教育、收入、健康、地区、种族、伦理、信仰和财富。把某一个人归入某一阶层不需要考虑所有的社会标准，所选择标准的数量及其重要性取决于所划入阶层的特点以及个人在阶层内的价值大小。在一定程度上，某个阶层内的成员采取的行为模式差不多，他们具有相似的态度、价值观念、语言方式和财富。社会阶层对我们生活的许多方面都有影响，同样可以影响购买决策。

4. 文化因素

文化是指人类所创造的物质财富与精神财富的总和，是人类劳动的结晶，包括有形的东西，如食物、家具、建筑、服装和工具等；无形的概念，如教育、福利和法律等。文化同样也包括整个社会所能接受的价值和各种行为，构成文化的观念、价值和行为，是通过一代接一代地学习和传授获得的。

文化对购买行为有广泛的影响，因为它渗透在我们的日常生活中。文化决定我们的吃、穿、住和行，对我们如何购买和使用产品有影响，而且影响我们从中得到的满足感。由于文化在某种程度上决定了购买和使用产品的方式，故其影响产品的开发、促销、分销和定价。

当销售员在其他国家推销商品时，他们常看到文化对产品的购买和使用的强烈冲击。国际营销者发现世界其他地区的人具有不同的态度、价值观念和需求，从而要求运用不同的营销方法以及不同的营销组合。一些国际营销者之所以失败，是因为他们没有或者不能根据文化的不同而对营销观念组合进行调整。

任务评价

序号	评价项目	评价指标	分值	自评（20%）	互评（20%）	师评（60%）	合计
1	知识目标（40分）	掌握消费者购买决策过程的五个阶段	15				
		掌握影响消费者购买决策的主要因素	15				
		能列出理性消费的几种表现	10				
2	能力目标（20分）	提升逻辑思维能力	10				
		具备从顾客购买决策过程中实现成功销售的能力	10				
3	素质目标（40分）	树立责任意识和规则意识	10				
		保持沉着冷静、处变不惊的工作态度	10				
		具备严谨细致的工作作风	10				
		养成良好的理性消费习惯	10				
	合计		100				
	综合得分						

知识巩固

1. 消费者信息的主要来源有（   ）。

A. 个人来源　　　　　B. 生理来源　　　　　C. 经验来源

D. 商业来源　　　　　E. 以上都是

2. 消费者一般会利用哪些途径收集信息？（   ）

A. 4S 店　　　　　　B. 网络　　　　　　C. 权威人士

D. 朋友　　　　　　E. 使用者

3. 消费者一般会如何评价产品？（   ）

A. 性价比　　　　　B. 外形　　　　　　C. 颜色

D. 价格　　　　　　E. 情怀

4. 下列哪些因素会影响消费者购买决策？（   ）

A. 心情　　　　　　B. 家人　　　　　　C. 政治

D. 气候 　　　　　　E. 陌生人

5. 消费者会有哪些购后行为？请画出流程图。

三、任务拓展

让顾客"自作自受"

自己在啤酒作坊里酿造啤酒，两个星期后从储藏室里搬出那一桶自己酿制的啤酒，或自饮或与众人分享，这并非神话，也并非来自欧洲中世纪的一个传奇故事。这是位于中关村的北京猎奇门啤酒自酿场，可以让每个有兴趣的顾客体味到这一切。正由于此，北京猎奇门啤酒自酿场才生意兴隆。

无独有偶，美国有位商人开了家"组合式鞋店"。货架上陈设着 6 种鞋跟，8 种鞋底，鞋面的颜色以黑、白为主，鞋带的颜色有 80 多种，款式有百余种。顾客可自由挑选出自己最喜欢的各种款式，然后交给职员进行组合，只需等十来分钟，一双称心如意的新鞋便可到手；而其售价，与批量成品的价格差不多，有的还更便宜。此举引来了络绎不绝的顾客，使该店销售额比邻近的鞋店高好几倍。

两位经营者运用了什么原理使其生意兴隆、销售额大增的？

模块四　市场细分与定位

模块简介

市场细分、选择目标市场和确定市场定位是企业营销中的重要策略，它们有助于企业准确地识别和满足不同消费者群体的需求，并在竞争激烈的市场中建立差异化优势。

市场细分是将整个市场细分为更小、更具有相似需求和特点的消费者群体或市场。通过市场细分，企业可以更好地理解不同消费者群体的需求和行为模式，并制定针对性的营销战略。市场细分可以基于多种因素，如地理因素、人口因素、心理因素和行为因素等。

一旦市场细分完成，企业需要选择合适的目标市场，即在细分市场中选择最具有潜力和合适的消费者群体。选择目标市场需要考虑多个因素，包括市场规模与增长率、竞争程度、目标市场的需求与偏好等。通过选择目标市场，企业可以更加精确地锁定目标消费者，并为他们提供有针对性的产品、定价和促销活动。

市场定位是确定企业产品或品牌在目标市场中的独特位置和竞争优势。通过市场定位，企业可以在消费者心目中建立差异化优势，使其产品或品牌与竞争对手区别开来。市场定位可以基于产品特点、价格、服务、品牌形象等进行，旨在满足目标市场的需求，并与其他竞争对手区分开。

通过在细分市场中准确识别目标消费者，并了解他们的需求和偏好，企业可以制定更加精准和有效的市场营销策略，以满足消费者需求、提高市场份额，并建立强大的品牌声誉和竞争优势。

路径导图

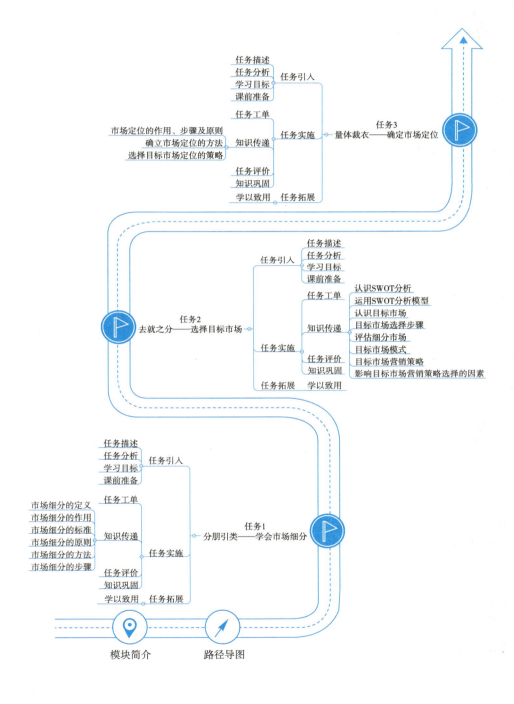

任务1 分朋引类——学会市场细分
Mission one ◄

市场细分是将整个市场划分为具有相似特征和需求的消费者群体的过程。通过市场细分，企业可以更精确地了解不同消费者群体的特点、需求和行为，有针对性地设计产品和服务，制定差异化的市场营销策略，提高市场份额和满足消费者的需求，从而获得竞争优势。

一、任务引入

 **任务描述**

小故事大道理

李明的西餐厅如何才能高朋满座

某餐馆经营者叫李明，他拥有一家位于繁华商业区的西餐厅。然而，在竞争激烈的餐饮市场中，他一直感到销售额不如预期。李明开始观察来餐馆就餐的顾客，通过观察和交流，他发现了几类主要的顾客群体：年轻情侣、商务人士和家庭成员。但是他不会做市场细分，也不会做市场分析。请你运用市场细分标准及方法帮他进行市场细分，设计市场细分表，设计一个调研问卷，收集可划分西餐厅市场的细分标准；分析调查数据，划分西餐厅市场；识别不同的潜在市场；概括细分市场的轮廓，描述每个潜在市场。

 任务分析

运用市场细分标准及方法进行细分，并设计市场细分表。

德润礼行

设计步骤如下：确定整体市场的范围→确定市场细分标准→制作市场细分表。

教师提供市场细分表设计范例，并对同学们设计的市场细分表进行点评。

 **学习目标**

知识目标：认识市场细分的含义与作用，理解市场细分的基本原则，掌握市场细分的标准、方法及步骤。

能力目标：具有分析及选择市场细分标准的能力，具有进行有效市场细分的能力。

素质目标：树立团队意识和规范意识，能保持沉着冷静、处变不惊的工作态度，具备严谨细致的工作作风，逐步养成吃苦奉献、拼搏争先的爱岗敬业精神。

课前准备

（1）课前分组了解当地西餐厅分布情况。

（2）了解西餐厅的主要顾客群体，划分西餐厅市场。

（3）通过网络或教材内容收集市场细分的方法。

二、任务实施

 任务工单

（1）第一步：根据人口因素细分标准分析不同顾客群体的特征，并填入表4-1。

表4-1　不同顾客群体的特征

顾客群体	人口因素	分析该群体特征
年轻情侣		
商务人士		
家庭成员		

（2）第二步：根据心理因素细分标准分析，为他们设置不同的区域场景，并填入表4-2。

表4-2　设置不同的区域场景

顾客群体	心理因素	设置不同的区域场景
年轻情侣		
商务人士		
家庭成员		

（3）第三步：根据行为因素细分标准分析他们的饮食需求，设置不同的菜单或针对性的服务，并填入表4-3。

表4-3　设置不同的菜单或针对性的服务

顾客群体	行为因素	设置不同的菜单或针对性的服务
年轻情侣		
商务人士		
家庭成员		

（4）第四步：概括细分市场的轮廓，描述每个潜在市场。

（5）第五步：分公司（团队）上台展示汇报。

知识传递

（一）市场细分的定义

所谓市场细分，是指企业经营者根据选定的标准或因素，将一个错综复杂的异质市场划分成若干个具有相同或相似需求的同质市场，从而确定企业目标市场的活动过程。

通过市场细分，企业可以有效地分配和使用有限资源，进行各种有意义的营销活动，并向市场提供独特的服务、产品及相关的营销组合。

学会市场细分 1
（微课视频）

（二）市场细分的作用

1. 有利于企业发掘最佳的市场机会

通过市场细分，企业可以找到市场上竞争者现有产品不能满足的需求，发现有利于企业的营销机会，以便运用自身的有利条件，通过产品开发将潜在的顾客需求转换为现实的市场需求，从而迅速占领市场并取得优势地位。

市场细分对于中小型企业有特殊的意义。中小型企业资源薄弱、实力有限，在整体市场或较大的市场中往往难以与大企业竞争。通过市场细分，中小型企业可以找到大企业顾及不到或无力顾及的"空白市场"，然后见缝插针，集中力量去加以经营，从而变整体劣势为局部优势，同样可在激烈的市场竞争中占有一席之地。

2. 有利于企业制定和调整营销策略

通过市场细分，企业可以将市场分解开来，仔细地进行细分比较，及时发现竞争动态，避免将生产经营过度集中在某种畅销产品上，从而避免与竞争者形成一团混战的局面。通过市场细分，企业能比较容易地认识和掌握顾客需求的特点及其对不同营销措施反应的差异，从而针对不同细分市场的特点，改进现有产品与服务的规格、种类、质量特性等，甚至去开发新的产品和服务，制定具体、完善、有效的营销策略。

3. 有利于把有限资源集中于目标市场

企业可以根据市场细分的特点，结合企业资源条件，充分发挥企业优势，集中人、财、物为目标市场服务，将有限的经济资源用于能产生最大效益的地方，占领某一细分市场或几个细分市场，从而增强企业在目标市场上的竞争力。

4. 有利于企业提高经济效益

通过市场细分，企业根据所选择的目标市场的特点生产出适销对路的产品，既能满足市场需要，又可以增加企业的收入；产品适销对路可以加速商品流转，加大生产批量，降低企业生产成本，全面提高企业的经济效益。

（三）市场细分的标准

市场细分的标准就是消费者需求的差异性，即消费者本身的特点。凡是构成消费者差异的因素都可以作为市场细分的标准。为方便研究和实际操作的需要，消费者的购买行为和企业市场营销的实际情况不同，市场细分的标准也不同。

学会市场细分 2
（微课视频）

1. 消费者市场细分的标准

消费者市场上的需求千差万别，影响因素错综复杂。对消费者市场的细分没有一个固定的模式，各企业可以根据自己的特点和需要，采取适宜的标准进行细分，以获得最佳的市场营销机会。影响消费者市场需求的因素可以作为细分消费者市场的标准，即细分变量。

消费者市场细分标准可以概括为地理因素、人口因素、心理因素和行为因素四大类。

（1）地理因素。地理细分即企业以消费者所处的地理位置、自然环境来细分市场。这是因为处在同一地理条件下的消费者的需求具有相似性。

地理因素主要包括区域、气候及城乡差别等因素。

①区域。按消费者所处的不同地理区域来细分市场，如我国市场按区域可分为东北市场、华北市场、华中市场、华东市场、华南市场、西南市场、西北市场等。不同的地理区域，带来不同的消费需求和生活习惯。

②气候。我国各地分处热带、亚热带、中温带、暖温带和寒带。热带地区一年四季如春，不用取暖器、热水袋；而地处寒带，离开取暖设施是难以想象的，对制冷设备倒没有多大需求；地处中原的华北地区，四季分明，冬天的取暖设施、夏天的制冷设备都需配备。

③城乡差别。由于城乡居民所属环境、所受教育水平不同，城乡消费差异巨大，对同一种产品的特性要求，城市消费者讲究美观、时代感，乡村消费者看重的是结实、耐用。

（2）人口因素。人口细分是根据常用的一些人口统计指标来划分市场。这些指标主要包括年龄、性别、职业、收入、家庭结构等。

①年龄。不同年龄的消费者有不同的需求特点，即使是3个月大的婴儿和6个月大的婴儿，他们在消费能力方面也存在差异。以消费者的年龄作为市场细分的标准，市场可分为婴儿、青少年、中年和老年市场，如奶业企业按年龄细分推出适合不同年龄的奶制品。但年龄是个复杂而微妙的因素，因为年龄不仅有生理年龄的区别，还有心理年龄的不同。如福特汽车公司曾用消费者的生理年龄作为市场细分的依据，为收入不高但追求时尚的年轻人设计了外形美观、价格便宜的"野马"跑车，但后来福特公司发现"野马"跑车的购买者不只是年轻人，许多中老年人也购买"野马"跑车，因为他们认为驾驶"野马"跑车可使他们显得年轻。这时，福特汽车公司才认识到，其"野马"跑车的目标市场不是生理年龄小的人，而是那些心理上年轻的人。

②性别。由于生理上的差别，男性与女性在产品需求与偏好上有很大不同，如在服饰、发型、生活必需品等方面均有差别。

③职业。消费者的职业不同，需求也不同。

④收入。以收入为标准，整个市场可以细分为高收入市场、中等收入市场、低收入市场。一般情况下，高收入的人由于掌握较多的金钱，他们往往追求高档豪华的消费品，喜欢到大百货公司和名牌专卖店购物，以显示自己的身份和社会地位；低收入者更多的是光顾街边小店；中等收入者喜欢在仓储式超市和普通商店购物。

⑤家庭结构。家庭规模的大小，对消费品的需求量和需求结构都会产生影响。

（3）心理因素。心理细分是指按照消费者的心理特征来细分市场。消费者的心理因素十分复杂，主要包括消费者的社会阶层、生活方式、个性、购买动机等。

①社会阶层。消费者所受的教育及人生观、价值观、从事的职业等多种因素决定了其所处的社会阶层，不同阶层的人会有不同的消费需求和习惯。因此，企业可把社会阶层作为一

个重要的市场细分依据。

②生活方式。生活方式是消费者对自己的工作、休闲和娱乐的态度。生活方式不同的消费者，其消费欲望和对消费品需求的质量有较大的差异。

③个性。很多企业为其产品赋予某些个性特征，以迎合消费者的个性，因为有个性的产品往往能够吸引追求个性的消费者。随着经济的发展，追求个性的消费成为一种趋势。

④购买动机。购买动机是指购买行为的目的。购买动机是驱使消费者实现个人消费目标的一种内在驱动力。它除了由生理需求，如饥饿、口渴等引发，还有一些是由心理需求，如归属、地位等引发的，对消费者的购买行为有很大影响。

（4）行为因素。行为因素包括购买时机、商品利益、使用情况、品牌忠诚度等，依据这些因素，可将整个市场细分为不同群体。

①购买时机。根据消费者产生需求、购买或使用的时间机会来帮助企业开拓产品的市场空间。企业利用节假日对产品进行宣传，促使消费者购买本企业的产品。如旅游行业可利用"国庆节""春节"来推销旅游产品，礼品店可利用"情人节""母亲节""父亲节""圣诞节""儿童节"的机会来促进鲜花、玩具和贺卡的销售。

②商品利益。消费者购买商品是为了满足某种需求，产品给消费者带来的就是商品利益，如品质一流、多功能、良好的售后服务、优势感等。消费者有不同的购买动机，因而所追求的利益就会各不相同。

③使用情况。商品按消费者使用情况的不同，可分为从未使用、曾经使用、准备使用、初次使用、经常使用等消费者群体。可按此细分市场，制定相应的营销战略。

④品牌忠诚度。根据消费者对某一品牌商品的信念，可把购买者分为坚定忠诚者、不坚定忠诚者、转移忠诚者和非忠诚者。坚定忠诚者始终只购买某一种品牌的商品，如遇到该品牌商品缺货，他们宁可等待；不坚定忠诚者忠诚于两个或两个以上的品牌，这几个品牌可以替换；转移忠诚者是从一个品牌转移到另一个品牌；非忠诚者是购买各种品牌，不忠诚于任一种品牌。每一个市场都包含不同程度存在的四种类型消费者。坚定忠诚者人数多、比重大的市场为品牌忠诚市场，其他企业要进入这种市场是非常难的。当企业发现存在转移忠诚者，即以前忠诚于本企业产品，但现在忠诚于其他企业产品时，要分析哪些品牌是本企业产品的竞争者，找出本企业市场营销工作的不足，采取相应措施改进营销工作。当企业发现非忠诚者大量存在时，应当提高本企业产品的质量，加强产品宣传来吸引他们，促进销售。

技能训练

每组自选一类产品，如矿泉水、洗发水、护肤品、手机等，对本班同学按需求的差异性进行市场细分。

训练要求：运用市场细分标准及方法进行细分，并设计市场细分表。

设计步骤如下：确定整体市场的范围→确定市场细分标准→制作市场细分表。

2. 生产者市场细分的标准

生产者市场的消费者一般都是生产者，购买产品的目的是用于生产。生产者市场细分除了要考虑消费者市场细分的标准，还要考虑自己独特的特点，即还包括了终端用户、用户规模、用户的地理位置及购买行为等因素。

（1）终端用户。对于生产者市场而言，不同用户采购某一产品的目的往往互不相同。基于不同的使用目的，不同的最终用户必定会对产品的规格、性能、价格、售后服务等提出不同的要求。据此来细分市场，把要求大体相同的用户集合成群，便于企业开展针对性经营，制定适宜的营销组合策略。

（2）用户规模。在生产者市场上，大量购买者、一般购买者、少量购买者的区别，要比消费者市场较为普遍，也更为明显。大客户虽少，但采购量很大，小客户则相反，户数虽多，采购量却不大。用户的规模不同，企业的营销组合方案也应不同。

（3）用户的地理位置。用户的地理位置不同，涉及的资源条件、自然环境、气候、生产布局及交通设施也不同，这些因素导致产生不同的生产资料需求特点。

（4）购买行为。购买行为包括追求利益、使用率、品牌忠诚度、使用者地位（如重点客户、一般客户、常用客户、临时客户等）、购买方式等。

商道秘籍

泰森瞄准中国冷鲜鸡肉市场

泰森食品股份有限公司作为肯德基、麦当劳、必胜客等快餐的肉类供应商，在中国一直耕耘于 B2B 市场。

该公司于 1935 年成立于美国阿肯色州，2001 年以合资方式进入中国，建立"泰森大龙"公司。泰森食品股份有限公司在中国有"泰森大龙""山东泰森"和"江苏泰森"公司。2008 年，江苏泰森食品有限公司在江苏海门举行了工厂开业庆典。该工厂主要生产鸡肉系列产品。新工厂生产的产品将覆盖江、浙、沪三地，以打开面向家庭餐桌的冷鲜鸡肉市场。

基于对中国市场的了解和判断，泰森食品股份有限公司特别提出"从鸡蛋到餐桌"的泰森模式，通过其旗下的 Cobb 育种公司从源头上保证肉鸡的品质，同时采用从种鸡饲养、种蛋孵化、肉鸡喂养到食品加工、冷链运输每个环节都由自己把控的模式，而非国内常见的从个体饲养企业收集的模式。

泰森食品股份有限公司由生产者市场转向消费者市场，根据消费者市场细分的标准之一——心理因素对中国市场进行分析，并提出"从鸡蛋到餐桌"的泰森模式，推出鸡肉系列产品，满足家庭餐桌对冷鲜鸡肉市场的需求。

（四）市场细分的原则

1. 可衡量性

可衡量性是指细分市场的规模、购买力是可以衡量的。企业所选择的各个细分市场应具有区别于其他细分市场的明显特征，主要包括三个方面的内容：一是消费者需求具有明显的差异性；二是用于市场细分的消费者需求特征信息要易于获取和衡量；三是通过市场细分后的各个市场的范围、容量、潜力、购

学会市场细分 3
（微课视频）

买力等应该是能够加以衡量的，这样才有利于确定目标市场。

2. 可进入性

可进入性是指细分出来的市场应该是企业营销活动能够达到的，即企业通过努力能够使产品进入并对消费者施加影响的市场。一方面，企业相关产品的信息能够通过各种渠道顺利传递给目标市场上的消费者；另一方面，企业在一定时期内有可能将产品通过一定的分销渠道运送到该市场。企业所选择的目标市场，必须是自己有足够进入能力，而且具有较强竞争力的细分市场。

3. 稳定性

有效的细分市场所划分的子市场还必须具有稳定性，即占领市场后的相当长时期内不需要改变企业的目标市场。目标市场的改变必然带来企业营销措施和营销策略的改变，如果这种变动过快，给企业带来的风险和损失也会随之增加。目标市场越稳定，越有利于企业制定长期的营销战略和策略。

4. 可盈利性

可盈利性是指细分市场的子市场需有足够大的规模，同时具有开发的潜力，值得付出一定的营销努力。企业作为以营利为目的的经济组织，能否盈利是判断其活动合理性的重要标准。因此，企业选择的目标市场应当能够维持一定的利润水平。如果细分市场规模过小，市场容量有限，对于企业来说就没有开发的价值。

5. 发展性

发展性是指企业选择的细分市场具有未来发展的潜力，通过企业的开发有可能发展成一个大市场，能够给企业带来长远的利益。可见，细分市场的选择实际是企业经营领域的选择，具有战略意义。因此，细分市场的选择必须与企业的长期发展战略相结合。

（五）市场细分的方法

1. 单一因素法

根据影响消费者需求的某一个重要因素进行市场细分，如按品种细分粮食市场、按性别细分服装市场、按用途细分钢材市场。当然，按单一因素细分市场，并不排斥环境因素的影响作用。考虑环境的作用更符合细分市场的科学性要求。

2. 系列因素法

根据企业经营的特点并按照影响消费者需求的诸多因素，由粗到细地进行市场细分，每下一步的细分步骤在上一步的子市场中进行。简而言之，这种方式是运用两个或两个以上因素，并依据一定的顺序逐次细分市场的过程，也就是各项因素先后有序，由浅到深，由简到繁，如图4-1所示。

3. 综合因素法

根据影响消费者需求的两种或两种以上因素进行市场细分。综合因素法的核心是并列多因素分析，所涉及的各项因素都无先后顺序和重要与否的区别，如图4-2所示。

4. 主导因素排列法

当一个市场的细分存在众多影响因素时，可从消费者的特征中寻找和确定主导因素，然后与其他因素有机结合来细分市场，如节假日时间长短和消费者收入高低是影响旅游线路长短的主要因素。

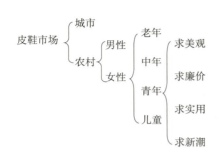

图4-1　系列因素法示例

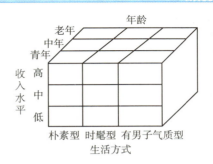

图4-2　综合因素法示例

（六）市场细分的步骤

市场细分必须遵循一定的步骤进行，美国著名营销学家麦肯锡提出市场细分的一整套程序，这一程序包括七个步骤。

1. 依据需求选定产品市场范围

企业首先应该根据消费者的需求情况、企业的营销目标以及经营产品的特性来确定其进行营销活动的初步产品市场范围。

2. 列举潜在顾客的基本需求

确定产品市场范围以后，企业的营销人员可以对潜在顾客的基本需求进行一定估算。

3. 分析潜在顾客的不同需求

企业可以根据影响消费者需求的各种不同因素，向不同的潜在顾客了解这些因素对他们的影响程度，从这些因素对消费者的影响程度可以分析不同潜在顾客的不同需求。

4. 移除潜在顾客的共同需求

从某种意义上来说，顾客的共同需求是所有顾客对企业的基本要求，也是企业在产品决策时的重要依据。它固然重要，但是不能作为市场细分的基础。只有那些不同的需求才可能成为划分不同细分市场的标准。因此，这一步的实质就是要找出对企业有用的能够进行市场细分的客观标准。

5. 为各细分市场暂时取名

为了便于分析，企业可以给每个细分市场取一个名称，以反映不同细分市场的不同特点。

6. 进一步认识各细分市场的特点

前面的分析基本上都以消费者的需求为主，而且为了满足市场细分的需要，营销人员人为地把其中具有相似或相同需求的消费者归类为同一细分市场。现在，企业应该对各细分市场进行深入的分析，以掌握它们的特点，为企业的营销活动设计提供依据。

7. 测量各细分市场的容量大小

经过上述六个步骤，企业基本上可以确定各个子市场的类型，这时的主要任务将转向测量各细分市场的容量大小。要测量市场容量，不外乎三个因素：购买者数量、购买力和购买动机，其中，潜在购买者数量和潜在顾客的购买能力决定了企业未来的销售潜力。

任务评价

序号	评价项目	评价指标	分值	自评（20%）	互评（20%）	师评（60%）	合计
1	知识目标（40分）	认识市场细分的定义与作用	10				
		理解市场细分的原则	15				
		掌握市场细分的标准、方法及步骤	15				
2	能力目标（20分）	具有分析及选择市场细分标准的能力	10				
		具有进行有效市场细分的能力	10				
3	素质目标（40分）	树立团队意识和规范意识	10				
		能保持沉着冷静、处变不惊的工作态度	10				
		具备严谨细致的工作作风	10				
		逐步养成吃苦奉献、拼搏争先的爱岗敬业精神	10				
合计			100				
综合得分							

知识巩固

单选题

1. 下列选项不属于有效市场细分必须满足的条件是（　　）。

A. 可衡量性　　　　B. 差异性　　　　C. 可对比性　　　　D. 可盈利性

2. 企业目前的资源能否通过适当的营销组合有效进入该细分市场并为之服务，这是有效市场细分的（　　）条件。

A. 可衡量性　　　　B. 可进入性　　　　C. 可盈利性　　　　D. 差异性

3. 在市场营销实践中，追求利益细分是一种行之有效的细分方式，它属于（　　）。

A. 地理细分　　　　B. 人口细分　　　　C. 心理细分　　　　D. 行为细分

4. 不属于消费者市场细分依据的是（　　）。

A. 地理细分　　　　B. 人口细分　　　　C. 用户行业　　　　D. 行为细分

5. 消费者对某种产品的使用率属于（　　）。

A. 地理因素　　　　B. 人口因素　　　　C. 心理因素　　　　D. 行为因素

6. 某跨国集团将其目标市场划分为亚洲、欧洲、美洲、非洲等，其划分的依据属于

（　　）。

A. 地理细分　　　　　　B. 人口细分　　　　　C. 心理细分　　　　　　D. 行为细分

7. 某服装制造商为"时髦妇女""家庭妇女""传统妇女""有男子气的妇女"等消费者分别设计和生产服装。其细分市场的依据是（　　）。

A. 教育水平　　　　　　　　　　　　B. 性别

C. 消费者所追求的利益　　　　　　　D. 生活方式

三、任务拓展

 学以致用

汇源公司的果汁饮料市场开发

在碳酸饮料横行的年代，汇源公司就开始专注于各种果汁饮料市场的开发。虽然当时国内已经有一些小型企业开始零星生产和销售果汁饮料，但大部分企业由于起点低、规模小而难有起色。而汇源公司是国内第一家大规模进入果汁饮料行业的企业，其先进的生产设备和工艺是其他小作坊式的果汁饮料厂所无法比拟的。"汇源"果汁充分满足了人们当时对营养健康的需求，凭借其100%纯果汁专业化的"大品牌"战略和令人眼花缭乱的"新产品"开发速度，在短短几年时间就跃升为中国饮料工业十强企业，其销售收入、市场占有率、利润率等均在同行业中名列前茅，从而成为果汁饮料市场当之无愧的引领者。其产品线也先后从鲜桃汁、鲜橙汁、猕猴桃汁、苹果汁扩展到野酸枣汁、野山楂汁、果肉型鲜桃汁、葡萄汁、木瓜汁、蓝莓汁、酸梅汤等，并推出了多种形式的包装。应该说这种对果汁饮料行业进行广度市场细分的做法是汇源公司得以在果汁饮料市场竞争初期取得领导地位的关键成功要素。

但当1999年统一集团涉足橙汁产品后，一切都发生了变化。2001年，统一集团仅"鲜橙多"一项产品销售收入就近10亿元，在当年第四季度，其销量已超过"汇源"。巨大的潜力和统一集团"鲜橙多"的成功先例吸引了众多国际和国内饮料企业的加入，可口可乐、百事可乐、康师傅、娃哈哈、农夫山泉等纷纷杀入果汁饮料市场。中华全国商业信息中心2002年第一季度的数据统计显示，"汇源"的销量同样排在"鲜橙多"之后，除了西北区，华东、华南、华中等六大区都被"鲜橙多"和康师傅的"每日C"抢得领先地位，可口可乐的"酷儿"也表现优异，显然"汇源"的处境已是大大不利。尽管汇源公司把这种失利归咎于"PET包装线的缺失"和"广告投入的不足"等原因，但在随后花费巨资引入数条PET生产线并在广告方面投入重金加以市场反击的情况下，其市场份额仍在下滑。显然，问题的症结并非如此简单。

请你分析汇源公司与统一集团、可口可乐三个公司采用的市场细分方法有何不同，这种细分方法对于该公司的利弊，并填入表4-4。

表4-4　市场细分方法分析

公司名称	采用的市场细分方法
汇源公司	
统一集团	
可口可乐公司	

任务❷ 去就之分——选择目标市场
Mission two ←

选择目标市场是指企业在市场细分的基础上，确定特定的消费者群体作为其主要营销对象和目标客户群。通过选择目标市场，企业可以更加聚焦和有效地开展市场营销活动，提高市场竞争力和销售业绩。

在选择目标市场时，企业可以通过市场调研、消费者洞察、数据分析等手段获取必要的信息和洞察，进行权衡和决策。同时，企业也应该灵活调整目标市场选择，以适应市场变化和消费者需求的变化。

选择适合的目标市场可以帮助企业更好地集中资源、优化市场投入、增强品牌认知度、提高销售业绩，并与目标消费者建立稳固的关系，从而在竞争激烈的市场中获得竞争优势。

一、任务引入

 **任务描述**

小故事大道理

七天连锁公司进军民宿市场

在当前快速发展的旅游行业中，民宿市场正逐渐得到广泛关注。七天连锁公司打算进入民宿市场。请你通过对民宿市场的细分和特点进行深入研究，为公司提供针对性的市场选择策略。

 **任务分析**

在对经济连锁酒店进行市场细分后，以七天连锁公司为例，进行目标市场选择，确定目标市场策略，撰写目标市场选择意向书，内容包括细分市场评估、目标市场选择、目标市场策略等。

 **学习目标**

知识目标：掌握选择目标市场的条件及步骤，评估细分市场，选择目标市场；掌握目标市场营销策略。

能力目标：具有选择目标市场的能力，具有制定目标市场策略的能力。

素质目标：树立团队意识和规范意识，能保持沉着冷静、处变不惊的工作态度，具备严谨细致的工作作风，逐步养成吃苦奉献、拼搏争先的爱岗敬业精神。

德润礼行

课前准备

（1）通过网络搜索并了解七天连锁公司的经营状况。

（2）通过网络搜索并了解民宿市场的发展前景。

（3）通过网络或教材内容收集目标市场营销策略。

二、任务实施

 任务工单

（1）第一步：确定民宿市场细分标准，并填入表4-5。

表4-5　确定市场细分标准

细分市场评估	内容
地理位置	
客户群体	
设施与服务	

（2）第二步：分析各个细分市场的特点，提出市场选择建议，并填入表4-6。

表4-6　细分市场的特点及市场选择建议

目标市场选择	特点	市场选择建议
城市内部市场		
乡村地区市场		
沿海区域市场		

（3）第三步：进行目标市场选择，提出目标市场选择策略，并填入表4-7。

表4-7　目标市场选择策略

目标市场选择	市场选择策略
城市内部市场	
乡村地区市场	
沿海区域市场	

（4）第四步：撰写目标市场选择意向书（见表4-8）。

表4-8　撰写目标市场选择意向书

<table>
<tr><td>

目标市场选择报告

　　训练背景：正确地定义目标市场，是商业计划书中重要的一部分。了解目标市场可以更科学地制定市场销售策略以及开发新产品或服务，还可以预测未来的销售和利润情况。在撰写目标市场部分时，主要集中在对市场的描述、市场变化趋势和销售策略几个方面。投资者要求企业确保产品或服务有足够的市场，企业要充分了解自己的市场机会和局限性，因此必须向投资者证明自己有清晰明确、伸手可及的目标市场。

　　训练要求：假设某公司要进入民宿市场，需要撰写一份商业计划书。每3~5名同学组成一个小组，各组为该公司出谋划策，具体负责分析目标市场，撰写目标市场选择报告。报告包括民宿市场的细分标准、各个细分市场的特点、目标市场选择等。特别注意，在定义目标市场时，需要定义市场区隔，即一定要有一个清晰明确、有意义的市场区隔，否则目标市场将毫无用处。报告给出明确的和有意义的全部细分市场，以及目标市场的全部特点。

</td></tr>
<tr><td>

</td></tr>
</table>

（5）第五步：分组（团队）上台汇报展示。

 知识传递

（一）认识SWOT分析

所谓SWOT分析，即基于内外部竞争环境和竞争条件下的态势分析，就是将与研究对象密切相关的各种主要内部优势、劣势以及外部的机会和威胁等，通过调查列举出来，并依照矩阵形式排列，然后用系统分析的思想，把各种因素相互匹配起来加以分析，从中得出一系列相应的结论，而结论通常带有一定的决策性。

选择目标市场1
（微课视频）

运用这种方法，可以对研究对象所处的情景进行全面、系统、准确的研究，从而根据研究结果制定相应的发展战略、计划以及对策等。

S（Strengths）是优势，W（Weaknesses）是劣势，O（Opportunities）是机会，T（Threats）是威胁。按照企业竞争战略的完整概念，战略应是一个企业"能够做的"（组织的强项和弱项）和"可能做的"（环境的机会和威胁）之间的有机组合。

（二）运用SWOT分析模型

1. 分析环境因素

运用各种调查研究方法，分析公司所处的各种环境因素，即外部环境因素和内部能力因素。外部环境因素包括机会因素和威胁因素，它们是外部环境对公司的发展直接有影响的有

利和不利因素，属于客观因素；内部环境因素包括优势因素和弱点因素，它们是公司在其发展中自身存在的积极和消极因素，属主观因素，在调查分析这些因素时，不仅要考虑历史与现状，而且更要考虑未来发展问题。

优势，是组织机构的内部因素，具体包括：有利的竞争态势；充足的财政来源；良好的企业形象；技术力量；规模经济；产品质量；市场份额；成本优势；广告攻势等。

劣势，也是组织机构的内部因素，具体包括：设备老化；管理混乱；缺少关键技术；研究开发落后；资金短缺；经营不善；产品积压；竞争力差等。

机会，是组织机构的外部因素，具体包括：新产品、新市场、新需求；外国市场壁垒解除；竞争对手失误等。

威胁，也是组织机构的外部因素，具体包括：新的竞争对手；替代产品增多；市场紧缩；行业政策变化；经济衰退；客户偏好改变；突发事件等。

2. 优势与劣势分析（SW）

由于企业是一个整体且竞争优势来源广泛，因此，在做优劣势分析时，必须从整个价值链的每个环节上，将企业与竞争对手做详细的对比。如产品是否新颖、制造工艺是否复杂、销售渠道是否畅通，以及价格是否具有竞争性等。如果一个企业在某一方面或几个方面的优势正是该行业企业应具备的关键成功要素，那么，该企业的综合竞争优势也许就强一些。需要指出的是，衡量一个企业及其产品是否具有竞争优势，只能站在现有潜在用户角度上，而不能站在企业的角度上。

3. 机会与威胁分析（OT）

比如当前社会上流行的盗版威胁：盗版替代品限定了公司产品的最高价，替代品对公司不仅有威胁，可能也带来机会。企业必须分析，替代品给公司的产品或服务带来的是"灭顶之灾"，还是提供了更高的利润或价值；购买者转而购买替代品的转移成本；公司可以采取什么措施来降低成本或增加附加值，从而降低消费者购买盗版替代品的风险。

4. 整体分析

从整体上看，SWOT可以分为两部分：第一部分为SW，主要用来分析内部条件；第二部分为OT，主要用来分析外部条件。利用这种方法可以从中找出对自己有利的、值得发扬的因素，以及对自己不利的、要避开的因素，发现存在的问题，找出解决的办法，并明确以后的发展方向。根据这个分析，可以将问题按轻重缓急分类，明确哪些是急需解决的问题，哪些是可以稍微拖后一点儿的事情，哪些属于战略目标上的障碍，哪些属于战术上的问题，并将这些研究对象列举出来，依照矩阵形式排列，然后用系统分析的思想，把各种因素相互匹配起来加以分析，从中得出一系列相应的结论，而结论通常带有一定的决策性，有利于领导者和管理者做出较正确的决策和规划。

SWOT分析的优点在于考虑问题全面，是一种系统思维，而且可以把对问题的"诊断"和"开处方"紧密结合在一起，条理清楚，便于检验。具体如表4-9所示。

表 4-9 SWOT 分析

内部分析 外部分析	优势（S） 有利的竞争态势；充足的财政来源；良好的企业形象；技术力量；规模经济；产品质量；市场份额；成本优势；广告攻势	劣势（W） 设备老化；管理混乱；缺少关键技术；研究开发落后；资金短缺；经营不善；产品积压；竞争力差
机会（O） 新产品、新市场、新需求；外国市场壁垒解除；竞争对手失误	SO 战略 发挥优势；利用机会	WO 战略 克服劣势；利用机会
威胁（T） 新的竞争对手；替代产品增多；市场紧缩；行业政策变化；经济衰退；客户偏好改变；突发事件	ST 战略 利用优势；回避威胁	WT 战略 减少劣势；回避威胁

（三）认识目标市场

目标市场是指企业在细分市场的基础上，经过评价和筛选所确定的作为企业经营目标而开拓的特定市场，即企业渴望能以相应的商品和服务去满足其需要，并为其服务的那几个消费者群体。目标市场选择是指企业根据一定的条件和标准，选择其中某个或几个目标市场作为经营目标的决策过程。

任何企业拓展市场，都应在细分市场的基础上发现可能的目标市场，并对其进行选择。企业通过市场细分，发现市场上未得到满足的需求。一种市场机会能否成为企业机会，不仅取决于该市场机会是否与企业的任务和目标相一致，而且取决于该企业是否具备利用这种市场机会的条件，取决于该企业在利用这种市场机会时是否具有比其他竞争者更大的优势。一个企业无法满足所有买主的所有要求。因此，必须把企业的营销活动局限在一定的有限市场范围内。

（四）目标市场选择步骤

1. 目标市场选择的条件

一个理想的目标市场必须具备下列条件。

（1）要有一定的购买力和足够的营业额。所选的目标市场如果缺少必要的购买力，不会发生大数额的销售量，不能获取应有的经营效益，就不符合盈利性原则。

（2）要有未满足的需求和充分的发展潜力。如果所选的目标市场现有需求容量极其有限而且潜在需求也不诱人，恐怕企业就很难从中求得生存，更谈不上发展。

（3）要有能力满足目标市场的需求。所选的目标市场必须是企业有能力占领并能满足其目标消费者需求的，因此需分析企业的目标与能力，以及是否拥有在该市场获胜所需的技术和资源。

（4）要有竞争优势。所选的目标市场不能是充满竞争者或者已被人牢牢控制的市场。否则，企业就不能有效地占领目标市场，以致在竞争中严重受挫，甚至失败。

2. 选择目标市场的步骤

（1）明确营销目标。选择目标市场，首先要弄清营销目标，营销目标不清楚，选择目标市场就不能做到有的放矢。

（2）确定细分标准。营销目标明确后，就要选择适当的市场细分标准及其具体变数或因素，这主要是把企业营销条件及所经营商品自身的特性和商品需求的特性等结合起来考虑，可以用一个标准、两个标准或更多标准划分，关键是要符合实际需要。

（3）划分原有市场。当细分标准确定后，就可以将原有的整体市场按标准具体分割为一个个子市场。

（4）比较细分市场。把所分出的一个个子市场加以比较评判，看哪些细分市场对企业有利。

（5）确定最佳目标市场。在分析比较的基础上，最后确定最佳的细分市场为目标市场。

（6）选定目标市场策略。在目标市场确定后，根据目标市场的特点，确定采用哪种目标市场策略。

（五）评估细分市场

企业在评估不同的细分市场时，必须考虑以下三个因素。

1. 细分市场的规模和增长程度

在选择目标市场时，企业首先要弄清潜在细分市场的规模及增长程度是否恰当。当然，所谓恰当的规模，也是相对而言的。大企业一般应选择销售量较大的细分市场，小企业则通常会避免选择那些大市场，其原因在于：一是需要资源太大；二是这些市场对大企业太有吸引力。至于细分市场增长程度，本来各企业都希望自己的销售额和利润不断增长，但这样一来，竞争者会更加迅速地打进这一市场，反而使它们的利润降低，因此要辩证地来考虑这一问题。

2. 细分市场的结构吸引力

一个细分市场，哪怕其规模和增长程度可能是恰到好处的，但从盈利性的观点看，也不一定具有吸引力。有五种威胁可能使有关的细分市场失去吸引力。

（1）同行业竞争，也就是细分市场内激烈竞争的威胁。如果某个细分市场已经有了为数众多的、强大的或者竞争意识强烈的竞争者，该细分市场就失去了吸引力。如果出现下列情况：该细分市场处于稳定或者萎缩的状态；生产能力不断大幅提高；固定成本过高；退出市场的壁垒过高；竞争者投资很大，那么想要坚守这个细分市场，情况就会更糟。这些情况进而会导致价格战、广告争夺战，不易推出新产品，因此企业要参与竞争就必须付出高昂的代价。

（2）新参加者的威胁。如果某个细分市场可能吸引新的竞争者，他们会增加新的生产能力和大量资源，并争夺市场占有率，这样就使这个市场失去吸引力。

（3）替代产品的威胁。如果某个细分市场存在替代产品或潜在替代产品，该细分市场便失去了吸引力。替代产品会限制细分市场内价格和利润的增长，企业应密切注意替代产品的价格趋向。如果这些替代产品行业中技术有所发展，或者竞争日趋激烈，这个细分市场的价格和利润可能会下降。

（4）购买者议价能力加强的威胁。如果某个细分市场中购买者的议价能力很强或正在加强，该细分市场就没有吸引力。这时，购买者便会设法压低价格，对产品质量和服务提出更高的要求，并且使竞争者互相争斗，所有这些都会使销售商的利润受到损失。

（5）供应商议价能力加强的威胁。如果企业的供应商（原材料和设备供应商）、公用事业单位、银行、工会等，能够提价或者降低产品和服务质量，或减少供应数量，该企业所在的细分市场就没有吸引力。

3. 企业的目标和资源

即使一个细分市场既具有适当的规模和增长速度，又具有结构上的吸引力，企业还必须与其目标和资源联系起来考虑。有些很有吸引力的市场，由于它们与企业的长远目标不吻合，也可能要被放弃。至于要考虑企业自身的技术和资源情况，那是很明显的，如果没有足够的资源以及比竞争者更高一筹的技术，不能生产出更优质的产品，那么也不能选择这一细分市场。

（六）目标市场模式

企业在对不同细分市场进行评估后，必须对进入哪些市场和为多少个市场服务做出决策。

选择目标市场 2
（微课视频）

一般来说，企业可考虑选择下列五种目标市场模式。

1. 市场集中化

市场集中化即企业选择一个细分市场集中营销，如图 4-3（a）所示。这样，企业更加了解本目标市场的需要，树立了良好的信誉，便可在该目标市场建立稳固的市场地位。另外，企业通过生产、销售和促销的专业化分工，可获得规模经济效益。但这种模式风险较大，一旦所选择的市场出现不景气的情况，企业则会面临倒闭的危险。

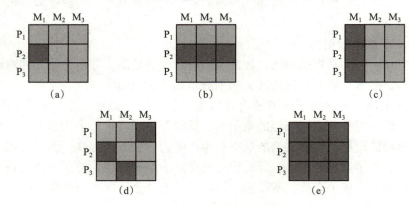

图 4-3 五种目标市场模式

（a）市场集中化；（b）产品专业化；（c）市场专业化；（d）有选择的专业化；（e）完全市场覆盖

2. 产品专业化

企业集中生产一种产品，用以向各细分市场的顾客进行销售，如图 4-3（b）所示。通过这种模式，企业可以在某种产品上树立很高的声誉，但一旦新产品出现，企业会面临危机。

3. 市场专业化

市场专业化是指企业专门为满足某个顾客群体的各种需要而服务，如图4-3（c）所示。企业专门为这个顾客群体服务，从而获得良好的声誉，还可以成为企业向这个顾客群体推销新产品的有效渠道。但一旦顾客的需求发生变化，企业会面临风险。

4. 有选择的专业化

企业选择若干个细分市场，其中每个细分市场在客观上都有吸引力，并且符合企业的目标和资源，如图4-3（d）所示。但各细分市场之间很少有或根本没有任何联系，然而每个细分市场都有可能盈利。这种模式可以分散企业的风险，即使某个细分市场失去吸引力，企业仍能在其他细分市场上获利。

5. 完全市场覆盖

完全市场覆盖是指企业为各种顾客群体提供他们所需要的各种产品，如图4-3（e）所示。只有大企业才有实力采用完全市场覆盖模式，如国际商用机器公司、通用汽车公司和可口可乐公司。

（七）目标市场营销策略

当企业确定了目标市场的覆盖范围后，接着就要确定以何种策略进入目标市场。一般来说，可供企业选择的目标市场营销策略主要有三种：无差异性市场营销策略、差异性市场营销策略和集中性市场营销策略，如图4-4所示。

选择目标市场 3
（微课视频）

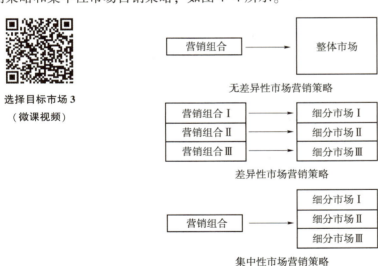

图4-4　三种市场营销策略

1. 无差异性市场营销策略

无差异性市场营销策略是指企业将产品的整个市场视为一个目标市场，用单一的营销策略开拓市场，即用一种产品和一套营销方案吸引尽可能多的购买者。无差异性市场营销策略只考虑消费者或用户在需求上的共同点，而不关心他们在需求上的差异性。例如，可口可乐公司早期的营销以单一口味的品种、统一的价格和瓶装、同一广告主题将产品面向所有顾客，就是这种策略。

无差异性市场营销策略的理论基础是成本的经济性。生产单一产品，可以减少生产与储运成本；无差异的广告宣传和其他促销活动可以节省促销费用；不搞市场细分，可以减少企业在市场调研、产品开发、制定各种营销组合方案等方面的营销投入。这种策略对于需求广泛、市场同质性高，且能大量生产、大量销售的产品比较合适。

 **商道秘籍**

不变的可口可乐

国际上运用无差异性市场营销策略最成功的是可口可乐公司。它在世界各地都用同一个品牌和相同的策略。可口可乐公司自 1886 年创立以来，一直采用无差异性市场营销策略，生产一种口味、一种配方、一种包装的产品满足世界 156 个国家和地区的需求，产品被称作"世界性的清凉饮料"。1985 年，可口可乐公司宣布要改变配方的决定，不料成千上万个电话打到公司，对改变可口可乐的配方表示不满和反对。该公司不得不继续大批量生产传统配方的可口可乐。

2. 差异性市场营销策略

差异性市场营销策略是将整体市场划分为若干细分市场，针对每一细分市场制定一套独立的营销方案。比如，服装生产企业针对不同性别、不同收入水平的消费者推出不同品牌、不同价格的产品，并采用不同的广告主题来宣传这些产品，就是采用的差异性市场营销策略。

差异性市场营销策略的优点是小批量、多品种，生产机动灵活、针对性强，使消费者需求更好地得到满足，由此促进产品销售。另外，由于企业是在多个细分市场上经营，一定程度上可以减少经营风险；一旦企业在几个细分市场上获得成功，有助于提高企业形象及市场占有率。

差异性市场营销策略的不足之处主要体现在两个方面。一是增加营销成本：由于产品品种多，管理和存货成本将增加，同时公司必须针对不同的细分市场制订独立的营销计划，从而增加企业在市场调研、促销和渠道管理等方面的营销成本。二是可能使企业的资源配置不能有效集中，顾此失彼，甚至在企业内部出现彼此争夺资源的现象，使拳头产品难以形成优势。

 **商道秘籍**

通用汽车公司的成与败

曾经，通用汽车公司宣称将针对"财富、目的和人生"各不相同的人，生产不同的轿车——普通型的雪佛兰、中档的别克、高档的凯迪拉克。通过提供不同的产品与营销，通用汽车公司希望在每个细分市场均获得较高的销售额，建立更为牢固的竞争地位。

然而，遗憾的是，实际上，通用汽车公司并没有顺应环境的变化，推出合适的产品。其产品开发没有突出特性化、差异化和个性化的优势。当今世界资源短缺，环境污染日益加重，因此，人们普遍欢迎低油耗的汽车。通用汽车公司却把自己的未来"押宝"在能源消耗巨大的运动型多功能车上，因而导致 2004 年公司出现巨额亏损，乃至 2008 年金融危机后申请破产保护。

差异性市场营销策略能够满足不同消费者的需求，提高产品的竞争能力，从而扩大销售。而通用汽车公司没有坚持差异性市场营销策略，开发合适的产品，因而优势荡然无存，最终破产。

3. 集中性市场营销策略

实行差异性市场营销策略和无差异性市场营销策略，企业均是以整体市场作为营销目标，试图满足所有消费者在某一方面的需要。集中性市场营销策略则是集中力量进入一个或少数几个细分市场，实行专业化生产和销售。实行这一策略，企业不是追求在一个大市场角逐，而是力求在一个或几个子市场占有较大份额。

集中性市场营销策略的指导思想是"与其四处出击收效甚微，不如突破一点取得成功"。这一策略特别适合于资源力量有限的中小型企业。中小型企业由于受财力、技术等方面因素制约，在整体市场可能无力与大企业抗衡，但如果集中资源优势在大企业尚未顾及或尚未建立绝对优势的某个或某几个细分市场进行竞争，成功可能性更大。

集中性市场营销策略的局限性体现在两个方面：一是市场区域相对较小，企业发展受到限制；二是潜伏着较大的经营风险，一旦目标市场突然发生变化，如消费者趣味发生转移，或强大竞争对手进入，或新的更有吸引力的替代品出现，都可能使企业因没有回旋余地而陷入困境。

（八）影响目标市场营销策略选择的因素

前述三种目标市场营销策略各有利弊，企业到底应采取哪一种策略，应综合考虑以下因素的影响。

1. 企业资源或实力

这项因素包括企业的资金和技术实力、生产能力、经营管理水平、销售水平、人力资源水准等方面的资源。如果企业的生产、技术、资源、销售等实力很强，有能力覆盖所有的市场面，则可采用无差异性市场营销策略或差异性市场营销策略；若实力有限，则采用集中性市场营销策略较为有效。

2. 产品同质性

这项因素包括产品的品质、性能、使用寿命、规格、式样等。对于同质性产品或需求上存在较大共性的产品，如火柴、标准件等，比较适宜采用无差异性市场营销策略；对于异质产品，如服装、家具、汽车、专用设备等，宜采用差异性市场营销策略或集中性市场营销策略。

3. 市场同质性

这项因素包括市场需求、消费者购买行为等。如果顾客的需求、爱好、购买行为大致相近，对产品供应和销售要求差别不大，即市场需求类似程度很高，宜采用无差异性市场营销策略；反之，则采用差异性市场营销策略或集中性市场营销策略。

4. 产品生命周期的不同阶段

产品生命周期包括投入期、成长期、成熟期、衰退期。通常在产品投入期时，宜采用无差异性市场营销策略，以试探市场及潜在顾客的需求，或采取集中性市场营销策略，集中力量于某个细分市场；当产品进入成长期和成熟期，宜采用差异性市场营销策略，不断刺激新需求，开拓新市场，延长产品生命周期。

5. 竞争者的市场营销策略

一般来说，企业的目标市场营销策略应该与竞争者有所区别，如果面临的竞争者实力较强，竞争者实行无差异性市场营销策略，则企业应采取集中性市场营销策略或差异性市场营销策略与之抗争；如果竞争对手实力较弱，则可采取与之相同的策略，凭企业的资源或实力击败竞争者。

6. 市场供求状况

当产品供不应求时，顾客选择余地较小，企业可采用无差异性市场营销策略；反之，则根据具体市场情况采用差异性市场营销策略或集中性市场营销策略。

 任务评价

序号	评价项目	评价指标	分值	自评（20%）	互评（20%）	师评（60%）	合计
1	知识目标（40分）	掌握目标市场选择的条件及步骤	10				
		评估细分市场，选择目标市场	15				
		掌握目标市场营销策略	15				
2	能力目标（20分）	具有选择目标市场的能力	10				
		具有制定目标市场策略的能力	10				
3	素质目标（40分）	树立团队意识和规范意识	10				
		能保持沉着冷静、处变不惊的工作态度	10				
		具备严谨细致的工作作风	10				
		逐步养成吃苦奉献、拼搏争先的爱岗敬业精神	10				
合计			100				
综合得分							

知识巩固

（一）单选题

1. 采用无差异性市场营销策略的最大优点是（　　）。

A. 市场占有率高 　　　　B. 成本的经济性

C. 市场适应性强 　　　　D. 需求满足程度高

2. 集中性市场营销策略尤其适合于（　　　）。

A. 跨国公司　　　　　　B. 大型企业　　　　　C. 中型企业　　　　　D. 小型企业

3. 同质性较高的产品，宜采用（　　　）。

A. 产品专业化　　　　　　　　　　　B. 市场专业化

C. 无差异性市场营销　　　　　　　　D. 差异性市场营销

4. 当市场产品供不应求时，其一般宜实行（　　　）。

A. 无差异性市场营销　　　　　　　　B. 差异性市场营销

C. 集中性市场营销　　　　　　　　　D. 大市场营销

5. 当产品处于导入期或成长初期时，企业一般采用（　　　）策略。

A. 无差异性市场营销　　　　　　　　B. 差异性市场营销

C. 集中性市场营销　　　　　　　　　D. 大市场营销

6. 当产品进入成长后期时，企业一般采用（　　　）策略。

A. 无差异性市场营销　　　　　　　　B. 差异性市场营销

C. 集中性市场营销　　　　　　　　　D. 差异性市场营销或集中性市场营销

（二）判断题

1. 与产品生命周期阶段相适应，新产品在投入期和成长期，企业往往可采用无差异性市场营销策略。　　　　　　　　　　　　　　　　　　　　（　　　）

2. 同质性高的产品适宜采用集中性市场营销策略。　　　　　　　　（　　　）

3. SWOT 分析，即基于内外部竞争环境和竞争条件下的态势分析。　（　　　）

4. 如果竞争对手已采用差异性市场营销策略，企业则应以无差异性市场营销策略与其竞争。　　　　　　　　　　　　　　　　　　　　　　　　（　　　）

5. 无差异性市场营销策略完全不符合现代市场营销理论。　　　　　（　　　）

三、任务拓展

把功夫下在"小处"

几年前，宁波一家军工厂改制后更名为东企公司，效益不好，厂长组织几个人到上海滩找生路，他们在市区租下一家十几平方米的门面房，卖什么呢？夏经理苦苦思索，有人建议卖彩电，有人建议卖游戏机。夏经理偶尔走过南京西路上一家仅有 3 平方米的小店，门口人头拥挤，生意兴隆。一打听，这家店从解放初期一直到今天，专卖小小的"女人头饰"，品种达 400 多种，不仅养活了家里几代人，而且收益相当可观，老板还准备拿出钱来再开几家连锁店。受到启示，夏经理决定：东企公司专卖小机子"沃克曼"（随身听）。

一时间，十几平方米的东企公司成了上海滩"沃克曼发烧友"心中的圣地，几年间，小小的机子一共卖掉了 90 多万台。在小机子上，东企公司做足了文章，他们分别在市百一店、华联商厦、上海文化用品商店等大店名店设立"东企信誉连锁专柜"；在市中心繁华地段——大世界附近设特约维修点；给消费者"信誉卡"，凭卡延长保修期并终身享受免费修理。就这样，东企公司成功了，在小小的"沃克曼"上赢得了信誉，树立了形象，当然也赚到了相当可观的利润。全国各地一些名牌家电厂纷纷找到东企公司，要求东企公司作为厂家江、浙、沪三地的经销总代理。

请分析东企公司运用了什么市场营销策略，该策略运用成功给了我们什么启示。

任务3 量体裁衣——确定市场定位
Mission three ◄

确定市场定位是指企业在目标市场中明确自身产品或品牌在消费者心目中的独特位置和价值主张。市场定位是建立企业在市场中的独特位置，与竞争对手区分开，并满足目标消费者需求的关键步骤。

市场定位的目的是使企业在目标市场中建立特定的品牌形象和认知，使其与竞争对手区别开，并为消费者提供满足其需求的独特价值。通过有效的市场定位，企业可以提高品牌认知度、吸引目标消费者、提高市场份额和实现持续增长。

一、任务引入

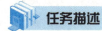 **任务描述**

小故事大道理

背景：一家新兴的豪华旅游公司希望在市场上建立自己独特的品牌形象和市场定位。该公司专注于为高端消费者提供奢华、个性化和无忧的旅游体验。

目标市场：该公司的目标客户是富裕、追求独特旅游体验的高端消费者。他们寻求豪华、舒适和定制化服务，并愿意为了独特的旅行体验支付高昂的价格。

请你为该公司选择合适的定位战略，做出正确的市场定位，制定品牌定位策略和定位策划方案。

 **任务分析**

根据案例背景，结合市场定位的方法、市场定位的策略，为这家豪华旅游公司选择合适的定位战略，做出正确的市场定位，制定品牌定位策略和定位策划方案。

德润礼行

 **学习目标**

知识目标：了解目标市场定位的作用及原则，熟悉市场定位的方法，掌握市场定位的步骤及策略。

能力目标：具有确立产品定位和品牌定位的能力，具备为产品制定合适的定位策划方案的能力。

素质目标：树立团队意识和规范意识，能保持沉着冷静、处变不惊的工作态度，具备严谨细致的工作作风，逐步养成吃苦奉献、拼搏争先的爱岗敬业精神。

课前准备

（1）通过网络搜索并熟悉市场定位的方法。

（2）通过网络搜索并掌握市场定位的操作步骤及策略。

（3）通过网络或教材内容学习撰写合适的定位策划方案。

二、任务实施

任务工单

（1）第一步：根据任务描述解决表4-10中的五个问题。

表4-10　明确需解决的问题

问题	内容
①满足谁的需要	
②他们有什么需要	
③我们提供的产品（服务）是否满足需要	
④需要与提供的独特结合点如何选择	
⑤这些需要如何有效实现？	

（2）第二步：选择合适的定位战略，做出正确的市场定位，并填入表4-11。

表4-11　市场定位

市场定位	内容
定位方式	
产品定位	
品牌定位	

（3）第三步：确定采用哪几种品牌定位策略，并填入表4-12。

表4-12　品牌定位策略

品牌定位策略	原因

（4）第四步：确定采用哪几种市场推广策略，并填入表4-13。

表4-13 市场推广策略

市场推广策略	原因

（5）第五步：制定定位策划方案。

（6）第六步：分组（团队）上台汇报展示。

 **知识传递**

确定市场定位1
（微课视频）

（一）市场定位的作用、步骤及原则

1. 认识市场定位

市场定位是指企业根据竞争者现有产品在市场上所处的位置，针对顾客对该类产品某些特征或属性的重视程度，为本企业产品塑造与众不同的、给人鲜明印象的形象，并将这种形象生动地传递给顾客，从而为该产品在市场上确立适当的地位。简而言之，就是在顾客心目中树立产品独特的形象。

市场定位的实质是使本企业与其他企业严格区分开来，使顾客明显感觉和认识到这种差别，从而在顾客心目中占据特殊的位置。市场定位可分为对现有产品的再定位和对潜在产品的预定位。对现有产品的再定位可能导致产品名称、价格和包装的改变，但是这些外表变化的目的是保证产品在潜在消费者的心目中留下值得购买的形象。对潜在产品的预定位，要求营销者必须从零开始，使产品特色确实符合所选择的目标市场。公司在进行市场定位时，一方面要了解竞争对手的产品具有何种特色，另一方面要研究消费者对该产品的各种属性的重视程度，然后根据这两方面进行分析，再确定本公司产品的特色和独特形象。

2. 市场定位的作用

（1）市场定位能突出需求差异，有助于企业选择市场。

由于消费者市场需求的多样性和企业营销能力的局限性这一对矛盾，以及整体市场需求的差异性和细分市场需求的相似性，因此，市场的需求多种多样，任何一个企业都不可能满足市场的一切需要，但每个企业可以在自己选定的市场范围内，满足一部分消费者的需要。企业应把需求大体相似的消费者划归同一群体，从而以相应的商品和服务去满足该群体消费者的特殊需求。

（2）市场定位是企业制定市场营销组合策略的依据和前提。

市场定位直接关系市场营销组合的决策，而市场营销组合（产品、价格、渠道、促销）是企业为满足实施市场营销战略的需要，综合运用各种可能的营销策略和手段，组合成一个系统化的整体策略，以达到企业市场营销战略目标，从而使企业获得最佳效益。

（3）市场定位能突出经营特色，有助于企业形成竞争优势。

目标市场就是企业通过市场细分、被企业选定的、准备以相应的产品和服务去满足现实或潜在消费需求而开拓的特定市场，也就是企业作为目标而为之服务的那个顾客群。把整个市场按类似性分成几个细分市场，选择企业的对象市场，或者根据消费者的需要和自身情况，为某一种产品在市场上确定一个明确的、区别于竞争者产品的、符合消费者特殊需要的位置，也就能使企业形成竞争优势，为某一种产品创造一定的特色，树立良好的企业形象，以满足消费者的特殊需要和偏爱。

3. 市场定位的步骤

企业要实施正确、有效的定位，往往需要遵循一定的步骤。

（1）确定定位层次。

确定定位层次是定位的第一步。确定定位层次就是要明确所要定位的客体，这个客体是行业、公司、产品组合，还是特定的产品或服务。例如，福特集团将其所属的酒店集团中的福特·克莱斯特酒店定位为"明确的商务型酒店"，同时将它的福特·波斯特豪斯酒店定位为"低租金的便宜酒店"。

（2）识别重要属性。

定位的第二步是识别影响目标市场顾客购买决策的重要因素，这些因素就是要定位的客体应该或者必须具备的属性，或者是目标市场顾客具有的某些重要的共同特征。例如，航空公司提供飞行服务一般必须具有安全性、准时性、舒适性等重要属性。

（3）绘制定位图。

在识别重要属性后，就要绘制定位图，并在定位图上标示本企业和竞争者所处的位置。一般使用二维图，如果存在一系列重要属性，则可以通过统计程序将其简化为能代表顾客偏好的最主要的二维变量。定位图选择的二维变量，既可以是客观属性，也可以是主观属性，也可以将二者结合起来。但无论是主观属性，还是客观属性，都必须是"重要属性"。

（4）评估定位选择。

阿尔·里斯和杰克·特劳特曾提出三种定位选择。第一种是强化现有位置，避免正面打击冲突。例如，美国艾飞斯在广告中声称"艾飞斯在租车行业中只是第二位，那么，为什么租我们的车？我们更加努力呀！"其采用的就是这种定位战略。第二种是寻找市场空缺，获取先占优势。这个战略是指发现市场中未被竞争者占领的领域，并为之采取相应的营销策略。第三种是给竞争者重新定位，即竞争者占据了它不该占有的市场位置时，让顾客认清对手"不实"或"虚假"的一面，从而使竞争者让出它现有的位置。

（5）执行定位。

定位最终需要通过各种沟通手段（如广告、员工的着装、行为举止、服务的态度、质量等）传递出去，并为顾客所认同。实践中，企业期望的位置经常与实际传递的位置不一致，这往往是不一致的营销造成的。事实上，成功的定位取决于协调一致的整体的内部和外部营销策略。

无论采取何种选择，一种定位要想获得成功，满足以下三个条件是关键：

一是定位必须要有意义；二是定位必须可行；三是定位必须是唯一的。

避免市场定位中常见的错误：一是将最显而易见的想法弃如敝屣；二是定位一次涵盖现在与未来；三是用语要花哨才能吸引人；四是个人英雄主义作祟；五是紧盯短期收益表现；六是有改变就会进步。

4. 市场定位的原则

各个企业经营的产品不同，面对的顾客也不同，所处的竞争环境也不同，因而市场定位所依据的原则也不同。总的来讲，市场定位所依据的原则有以下四点。

（1）根据具体的产品特点定位。

构成产品内在特色的许多因素都可以作为市场定位依据的原则，比如成分、材料、质量、价格等。"七喜"汽水的定位是"非可乐"，强调是不含咖啡因的饮料，与可乐类饮料不同。"泰宁诺"止痛药的定位是"非阿司匹林的止痛药"，显示药物成分与以往的止痛药有本质的差异。一件仿皮皮衣与一件真正的水貂皮衣的市场定位自然不会一样，同样，不锈钢餐具若与纯银餐具定位相同，也是令人难以置信的。

（2）根据特定的使用场合及用途定位。

为老产品找到一种新用途，是为该产品创造新的市场定位的好方法。小苏打曾一度被广泛用作家用除臭剂和烘焙配料，现在已有不少新产品代替了小苏打的上述功能。另外，还有家公司把它当作调味汁和卤肉的配料，更有一家公司发现它可以作为冬季流行性感冒患者的饮料。我国曾有一家生产"曲奇饼干"的厂家最初将其产品定位为家庭休闲食品，后来发现不少顾客购买是为了馈赠，又将之定位为礼品。

（3）根据顾客得到的利益定位。

产品提供给顾客的利益是顾客最能切实体验到的，也可以用作定位的依据。例如，对于热爱健身的顾客，运动鞋采用透气性强的材料制成，能够使顾客在运动时保持双脚干燥舒适，避免了由出汗引起的细菌滋生和异味问题，提升了顾客的运动体验。

（4）根据使用者类型定位。

企业常常试图将其产品指向某一类特定的使用者，以便根据这些顾客的看法塑造恰当的形象。例如，某家时尚品牌的目标顾客是年轻人，他们追求时尚、潮流和个性化。为了吸引这些顾客，该品牌在广告中强调其产品的时尚元素和个性化设计，并邀请年轻的明星或偶像代言，以吸引年轻人的关注和喜爱。同时，该品牌还在社交媒体上积极与年轻人互动，了解他们的需求和意见，以便更好地满足他们的期望。通过针对特定使用者类型定位，该时尚品牌成功地塑造了符合年轻人审美的品牌形象，并获得了年轻顾客的认可和支持。可见，根据使用者类型定位对塑造企业形象和提高市场竞争力的具有重要作用。

事实上，许多企业进行市场定位依据的原则往往不止一个，而是多个原则同时使用。因为要体现企业及其产品的形象，市场定位必须是多维度的、多侧面的。

5. 市场定位理论的核心

学术界在研究市场定位时，根据市场经济发展情况指出，定位理论的核心在于解决三个问题。

（1）什么是定位。

这是定位的范围，或者说定位外延问题，即定位辐射的所有组织营销因素。

（2）定位什么。

这是指定位相关内容或者内涵，强调的是目标客户的价值以及企业收益。学者共同的认知是定位内涵在于企业能够如何区别竞争对手而给予目标客户更多切实有效的利益。

（3）怎样定位。

这是定位的方法以及步骤。不同的学者对于市场定位的开展（怎样定位）提出的方法和步骤各不相同。

①阿尔·里斯和杰克·特劳特提出了六个步骤：第一步，企业对自己的定位；第二步，企业希望拥有的定位；第三步，企业对自己竞争对手的定位；第四步，企业超越竞争对手需要的资源；第五步，企业营销理念对于市场定位的用处；第六步，企业营销理念能否推动企业达到希望拥有的市场定位，企业是否需要重新定位。

②菲利普·科特勒从营销战略视角提出营销活动的基础是市场细分、目标市场、市场定位，因此，菲利普·科特勒指出，市场定位是要让公司产品（服务）比竞争对手提供的能够在目标客户群体心目中占据更为清晰鲜明的位置，更得到目标客户群体的认可和追捧。因此，市场定位需要做的工作包括三个方面：一是明确目标客户差异特征，并定位差异特征可能带给企业的竞争优势；二是选择科学有效的企业竞争优势，确定整体定位策略；三是传播推广企业的市场定位。

（二）确立市场定位的方法

市场定位是企业占据消费者心智并将产品（服务）顺利推入目标市场的有力武器。产品定位与品牌定位有着本质区别，但又可以通过相互促进形成良性互动。产品定位是针对未来潜在顾客所要付出的努力，因此要从产品特征、包装、服务等多方面做研究，并顾及竞争对手的情况。而品牌定位是针对产品品牌的，其核心是要打造品牌价值。品牌定位的载体是产品，其承诺最终通过产品兑现。

1. 产品定位

（1）产品定位概述。

产品定位是指企业为了满足目标市场，确定产品（服务）的功能、质量、价格、包装、销售渠道、服务方式等。

产品定位必须解决以下五个问题。

①满足谁的需要？

②他们有什么需要？

③我们提供的产品（服务）是否满足需要？

④需要与提供的独特结合点如何选择？

⑤这些需要如何有效实现？

（2）产品定位方式。

一般来说，产品定位的方式有以下几种。

①差异定位法。这种定位方法是使本企业的产品和竞争者的产品产生差异性，让消费者感觉到与众不同。

②利益定位法。这种定位方法是根据产品所能提供的利益进行定位。这里的利益包括顾客购买产品时追求的利益和购买产品时能获得的附加利益，产品本身的属性及消费者获得的利益能使人们体会到它们。

③使用者定位法。这种定位方法是根据产品的使用者（购买者）来定位，为他们的特点、服务特别塑造一种形象。

④分类定位法。这种定位方法是根据产品类别建立的产品定位。

⑤针对特定竞争者定位法。这种定位方法是直接针对某类特定竞争者，而不是针对某一产品类别。

⑥问题定位法。这种定位方法是针对某一特定问题加以定位，然后再寻求解决问题的方法。

⑦关系定位法。这种定位方法是当本企业产品没有明显差异，或竞争者的产品定位和本企业产品有关时，利用形象及感性广告手法，可以成功地为这种产品定位。

⑧使用定位法。这种定位方法是根据消费者如何及何时使用产品，对产品予以定位。

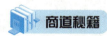 商道秘籍

快狗打车：巧妙定位速取领先地位

快狗打车原为"58速运"，是同城货运O2O平台。通过发动"抢先占位，主导同城"大战略，将"58速运"改名为极具特色的"快狗"品牌，化解"分类信息网"认知障碍，并通过关联定位，巧借"打车"强势认知，重新定义"打车有两种，一种拉人，一种拉货"，使快狗打车快速被市场接受。其一个月内即实现用户数3倍增长，迅速取得行业领先地位。

快狗打车的产品定位为"拉货的打车平台"，核心词是"打车"，而不是"货运""拉货""速运"。在出行巨头的铺垫下，"打车"代表着随时响应，定价透明，使用方便，互联网化。巧用"打车"一词，让快狗打车与传统的货运搬家公司区别开，直接对同行竞品形成降维打击。同时，快狗打车又与传统意义上的"打车"区别开，重新定义为"拉货的打车平台"。快狗打车根据消费者的需求，采取有别于其他同类产品的策略或模式，找到该产品与其他品牌产品的差异点和创新点。

（3）产品定位五步法。

一般而言，产品定位采用五步法：目标市场定位、产品需求定位、产品测试定位、差异化价值点定位、营销组合定位。

①产品定位五步法的影响因素。在对产品进行定位时，需要考虑哪些因素呢？这些因素会影响整个产品的定位和布局，如市场的情况、公司自身的实力、外界政策、风险投资等。

总体来说，包括以下因素：市场同类产品竞争情况；公司自身的因素，如公司的实力和战略方向；产品本身的因素，如产品的品质、技术、价格和服务等；风投走向；竞争公司的产品战略方向；政策、技术趋势等外界环境；广告营销，即通过广告的形式将产品定位的诉求传达给用户或者消费者，从而影响用户的心理。

②产品定位五步法分析。

第一步：目标市场定位。

目标市场定位是一个市场细分与目标市场选择的过程，即明白为谁服务（Who）。在市

场细化的今天，任何一家公司和任何一种产品的目标顾客都不可能是所有人，对于选择目标顾客的过程，需要确定细分市场的标准，对整体市场进行细分，对细分后的市场进行评估，最终确定所选择的目标市场。

目标市场定位策略包括：无视差异，对整个市场仅提供一种产品；重视差异，为每一个细分的子市场提供不同的产品；仅选择一个细分后的子市场，提供相应的产品。

第二步：产品需求定位。

产品需求定位是了解需求的过程，即满足谁的什么需要（What）。产品需求定位过程是细分目标市场并进行子市场选择的过程。这里的细分目标市场是对选择后的目标市场进行细分，选择一个或几个目标子市场的过程。对目标市场的需求确定，不是根据产品的类别进行，也不是根据消费者的表面特性进行，而是根据顾客的需求价值来确定。顾客在购买产品时，总是为了获取某种产品的价值。产品价值组合是由产品功能组合实现的，不同的顾客对产品有着不同的价值诉求，这就要求提供与诉求点相同的产品。在这一环节，需要调研需求，这些需求的获得可以指导新产品开发或产品改进。

第三步：产品测试定位。

产品测试定位是对企业进行产品创意或产品测试，即确定企业提供何种产品或提供的产品是否满足需求，该环节主要是进行企业自身产品的设计或改进。通过使用符号或者实体形式来展示产品（未开发和已开发）的特性，考察消费者对产品概念的理解、偏好、接受度。这一环节的测试研究需要从心理层面到行为层面深入进行，以获得消费者对某一产品概念的整体接受情况。

产品测试定位策略包括以下几种。

首先，考察产品概念的可解释性与可传播性。

需要进行产品概念与顾客认知、接受的对应分析，针对某一给定产品或概念，主要考察其可解释性与可传播性。很多成功的企业家并不一定是新产品或新概念的研发者，而是新产品或新概念的定义者和推广者。

其次，同类产品的市场开发度分析。

同类产品的市场开发度分析包括产品渗透水平和渗透深度、主要竞争品牌的市场已开发度、消费者可开发度、市场竞争空隙机会，其用来衡量产品概念的可推广度与偏爱度。从可信到偏爱，这里有一个层次的加深。有时，整个行业都会面临消费者的信任危机，此时推出新品就面临着产品概念不被信任与不被认可的危机。

再次，产品属性定位与消费者需求的关联分析。

分析实际意义上的产品价格和功能等产品属性定位与消费者需求的关联。因为产品概念的接受和理解程度再高，如果没有对产品的需求，或者产品的功能不是恰恰满足了消费者某方面的需求，或者消费者的这种需求有很多的产品给予了很好的满足，这一产品概念仍然很难有好的市场前景。通过对影响产品定位和市场需求的因素的关联分析，对产品的设计、开发和商业化进程做出调整。

最后，对消费者的选择购买意向分析。

探究消费者是否可能将心理的接受与需求转化为行为上的购买与使用，即对消费者的选择购买意向进行分析，以进行企业自身产品定位的最终效果测定。针对企业自身产品定位环节，这一层面包括新产品开发研究、概念测试、产品测试、命名研究、包装测试、产品价格研究等。

第四步：差异化价值点定位。

差异化价值点定位即需要解决目标需要、企业提供产品以及竞争各方特点的结合问题，同时，要考虑提炼的这些特点如何与其他营销属性综合起来。在上述研究的基础上，结合基于消费者的竞争研究，进行营销属性的定位，一般的产品独特销售价值定位方法（USP）包括从产品独特价值特色定位、从产品解决问题特色定位、从产品使用场合时机定位、从消费者类型定位、从竞争品牌对比定位、综合定位等。在此基础上，需要进行相应的差异化品牌形象定位与推广。

第五步：营销组合定位。

营销组合定位即如何满足需要，它是进行营销组合定位的过程。在确定满足目标顾客的需求与企业提供的产品后，需要设计一个营销组合方案并实施这个方案，使定位到位。这不仅仅是品牌推广的过程，也是产品价格、渠道策略和沟通策略有机组合的过程。正如菲利普·科特勒所言，解决定位问题，能帮助企业解决营销组合问题。营销组合——产品、价格、渠道、促销——是定位战略运用的结果。因为在产品差异化很难实现时，必须通过营销差异化来定位。今天，你推出任何一种新产品畅销不过一个月，马上就会有模仿品出现在市场上，而营销差异化要比产品模仿难得多。因此，仅有产品定位已经远远不够，企业必须从产品定位扩展至整个营销的定位。

2. 品牌定位

品牌定位是指企业在市场定位和产品定位的基础上，对特定的品牌在文化取向及个性差异上的商业性决策，它是建立一个与目标市场有关的品牌形象的过程和结果。换而言之，即指为某个特定品牌确定一个适当的市场位置，使商品在消费者的心中占领一个特殊的位置，当某种需要突然产生时，会立刻想起该品牌。

品牌定位的方式非常多，企业可以根据自身需要进行选择。

（1）功效定位。

这种定位方法是指购买任何产品，消费者都希望产品有所期望的功能、效果和效益，因而以强调产品的功效为诉求是品牌定位的常见形式。

（2）品质定位。

这种定位方法是指以产品优良的或独特的品质作为诉求内容，如"好品质""天然出品"等，以面向那些主要注重产品品质的消费者。

（3）情感定位。

这种定位方法是指将人类情感中的关怀、牵挂、思念、温暖、怀旧、爱等情感内涵融入品牌，使消费者在购买、使用产品的过程中获得这些情感体验，从而唤起消费者内心深处的认同和共鸣，最终获得对品牌的喜爱和忠诚。

（4）企业理念定位。

这种定位方法是指企业用自己具有鲜明特点的经营理念和企业精神作为品牌的定位诉求，体现企业的内在本质。

（5）自我表现定位。

这种定位方法是指通过表现品牌的某种独特形象，宣扬其独特个性，让品牌成为消费者表达个人价值观与审美情趣、表现自我的一种载体和媒介。

（6）高级群体定位。

这种定位方法是指企业借助群体声望、集体概念的手法，打出入会限制严格的俱乐部式高级团体牌子，强调自己是这一高级群体的一员，从而提高自己的形象和声望，赢得消费者的信赖。

（7）首席定位。

这种定位方法是指强调品牌在同行业或同类中的领导性、专业性地位，如宣称"销量领先"。

（8）质量定位。

这种定位方法是指在开发、生产一种产品时，产品的质量控制在什么样的档次上。

（9）生活情调定位。

这种定位方法是指消费者在使用产品的过程中能体会到一种良好的令人惬意的生活气氛、生活情调、生活滋味和生活感受，从而获得一种精神满足。该定位使产品融入消费者的生活中，成为消费者的生活内容，使品牌更加生活化。

（10）类别定位。

这种定位方法是指与某些知名而又司空见惯的产品做出明显的区别，或给自己的产品定位为与之不同的另类，这种定位也可称为与竞争者划定界线的定位。

（11）档次定位。

这种定位方法是指不同档次的品牌带给消费者不同的心理感受和体验。现实中，常见的是高档次定位策略。在这种策略中，高档次的品牌传达了产品高品质的信息，往往通过高价位来体现其价值，并被赋予很强的表现意义和象征意义。

（12）文化定位。

这种定位方法是指将文化内涵融入品牌，形成文化上的品牌识别，文化定位能大大提高品牌的品位，使品牌形象更加独具特色。

（13）对比定位。

这种定位方法是指通过与竞争对手的客观比较来确定自己的定位，也可称为排挤竞争对手的定位。在该定位中，企业设法改变竞争者在消费者心目中的现有形象，找出其缺点或弱点，并用自己的品牌进行对比，从而确立自己的地位。

（14）概念定位。

这种定位方法是指使产品、品牌在消费者心中占据一个新的位置，形成一个新的概念，甚至造成一种思维定式，以获得消费者的认同，使其产生购买欲望。这种方法可以运用于以前的产品，也可以运用于新产品。

（15）历史定位。

这种定位方法是指以产品悠久的历史建立品牌识别。消费者都有这样一种惯性思维，对历史悠久的产品容易产生信任感，一个做产品做了这么多年的企业，其产品品质、服务质量应该是可靠的，而且给人神秘感，让人向往，因而历史定位具有"无言的说服力"。

（16）生活理念定位。

这种定位方法是指将品牌形象和生活理念联系在一起，将品牌形象人性化。这样的生活理念必须是简单而深奥的，能引起消费者内心的共鸣和对生活的信心，产生一种振奋人心的感觉，催人上进，甚至成为消费者心中的座右铭，从而给消费者留下深刻印象。

（17）比附定位。

这种定位方法是指攀附名牌，以吸名牌之光而使自己的品牌生辉，它主要有两种形式。

①甘居第二，即明确承认同类中另有最负盛名的品牌，自己只不过是第二而已。这种策略会给人一种谦虚诚恳的印象，使消费者相信公司所说是真实可靠的。

②攀龙附凤，其切入点类似第一种方式，承认同类中某一领导性品牌，本品牌虽自愧不如，但在某一方面还可与之并驾齐驱、平分秋色，并和该品牌一起宣传。

（18）形态定位。

这种定位方法是指根据产品独特的外部形态特点来进行品牌识别。在产品的内在特性越来越相同的今天，产品的形态本身就可以造就一种市场优势。

（19）情景定位。

这种定位方法是指将品牌与一定环境、场合下产品的使用情况联系起来，以唤起消费者在特定的情景下对该品牌的联想，从而产生购买欲望和购买行动。

（20）消费群体定位。

这种定位方法是指直接以产品的消费群体为诉求对象，突出产品专为该类消费群体服务，以获得目标消费群的认同。把品牌与消费者结合起来，有利于增进消费者的归属感，使其产生"我自己的品牌"的感觉。

（三）选择目标市场定位的策略

确定市场定位 2
（微课视频）

1. 市场领先者定位策略

市场领先者定位策略是指企业选择的目标市场尚未被竞争者发现，企业率先进入市场，抢先占领市场的策略。

（1）企业采用市场领先者定位策略的条件。

①该市场符合消费发展趋势，具有强大的市场潜力；

②本企业具备领先进入的条件和能力；

③进入的市场必须有利于创造企业的营销特色。

（2）市场领先者的定位策略。

①创造与众不同的企业特色；

②扩展整个市场（全面进攻）；

③保持市场占有率（防御）；

④扩大市场占有率（重点进攻）；

⑤灵活运用价格来整合市场。

2. 市场挑战者定位策略

市场挑战者定位策略是指企业把市场定在竞争者的市场，与在市场上占据支配地位的，亦最强的竞争对手"对着干"。

（1）企业采取市场挑战者定位策略的条件。

①要有足够的市场潜力；

②本企业具有比竞争对手更丰富的资源和更强的营销能力；

③本企业能够向目标市场提供更好的商品和服务。

在相同的行业中，当居次位的企业拥有很强的实力时，会倾向于向市场先导者等竞争者挑战，以掠夺更大的市场。

（2）市场挑战者在定位策略中，对对手的攻击策略。

①集中全力向对手的弱项发动进攻（正面攻击）；

②向较容易的市场发动进攻（迂回进攻）；

③进攻未加防备的侧面（侧翼攻击）。

3. 市场补缺者定位策略

市场补缺者定位策略是指企业把自己的市场定在竞争者没有注意和占领的市场上的策略。当企业对竞争者的市场、消费者的实际需求和自己经营的商品属性进行评估分析后，如果发现企业所面临的目标市场没有竞争者占领，存在一定的市场缝隙或空间，而且自身所经营的商品又难以正面抗衡，这时企业就应该把自己的位置定在目标市场的空缺位置，与竞争者成鼎足之势。

企业采用市场补缺者定位策略，必须具备的条件：

（1）本企业有满足这个市场所需要的货源；

（2）该市场有足够数量的潜在购买者；

（3）企业具有进入该市场的特殊条件和技能；

（4）经营必须盈利。

4. 市场跟随者定位策略

市场跟随者定位策略是指企业发现竞争者已进入目标市场，而该市场需求潜力又很大，企业跟随竞争者挤入市场，与竞争者处在一个位置上的策略。

企业采用市场跟随者定位策略，必须具备的条件：

①目标市场还有很大的需求潜力；

②目标市场未被竞争者完全垄断；

③企业具备挤入市场的条件和与竞争对手"平分秋色"的营销能力。

 任务评价

序号	评价项目	评价指标	分值	自评（20%）	互评（20%）	师评（60%）	合计
1	知识目标（40分）	了解目标市场定位的作用及原则	10				
		熟悉市场定位的方法	15				
		掌握市场定位的操作步骤及策略	15				
2	能力目标（20分）	具有确立产品定位和品牌定位的能力	10				
		具备为产品制定合适的定位策划方案的能力	10				

续表

序号	评价项目	评价指标	分值	自评（20%）	互评（20%）	师评（60%）	合计
3	素质目标（40分）	树立团队意识和规范意识	10				
		能保持沉着冷静、处变不惊的工作态度	10				
		具备严谨细致的工作作风	10				
		逐步养成吃苦奉献、拼搏争先的爱岗敬业精神	10				
合计			100				
综合得分							

知识巩固

（一）选择题

1. 市场定位是（   ）。

A. 塑造一家企业　　　B. 塑造一种产品　　　C. 确定目标市场　　　D. 分析竞争对手

2. 市场定位的作用不包括（   ）。

A. 突出需求差异，帮助企业选择市场

B. 企业制定市场营销组合策略的依据和前提

C. 突出经营特色，助力企业形成竞争优势

D. 向消费者介绍企业所销售的产品

3. 企业要实施正确、有效的定位，往往需要遵循的定位步骤有（   ）。

A. 确定定位层次　　　B. 识别重要属性　　　C. 绘制定位图

D. 评估定位选择　　　E. 执行定位

4. 依据目前的资源状况能否通过适当的营销组合去占领目标市场，即企业所选择的目标市场是否易于进入，这是市场定位的（   ）原则。

A. 根据具体的产品特点定位　　　　　B. 根据特定的使用场合及用途定位

C. 根据顾客得到的利益定位　　　　　D. 根据使用者类型定位

5. 以下选项不属于市场定位理论核心的是（   ）。

A. 什么是定位　　　　　　　　　　　B. 定位什么

C. 怎么样定位　　　　　　　　　　　D. 如何确定定位策略

（二）判断题

1. 市场定位策略包括市场挑战者定位、市场领先者定位、市场补缺者定位、市场跟随者定位。　　　　　　　　　　　　　　　　　　　　　　　　　　　　　　（　　）

2. 国窖 1573 用的是历史定位策略。　　　　　　　　　　　　　　　　　（　　）

3. 去屑洗发水"分男女""中药去屑"均是采取功能定位的策略。　　　　（　　）

4. 1998 年夏，海尔根据用户提供的信息及进一步市场调研，推出冰温（−5~10 ℃）台式冷柜，抢先占领仍处于空白状态的零售鲜肉保鲜冷柜市场。这种定位战略属于补缺者定位策略。　　　　　　　　　　　　　　　　　　　　　　　　　　　　　　（　　）

5. 市场定位的实质是使本企业与其他企业严格区分开，使顾客明显感觉和认识到这种差别，从而在顾客心目中占据特殊的位置。　　　　　　　　　　　　　　　（　　）

三、任务拓展

 学以致用

海澜之家的市场定位

海澜之家最初将自己定位于"男人的衣柜""一年逛两次海澜之家"，一开始就锁定目标客户群体，且牢牢抓住了这类群体的心理。男性与女性在购物方面的最大不同在于他们目标明确，不喜欢随便逛。如果有一家专门的品牌，提供男性的衣物，只要服装品质没有太大问题，他们会成为这家品牌的忠实客户群体。而海澜之家将自己定位为"男人的衣柜"切合男性需求。

就市场细分而言，海澜之家精准的目标群体是年龄位于 25~40 岁的男性，这类职场男性对服装有一定要求。海澜之家主要市场投放在三四线城市，将自己与高档品拉开一定距离，又将自己脱离了低档行列，价格在多数目标群体能承受的范围内。

品牌知名度推广方式：名人效应+广告投放。

海澜之家通过立体和平面广告宣传，扩大自己的知名度，且"海澜之家，男人的衣柜"广告语更是深入人心，紧紧将品牌与目标群体联系起来。在广告投入方面，海澜之家通过在中央电视台投放广告、参加国际服装服饰博览会、赞助受欢迎的综艺等形式推广品牌。中央电视台和国际服装服饰博览会等给人一种高端大气的印象，将平台和品牌相联系，海澜之家的品牌在潜移默化中形成。

服务方面：自创"无干扰，自选式"购衣模式。

多家品牌实体店为了让客户享受更好的服务，往往安排导购员进行全程讲解，导购员一对一"狗仔式"紧跟非但没让客户体会到优质服务，反而徒增厌烦，破坏品牌好感。

海澜之家总结核心目标群体特征：男性购物目的性强，有自己的主见，相对女性而言，更追求服装的舒适度，对于旁人的干扰会反感。由此出发，海澜之家自创的"无干扰，自选式"购衣模式提供的轻松自在购物环境刚好可以避免其他品牌带来的困扰，形成海澜之家独特的购物体验。

请分析海澜之家市场定位的精准性体现在哪些方面？

模块五　寻找和接近顾客

模块简介

　　寻找顾客、约见顾客和接近顾客是企业开展销售和市场拓展的重要步骤。

　　企业需要主动寻找潜在的顾客。这可以通过市场调研、目标市场分析和推广活动等方式实现。企业可以利用市场调研来了解潜在顾客的需求、特点和购买行为，并找到适合的渠道和机会与他们接触。

　　一旦潜在顾客被确定，企业需要与他们建立联系并安排会面。这可以通过多种方式实现，例如电话联系、电子邮件、社交媒体、展览会和业务拜访等。约见顾客的目的是与他们进一步沟通，了解他们的具体需求和问题，并提供相应的解决方案。

　　一旦与顾客建立联系并约见，企业需要积极主动地接近他们。这包括有效的沟通、提供专业的咨询和解决方案，并展示企业的价值和优势。通过积极接近顾客，企业可以建立信任和共同利益，并为顾客提供个性化的服务和支持。

　　在寻找顾客、约见顾客和接近顾客的过程中，企业需要了解目标市场和潜在顾客的特点，为其提供有价值的信息和解决方案。同时，企业也要确保与顾客的接触方式和沟通方式与他们的偏好和便利性相匹配，以提高接触和销售的成功率。寻找顾客、约见顾客和接近顾客是企业销售和市场拓展的关键步骤。通过寻找潜在顾客、与他们约见和积极地接近他们，企业可以建立与顾客的联系和关系，并提供针对性的解决方案，以满足他们的需求并促进销售增长。

路径导图

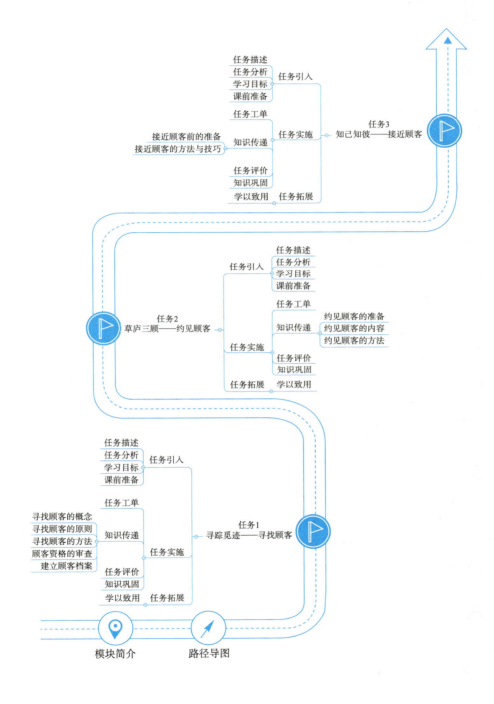

任务描述
任务分析
学习目标 　任务引入
课前准备

任务工单
接近顾客前的准备 　知识传递 　任务实施 　任务3
接近顾客的方法与技巧 　　　　　　　　　　知己知彼——接近顾客

任务评价
知识巩固
学以致用 　任务拓展

任务描述
任务分析
任务引入 　学习目标
课前准备

任务工单
任务2 　　　　　　　　 　约见顾客的准备
草庐三顾——约见顾客 　知识传递 　约见顾客的内容
　　　　　　　　　　任务实施 　约见顾客的方法

任务评价
知识巩固
任务拓展 　学以致用

任务描述
任务分析
学习目标 　任务引入
课前准备

任务工单
寻找顾客的概念
寻找顾客的原则
寻找顾客的方法 　知识传递 　任务1
顾客资格的审查 　　　　　　　　寻踪觅迹——寻找顾客
建立顾客档案 　任务实施

任务评价
知识巩固
学以致用 　任务拓展

模块简介　　　路径导图

任务 1 寻踪觅迹——寻找顾客
Mission one

寻找顾客是指企业通过各种渠道和方法主动寻找潜在客户，以建立与他们的联系并推动销售。寻找顾客是销售和市场营销的重要环节，对于企业持续增长和发展至关重要。

在寻找顾客的过程中，企业应注重目标市场的准确定位，锁定真正有需求和购买意愿的潜在客户，同时保持与他们的良好互动和沟通，以建立长期的客户关系和品牌忠诚度。

一、任务引入

 **任务描述**

小故事大道理

刘伟如何寻找他的潜在顾客

刘伟是淮海大学管理学院的三年级学生，刚刚接受了一份阳光岛度假村俱乐部的暑期工作。刘伟第一次参加销售会议，女经理谭园在阐述她对销售人员的希望。

谭园：我知道当你们被聘时就已经知道需要做什么。但是，我还想再次就有关事情做进一步说明。现在你的第一项工作是销售阳光岛会员卡。每一张会员卡价值为2 000元。如果你们有什么问题，直接提问。

刘伟：每笔买卖我们可以提取多少佣金？

谭园：每销售一张会员卡，你可以拿到其会员卡价值的10%，也就是200元。会员卡赋予会员很多权利，包括每年可以到阳光岛度假村免费入住2天，届时可以享受度假村的桑拿浴与健身，可以获得两份免费早餐。若会员平时到度假村度假的话，住宿、餐饮、娱乐、健身等都可以享受50%的优惠折扣。而且，你还可以从会员的所有费用中提取5%报酬。

刘伟：不错，我可以获得双份的报酬。

谭园：对。你销售得越多，提取的佣金就越高。

刘伟：我到哪里去寻找阳光岛度假村的会员呢？

谭园：你完全可以自己决定如何做。但是，寻找潜在顾客是你成功的关键。根据以往的经验发现，每十个你找到的潜在顾客中，你将会与其中的三个顾客面谈，最后与一个顾客成交。还有问题吗……可以从你的亲朋好友开始。

如果你是刘伟，你应该怎样寻找潜在顾客？用哪种方法寻找顾客？如何建立目标顾客档案？

 **任务分析**

根据上述任务描述，根据行业环境，运用所学知识，选择合适的寻找顾客的方法和策略，寻找潜在顾客，进行顾客资格筛选和审查，并建立顾客档案。

德润礼行

学习目标

知识目标：了解寻找顾客的概念、原则，掌握顾客资格审查的内容和建立顾客档案的内容，掌握寻找顾客的方法和技巧。

能力目标：能够根据行业环境和不同顾客的特点，选择不同的寻找途径；能进行顾客资格的审查，能运用恰当的方式建立顾客档案。

素质目标：学会礼貌待人，以诚待人，得体地对待潜在顾客和老顾客，让潜在顾客和老顾客有宾至如归的感受；养成得体地与人沟通交往的素质；具备一个销售人员的职业素养。

 课前准备

（1）通过网络搜索或查找书本知识，弄懂一种适合寻找阳光岛度假村潜在顾客的方法，尝试用这种方法与同学进行角色扮演，看看是否为最佳方法。

（2）根据角色扮演的情况，写好话术，做好与潜在顾客进行沟通交流的准备，并了解应注意哪些技巧。

二、任务实施

 任务工单

（1）第一步：你准备到哪里去寻找阳光岛度假村的会员呢？潜在顾客有哪些特征？

（2）第二步：你寻找的潜在顾客具备购买阳光岛会员卡的条件和资格有哪些？将结果填入表5-1。

表5-1　购买阳光岛会员卡的条件和资格

购买阳光岛会员卡的条件和资格		备注
是否有需求		
是否具备购买商品的经济能力		
是否有作为市场经营主体的行为能力		
是否有购买决策权		

（3）第三步：你能收集潜在顾客的哪些信息（姓名、年龄、籍贯、职务、嗜好、学历、成就、孩子、旅行过的地方），这些信息有哪些用途？将结果填入表5-2。

表5-2　收集的潜在顾客信息及用途

收集的潜在顾客信息	此信息的用途

（4）第四步：你打算运用哪一种或几种寻找顾客的方法，运用这种方法的优势有哪

些？为什么？将结果填入表5-3。

表5-3　寻找顾客的方法

寻找顾客的方法	作用或使用技巧

（5）第五步：撰写一份即将与潜在顾客联系的话术，并写在下方。

_____

_____

_____

（6）第六步：分团队准备进行角色扮演，准备如何与潜在顾客沟通交流，要注意哪些技巧。

（7）第七步：分组（公司）上台展示汇报。

 知识传递

（一）寻找顾客的概念

寻找顾客是指推销人员在非确定性顾客群中确定近期的潜在顾客，也就是准顾客。准顾客具备的基本条件包括需求、购买力和决策权。

（二）寻找顾客的原则

寻找顾客1
（微课视频）

1. 确定推销对象的范围

在寻找顾客时，需要明确自己的目标市场和目标顾客群体，不要盲目地广撒网，而是要有针对性地确定自己的推销对象范围。了解自己的产品或服务的特点以及目标顾客的需求和偏好，可以帮助你定位自己的推销对象，并集中精力开展针对性的销售活动。

2. 树立"随处留心皆顾客"的强烈意识

要时刻保持警觉，把每一个可能的接触和交往都视为寻找潜在顾客的机会。无论是在社交场合、朋友圈、行业会议还是在线上平台，都要保持敏锐的观察力，将潜在顾客的线索发掘出来。要注意观察他人的行为、需求、兴趣爱好等，以找到与自己产品或服务相关的潜在顾客。

3. 选择合适的途径，多途径寻找顾客

多样化的渠道和途径可以帮助你更有效地寻找顾客。可以通过线上途径如社交媒体、搜索引擎推广等，也可以通过线下途径如参加行业展览、参加商务活动等来寻找顾客。选择适合自己行业和目标顾客的途径，进行精准推广。同时，要定期评估和调整自己寻找顾客的途径，以适应市场变化和顾客需求的变化。

4. 重视老顾客

老顾客是最有价值的顾客，他们在过去已经购买过你的产品或服务，建立了信任和合作的关系。与老顾客保持联系，提供优质的售后服务和增值服务，让他们成为你的长期忠实顾客，并通过他们的口碑推荐获取更多的潜在顾客。此外，对于老顾客，可以通过定期沟通和回访，了解他们的新需求，并提供定制化的解决方案，促进持续的合作。

通过遵循上述寻找顾客的原则，销售人员能够更加有针对性地寻找潜在顾客，提高销售的效率和成功率。销售人员不仅要关注新顾客的开发，还要重视维护和发展老顾客，以实现持续的业务增长。

（三）寻找顾客的方法

寻找顾客 2
（微课视频）

1. 电话寻找法

电话寻找法是通过电话与潜在顾客进行联系和沟通，以了解他们的需求，并介绍相关的产品或服务。

（1）准备工作：在进行电话寻找前，需要先做好充分的准备工作。这包括了解目标顾客的背景信息、了解所销售的产品或服务的特点和优势，以及准备好有效的推销词和回答常见问题的答案。

（2）目标设定：在进行电话寻找时，需要明确自己的目标和期望结果。例如，是为了了解顾客的需求、预约面谈、促成销售订单等。明确目标有助于在电话交谈中明确自己的目的，提供更有针对性的信息和建议。

（3）建立信任和关系：电话寻找的关键是在短时间内吸引对方的注意，并建立良好的沟通关系。因此，需要通过积极的沟通技巧和亲切的语气来引起对方的信任和兴趣，尽量避免冗长的介绍，重点突出产品或服务的核心价值和优势。

（4）提供个性化的解决方案：在电话交谈中，需要根据对方的需求和痛点提供个性化的解决方案。了解对方的需求并提供合适的产品或服务，能够增加成功的机会。根据对方的回应和反馈，灵活调整自己的推销方式，使其更符合对方的期望和需求。

（5）处理顾客异议和问题：在电话寻找中，可能会遇到顾客的异议和问题。这时，需要保持冷静并进行积极的解答。明确了解对方的关切和疑虑，提供具体的解决方案，并展示产品或服务的价值和优势，以消除顾客的疑虑。

（6）有效跟进：在电话结束后，及时跟进相关的事项，例如发送资料、提供更多信息或预约面谈。保持良好的沟通和跟进，能够提高潜在顾客的兴趣和信任，并有助于进一步推进销售流程。

电话寻找法需要销售人员具备良好的沟通技巧、销售技巧和耐心。同时，要尊重顾客的意愿，不强制推销和打扰顾客。通过高效的电话寻找技巧，能够提高销售人员与潜在顾客的互动效率，找到合适的顾客并促成销售。

2. "地毯式"搜寻法

"地毯式"搜寻法又名"扫街"，是一种常用的寻找顾客的方法，它强调广泛覆盖，通过广泛的推广和搜寻方式来发现潜在顾客。

（1）广告宣传：推销人员可以通过各种广告宣传手段，如电视广告、报纸刊登、广播电台、户外广告牌等，来扩大品牌知名度和曝光度。通过大规模广告投放，可以吸引更多的观众和潜在顾客的注意力。

（2）邮件推广：推销人员可以通过邮件推广的方式，将产品或服务的信息发送给大量潜在顾客。可以使用购买的电子邮件列表，也可以通过合作伙伴或商业机构获取目标顾客的邮箱地址。通过邮件推广可以直接将产品或服务的信息传递给潜在顾客，并引导他们进一步了解和购买。

（3）电话营销：通过电话直接联系潜在顾客，介绍产品或服务的特点和优势。电话营销可以迅速建立与潜在顾客的个人对话，提供针对性的解决方案，并回答顾客的疑虑。需要注意的是，在进行电话营销时，需要遵守相关的法规和规定，尊重顾客的隐私权。

（4）参加展览活动：推销人员可以参加行业相关的展览、展销会、商贸交流会等活动。这些活动往往聚集了大量相关行业的从业人员和潜在顾客。通过积极参与和展示自己的产品或服务，可以吸引潜在顾客的关注，并与他们建立联系和合作。

（5）社区互动和网络社交：推销人员可以通过参与社区活动、志愿者工作、在线社交平台等方式扩大人脉网络。与社区内的人群建立关系和互动，可以增加与潜在顾客之间的信任和亲近感。同时，通过在线社交平台的互动和分享，也可以吸引更多的目标顾客关注，了解自己的产品或服务。

（6）口碑传播和推荐：通过提供优质的产品和服务，推销人员可以获得顾客的满意和口碑推荐。满意的顾客往往会向他人推荐，从而带来更多的潜在顾客。推销人员可以通过培养良好的顾客关系，提供优质的售后服务，以及积极回应顾客的反馈，促使顾客进行口碑传播和推荐。

"地毯式"搜寻法通过广泛覆盖的方式，利用各种推广手段和方式来发现潜在顾客。这种方法侧重于扩大品牌曝光度和知名度，吸引更多的潜在顾客关注和了解。然而，在使用"地毯式"搜寻法时，推销人员需要确定目标顾客群体，并选择恰当的推广渠道和方式。同时，要注意在推广过程中遵守相关法规和规定，尊重顾客的个人隐私和权益。

 **技能训练**

案例音频1

小李是某一售房部的销售员，她每天回售房部听半小时课，然后便带上资料去人流最多的商场、酒店门口派宣传单，对一个个经过的路人，或者是对一条街一个小区的尽可能所有门户进行登门"拜访"。

问题：（1）小李为什么要"扫街"？她采用什么方法寻找顾客？

（2）这种寻找顾客的方法有什么优缺点？

（3）使用这种方法的过程中应注意什么问题？

3. 交易会寻找法

交易会寻找法是一种常用的销售和市场寻找顾客的方法，通过参加行业的交易会或展览会，企业可以集中展示产品和服务，与潜在顾客进行面对面的交流和洽谈。

（1）选择适合的交易会：在参加交易会之前，需要进行市场调研，选择适合自己行业和产品的交易会。参加规模较大、知名度较高的交易会，能够吸引更多的潜在顾客和行业专业人士，提高参展的效果和成果。

（2）展示产品和服务：交易会是企业展示产品和服务的机会，因此在展台设计和布置时需要充分展示自己的产品，突出产品的特点和优势。通过生动的产品展示、演示和样品展示，吸引潜在顾客的注意力，并引起他们的兴趣。

（3）主动交流和洽谈：在交易会上，推销人员需要主动与潜在顾客建立联系，进行沟通和洽谈。要注意与顾客进行友好互动，了解他们的需求和期望，并提供相应的解决方案和建议。在交谈中要展示专业知识和产品的价值，以增加顾客的信任和兴趣。

（4）收集顾客信息：在交易会期间，推销人员要及时记录与潜在顾客的交流内容和联系方式。这是建立长期顾客关系的重要一步，通过收集顾客信息，可以进行后续的跟进和营销活动。

（5）跟进和维护顾客关系：参展结束后，及时跟进和维护与潜在顾客的关系。通过电话、邮件或其他沟通方式，进一步了解顾客的需求，并提供更多的支持和解决方案。持续的跟进和维护顾客关系，有助于建立顾客的信任和合作意愿，为后续的销售提供有力支持。

交易会寻找法可以提供一个集中展示产品和与潜在顾客交流的机会，能够有效吸引目标顾客，并促成合作机会。然而，参加交易会需要投入相应的资金和资源，因此在参展前需要做好充分的准备工作，确保参展的效果和收益最大化。

4. 连锁介绍法

连锁介绍法是一种通过已有顾客进行口碑传播和推荐引荐的方法，以寻找潜在顾客。该方法利用现有顾客的信任和满意度，通过引荐他们的朋友、家人、同事等，扩大顾客群体。

（1）提供优质产品和服务：连锁介绍法的前提是提供优质的产品和服务，让现有顾客感到满意。只有当顾客对产品或服务有良好的感受和评价时，才会愿意分享给他们的亲友圈，并帮助企业推广。

（2）建立顾客关系：与现有顾客建立良好的顾客关系是连锁介绍法的基础。通过积极的沟通、及时的回应和解决问题，获得顾客的信任和满意度。保持定期的联系，了解顾客的需求变化，并提供个性化的支持和服务。

（3）引导顾客的介绍：与现有顾客沟通时，可以主动引导他们进行介绍和推荐。可以提供一些奖励措施，例如折扣、优惠或者奖励礼品，作为激励顾客介绍新顾客的回报。这些激励措施可以增加顾客介绍的积极性和主动性。

（4）提供推广材料和引导语：为现有顾客提供一些推广材料和引导语，以便他们在介绍时能够清楚地表达产品或服务的优势和价值。这些推广材料可以包括宣传册、产品介绍、推荐信等。通过提供具体的参考，有助于现有顾客更准确地介绍，并增加推荐的成功率。

（5）反馈和感谢：当现有顾客成功介绍潜在顾客时，要及时给予反馈和感谢。可以通过赠送礼品、发送感谢信或者提供特别的优惠，表达对顾客推荐的感激之情。这不仅可以增加顾客的满意度，也能够进一步积累良好的顾客关系和口碑影响力。

（6）持续跟进：当通过连锁介绍法获得新顾客时，要及时进行跟进和维护。提供个性化的支持和服务，关注他们的需求和反馈，持续建立良好的顾客关系。同时，也要重视与现有顾客的继续合作，巩固他们的忠诚度和满意度，以确保连锁介绍法的可持续效应。

连锁介绍法是一种通过现有顾客的口碑传播和推荐引荐来寻找潜在顾客的有效方法。通过提供优质的产品和服务，建立良好的顾客关系，引导顾客介绍，并进行持续跟进和维护，可以不断扩大顾客群体，并提高销售和市场影响力。

 技能训练

案例音频2

原一平通过和三菱集团董事长接触，认识了几乎东京所有银行的企业家，与明治保险的阿部常务交往，认识了大学校长小泉信三，而小泉信三又给原一平介绍了许多更加具有影响力的朋友。所以，他的客户网越来越大，层次越来越高。最终，原一平成为日本保险业连续 15 年全国业绩第一的"推销之神"。

问题：（1）原一平是怎样做大他的客户网的？

（2）上述案例中，原一平采用什么方法来寻找顾客？这种寻找顾客的方法有什么优缺点？

（3）使用这种寻找顾客方法时应注意什么问题？

5. 广告开拓法

广告开拓法是一种常用的寻找顾客的方法，通过广告渠道向广大群体传播产品或服务的信息，以吸引潜在顾客的关注和购买意愿。

（1）定义目标受众：广告开拓法的第一步是明确目标受众。这包括确定产品或服务的适用人群，了解他们的需求和购买偏好，以便进行针对性的广告策划和传播。

（2）广告渠道选择：根据目标受众的特点和行为习惯，选择适合的广告渠道。这些渠道可以包括电视、广播、报纸和杂志广告，以及在线广告、社交媒体广告、搜索引擎广告等。在选择广告渠道时，要考虑目标受众的媒体偏好和接触频率，以及广告预算等因素。

（3）制定广告策略：在进行广告开拓时，需要制定有效的广告策略。这包括确定广告的定位、主题和核心信息，以及制作吸引人的广告文案和创意。广告策略应该与目标受众的需求和价值观相契合，突出产品或服务的独特特点和优势。

（4）广告传播和推广：广告开拓的关键是将广告有效传播给目标受众。这可以通过购买媒体广告位、合作推广渠道、参与赞助活动等方式实现。同时，利用社交媒体、电子邮件、短信营销等在线工具，可以将广告信息迅速传播给更广大的群体。

（5）定期评估和优化：在进行广告开拓过程中，需要定期评估广告效果，并根据评估结果进行优化。可以通过用户调查、数据分析和市场反馈来评估广告的影响力和回报率。根据评估结果，调整广告策略、优化广告内容和渠道选择，以提高广告的效果和投资回报率。

（6）品牌建设和顾客关系：广告开拓不仅可以帮助找到潜在顾客，也是品牌建设和顾客关系管理的重要手段。通过持续的广告宣传和营销活动，可以树立良好的品牌形象，并吸引更多的忠诚顾客。同时，与广告开拓所吸引的顾客建立联系并维护良好的顾客关系，可以增加顾客的满意度和忠诚度。

广告开拓法可以帮助企业吸引广大群体的关注，提高品牌知名度和产品销售。通过选择适合的广告渠道，制定有效的广告策略，并进行定期评估和优化，可以在广告开拓过程中不断提高营销效果和回报率。

技能训练

　　浙江杭州的"胡庆余堂"药店，试制成功一种新药品"复方抗结核片"，经过五年的临床观察，确认对肺结核病疗效显著，但却是"养在深闺人未识"，打不开销路，结果积压 34 万瓶之多。后来，药店在中央人民广播电台做了"复方抗结核片"的广告。仅仅两个月的时间，就收到来自全国各地 29 个省市自治区要求订货的信函 5 700 多件，不仅售出了全部的存货，还打开了新的销路，赢得了众多的客户。

案例音频3

　　问题：（1）"胡庆余堂"药店是采用什么方法找到顾客，打开销路的？
　　（2）这种寻找顾客的方法有什么优缺点？
　　（3）使用这种寻找顾客方法的过程中应注意什么问题？

6. 委托助手法

　　委托助手法是一种常用的寻找顾客的方法，通过委托他人或机构寻找潜在顾客。

　　（1）确定委托关系：推销人员需要确定与哪些中介机构或个人建立委托关系。可以选择一些专业的市场调研公司、销售代理机构或营销顾问等，根据自身的需求和目标，选择具备相关经验和资源的委托方。

　　（2）与委托方沟通：推销人员需要与委托方进行详细的沟通，明确委托的目标和要求。这包括确定目标市场、目标顾客群体、产品或服务的特点和定位。推销人员还需要提供充分的产品知识和市场资料，以便委托方准确、全面地了解和推广。

　　（3）委托方的寻找和推销工作：委托方根据推销人员提供的要求，利用自身的网络、资源和专业能力进行潜在顾客的寻找和推销工作。可以通过电话、邮件、网络渠道等方式与潜在顾客进行产品介绍、洽谈和推销。

　　（4）沟通和协调：在委托助手法中，沟通和协调是非常重要的环节。推销人员需要与委托方保持定期沟通，了解进展和结果，提供必要的支持和协助。双方应保持良好的合作态度，及时解决问题和调整策略，以确保委托助手的有效实施。

　　（5）接触和跟进：当委托方获得潜在顾客的兴趣和购买意愿时，推销人员需要主动与顾客进行接触和跟进。及时回应顾客的需求和问题，并提供个性化的解决方案和支持。通过良好地跟进和维护顾客关系，可以增加销售机会和顾客的忠诚度。

　　委托助手法能够节省推销人员的时间和人力成本，通过委托专业的中介机构或个人来寻找潜在顾客，并进行初步的推销工作。这种方法可以利用委托方的专业网络和资源，扩大顾客开拓的效率和范围。然而，推销人员在选择委托方时要慎重，确保委托方具备专业能力和可靠性，同时要与委托方保持良好的沟通和合作，共同推动销售的成功。

 技能训练

　　乔·吉拉德在推销过程中，非常注意与加油站或汽车维修店的工人等和汽车用户关系紧密的群体处理好关系，并聘请他们向顾客推荐乔·吉拉德的汽车与服务。每成交一笔业务，乔·吉拉德会给这些工人一定的报酬。他们也非常积极地帮助乔·吉拉德推荐了很多业务。

案例音频4

问题：（1）乔·吉拉德为何要与加油站或汽车维修店的工人等和汽车用户关系紧密的群体处理好关系？这是哪种寻找顾客的方法？

（2）这种寻找顾客的方法有什么优缺点？

（3）使用这种寻找顾客方法的过程中应注意什么问题？

7. 网络搜寻法

网络搜寻法是一种常用的寻找顾客的方法，通过利用互联网搜索引擎、社交媒体平台等在线渠道，寻找与自己产品或服务相关的潜在顾客。

（1）利用搜索引擎：推销人员可以利用常见的搜索引擎，如谷歌、百度、必应等，输入与自己产品或服务相关的关键词进行搜索。通过分析搜索结果，可以找到可能感兴趣的潜在顾客。还可以利用高级搜索功能，如过滤器、地理定位等，更加精确地定位潜在顾客。

（2）使用社交媒体平台：社交媒体平台是一个巨大的潜在顾客资源。推销人员可以通过在社交媒体平台上发布有关产品或服务的信息、参与相关的讨论群组、关注潜在顾客的账号等方式，找到与自己目标顾客群体相关的人士，并与他们进行互动和推销。

（3）加入行业专业论坛和社区：行业专业论坛和社区是一个与潜在顾客接触和交流的重要平台。推销人员可以加入与自己所在行业相关的在线论坛和社区，通过与其他会员的互动和讨论，寻找潜在顾客并建立联系。在参与讨论时，推销人员要展示自己的专业知识和能力，提供有价值的内容和建议，引起潜在顾客的关注和兴趣。

（4）利用线上广告和推广：通过线上广告和推广活动，推销人员可以将产品或服务的信息传播给更广大的潜在顾客群体。可以选择在搜索引擎、社交媒体平台等进行广告投放，或者与相关的网站、博客进行合作，提供付费或合作推广。线上广告和推广可以迅速扩大产品或服务的曝光度，从而吸引更多潜在顾客的注意力和兴趣。

（5）积极参与线上活动和研讨会：线上活动和研讨会是推销人员与潜在顾客互动和建立联系的场所。可以通过参加网络研讨会、在线培训课程、行业展示等活动，与潜在顾客进行线上交流和学习。同时，可以通过线上活动平台的参与者名单、交流群组等，找到与自己产品或服务相关的潜在顾客，并与他们进行联系和推销。

网络搜寻法可以为推销人员提供一个广阔、高效的潜在顾客搜索渠道。利用搜索引擎、社交媒体平台、行业论坛等，推销人员可以找到与自己产品或服务相关的潜在顾客，并通过线上渠道进行联系和推销。要提高网络搜寻法的效果，推销人员需要善于利用搜索引擎和在线工具，并建立良好的线上形象和专业网络资源，以吸引目标顾客的关注和互动。

8. 中心人物法

中心人物法是通过找出目标顾客所在行业或领域的中心人物，与他们建立联系，并通过他们的引荐来获得潜在顾客。

（1）确定目标顾客所在行业或领域：首先，推销人员需要明确自己的目标顾客所在的行业或领域。可以通过市场调研、行业报告、社交媒体等途径获取相关信息。了解目标顾客所在行业或领域的特点和发展趋势，有助于更加精确地找到相关的中心人物。

（2）找出中心人物：推销人员需要研究目标顾客所在行业或领域的中心人物，这些人物通常具有较高的知名度、影响力和资源。可以通过行业媒体、社交媒体、专业协会等渠道获得相关信息，例如行业领袖、专家学者、知名企业家等。

（3）建立联系：推销人员需要采取适当的方式与中心人物建立联系。可以通过社交媒体的私信、邮件、电话等方式进行初步沟通。在联系中要表达自己的诚意和目的，说明希望与中心人物分享有关产品或服务的信息，并寻求他们的合作或支持。

（4）提供价值和利益：在与中心人物交流和沟通时，推销人员需要关注他们的需求和利益，提供有价值的信息和资源。可以分享行业趋势、市场洞察、独家数据等，以增加中心人物与自己的交流和合作意愿。同时，也要展示自己的专业知识和能力，赢得中心人物的认可和信任。

（5）请求引荐：在建立良好的联系和关系后，推销人员可以请求中心人物引荐潜在顾客。中心人物往往在行业内具有较大的影响力和关系网络，他们的引荐可以更有效地开拓更多的顾客。推销人员可以提供一定的回报或激励，以表达对中心人物的感谢和重视。

（6）跟进和维护关系：一旦获得中心人物的引荐，推销人员需要及时跟进潜在顾客，提供个性化的支持和服务。同时，还要与中心人物保持持续的联系，共享营销成果和市场信息，以保持良好的合作关系。

中心人物法通过与目标顾客所在行业或领域的中心人物建立联系，借助他们的影响力和资源，可以更快速、有效地开拓潜在顾客。与中心人物的合作可以带来信任和口碑效应，提升产品或服务的知名度和销售机会。然而，在使用中心人物法时，推销人员需要建立真诚、长久的关系，注重互惠互利，以确保合作的持续性和双方的利益实现。

9. 资料查阅法

资料查阅法是一种常用的寻找顾客的方法，通过查阅相关的资料和数据，了解目标顾客的信息和需求，并根据这些信息进行推销和营销活动。

（1）市场调研报告：推销人员可以查阅市场调研报告，了解目标市场的规模、增长趋势、竞争格局等信息。这些报告通常由专业机构或咨询公司发布，提供全面的市场分析和前景预测，帮助推销人员更好地了解目标顾客和市场环境。

（2）行业分析和研究：查阅行业分析和研究报告，可以了解目标行业的发展趋势、主要参与者、产品需求等信息。这些报告通常由行业协会、商业杂志或专业分析机构发布，提供了对行业内部和外部因素的深入洞察，为推销人员提供了宝贵的市场情报。

（3）数据库和目录：利用商业数据库和目录，推销人员可以查找潜在顾客的联系信息和公司背景。例如，可以通过企业数据库查询目标行业的公司信息，获取公司名称、地址、联系人等数据。这些数据库通常由专业信息服务提供商或商业机构维护，可以提供大量准确的商业数据。

（4）市场调查和用户调研：进行市场调查和用户调研是了解目标顾客需求的重要手段。可以通过设计问卷调查、个别访谈、焦点小组等方式收集目标顾客的反馈和意见。通过这些调研方法，推销人员可以深入了解顾客的偏好、需求和购买决策过程，为定制个性化的推销策略提供依据。

（5）网络搜索和社交媒体分析：通过互联网搜索引擎和社交媒体平台，推销人员可以查找目标顾客的个人资料和互动记录。可以通过关键词搜索、行业群组、论坛等方式，了解目标顾客在网络上的活动和兴趣。结合社交媒体的分析工具，可以获取关于目标顾客的市场洞察和消费行为数据。

（6）学术研究和期刊论文：某些行业和领域的学术研究和期刊论文提供了详细的行业知识和趋势分析。推销人员可以查阅相关的学术期刊或会议论文，了解前沿的研究成果和行业动态，从中获取有关目标顾客的深度洞察。

资料查阅法通过查阅相关的资料和数据，帮助推销人员了解目标顾客的信息和需求。这种方法可以提供可靠的市场情报和洞察，为推销策略的制定和营销活动的开展提供有力依据。然而，在使用资料查阅法时，推销人员需要选择可信的来源和数据，并对所查阅的资料进行合理的解读和分析，以确保所获得的信息准确且适用于自身的推销目标。

 技能训练

案例音频 5

小张是某铝厂的销售员，他第一天至 A 市，就购买了一份最新的《A 市工商企业电话号码簿》，并从中找出了铝制品加工企业 200 多家。根据各个企业的地址和距离远近，小张制订了详细拜访计划：一是对这 200 多家企业逐一进行电话拜访，预约见面；二是对同意见面的企业，立刻实施拜访；三是对未同意见面的企业，如果距离近也进行一次拜访，完成资料传递和收集工作，并争取建立合作关系。按照这份计划完成，小张对 A 市所有铝制品企业有了全面了解，为日后顾客开发建立了完备的资料。

问题：（1）小张是怎样在 A 市找出 200 多家铝制品加工企业的？这是哪种寻找顾客的方法？

（2）这种寻找顾客的方法有什么优缺点？

（3）使用这种寻找顾客方法的过程中应注意什么问题？

10. 个人观察法

个人观察法是一种常用的寻找顾客的方法，通过仔细观察周围的人群和环境，寻找与自己产品或服务相关的潜在顾客。

（1）目标顾客的特征和行为：推销人员需要明确自己的目标顾客群体，并了解他们的特征和行为。这可以包括年龄、性别、职业、兴趣爱好、购买行为等方面的特征。通过观察和了解目标顾客的特征，可以更好地识别和定位潜在顾客。

（2）观察线下场所和活动：通过定位目标顾客常去的线下场所和参与的活动，推销人员可以进行个人观察。例如，可以去商场、咖啡馆、展会、会议等地方，仔细观察人群的特征和行为。通过观察可以判断哪些人群可能与自己的产品或服务相关，并尝试与他们建立联系。

（3）社交网络观察：在社交网络平台上，推销人员可以通过关注目标顾客或目标顾客所在的群组、页面来进行个人观察。通过观察他们的发帖、评论、互动等行为，可以了解他们的兴趣、需求和喜好。这有助于推销人员更加了解目标顾客并进行针对性的营销活动。

（4）口碑传播观察：推销人员可以观察目标顾客之间的口碑传播情况。口碑传播是一种重要的营销工具，通过观察目标顾客在社交媒体或线下交流中的讨论和评价，可以了解他们的购买决策影响因素，进而加强营销策略。

（5）潜在购买迹象观察：推销人员可以通过观察潜在顾客的购买迹象，判断其购买意向和需求。例如，购物车中放置的商品、关注的促销活动、特定的搜索行为等都可以作为是否具有购买意向的信号。通过观察这些迹象，可以更好地判断并联系潜在顾客。

个人观察法通过仔细观察目标顾客的特征、行为和环境，帮助推销人员寻找与自己产品或服务相关的潜在顾客。这种方法可以提供更直观的信息和感知，帮助推销人员更准确地定位和联系潜在顾客。然而，在使用个人观察法时，推销人员需要保持敏锐的观察力和分析能力，同时注意不侵犯顾客的个人隐私或过于依赖个人观察的主观判断。

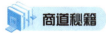 商道秘籍

乔·吉拉德的"250 法则"

乔·吉拉德的"250 法则"是一种销售策略，旨在帮助销售人员利用个人人际关系网络来扩大顾客群体、提高销售业绩。

乔·吉拉德认为，在个人的社交圈中，平均而言，每个人通常有大约 250 个联系人。这些联系人可能包括家人、朋友、同事、前同学、社交网络中的连接等。这些联系人可以成为潜在顾客，或者为你推荐其他潜在顾客。

1. 应用方法

（1）列出个人联系人列表：首先，你需要列出你个人的联系人列表，包括你熟悉的人物、你的社交圈以及你在工作和社交活动中认识的人。

（2）建立联系：与你的联系人进行沟通，介绍你的产品或服务，并询问他们是否有兴趣或者能够提供其他潜在顾客的联系信息。

（3）持续跟进：与每个联系人保持良好的关系，并定期跟进，提供更新的信息和解决方案。这有助于建立信任和加深合作的机会。

2. 扩展人际关系网络

（1）参加行业活动和社交聚会：积极参加与你行业相关的活动，例如行业展会、研讨会、社交聚会等，与其他行业专业人士建立联系。

（2）利用社交媒体：利用社交媒体平台，如 LinkedIn（领英），建立和扩大你的专业人脉，发布有关你的产品或服务的内容，吸引潜在顾客的关注。

（3）寻求推荐：与已合作的顾客建立良好的关系，并请他们推荐其他潜在顾客。这种口碑推荐可以帮助你扩大顾客群体。

通过应用乔·吉拉德的"250 法则"，销售人员可以利用个人人际关系网络，快速扩大潜在顾客群体，并提高销售业绩。然而，要成功应用这一法则，需要注重与联系人的真诚沟通、建立良好的关系和持续的跟进。

（四）顾客资格的审查

顾客资格的审查是为了确定潜在顾客是否具备购买和使用产品或服务的条件和资格。

寻找顾客

（微课视频）

1. 是否对所推销产品有需求

审查顾客的需求是确定其是否适合购买产品或服务的关键步骤。销售人员需要了解潜在顾客的需求和问题，以确定所推销的产品是否能够满足顾客的需求。通过与顾客进行有效的沟通和咨询，销售人员可以评估顾客是否对产品感兴趣，并确定他们的需求是否与产品相匹配。

2. 是否具备购买商品的经济能力

审查顾客的经济能力是确保他们有能力购买产品或服务的重要因素。销售人员需要评估潜在顾客的经济实力，包括收入水平、财务状况和支付能力，以确定他们是否有能力购买产品。这可以通过对顾客的财务信息进行核实或询问，或者通过了解顾客的行业和职业来评估其财务能力。

3. 是否具备作为市场经营主体的行为能力

审查顾客是否具备作为市场经营主体的行为能力是评估顾客是否有能力签订合同和履行交易义务的重要方面。销售人员需要确认潜在顾客是否具有法律上的能力，包括年龄、法律地位和法律约束等因素。在商业交易中，双方必须具备合法的行为能力才能有效地签署合同和履行义务。

4. 是否具备购买决策权

审查顾客是否具备购买决策权是确保销售过程顺利进行的重要环节。销售人员需要了解潜在顾客在购买决策中的地位和角色，并与具有购买决策权的人员进行沟通。这可以通过询问顾客的组织结构、决策流程和关键决策人员来确定。

通过对顾客资格的审查，销售人员可以识别出真正有购买意愿和能力的潜在顾客，提高销售的效率和成功率。然而，在进行审查时，销售人员需要保护顾客的隐私和合法权益，并遵守相关法律和道德规范。

技能训练

一名推销人员与某机电公司的购货代理商接洽了半年多时间，但始终未能达成交易，这位推销人员感到很纳闷，不知道问题出在哪里。思忖之余，他怀疑自己是否在与一个没有决策权的人打交道。为了消除自己的疑虑，他给这家机电公司的总机打了一个匿名电话，询问哪一位先生负责购买机电订货事宜，最后从侧面了解到把持进货决策权的是公司的总工程师，而不是那个同自己交往多次的购货代理商。

问题：（1）这名推销人员为何半年多时间始终未能与机电公司的购货代理商达成交易？

（2）推销人员在确定访问对象时应注意哪些方面的问题？

（五）建立顾客档案

建立顾客档案是一个重要的顾客管理工具，它可以帮助企业了解顾客的基本信息和偏好，从而为顾客提供更个性化的服务和推广活动。

（1）姓名：记录顾客的全名，以便在沟通和跟进时准确标识顾客身份。

（2）年龄：了解顾客的年龄可以帮助企业更好地理解他们的需求、喜好和购买行为。不同年龄段的顾客可能有不同的消费习惯和购买偏好。

（3）籍贯：顾客的籍贯可能与其文化背景和生活经历相关，了解这些信息可以帮助企业为顾客提供更贴近其文化背景的产品和服务。

（4）职务：记录顾客的职务可以帮助企业了解顾客在其组织中的地位和影响力，并为其提供更具针对性的服务和解决方案。

（5）嗜好：了解顾客的嗜好，如喜欢的运动、音乐、电影或其他休闲活动，可以帮助企业根据顾客的兴趣爱好定制个性化的推广活动和产品推荐。

（6）学历：了解顾客的学历可以帮助企业判断顾客的知识水平和理解能力，从而根据其教育背景提供相应的沟通和服务方式。

（7）成就：记录顾客的成就，如工作上的荣誉、获得的奖项或其他重要成就，有助于企业更好地了解顾客的价值观和个人追求，从而更好地满足他们的需求。

（8）孩子：了解顾客是否有子女以及子女的年龄和兴趣爱好，可以帮助企业根据家庭需求提供相应的产品或服务。

（9）旅行过的地方：了解顾客曾经旅行过的地方可以帮助企业识别他们的兴趣爱好和消费偏好，例如某个顾客热衷于旅行，企业可以通过提供相关的旅游产品或服务满足他们的需求。

建立顾客档案需要通过不同的方式收集顾客信息，例如通过面对面的调查、在线注册表或购买历史记录等来收集顾客信息。在处理和存储顾客信息时，企业需要保护顾客的隐私，遵守相关的法律和规定。通过建立和更新顾客档案，企业可以更好地了解顾客，提供个性化的服务，并更好地满足他们的需求和期望。

 任务评价

序号	评价项目	评价指标	分值	自评（20%）	互评（20%）	师评（60%）	合计
1	知识目标（40分）	了解寻找顾客的概念、原则	10				
		掌握顾客资格审查的内容和建立顾客档案的内容	15				
		掌握寻找顾客的方法和技巧	15				

续表

序号	评价项目	评价指标	分值	自评 （20%）	互评 （20%）	师评 （60%）	合计
2	能力目标 （20分）	能够根据行业环境和不同顾客的特点，选择不同的寻找途径	10				
		能进行顾客资格的审查，能运用恰当的方式建立顾客档案	10				
3	素质目标 （40分）	学会礼貌待人，以诚待人，得体地对待潜在顾客和老顾客	10				
		养成得体的与人沟通交往的素质	10				
		具备一个销售人员的职业素养	10				
		让潜在顾客和老顾客有宾至如归的感受	10				
合计			100				
综合得分							

 知识巩固

（一）单选题

1. 以下方法可以通过电话与潜在顾客建立直接联系的是（   ）。

A. 电话寻找法　　　　　　　　　　B. "地毯式"搜寻法

C. 交易会寻找法　　　　　　　　　D. 连锁介绍法

2. 以下方法通过广告推广来寻找顾客的是（   ）。

A. 广告开拓法　　　B. 委托助手法　　　C. 网络搜寻法　　　D. 中心人物法

3. 以下方法依靠参加行业交易会与潜在顾客建立联系的是（   ）。

A. 交易会寻找法　　　B. 资料查阅法　　　C. 个人观察法　　　D. 中心人物法

4. 以下方法利用委托他人介绍来寻找顾客的是（   ）。

A. 连锁介绍法　　　B. 广告开拓法　　　C. "地毯式"搜寻法　　D. 个人观察法

5. 以下方法通过网络搜索来寻找顾客的是（   ）。

A. 网络搜寻法　　　B. 资料查阅法　　　C. 电话寻找法　　　D. 个人观察法

（二）判断题

1. 电话寻找法是寻找顾客的常用方法。　　　　　　　　　　（　　　）
2. 在"地毯式"搜寻法中，寻找顾客的范围非常有限。　　　　（　　　）
3. 交易会寻找法通过参加行业交易会与潜在顾客建立联系。　　（　　　）
4. 连锁介绍法是指通过自己的努力直接寻找顾客。　　　　　　（　　　）
5. 个人观察法是一种依靠个人观察来寻找潜在顾客的方法。　　（　　　）

三、任务拓展

车里坐着一位很气派的老人

　　一天，原一平搭出租车出去办事，在一个十字路口，红灯亮起，出租车停在那儿。原一平无意中转头向窗外看了一眼，正好看到与他同行的一辆黑色豪华轿车里坐着一位很气派的老人。他想，这老人一定大有来头。于是他让司机跟上那辆车，抄下那辆车的车牌号。接着，原一平打电话去交通监理所查这个车牌号的车主。原来这辆车的主人是一家大公司的董事长。然后，他打电话到该公司，说："你好，是××公司吗？今天我在街上看到贵公司坐在黑色豪华车上的那位老先生非常面熟，好像在哪儿见过，但我一时想不起来，您能提醒一下我吗？我没有其他的意思。"对方说："那是我们公司董事长山本先生的车。"原一平终于知道那辆车的车主是××公司的董事长山本先生。然后，原一平开始调查他的学历、出生地、兴趣、爱好等。当一切都调查清楚后，他就直接去拜访山本先生了。由于原一平对山本先生情况已一清二楚，对他公司的情况也已全面了解，拜访山本先生这件事就比较容易了。后来，山本先生成了原一平的顾客。

　　这个故事中，原一平运用了哪种寻找顾客的方法？它带给了你什么启示？

任务② 草庐三顾——约见顾客
Mission two ◄

　　约见顾客是指企业主动邀请或安排与潜在或现有客户进行面对面的会议或访谈，以便更深入地了解他们的需求、提供解决方案并促成销售。约见顾客是建立密切客户关系和推动业务发展的重要步骤。

　　约见顾客是建立长期客户关系和促进业务增长的重要环节。通过与顾客面对面的交流和互动，可以建立信任、理解客户需求，并提供个性化的解决方案，从而增强客户满意度，提高销售成功率，并为企业带来持续增长的机会。

一、任务引入

小故事大道理

　　假设你是一名房产置业顾问，请通过电话约见的方式约见一位目标顾客，请详细阐述你电话约见该目标顾客的思路、话术，务必以与顾客约定面谈时间和地点为主要目的。

任务分析

根据任务描述，结合约见顾客前要做的准备和约见顾客的内容，并根据行业环境，选择合适的约见顾客的具体方法和策略，然后写出你电话约见该目标顾客的思路和电话约见的具体话术。

德润礼行

学习目标

知识目标：了解约见顾客的准备工作，并能用其指导产品推销的相关认知活动；了解约见顾客的具体内容；掌握约见顾客的六种方法。

能力目标：能够根据行业环境，选择合适的约见顾客的具体方法和策略；能够撰写约见顾客的思路和话术；通过角色扮演，能够合理运用各种推销策略和技巧，有效开展相关产品推销。

素质目标：在约见顾客时，要注意自己的行为礼仪，尊重顾客，保持礼貌和专业的态度，能够有效组织约见，并确保与顾客之间的沟通和交流顺利进行，提升个人职业素养。

课前准备

（1）通过网络搜索并知晓房产置业顾问的工作职责和范围。
（2）把握房产置业顾问与顾客约见、沟通交流的技巧。
（3）通过网络搜索并掌握约见顾客前的准备工作。
（4）通过网络或教材内容学习约见顾客的六种方法。
（5）通过网络或教材内容学习电话约见顾客的思路。
（6）通过网络搜索约见顾客话术的写法。

二、任务实施

任务工单

（1）第一步：根据任务描述写出约见该目标顾客前应做的准备工作，并填入表5-4。

表5-4 约见目标顾客前的准备工作

准备工作	内容
顾客资料准备	
拟定推销方案	
心理准备	

（2）第二步：确定约见目标顾客的内容，并填入表5-5。

表5-5　约见目标顾客的内容（4W1H）

约见顾客的内容	内容
约见对象	
约见目的	
约见内容和议程	
约见时间	
约见方式和地点	

（3）第三步：确定约见目标顾客的思路，表填入表5-6（此为模板，可以自拟）。

表5-6　撰写约见目标顾客的思路

约见目标顾客的思路	内容
与顾客初次接触	
了解顾客的需求和目标	
提供专业建议和解决方案	
企业形象展示	
确认面谈意愿	
确定面谈时间和地点	

（4）第四步：依据约见目标顾客的思路，撰写话术。

约见目标顾客的话术

_____

_____

_____

_____

（5）第五步：分组（团队）上台汇报展示。

 **知识传递**

（一）约见顾客的准备

1. 顾客资料准备

约见顾客的准备工作是确保会议顺利进行和有效沟通的关键。约见顾客的准备工作包括收集顾客资料、了解顾客需求、确定约见目的和议程、准备资料和演示文稿、确认会议细节、了解竞争对手和行业动态、检查会议设备和技术支持，以及行为礼仪准备。通过充分的准备工作，可以提高约见的效果，提升顾客满意度。

约见顾客1
（微课视频）

（1）收集顾客资料：在约见之前，收集顾客的基本信息是必要的。对于个人购买者，需要了解他们的姓名、联系方式、学习背景、工作经历、兴趣爱好，以及他们对产品或服务的需求内容。对于法人购买者，需要了解法人的基本情况，包括公司名称、注册地址、联系方式，以及生产经营情况、组织结构和人事状况、采购习惯等其他相关情况。

（2）了解顾客需求：在约见之前，了解顾客的需求是非常重要的。通过与顾客的前期沟通、需求调研等方式，掌握他们的需求背景、痛点和期望，以便能更好地满足他们的需求。

（3）确定约见目的和议程：在准备约见之前，要明确约见的目的和议程。确定约见的目的是什么，例如了解顾客的需求、提供产品或服务的解决方案、协商合作等。然后制定一个详细的议程，列出讨论的重点和主题，确保会议的有序进行。

（4）准备资料和演示文稿：根据约见的目的和议程，准备相应的资料和演示文稿。这些资料可以包括产品或服务的介绍、解决方案的说明、市场分析数据等，以及根据顾客的需求量身定制的内容。确保资料清晰易懂，能够帮助顾客更好地理解和决策。

（5）确定会议细节：在约见之前，需要与顾客确认会议的细节，包括时间、地点、参会人员等。确保会议时间和地点的安排与顾客的日程相符。如果需要，可以提前安排订餐、交通等相关事宜。

（6）了解竞争对手和行业动态：在与顾客约见之前，提前了解行业的竞争对手和最新动态是有好处的。这样可以更好地了解顾客的市场环境和竞争态势，为约见中的讨论和建议提供更有针对性的信息。

（7）检查会议设备和技术支持：检查会议所需的设备和技术支持是否齐备。例如，会议室是否配备了投影仪、白板、音频设备等，以及网络连接是否稳定。如果需要，提前测试设备，确保在会议中没有技术问题。

（8）行为礼仪准备：在约见时，要注意自己的行为礼仪。尊重顾客，保持礼貌和专业的态度。准备一些开场白和适当的交流技巧，以营造良好的氛围，促进会议顺利进行。

2. 拟定推销方案

在约见顾客之前，制定一个有效的推销方案也是至关重要的。通过全面了解产品或服务、确定目标市场和顾客群体、找出亮点和卖点、确定推销策略和渠道、准备推销材料和工具、拟定销售话术和演示计划、培训销售团队，并建立跟进和反馈机制，可以更好地达到推销目标，提高推销的成功率。

（1）了解产品或服务：首先，对于要推销的产品或服务，需要全面了解其特点、优势、功能和用途。这包括产品或服务的详细说明、技术规格、价格等方面的信息。只有深入了解产品或服务，才能在与顾客交流时清楚地传递出去。

（2）确定目标市场和目标顾客群：明确产品或服务的目标市场和目标顾客群是推销方案的重要一步。通过市场调研和分析，确定潜在客户的特征和需求，了解他们的购买习惯、偏好和消费能力。这样有利于有针对性地进行宣传和推销。

（3）找出推销亮点和卖点：在推销方案中，需要确定产品或服务的独特卖点和亮点，如产品的创新设计、优质材料、功能卓越等优势，或者服务的快速响应、个性化定制等特点。这些是吸引顾客并使其选择自己产品或服务的关键因素。找出这些卖点，并将其突出展示出来。

（4）定义推销策略和渠道：推销方案中需要明确推销的策略和渠道。该策略应基于目标市场和目标顾客的特征。例如，可以选择通过广告、促销活动、展会或者与其他渠道合作等方式进行推销。同时，也可以利用在线平台、社交媒体、电子邮件等数字渠道进行推广。

（5）准备推销材料和工具：在约见顾客之前，需要准备相关的推销材料和工具，以支持推销方案的执行。这包括宣传册、演示文稿、实物样品、案例研究、市场调研报告等。这些材料应清晰、简洁、有吸引力，并能够清晰地传达产品或服务的价值和优势。

（6）拟定销售话术和演示计划：推销方案中还需要准备销售话术和演示计划。这些言辞和演示的目的是引起顾客的兴趣和好奇心，并使其对产品或服务产生兴趣。销售话术应针对不同的顾客需求和关注点进行调整，而演示计划应根据产品或服务的特点和使用场景进行制订。

（7）培训销售团队：如果有销售团队参与约见顾客，那么培训销售团队是不可或缺的。销售人员需要了解产品或服务的详细信息，并熟练掌握推销方案中的销售话术和演示计划。他们还需要针对不同的顾客进行模拟销售培训，以提高销售技巧和沟通能力。

（8）跟进和反馈机制：在约见顾客之后，要建立一个跟进和反馈机制。及时跟进顾客的反馈和需求，并做出相应的回应和调整。这不仅有助于加强顾客关系，还能改进和优化推销方案，提高后续推销的效果。

3. 心理准备

在约见顾客之前，进行心理准备同样是至关重要的。约见顾客的心理准备包括保持自信和积极心态，深入了解产品或服务，接受失败和拒绝，知道自己的目标和期望，倾听和理解顾客，灵活应对变化和挑战，保持专业、诚实和真实，以及自我调节和放松。这些准备可以帮助自己建立自信和积极的心态，并提高约见的成功率和满意度。

（1）自信和积极心态：约见顾客时，保持自信和积极的心态是非常重要的。相信自己的能力和知识，相信所推销的产品或服务的价值和优势。遇到挑战时，要坚持乐观的态度，并相信自己能够应对和解决问题。

（2）深入了解产品或服务：在约见之前，对产品或服务进行深入的了解和研究。了解产品或服务的特点和优势，以及它们对顾客的价值和好处。这样可以增强自信心，确保能够清晰地传达产品或服务的价值，并回答顾客可能出现的问题。

（3）接受失败和拒绝：在销售和约见过程中，可能会遇到失败和拒绝的情况。在这种情况下，要学会接受并从中学习。不要将失败或拒绝视为个人失败，而是将其作为改进和发展的机会。保持坚持和积极的态度，总结教训，并努力改进。

（4）知道自己的目标和期望：在约见之前，明确自己的目标和期望是非常重要的。要知道自己希望通过约见达到什么目的，想要获得什么结果。这样可以帮助调整心态，集中精力，并更好地应对约见过程中的挑战和问题。

（5）倾听和理解顾客：在约见顾客时，要重视倾听和理解顾客的需求和关注点。保持开放的心态，认真倾听顾客的意见和需求，并予以尊重。理解顾客的痛点和期望，可以更好地为他们提供解决方案，并建立良好的信任关系。

（6）灵活应对变化和挑战：在约见过程中，可能会出现意外情况或者顾客的需求发生变化。在这种情况下，要保持灵活性，积极应对变化和挑战。即使计划发生变动，也要迅速适应，并找到解决问题的方法。

（7）保持专业、诚实和真实：在约见顾客时，要保持专业、诚实和真实的态度。遵循道德准则和商业规范，坦诚相待，并提供真实准确的信息。建立基于信任和诚信的关系，可以更好地与顾客进行合作，并获得长期的商业合作机会。

（8）自我调节和放松：在约见之前和约见过程中，要学会自我调节和放松。保持冷静、放松和专注的状态，注意控制情绪，以应对可能出现的高强度、紧张的情况。这样可以更好地集中精力和思考，并提供高质量的服务和回应。

（二）约见顾客的内容

1. 约见对象（Who）

首先确定约见的目标对象。通常，约见对象是部门的决策者，也可能是他们的助理或具有决策权的人。这些人通常负责决策和购买相关产品或服务。

（1）了解决策者角色和职责：在约见之前，了解约见对象的角色和职责是至关重要的。了解他们在组织中的地位和职位，对决策的权限和责任有清晰的了解。这将有助于你准备与他们沟通和交流的方式和内容。

（2）确定约见目的和价值：明确约见的目的和所提供的价值对约见对象至关重要。确定你希望通过约见达到什么目标，例如获得合作机会、了解他们的需求、推销产品或服务等。确保你能够清晰地传达约见的目的和对他们的价值。

（3）准备针对性的内容和演示：了解约见对象的需求和关注点，根据他们的职责和决策权，准备特定针对性的内容和演示。确保你能够向他们展示与他们决策相关的关键信息、解决方案和潜在利益，强调如何满足他们的需求和实现他们的目标。

（4）提前收集背景信息：在约见之前，收集约见对象的背景信息，了解他们的工作经验、职责范围、兴趣爱好等。这样你可以更好地了解他们的背景，找到共同点，并确保在约见过程中能够建立联系和共鸣。

（5）准备解答问题和提供解决方案：预测约见对象可能会提出的问题和疑虑，并准备好对这些问题进行回答和提供解决方案。确保你对产品或服务的认识全面，能够清晰地解释其特点、优势和对决策者的利益产生的影响。

（6）建立有效的沟通和信任：在约见过程中，建立有效的沟通和信任关系至关重要。与约见对象进行积极互动，倾听他们的观点和需求，并展示对他们的尊重和理解。确保你的表达明确、简洁、易于理解，并能够引起他们的兴趣和共鸣。

（7）确定后续行动计划：在约见结束时，确认下一步的行动计划。根据约见的结果和讨论，与约见对象商定进一步的步骤，例如提供更详细的报价、进一步的商务洽谈会议、提供更多的解决方案等。确保与他们保持联系，并及时跟进，以继续推进业务发展。

2. 约见目的（Why）

明确约见对象的原因和目的。这可能是为了了解他们的需求和要求，提供解决方案，获取合作机会，或者与他们建立更好的业务关系等。理解约见的目的，有助于确定沟通和交流的重点。约见目的涵盖市场调查、提供服务、走访用户、推销产品或其他事由等。

（1）市场调查：约见的目的之一可能是进行市场调查。在约见过程中，你可以与决策者、用户或其他利益相关者交流，了解他们对市场趋势、竞争对手、产品需求和未来发展的看法。通过市场调查，你可以收集重要的市场信息，帮助你制定营销策略和产品改进计划。

（2）提供服务：有时，约见目的是提供服务。你可以与决策者和相关人员讨论他们的需求和问题，并提供相关的解决方案和支持。通过与用户或现有客户的深入对话，帮助他们解决问题、改进流程、提高效率，从而建立长期的合作关系。

（3）走访用户：约见过程中可能需要走访用户，了解他们的体验和反馈。通过与用户面对面的讨论，你可以更加深入地了解他们对产品或服务的满意度、需求和改进建议。这些宝贵的用户反馈可以帮助你优化产品、改善用户体验，并提高用户忠诚度。

（4）推销产品：另一个约见的目的可能是推销产品。在约见过程中，你可以向决策者展示产品的特性、优势和应用场景，强调产品如何解决他们的问题并创造价值。通过有效的推销，你可以提高产品的曝光度，促进销售，并达成合作协议。

（5）其他事由：约见的目的可以因具体情况而异。它可能涉及合作伙伴关系的发展、业务拓展的机会、寻求投资或资源支持、解决问题或疑虑等。根据约见的具体目的调整准备，并确保在约见过程中能够有效地传达你的意图和需求。

在约见过程中，明确目的是非常重要的。它将指导你在约见中的沟通内容、选取的证据和准备的支持材料。记住，在约见过程中，与决策者或用户建立信任和良好关系，确保积极而专业地传达你的意图，并与他们有效地沟通和交流。

3. 约见时间（When）

确定约见时间和时间安排。与约见对象协商，以确定双方都能接受的时间和日期。在约见之前，确保提前通知约见对象并与他们确认约见时间，以避免时间冲突和不必要的延误。

（1）提前安排和确认：在与约见对象进行沟通之前，提前安排和确认约见时间。尽量选择一个适合双方的时间，避免冲突和时间紧迫的情况。

（2）时间段的选择：考虑约见的内容和预计所需的时间，选择一个合适的时间段。如果约见内容较为复杂或需要详细讨论，确保预留足够的时间。然而，也要尊重约见对象的时间，避免过长的约见。

（3）考虑工作日和工作时间：如果约见对象是专业人士，尽量在工作日和工作时间进行约见。避免在周末、假日或非常晚或非常早的时间约见，以确保他们能够全情投入并专注于约见。

（4）预留灵活性：在约见时间安排上有一定的灵活性。有时，约见对象可能在原定时间出现紧急情况或时间冲突。在这种情况下，预留一定的弹性时间，以便能够进行时间的调整。

（5）确认和提醒：在约见日期临近之前，与约见对象确认时间的准确性，并在约见前提醒他们。这样有助于确保双方都准备好，并准时参加约见。

（6）检查时区：如果约见对象与你处于不同的时区，务必注意时区的差异，并将其纳入时间安排。在预定约见时间时，同时核对双方所处的时区，以避免时间上的混淆和误解。

（7）技术准备和测试：如果约见是通过电话、视频会议或其他远程方式进行，确保提前进行技术准备和测试。检查通信设备、网络连接和软件，以确保在约见时间开始时一切准备就绪。

约见时间的详细安排需提前与约见对象协商确认，选择合适的时间段并考虑工作日和时间，有一定的灵活性，确认和提醒约见时间，注意时区差异，并进行技术准备和测试，以确保顺利进行约见并充分利用时间。

4. 约见内容（What）

明确约见的内容和议程。确定约见中要讨论的主题、信息和资料。这可能包括产品介绍、解决方案的演示、讨论合作事宜、商务洽谈等。确保约见的内容针对约见对象的需求和关注点。

（1）确定讨论主题：明确约见的讨论主题是十分重要的。根据约见的目的和约见对象的需求，确定主线讨论主题。这可能涉及产品或服务的介绍、合作机会的讨论、问题解决、决策支持等。

（2）梳理信息和资料：在约见之前，梳理相关的信息和资料，以支持讨论和交流。这包括产品或服务的说明、市场趋势的数据、竞争状况、案例研究、报告分析等。确保一切准备充分，以便在讨论中提供有力的支持和背景。

（3）设定议程和时间分配：在约见过程中，设定一个明确的议程，并合理分配时间对各个议题进行讨论。这有助于保持讨论的重点和有效的时间管理。确保每个议题都得到适当的关注，并在约见时间内充分讨论和交流。

（4）针对约见对象的需求：将约见内容与约见对象的需求直接关联，确保内容能够满足他们的关注点和期望。了解他们的优先事项、挑战和目标，以便在约见中有针对性地提供解决方案、建议或支持。

（5）分段讨论和互动：将约见内容分段，设定互动环节。让约见对象参与讨论、提问和表达观点。确保在讨论中与他们进行积极互动，使他们感到被重视并参与进来。

（6）准备实例和案例：为了支持约见内容，准备实际的实例和案例。这有助于说明产品或服务的应用，解决方案的有效性，以及如何满足约见对象的需求和利益。通过真实的案例，增加讨论的可信度和说服力。

（7）询问和倾听：确保在约见中给予约见对象充分的机会来表达他们的意见、问题和需求。询问他们的看法和观点，倾听他们的意见。这将有助于更深入地了解他们的需求和挑战，并提供更有针对性的解决方案。

5. 约见方式（How）

确定约见方式和地点。约见可以面对面进行，也可以通过电话、视频会议等远程方式进行。根据约见对象的偏好和实际情况，选择合适的约见方式和地点。确保会议的设施和技术支持可靠，并提前测试以避免技术问题。

（1）直接面谈：这是最传统的约见方式，双方面对面地进行交流。可以选择在咖啡厅、餐馆、办公室或其他公共场所约见。这种方式可以提供更直接、实时的交流体验，有助于建立更深入的关系。

（2）电话约见：电话约见是一种方便快捷的方式，特别适用于远距离的约见。通过电话可以实时交流，提供一个有效的沟通平台。在约见之前，确保双方都有一个适当的时间和环境来接听电话。

（3）视频会议：由于技术的进步，视频会议成为一种非常流行的约见方式。通过应用程序或软件，可以实现双方面对面的视觉交流，摆脱了距离和时间的限制。视频会议可以在任何地方进行，只需要一个稳定的网络连接和一个配备摄像头的设备。

（4）电子邮件沟通：电子邮件是一种非常灵活和方便的约见方式。通过电子邮件可以随时随地和对方进行交流。这种方式适用于简单的问题或讨论，并且可以提供更多时间来思考和回复。然而，信息是通过文字传达的，可能会导致一些误解。

（5）社交媒体聊天：随着社交媒体的普及，使用社交媒体平台进行约见也成为一种常见的方式。通过私信、聊天室或其他即时通信工具，可以与对方进行交流和约见。这种方式方便快捷，适用于轻松、非正式的交流。

约见顾客的内容涉及谁（约见对象）、为什么（目的）、什么（内容和议程）、何时（时间）以及如何（方式和地点）五个要素。这些要素的明确和策划可以帮助有效组织约见，并确保与顾客之间的沟通和交流顺利进行。

（三）约见顾客的方法

1. 电话约见

电话约见是一种常用且方便的方式，用于与顾客进行初步接触和安排面谈。

约见顾客 2
（微课视频）

（1）提前准备：在进行电话约见之前，确保做好充分的准备。了解目标顾客的背景信息，包括他们的行业、需求、兴趣爱好等。也要准备好自己的销售话术和卖点，以便在电话中清晰而有信心地表达。

（2）选择合适的时间：尊重顾客的时间表，选择一个合适的时间段进行电话约见。确保顾客在没有其他重要事务或会议的情况下可以全神贯注地与你交流。

（3）建立联系和介绍：在电话约见开始时，先与顾客建立联系并自我介绍。简单介绍自己和自己的公司，要提到你拥有的专业知识和经验，以及你对顾客需求的理解。

（4）引起顾客的兴趣：在电话中，使用一些引人注意且相关的开场白或问题，以吸引顾客的兴趣并引起他们的好奇心。这可以是一个独特的行业洞察、新的市场趋势或相关成功案例的分享。

（5）了解顾客需求和目标：在电话中，询问顾客的具体需求、目标和痛点。倾听他们的回答，确保你对他们的需求有一个清晰的了解，并在后续的面谈中提供更准确的解决方案。

（6）提供价值和解决方案：基于收集到的信息，提供定制化的解决方案，明确说明如何帮助顾客实现他们的目标，并提供明确的价值主张和利益。

（7）提议面谈：在电话约见的合适时机，提议与顾客进行面谈，以进一步讨论其需求，并详细介绍你的产品或服务。与顾客协商适合双方的时间和地点，并根据情况提供灵活的选择。

（8）总结和确认：在电话结束前，总结讨论的主要内容，并确认面谈的具体时间和地点。确保双方都清楚和明白下一步的行动计划。

（9）后续跟进：在电话约见之后，及时跟进，向顾客发送一封感谢的邮件，再次确认面谈的细节，并表示期待与他们进一步的面谈。

通过以上的步骤和技巧，电话约见可以成为与顾客初步接触和建立联系的有力工具。关键是准备充分、引起兴趣、准确了解需求，并提供个性化的解决方案。同时，在电话约见结束后及时跟进，继续维持良好的沟通和合作关系。

2. 信函约见

信函约见是一种正式、富有礼节和个性化的方式，用于与顾客进行初步接触和安排面谈。

（1）写信函的目的：在信函中清楚地表达你希望与顾客约见的目的。这可以是介绍你的公司或产品、探讨业务机会或提供专业咨询等。

（2）个性化的起始：在信函的开头，使用顾客的姓名并以敬语问候。提及你对顾客的兴趣和尊敬，并说明你为什么选择与他们约见。

（3）引起顾客的兴趣：在信函中使用引人注意的开场白或问题，以吸引顾客的注意力并激发他们的兴趣。这可以是一些关于他们行业或公司的独特洞察，或者是你公司的特殊优势和解决方案。

（4）提供价值和解决方案：在信函中，向顾客简要介绍你的产品、服务或专业领域，并强调如何通过合作带来价值。让顾客明白与你约见的好处，并提供明确的理由和利益。

（5）确定约见的意向：在信函中，表达你希望与顾客进行面谈的意愿，并提供一个具体的建议或建议函的时间和地点。如果可能，给出几个备选的时间和日期。

（6）详细描述约见安排：在信函的后半部分，提供关于面谈的具体安排，包括时间、地点、持续时间和议程。确保所有细节都清晰明了，并根据顾客方便进行灵活调整。

（7）表达感激和期望：在信函的结尾，表达对顾客的感激之情，并表示你期待与他们见面。强调你愿意提供协助和回答任何疑问，并提醒顾客如果有需要，可以随时联系你。

（8）专业格式与签名：确保信函的格式和布局整洁、专业。在信函末尾，使用适当的结束语和称呼，如"真诚地""顺祝商祺"等，并在下方写上你的名字和联系方式。

（9）邮寄/发邮件：选择适当的方式将信函送达给顾客，例如通过邮寄或通过电子邮件发送。根据顾客的偏好和你的约见紧急程度，选择合适的寄送方式。

通过以上的步骤和技巧，信函约见可以成为与顾客建立正式联系和约见的有效方式。关键是在信函中清晰地表达目的和价值，提供具体的约见安排，并展现专业和个性化的态度。确保信函格式整洁，语气礼貌，表达感激之情，并为顾客提供继续探讨和联系的途径。

商道秘籍

赵经理：

　　您好！我是××保险公司的司丽，和您的同学刘彭涛是好朋友，从他那里得知您在事业上取得了非凡的成就，恭喜您！

　　我非常希望有机会向您讨教成功之道，同时也让我有机会给您推荐一份新的保障计划，许多与您一样的成功人士对此都很认同，相信对您一定会有帮助。我将在近日拜访您，恳请接见。

　　祝万事如意！

司丽呈上
××年××月××日

---

3. 网上约见

网上约见是一种灵活便捷的方式，通过互联网平台与顾客进行交流和约见。

（1）选择合适的平台：选择一个适合的网上沟通工具，如 Zoom、微信、Skype 等。确保你和顾客都熟悉和方便使用该平台，并能够顺利进行视频或音频通话。

（2）发送约见邀请：通过电子邮件或在线消息发送一个约见邀请，确保事先沟通好对方是否愿意进行网上约见。在邀请中简要介绍你的目的和期望，指明约见的时间和平台，以及约见的议程。

（3）确定约见时间和时长：与顾客协商最适合双方的时间和日期，并确定约见的时长。尽量选择一个双方都能够专心和充分交流的时间段。

（4）测试技术和连接：在约见之前，确保你的设备和网络连接正常，并测试音频和视频功能。如果需要，提前了解如何调整摄像头、麦克风和音量等设置。

（5）制定议程和准备材料：根据约见的目的和预期，制定一个清晰的议程，并准备好相关的资料和演示文稿，确保你可以在网上会议中分享屏幕和展示相关内容。

（6）专注和积极参与：在网上约见中，保持专注、积极参与和良好的沟通。与顾客建立良好的眼神接触，并展示你的专业知识和信心。

（7）确认约见细节：在约见结束时，与顾客确认下一步的行动计划。重申你的兴趣和支持，并与顾客协商后续的沟通方式，如继续通过网上会议、面谈或邮件进行进一步的交流。

（8）跟进和感谢：在约见之后，及时向顾客发送一封表示感谢的邮件，再次表达你对与他们约见的感激之情。在邮件中回顾和总结约见的要点，并重申你的支持和合作意愿。

通过以上的步骤和技巧，网上约见可以成为与顾客建立联系和进行有效交流的有力工具。关键是选择适合的平台，并在约见前进行必要的技术测试和准备工作。制定清晰的议程和准备相关资料，保持专注和积极参与，并在约见结束后及时跟进和表示感谢。这些措施将有助于你建立良好的网络合作关系。

4. 广告约见

广告约见是一种通过广告媒体来吸引顾客，并促使他们与你进行进一步的交流和约见的常用方法。

（1）确定目标受众：首先，确定你的目标受众，了解他们的特征、兴趣和需求。这将有助于你选择适合的广告渠道和内容，以吸引他们的注意力。

（2）选择广告渠道：选择与你目标受众群体相匹配的广告渠道。这可以是社交媒体广告、搜索引擎广告、电视广告、报纸或杂志广告等。确保你的广告能够广泛传播并触达目标受众。

（3）引起注意和兴趣：在广告中使用有吸引力的标题和图像，以引起目标受众的注意和兴趣。确保广告的内容简明扼要，突出你的独特卖点和价值主张。

（4）提供明确的行动呼吁：在广告中，明确告诉顾客下一步是什么，并提供方便的联系方式，如电话号码、电子邮件地址或网站链接。鼓励顾客采取行动，并与你进行进一步的交流。

（5）跟进和回应：及时回应顾客对广告的询问，提供个性化的回复和继续沟通的机会。

确保你预留足够的时间来跟进与广告产生的潜在顾客的联系，并为他们提供所需的信息和帮助。

（6）安排面谈：通过跟进与潜在顾客的交流，了解他们的需求和兴趣，并提议与他们进行面谈。确定一个适合双方的时间和地点，以进一步深入讨论。

（7）准备和提供价值：在面谈前，准备好有关你的产品或服务的详细信息，并思考如何为顾客提供价值和解决方案。确保你准备好回答顾客的问题，并展示你对他们需求的理解和专业知识。

（8）面谈后的跟进：在面谈结束后，及时跟进并感谢顾客的时间和关注。再次确认兴趣和需求，并提供进一步的支持和协助。保持良好的沟通和关系，以促进长期合作和提升顾客满意度。

通过以上的步骤和技巧，广告约见可以成为与目标受众建立联系和进行初步交流的有力工具。关键是选择适合的广告渠道和内容，引起顾客的注意和兴趣，并提供明确的行动呼吁和跟进过程。通过专业准备和提供价值，建立良好的合作关系，并持续进行沟通和在线约见。

5. 委托约见

委托约见是一种常用的方式，通过委托人、介绍人或联络人来安排与顾客的面谈。

（1）确定委托目标：首先，确保你选择了一个合适的委托人或机构，可以帮助你联系到目标顾客。他们应该有与你目标顾客相关的专业知识和网络资源。

（2）建立信任关系：与委托人交流并建立信任关系，向他们提供关于你的业务和产品的相关信息。确保他们对你的服务和价值主张有一个清楚的了解，并愿意为你提供支持。

（3）提供清晰的委托说明：向委托人明确说明你的目标和期望，包括你想要约见的顾客的特征、行业和需求。提供尽可能详细的信息，以便委托人可以更准确地帮助你联系目标顾客。

（4）委托人的行动：委托人将与目标顾客进行联系，并引介你或安排面谈。他们可能会通过电子邮件、电话或其他方式与顾客进行初步沟通，以确保顾客的兴趣和可行性。

（5）委托人的准备工作：确保委托人对你的业务和产品有充分的理解，并能够有效地传达你的价值主张。提供必要的材料和信息，以便委托人可以准备好与目标顾客的初步交流或面谈。

（6）准备面谈和材料：如果委托人能够成功安排与目标顾客的面谈，准备好与顾客的进一步交流和讨论相关的材料和演示文稿。确保你能够充分展示你的专业知识和解决方案。

（7）面谈后的跟进：在与顾客进行面谈之后，与委托人及时沟通，了解面谈结果和顾客的反馈。根据需要进行后续的行动，例如发送感谢邮件、提供进一步的信息或安排下一次面谈。

（8）感谢委托人：向委托人表示诚挚的感谢，感谢他们的帮助和支持。如果委托人对你有了积极的影响，考虑提供一些回报或成交提成，以表达你的感激之情。

通过以上的步骤和技巧，委托约见可以成为与目标顾客建立联系和进行面谈的有效方式。关键是选择合适的委托人，与他们建立信任关系，并提供清晰的委托说明。通过委托人的联系和协助，与目标顾客进行初步交流或面谈，并及时跟进面谈结果和顾客的反馈。记得向委托人表示感谢，并维持良好的沟通和合作关系。

 商道秘籍

委托买房的约见

李先生：王律师，您好！我是李先生，听说您在房地产法律方面有很丰富的经验。

王律师：李先生，您好！是的，我在处理房地产事务方面有一定的专业经验。您有什么需要咨询的问题呢？

李先生：我最近在考虑购买一栋商业物业作为投资，但我对相关法律程序和权益保护并不了解。我想请您帮忙提供一些专业意见和帮助。

王律师：当然，我很乐意帮助您。在购买商业物业方面，有许多法律问题需要考虑，如产权确认、土地使用权、租赁合同等。我可以为您提供详细的法律解释和指导，确保您的权益得到有效保护。

李先生：非常感谢！我希望能与您约个时间当面详细讨论并委托您处理相关事宜。您方便的时间是哪几天？

王律师：非常感谢您的委托！我下周时间比较充裕，您可以提供一些您方便的时间，我会调整我的日程以便与您见面。

李先生：好的，下周三下午两点半可以吗？

王律师：好的，下周三下午两点半，我会为您预留时间，我们可以在我的办公室见面。同时，请您提前将相关材料或问题发送给我，以便我能提前做好准备。

李先生：非常感谢！我会提前准备好相关材料并发送给您。再次感谢您的帮助！

王律师：不客气！我期待与您见面，并希望能为您提供专业的法律咨询和服务。如果您有任何其他疑问或需要进一步协商的事项，随时与我联系。

李先生：好的，我会与您保持联系。再次感谢您的支持！

在约见中，委托人需要明确委托的目的和需求，并与律师约定具体的约见时间。律师在约见前会要求委托人提供相关材料和问题，以便事先做好准备。这样能够确保面对面的会议高效和有针对性地解决委托人的问题，为委托人提供专业的法律咨询和服务。

6. 当面约见

当面约见是一种直接、亲密和高效的方式，是与顾客面对面的交流和约见。

（1）确定约见目的：在约见前，明确你希望与顾客约见的目的和期望。这可以是介绍你的产品或服务、探讨业务合作机会或提供专业咨询等。

（2）预约确认：在约见前，与顾客确认约见时间和地点。确保双方都能够方便地参加，提前安排好日程。

（3）做好准备工作：在约见前，准备好与顾客相关的信息、资料和演示文稿。确保你对顾客的背景和需求有充分的了解，并准备好回答他们可能提出的问题。

（4）提前到达和设置：提前到达约见地点，并确保一切准备就绪。如果需要，设置一个专业、舒适的约谈环境，以使顾客感到舒适和受欢迎。

（5）建立良好的第一印象：在与顾客会面时，保持微笑、自信和礼貌。向顾客主动介绍自己，并表达对与他们约见的兴趣和感激之情。

（6）展示专业知识和解决方案：在与顾客交谈过程中，展示你的专业知识和对他们需求的理解。重点强调你的解决方案和服务的价值，以满足顾客的需求，并提供真实的案例或例证。

（7）倾听和互动：在约见中，倾听顾客的需求和想法，并积极互动。提问并回答顾客的问题，确保顾客感到被重视和理解。

（8）提供具体的行动计划：在约见的最后，与顾客一起制订一个具体的行动计划。确定下一步的行动和时间表，并明确谁将负责执行和跟进。

（9）跟进和感谢：在约见结束后，及时跟进与顾客的进一步沟通，并感谢他们的时间和关注。发送一封感谢邮件，并再次表达你对他们的兴趣和支持。

通过以上的步骤和技巧，当面约见可以成为与顾客建立密切联系、深入交流的有力方式。准备充分，展示专业知识和解决方案，并提供真实的案例和实证，以增强你的信誉和说服力。同时，确保与顾客建立良好的沟通和互动，并在约见后及时跟进和感谢。这些举措将有助于建立良好的业务关系和客户满意度。

 商道秘籍

商务合作洽谈

王明：李总，您好！我是××公司的销售经理王明，我们之前通过邮件进行了初步的沟通。

李总：王先生，您好！是的，我对你们公司的产品和服务有所了解。请坐。

王明：非常感谢！我们很高兴有机会与贵公司合作。我们的产品具有高品质和竞争力的价格，在市场上非常受欢迎。我想就合作事宜进一步探讨一下。

李总：好的，我们很重视合作伙伴的选择。您可以详细介绍一下你们公司的产品特点和优势吗？

王明：当然。我们公司专注于生产和销售高性能的工业设备，适用于各种领域。我们的产品具有先进的技术和可靠的质量，可以提高生产效率和降低成本。此外，我们还提供周到的售后服务，确保客户得到全方位的支持和满意度。

李总：这听起来很不错。我们公司一直在寻找更好的供应商来改善我们的生产流程。你们的产品是否能够满足我们的需求？

王明：当然，我们会为每个客户量身定制解决方案。在我们的产品线中，我们有多个型号和配置可供选择，以便根据您的特定需求进行定制。我们也非常愿意与您的工程团队合作，理解并满足您的要求。

李总：这听起来很有潜力。我想进一步了解一下我们可能的合作方式和条款。您能给我提供一些有关合作细节的信息吗？

王明：当然。我准备了一份合作框架文件，其中包含了我们的合作方式、合同条款和价格结构等细节。我可以逐一解释给您听，并回答您的问题。

李总：太好了。我们非常重视这份文件，请您详细地解释一下每个方面。我们希望确保双方在合作过程中有清晰的了解和共识。

王明：没问题，我会逐个解释，并确保您对每个方面都有充分的了解。除此之外，如果您有任何特殊的要求或者其他方面需要补充，我们也可以灵活调整和协商。

启示：在当面约见中，双方交流和沟通非常重要。推销人员需要详细介绍产品和服务的优势，并了解客户的需求和要求，以便量身定制解决方案。同时，明确合作方式和条款以及双方的期望也是非常重要的。这样可以建立透明和互相满意的合作关系，为双方带来持久的商务合作。

 任务评价

序号	评价项目	评价指标	分值	自评（20%）	互评（20%）	师评（60%）	合计
1	知识目标（40分）	了解约见顾客的准备工作，并能用其指导产品推销的相关认知活动	10				
		了解约见顾客的具体内容	15				
		掌握约见顾客的六种方法	15				
2	能力目标（30分）	能够根据行业环境，选择合适的约见顾客的具体方法和策略	10				
		能够撰写约见顾客的思路和话术	10				
		通过角色扮演，能够合理运用各种推销策略和技巧，有效开展相关产品推销。	10				
3	素质目标（30分）	在约见时，要注意自己的行为礼仪，尊重顾客，保持礼貌和专业的态度	10				
		能够有效组织约见，并确保与顾客之间的沟通和交流顺利进行，提升个人职业素养	20				
合计			100				
综合得分							

知识巩固

判断题

1. 约见顾客通常是为了建立业务合作关系。　　　　　　　　　　　　（　　）
2. 面对面会议是约见顾客最常用的沟通方式之一。　　　　　　　　　（　　）
3. 在选择约见顾客的时间时，考虑顾客的时间表比自己的时间表更重要。（　　）
4. 约见顾客的地点可以是双方办公室、中立的场所，如咖啡厅或在线会议平台。

　　　　　　　　　　　　　　　　　　　　　　　　　　　　　　　（　　）

5. 在约见顾客之前，准备工作包括研究顾客的业务和需求、准备演示或提案材料、确定销售目标以及制定会议议程。　　　　　　　　　　　　　　　　　　（　　）

三、任务拓展

学以致用

ABC 科技公司与潜在客户的约见

ABC 科技公司是一家新兴的软件开发公司，专注于提供定制化的企业管理解决方案。为了扩大市场份额，他们决定约见一家潜在客户，希望通过面对面会议了解客户的需求，展示他们的产品和服务，并建立良好的合作关系。

要求：请根据案例背景撰写一份完整的约见顾客方案，包括约见目的、约见详情（ABC 科技公司在约见前做的准备工作，以及约见方式、约见时间、地点等）以及约见结果，并填入表5-7。

表5-7　约见顾客方案

约见方案	内容
约见目的	
约见详情（ABC科技公司在约见前做的准备工作，以及约见方式、约见时间、地点等）	
约见结果	

任务③ 知己知彼——接近顾客
Mission three ←

接近顾客是指企业销售人员采取主动行动，积极与潜在或现有客户建立联系、建立关系并推动销售的过程。接近顾客是销售和市场营销的重要环节，有助于建立客户关系、理解客户需求，并促成业务增长。

我们要根据目标市场和产品特点制定适合的接近顾客方法和策略，要保持灵活性和创新性，随着市场和顾客需求的变化，及时调整和优化接近顾客的方法，以提供最佳的客户体验和推动业务增长。

一、任务引入

任务描述

小故事大道理

某服饰推销员小李为接近一大商场采购经理，多次拜访，但都被拒绝了。原因是该商场多年来主要经营另一家公司的服饰，故采购经理认为没有必要改变固有的合作关系。

小李虽然感觉很苦恼，但他有一股锲而不舍的精神，他打算继续去接近这个采购经理，于是开始分析：为什么被多次拒绝？在接近顾客前，他要做哪些准备工作呢？他在多次被拒绝后应采用什么样的推销接近法才能成功洽谈成交？假如你是推销员小李，你会用什么样的方式来接近该商场采购经理？和同学进行角色扮演，模拟这一接近顾客的过程。

任务分析

（1）根据任务描述的场景分析某服饰推销员小李接近采购经理失败的原因。

（2）帮助小李罗列接近顾客前要做哪些准备工作，研究并了解竞争对手和市场动态，了解该商场的核心业务需求，展示本公司的产品或服务。

（3）采用何种接近顾客的方法，运用推销技巧以确保实现成功洽谈。

（4）帮助小李撰写一份运用某种接近顾客的方法，与商场经理成功洽谈的话术。

（5）和本组（团队）成员进行角色扮演，模拟这一接近顾客的过程。

学习目标

知识目标：了解接近顾客前应做的准备工作，掌握接近顾客的几种方法，了解撰写接近顾客的话术。

能力目标：具备巧妙运用几种接近顾客方法的能力，具备接近顾客所需的推销礼仪，具备与顾客沟通交往的能力。

素质目标：培养学生会礼貌待人，以诚待人，得体地对待潜在顾客和老顾客，让顾客有宾至如归的感受；养成爱岗敬业的职业道德，严谨、务实、勤快的工作作风。

课前准备

（1）根据教材内容查找并分析小李接近采购经理失败的原因。

（2）通过网络搜索了解服装行业与商场经营的特点。

（3）通过网络搜索并掌握接近顾客前的准备工作。

（4）通过网络或教材内容学习接近顾客的八种方法。

（5）通过网络搜索接近顾客话术的写法，了解接近顾客的技巧。

二、任务实施

任务工单

（1）第一步：分析推销员小李接近采购经理失败的原因，并写在下方。

_____

_____

_____

（2）第二步：小李接近顾客前要做哪些准备工作？将结果填入表5-8。

表5-8　接近顾客前要做的准备工作

准备工作	内容
根据企业类顾客确定采取接近方式	
前面多次被拒，如何调整精神状态，培养勇气和信心	
如何减轻推销压力	
制订此次访问计划	
要准备的相关物品是否齐全	
为接近顾客应具备的推销礼仪	

（3）第三步：小李应采用的接近顾客的方法及实施步骤和技巧有哪些？将结果填入表5-9。

表5-9　接近顾客的方法及实施步骤和技巧

接近顾客的方法及实施步骤		实施技巧
步骤一		
步骤二		
步骤三		
步骤四		
步骤五		

（4）第四步：撰写接近顾客的话术。

_____

_____

_____

_____

_____

（5）第五步：分组（团队）上台汇报展示。

**知识传递**

（一）接近顾客前的准备

在接近顾客之前，进行充分的准备是非常重要的，因为这将直接影响与顾客的交流和销售成果。销售人员在接近顾客前要做好以下准备。

1. 根据不同的顾客类型采取不同的接近方式

（1）决策者类顾客：这类顾客通常是购买决策的关键人物，他们负责最终决策和批准购买。接近决策者类顾客时，需要采取一些专业和有针对性的方法，例如在合适的时间进行接触，确保他们有时间和精力与你交流。提供具体和关键的信息，强调你的产品或服务对他们业务的重要性，以及能够解决他们的痛点和需求。强调你的产品或服务的ROI（投资回报率），让他们清楚地看到投资你的产品或服务的价值和潜在利益。

（2）专业人士类顾客：这类顾客通常是在特定领域有专业知识和经验的人，例如医生、律师、工程师等。接近专业人士类顾客时，你可以采取以下方式：

展示你对他们领域的了解和专业知识，以建立信任和共鸣；强调你的产品或服务是基于最新的行业趋势和技术发展而设计的，能够满足他们专业要求；提供客户案例或成功故事，展示其他专业人士如何成功地使用你的产品或服务。

（3）消费者类顾客：这类顾客是普通消费者，购买决策通常是基于个人需求、偏好和价值观。接近消费者类顾客时，可以采取以下方式：

营造轻松愉快的氛围，与他们建立亲近和友好的关系；关注他们的个人需求和兴趣，并寻找与你的产品或服务相关的共同点；强调你的产品或服务的优势、独特性和与他们生活方式的契合度。

（4）企业类顾客：这类顾客是企业或公司，购买决策通常是基于组织的需求和目标。接近企业类顾客时，可以采取以下方式：

研究并了解目标企业的行业、竞争对手和市场动态，以及他们的核心业务需求；展示你的产品或服务如何帮助企业提高效率、降低成本或增加收入；强调你的产品或服务的可扩展性、高度定制化和与企业现有系统的兼容性。

2. 调整精神状态，培养勇气和信心

调整精神状态、培养勇气和信心是接近顾客前的重要准备之一。

（1）认识内在挑战：在接近顾客之前，要认识到自己内在可能面临的挑战和不安情绪。这可能包括紧张、害怕被拒绝、缺乏自信等。了解这些挑战是正常的，可以帮助你更好地准备和应对它们。

（2）自我认可和积极思维：要通过自我认可和积极思维来培养勇气和信心。认识到自己的优点、过去的成功经验和潜力，有助于增强自信。同时，积极思维和正向的心理暗示可以帮助你保持乐观和自信的态度。

（3）设定目标和制订计划：明确接近顾客的目标，并制订具体的计划来实现这些目标。设定目标能够帮助你聚焦注意力，同时制订计划可以提供指导和行动步骤，减少焦虑和迷茫感。

接近顾客 1
（微课视频）

（4）积极训练和准备：通过积极训练和准备，培养自己的销售技巧和知识。通过模拟销售场景、角色扮演和自我反思，提高自己的沟通能力和销售技巧，从而增加自信心。

（5）寻求支持和反馈：寻求他人的支持和反馈对于培养勇气和信心也是非常重要的。与同事、上级或销售培训师进行交流，寻求他们的指导和建议，听取他们的经验和观点，从中获得支持和激励。

（6）自我放松和应对策略：在接近顾客之前，学会自我放松和应对策略可以帮助你减轻压力和焦虑。这可以包括深呼吸、放松锻炼、正面心理暗示、积极思考和应对挑战时采取的行动等。找到适合自己的方法，确保自己处于积极、放松和专注的状态。

3. 减轻推销压力

减轻推销压力是在接近顾客前的准备中的一个重要步骤。

（1）接受情绪：首先，要接受自己可能会感受到一定的推销压力是正常的。这种压力可能源自对销售结果的期望、担心被拒绝或失败等。接受这些情绪，而不是试图完全消除它们，可以帮助你更好地处理推销压力。

（2）保持积极心态：保持积极心态是减轻推销压力的关键。尝试将推销过程看作一个学习和成长的机会，而不仅仅是追求销售结果的过程。相信自己的能力，相信自己提供的产品或服务有价值，并对自己的努力抱有乐观的期待。

（3）设定合理的目标：设定合理的目标可以帮助你减轻推销压力。确保你的目标是具体、可衡量和可实现的，而不是过于理想化或难以达到的。将目标分解为小的里程碑，并逐步迈向更大的目标，有助于减轻压力并保持动力。

（4）掌握销售技巧和知识：具备良好的销售技巧和知识可以增加自信，减轻推销压力。投资时间和精力来提高自己的销售技能，例如学习有效的沟通技巧、掌握产品知识和了解顾客需求的技巧。与他人分享经验和观点，参加销售培训课程或研讨会也是提升销售能力的好方法。

（5）自我关爱和放松：要注意自我关爱和放松，以减轻推销压力。找到适合自己的放松方式，例如进行体育锻炼、冥想、阅读，以及与家人和朋友交流等。保持平衡的生活方式、良好的睡眠和饮食习惯，有助于增强身心的抵抗力，并更好地应对推销压力。

（6）学会从经验中学习：推销过程中不可避免地会遇到挑战和失败。学会从每一次经验中学习，发现自己的长处和改进的机会。接受挫折和失败，将其视为成长和进步的机会，可以减轻推销压力，并在未来有更好的表现。

4. 制订访问计划

制订访问计划是在接近顾客前的准备中的一个重要步骤。

（1）研究目标客户：在制订访问计划之前，先对目标客户进行研究。了解他们的业务模式、市场定位、竞争对手等关键信息，以及他们可能面临的挑战和需求。这将有助于你更好地理解目标客户，为与他们的交流做准备。

案例音频1

（2）设定访问目标：明确访问的目标是什么，例如了解客户需求、推销产品或服务、建立合作关系等。确保目标具体、可衡量和可实现，这可以帮助你更好地组织访问过程和评估访问的成功与否。

（3）优先级排序：如果你有多个目标客户，根据他们对你业务的价值和潜在机会，对目标客户进行优先级排序。这可以帮助你合理分配时间和资源，并确保对最有前景的客户进行重点关注。

（4）安排访问时间和地点：根据目标客户的时间表和习惯，合理安排访问时间和地点。确保你选择的时间是对客户最方便的，尽量不与客户的其他安排相冲突。

（5）确定访问方式：根据目标客户和访问目标，选择合适的访问方式。这可以包括面对面会议、电话沟通、视频会议或电子邮件等。在选择访问方式时，考虑客户偏好和实际情况，选择最能有效地传达你的信息和达到访问目标的方式。

（6）准备所需材料和信息：在访问之前，收集和准备所需的销售资料、演示材料、产品样品或其他支持材料。确保这些材料对于访问目标的实现是必要和有帮助的，并在需要时能够方便地使用。

（7）制定提问和倾听策略：在访问过程中，制定提问和倾听策略是很重要的。准备一些与客户需求和痛点相关的问题，以启动对话和展示你的关注。同时，要重视倾听客户的回答和意见，了解他们的真实需求和诉求，以便能够提供有针对性的解决方案。

5. 检查相关物品是否齐全

（1）确定所需物品：确定在接近顾客时所需的物品，这可以根据具体的销售场景和目标确定。例如，所需的物品可能包括销售手册、产品样品、销售提案、报价单、名片等。

（2）检查物品的完整性：仔细检查物品是否完整，并确保它们在良好的条件下。检查所需文件、材料或样品是否齐全，没有缺页或损坏。确保所有设备和工具的可用性和功能正常。

（3）更新内容和信息：如果涉及文件、材料或展示内容，确保它们是最新和准确的。更新产品信息、价格、推销策略或其他相关信息，以保持与顾客的对话和讨论的一致性。

（4）准备备用物品：在开始接近顾客之前，准备一些备用物品是明智的。这可以是备用的销售手册、名片或其他所需文件。备用物品可以帮助你在需要时迅速替换或提供给顾客，以避免因物品短缺而造成的不便或延误。

（5）整理外观和包装：检查物品的外观和包装，确保它们整洁、专业并符合品牌标准。物品的外观在给予顾客第一印象时起重要作用，因此确保它们干净、有吸引力，并能够展现你和你的产品或服务的专业形象。

（6）测试演示工具和设备：如果你计划使用演示工具或设备，例如投影仪、笔记本计算机或其他技术设备，在接近顾客之前应进行测试。确保它们可以正常使用，以避免因技术问题而造成的尴尬或延误。

6. 熟悉各种必要的推销礼仪

（1）仪表端庄：推销礼仪的第一点是要保持仪表端庄。这包括穿着适当的商务服装，注意自己的仪容仪表，保持整洁和有条理的形象。一个整洁、时尚且专业的形象可以给顾客留下积极而专业的印象。

（2）自信与热情：在接近顾客时，展现自信和热情也是重要的推销礼仪。要以积极的态度面对顾客，充满自信地与他们交流。确保你的声音音量适中、语速适宜，展现对产品或服务的热情和专业知识。

（3）尊重和倾听：与顾客交流时，尊重和倾听是至关重要的推销礼仪。给予顾客足够的尊重，尊重他们的时间和意见。倾听顾客的需求、关注和问题，并在交流中展示真诚的兴趣和关注。确保与顾客沟通良好和相互理解，以建立信任和关系。

（4）使用适当的语言和表达方式：在与顾客交流时，使用适当的语言和表达方式也是重要的推销礼仪。避免使用太过专业或难以理解的行业术语，确保语言清晰简洁，易于理解。用积极的措辞和表达方式，给予顾客积极的回应和建议。

（5）尊重个人空间和隐私：在接近顾客时，注意尊重他们的个人空间和隐私。避免过于侵入性的行为或语言，给予顾客足够的私人空间和隐私。尊重顾客的决策权和权益，不施加过多的压力或让顾客感到不适。

（6）谢意和跟进：在与顾客交流结束时，示以谢意并做好跟进。表达对顾客时间和关注的感谢之情，让顾客感受到你的真诚和专注。确保遵循承诺，及时进行后续的联络和跟进，以展现你的专业性和诚意。

通过提前做好这些准备工作，你将能够更自信地与顾客交流，更好地理解他们的需求，并提供适当的解决方案，从而增加销售机会和成果。

（二）接近顾客的方法与技巧

1. 介绍接近法

接近顾客 2
（微课视频）

通过自我介绍和第三者介绍，你能够在接近顾客时展示自己的专业素养、经验和信誉，并引起顾客的兴趣与好感。这种方法能够加强与潜在顾客的联系和信任，并为之后的销售过程奠定良好的基础。

（1）自我介绍：①开门见山。在自我介绍中，确保自己的开场白简洁明了。以自己的姓名和所属公司作为开头，例如"您好，我是小明，来自 ABC 公司"。②提供背景信息。为了建立信任和专业形象，可以简要介绍自己的专业背景、经验和专业能力。这将增加顾客对你的信任，并为你之后的介绍奠定基础。③引起兴趣。在自我介绍中，你也可以提及一些与顾客相关的成就、成功案例或专业认可，以引起他们的兴趣和好奇心，例如"我们团队最近成功帮助一个客户提高销售额超过 30%"。这样能够引起顾客的注意并激发他们与你交流的欲望。

（2）第三者介绍：①奖项和认可。在第三者介绍中，可以提到你所代理或销售的产品或服务所获得的奖项、认可或行业评级。这些外部认可令顾客对产品或服务更加感兴趣，因为它们证明了产品或服务的品质和价值。②客户见证。另一个有效的第三者介绍技巧是引入满意的客户见证。通过分享顾客对你产品或服务的正面评价和满意度，可以增加其他潜在顾客对你所销售产品或服务的信心，并促使他们产生购买意愿。③媒体报道和合作伙伴。如果你所代理或销售的产品或服务在媒体上受到了正面报道或与知名品牌进行过合作，也可以在第三者介绍中提及。这些信息将进一步证明产品或服务的可靠性和成功记录。

🔖 **技能训练**

案例音频 2

小韩："王校长，您好，刚才刘校长给您电话中提到的会计实训软件公司的小韩就是我，刘校长他们学校会计实训使用的软件是我们开发的，这是我的名片。"小韩掏出名片递给坐在办公桌旁的王校长。

问题：（1）小韩接近王校长采用的是哪种方法？

（2）在使用这种方法的过程中应注意什么？

2. 震惊接近法

震惊接近法是一种引起潜在顾客兴趣和好奇心的销售技巧。它通过使用令人震惊、引人注目或突破常规的言辞或信息来吸引顾客的注意力，从而引起他们对产品或服务的兴趣。

（1）引起兴趣：在使用震惊接近法时，你需要以一个令人震惊或惊讶的事实、数据、故事或问题作为开场白。这样能够迅速抓住顾客的注意力，并激发他们与你进一步交流的兴趣。例如，"您知道吗？最新的研究表明，在我们产品的使用者中，平均月收入增长了50%！"这个引人入胜的事实将引起潜在顾客的好奇心，使他们更愿意听你的介绍。

（2）提供解释或背景信息：在你引起潜在顾客兴趣后，接下来应该提供相关的解释或背景信息，以增加他们的理解和认可。你需要解释为什么这个事实或信息是令人震惊的，为什么它对顾客是有价值的，并与你所销售的产品或服务建立联系。例如，你可以解释这个事实是因为你们的产品提供了独特的解决方案或创新的功能。

（3）引导进一步交流：在引起潜在顾客的兴趣后，你需要及时引导他们进行进一步的交流。这可以是提出一个相关的问题，邀请他们与你分享他们的经历或需求，或者是邀请他们亲自体验你的产品或服务。确保你的引导是明确和具体的，给予顾客明确的目标和行动。

（4）提供价值和解决方案：一旦潜在顾客进一步参与进来，你需要确保能够向他们展示你的产品或服务的价值和解决方案。解释产品或服务的特点、优势和能够满足顾客需求的具体功能，确保你的介绍与上述震惊事实相配合，使顾客能够认识到你的产品或服务的独特性，并愿意进一步探索。

（5）持续互动和跟进：在销售过程中，要与潜在顾客保持持续的互动和跟进。回答他们的问题，提供更多的信息，提供支持和建议，并帮助他们做出明智的决策。持续的互动和跟进将帮助你在销售过程中建立信任和关系，并增加销售成功的机会。

3. 赞美接近法

赞美接近法是一种通过赞美潜在顾客来建立积极关系和吸引其注意力的销售技巧。它通过给予顾客真诚的赞美和正面的反馈，来引起他们的好感和认同感，从而与他们建立连接。

（1）了解顾客：在运用赞美接近法之前，首先要了解潜在目标顾客的兴趣、需求和个人特点。这包括他们的职业、兴趣爱好、过去的成就等。这些信息将帮助你对其进行有针对性的赞美，使其更容易建立与你的联系。

（2）真诚的赞美：当你与潜在顾客进行接触时，给予他们真诚的赞美，关注他们的特点、成就或所拥有的东西。确保你的赞美是真实的，不是虚假的奉承。例如，你可以赞美他们在某个行业中的优秀表现，或是他们所完成的项目的成就。这将让顾客感受到被重视和认同。

（3）个性化赞美：基于你对顾客的了解，进行个性化的赞美。这意味着你要针对他们的个人品味和偏好，给予特定的赞扬。例如，如果你知道顾客对环保非常关注，你可以赞美他们持续推动环保工作所取得的成就。这种个性化的赞美会使顾客更容易产生好感，并认为你对他们的了解程度很高。

（4）直接与间接赞美：赞美可以通过直接表达或间接暗示来进行。直接赞美是明确表达你的欣赏和认可，例如"我真的很佩服您在工作中的创新能力"。而间接赞美则是通过暗示或提问来表达，例如"您的这种观点非常有见地，您是怎样形成这样的思考方式的"。这样的赞美会激发顾客的回应，并进一步加强与他们的互动。

（5）善用赞美引出产品或服务：一旦你成功赞美潜在顾客，你可以顺势引出你的产品或服务，并与赞美相关联。你可以说："非常感谢您的赞许，我们的产品也正因为满足了类似您的专业需求而备受推崇。您可能会对我们最新推出的产品感兴趣。"通过将赞美与产品或服务联系起来，你可以扩大与顾客的对话，并引导他们进一步了解你的产品或服务。

 **商道秘籍**

赞美的技巧

有一次，一位推销员向一位律师推销保险。律师很年轻，对保险没有兴趣。但推销员离开时的一句话却引起了他的兴趣。

案例音频3

推销员说："张先生，如果允许的话，我愿继续与您保持联络，我深信您前程远大。"

"前程远大，何以见得？"

"几周前，我看了您在电视上的讲座，那是我听过的最好的讲座。这不是我一个人的意见，很多人都这么说。"

听了这番话，律师竟有点喜形于色了。推销员请教他如何学会当众演讲的，律师的话匣子就打开了，说得眉飞色舞。临别时，律师说："欢迎您随时来访。"

没过几年，他就成为当地非常有名的一位律师。推销员和他保持联系，最后成了好朋友，保险生意自然也越来越多。

4. 商品接近法

商品接近法是一种通过展示和介绍具体商品特点和优势来吸引潜在顾客的销售技巧。它通过重点突出产品的独特性、功能和价值，使顾客意识到购买该商品的好处。

（1）商品陈述：在接近潜在顾客时，首先要进行商品陈述。简洁明了地介绍你所销售的商品，包括商品的名称、类型以及主要功能。例如，"这是我们最新推出的智能手表，拥有多种实用功能，如健康监测、智能通知等。"

（2）独特特点和优势：接下来，突出商品的独特特点和优势。说明该商品相比竞争对手的优越之处，以及它是如何满足顾客需求的。通过强调其独特性、创新性、高性能或高品质等方面来引起顾客的兴趣。例如，"我们的智能手表采用了先进的传感器技术，能够精确监测您的心率、睡眠质量，并提供个性化健康建议。"

（3）引入成功案例：为了进一步支持商品的特点和优势，可以引入一些成功的案例或实际应用。分享顾客的正面体验和反馈，以说明商品的实际效果和价值。例如，"我们的许多顾客反馈说，使用我们的智能手表后，他们能更好地管理健康，提高运动效率，甚至改善睡眠品质。"

（4）试用或演示机会：在销售过程中，给予顾客试用或演示的机会。让顾客能够亲身体验商品的实际效果，并感受其独特功能和优势。通过亲自体验，顾客更容易被商品所吸引，增加购买的意愿。

（5）解答疑虑和提供支持：顾客可能会有一些疑虑或问题，关于商品的性能、使用方法或售后服务等方面。在接近潜在顾客的过程中，积极回答他们的问题，并提供必要的支持和解决方案。通过解决顾客的疑虑，增强其对商品的信心，促使他们做出购买决策。

（6）引导购买决策：最后，引导潜在顾客做出购买决策。提供购买的方便途径，如在线购买或到店购买，并说明购买的优惠或特别待遇。确保顾客明确了解购买的过程和权益，以便他们能够顺利完成购买。

 商道秘籍

案例音频 4

　　美国有位儿童用品推销人员从一本工商名录里查到纽约市梅西斯商场的名字，便带着婴儿车走进商场的营业部。在那里，他发现各类童车一应俱全，经营规模很可观，于是向一个女店员打听采购经理的办公地点并核实经理姓名。当他跨进办公室向经理打过招呼后，就不动声色地把带来的轻便婴儿车给经理看，经理一看便问："什么价钱？"

　　他立即递给经理一份内容详细的价目表，经理端详一番后，果断地说："送 6 打（72个）来，全要蓝色的。"

　　"你不想听听产品的介绍？"他问。

　　"不用了。"经理说，"产品和价目表已经告诉我所需要了解的全部情况了。"

　　于是，购销合同很快就签订了。推销人员自始至终只说过一句话。经理在他临走时说："我喜欢你这种推销方式，和你做生意真痛快！请随时再来！"

5. 好奇接近法

　　好奇接近法是一种通过激发潜在顾客的好奇心来吸引他们的注意力和兴趣的销售技巧。它通过提出引人入胜的问题、挑战性的观点或未解决的问题，引发顾客的好奇心，进而与他们建立联系。

　　（1）提出引人入胜的问题：好奇接近法的关键是通过提出引人入胜的问题来引起顾客的好奇心。问题应该与顾客的需求、行业趋势或与你销售的产品相关。例如，你可以问："您知道吗，有一种新的技术正在改变我们日常生活中的某个方面，您猜是什么？"这样的问题能够激发顾客的好奇心和求知欲，使他们想要了解更多信息。

　　（2）引起思考和讨论：好奇接近法不仅仅是提出问题，更是引发顾客思考和参与讨论。当他们对问题感到好奇时，可以进一步引导他们思考解决方案、分享他们的观点或经验。这种互动和参与将使顾客感到被重视，加强与他们的关系。

　　（3）挑战性观点或创新思维：除了提问，你还可以提出挑战性的观点或引人注目的创新思维。这类观点或思维应该能够引发顾客的好奇心和讨论。例如，你可以提出一个与传统观点相悖的观点，并解释为什么你认为这个观点更具有前景。这样的观点会激发顾客对话和反思，并让他们更加愿意与你交流和探索。

　　（4）引导顾客发现需求：通过好奇接近法，你可以引导顾客意识到他们可能存在的需求或问题。当你引起顾客的好奇心时，他们可能会开始思考自身存在的挑战或需要改进的领域。在与顾客的对话中，你可以引导他们发现并探讨这些需求，并说明你提供的产品或服务如何解决这些问题。

（5）提供解决方案：一旦顾客对问题或挑战感兴趣，并愿意探索解决方案时，你可以介绍你所销售的产品或服务，并解释如何满足他们的需求或解决他们的问题。强调你的产品或服务的独特功能、优势和价值，以吸引顾客对其进行进一步了解和购买。

 **商道秘籍**

特殊名片

有这样一位推销高手，他的名片与众不同：每一张名片上都印着一个大大的25%，下面写的是"姓名，北京××公司"。当他把名片递给客户时，几乎所有人的第一反应都是相同的："25%，什么意思？"推销员就告诉他们："如果使用我们的机器设备，您的成本将会降低25%。"这一下子就引起了客户的兴趣。这名推销员还在名片的背面写了这么一句话："如果您有兴趣，请拨打电话××××××。"然后，他将名片装在信封里，寄给全国各地的客户，结果把许多人的好奇心都激发出来了，客户纷纷打电话过来咨询。

6. 表演接近法

表演接近法是一种通过生动的演示、展示技能来吸引潜在顾客的销售技巧。它通过直观的方式展示产品或服务的特点和优势，使顾客亲眼看见其价值，从而引起他们对购买的兴趣。

（1）准备演示：在使用表演接近法之前，你需要精心准备演示内容。确定你要展示的关键特点和优势，并选择能够生动演示的方式。例如，如果你销售厨房用具，你可以展示其切割、加热或储存食物的功能。

（2）生动展示：进行生动的展示是表演接近法的核心。通过实际操作、模拟场景或示范使用，给顾客展示产品或服务的具体效果和优势。确保你的展示有足够的吸引力，能够引起顾客的注意和兴趣。

（3）解释产品价值：在进行展示的过程中，不仅仅是展示产品的功能，还要强调产品的价值和优势。解释产品或服务如何满足顾客的需求，解决他们的问题，并带来实际的好处和效果。通过让顾客亲眼看见产品的实际应用和效果，增加他们对产品的认可和信心。

（4）针对顾客需求：根据顾客的具体需求，调整你的展示内容和方式。了解顾客的关注点和挑战，将展示重点放在与他们最相关的特点和优势上。这样能够更好地吸引顾客，并使他们感到产品或服务符合他们的需求。

（5）互动和问答：在展示过程中，与顾客进行互动和问答。鼓励他们提出问题，回答他们的疑虑，并引导他们更加深入地了解产品或服务。通过互动和问答，你可以更好地理解顾客的需求，并针对性地提供解决方案。

（6）提供购买机会：在展示结束时，提供购买产品或服务的机会。确保顾客明确了解购买的途径和流程，并强调购买的优势和附加价值。例如，提供限时促销或附带礼品等，以增加购买意愿。了解购买意向并及时跟进，以确保销售的成功。

技能训练

一个推销瓷器的女推销员，当她把一套餐具中的一个盘子递给瓷器经销商时，她故意把盘子掉到地上，但盘子却完好无损。当她捡起来后，说道："这是引导瓷器革命的新技术成果，您的顾客特别是家里有小孩的顾客肯定会喜欢这样的产品，难道您不这样想吗？"结果，这位经销商一周后就与她签订了经销合同。

问题：这位女推销员运用了哪种接近顾客的方法？在使用这种方法的过程中应注意什么？

7. 馈赠接近法

馈赠接近法是一种通过赠送礼物或提供样品来吸引潜在顾客的销售技巧。它通过向潜在顾客提供一些有价值的礼品或样品，引起他们的兴趣和好感，从而建立积极的关系。

（1）选择适宜的礼物或样品：在运用馈赠接近法之前，你需要选择适宜的礼物或样品。礼物或样品应与你销售的产品或服务相关，并具有一定的吸引力和实用性。考虑潜在目标顾客的喜好和兴趣，选择与他们需求相关的礼物或样品。

（2）登记参与者信息：为了实施馈赠接近法，你需要在交流的过程中登记潜在顾客的信息。这包括他们的姓名、联系方式和相关偏好等。这些信息将帮助你确保礼物或样品是有针对性的，并用于跟进顾客。

（3）赠予礼物或样品：在与潜在顾客的互动中，根据他们的兴趣和需求，赠予他们精心选择的礼物或样品。礼物或样品的赠送是一种表示关心和重视的方式，会引起顾客的好感和认同。确保礼物或样品与顾客的需求相关，并能够展示你的产品或服务的价值。

（4）强调礼物或样品的价值：在赠送礼物或样品的过程中，强调其价值和实用性。解释为什么你选择了这个礼物或样品，并说明它与你销售的产品或服务有关。通过强调礼物或样品的价值，你可以得到顾客对你和你的产品的认可和好感。

（5）提供购买机会：在赠予礼物或样品后，提供购买产品或服务的机会。引导顾客了解更多关于你的产品或服务的信息，并提供购买的便捷途径。强调购买的优势和附加价值，以增加购买意愿。

（6）跟进和维系关系：在赠予礼物或样品后，跟进与顾客的联系，并维系关系。利用收集的顾客信息，通过电话、电子邮件或其他渠道进行跟进，了解他们对产品或服务的兴趣和需求。维持与顾客的良好关系，建立长期的合作伙伴关系。

通过馈赠接近法，你能够通过赠送有价值的礼物或样品，引起潜在顾客的兴趣和好感。赠予与顾客需求相关的礼物或样品，并强调其价值和实用性，增加顾客对你的产品或服务的认可和兴趣。在赠送后提供购买机会，并跟进与顾客的联系，以建立长期的合作关系。记住，礼物或样品的选择和赠予应有针对性，并与你的品牌形象和产品价值相匹配。

8. 利益接近法

利益接近法是一种通过强调产品或服务对潜在顾客的利益和益处来吸引他们的销售技巧。它着重于为顾客展示如何满足他们的需求、解决他们的问题或提供其他价值。

（1）了解顾客需求：在运用利益接近法之前，你需要详细了解潜在顾客的需求和关注点。这可以通过市场调研、顾客反馈或对目标受众的认知来获得。确保你足够了解顾客的需求和痛点，以便准确地强调产品或服务的利益。

（2）强调顾客利益：在与潜在顾客的交流中，将重点放在产品或服务对他们自身利益的影响上。详细阐述你的产品或服务如何满足他们的需求，解决他们的问题或提供其他益处。强调产品或服务的独特功能、性能、品质或其他优势，以增强顾客对其益处的认知。

（3）个性化定制：根据顾客的具体需求和关注点，定制销售信息和推荐信息。将产品或服务的优势与顾客个人的利益和目标进行关联，向顾客传达它对于他们的独特价值。这样能够更好地唤起顾客的兴趣，并提升他们的购买意愿。

（4）提供证据和案例：为了加强对产品或服务利益的说服力，提供实际证据和成功案例将非常有帮助。这样的证据可以包括顾客的反馈、满意度调研结果、行业荣誉或其他可衡量的结果。通过分享这些证据和案例，增强顾客对产品或服务的认可和信心。

（5）重点强调长期利益：除了短期利益，强调产品或服务的长期利益也是利益接近法的重要部分。解释产品或服务如何帮助顾客实现长期目标、节省成本、提高效率或改善生活质量。通过强调长期利益，增加顾客对产品或服务的价值认知，使其更愿意进行购买。

（6）进一步支持和服务：在建立销售关系之后，提供进一步的支持和服务。确保顾客能够充分利用产品或服务的益处，并提供必要的帮助和解决方案。通过积极的售后服务和持续的关怀，建立长期的客户满意度和忠诚度。

 技能训练

有位吸尘器推销人员对一位家庭主妇说："请好好想想，使用这种机器，您就可以从繁重的家务劳动中解放出来，会有更多的时间带您的孩子外出散步，或者有更多的时间与您的丈夫促膝谈心，那不好吗？"

问题：（1）这位推销人员采用的是哪种接近顾客的方法？

（2）这种方法在使用中应注意哪些问题？

 任务评价

序号	评价项目	评价指标	分值	自评（20%）	互评（20%）	师评（60%）	合计
1	知识目标（40分）	了解接近顾客前应做的准备工作	10				
		掌握接近顾客的几种方法	15				
		了解撰写接近顾客的话术	15				

续表

序号	评价项目	评价指标	分值	自评（20%）	互评（20%）	师评（60%）	合计
2	能力目标（30分）	具备巧妙运用几种接近顾客方法的能力	10				
		具备接近顾客所需的推销礼仪	10				
		具备与顾客沟通交往的能力	10				
3	素质目标（30分）	学会礼貌待人，以诚待人，得体地对待潜在顾客和老顾客，让顾客有宾至如归的感受	10				
		养成爱岗敬业的职业道德	10				
		养成严谨、务实、勤快的工作作风	10				
	合计		100				
	综合得分						

知识巩固

判断题

1. 有人认为一定存在一个寻找潜在顾客的固定的最佳方案。　　　（　　）

2. 所谓文献调查法，是指推销人员通过查阅各种现有的资料来寻找顾客的一种方法，这种方法也称为间接市场调查法。　　　（　　）

3. 利益接近法是指推销人员把一些小巧精致的礼品，赠送给顾客，进而和顾客认识并接近，借以达到接近顾客目的的一种方法。　　　（　　）

4. 介绍接近法，顾客的目光停留在柜台商品时，3秒内出货，让顾客有触感体验。
　　　（　　）

5. 示范接近法，只需要展示产品，不用让顾客试戴及介绍产品。　　　（　　）

6. 当顾客一行数人边说边走过来时，不需要聆听顾客说什么，可直接打断顾客之间的对话。　　　（　　）

7. 招呼顾客时，可以趴在柜台上。　　　（　　）

8. 当顾客东张西望时，要及时上前询问，并为顾客做指引。　　　（　　）

三、任务拓展

 学以致用

一位英国皮鞋厂的推销员曾几次拜访伦敦一家皮鞋店，并提出要拜见鞋店老板，但都遭到了对方的拒绝。后来他又来到这家鞋店，口袋里揣着一份报纸，报纸上刊登了一则关于变更鞋业税收管理办法的消息，他认为店家可以利用这一消息节省许多费用。于是，他大声对鞋店的一位售货员说："请转告您的老板，就说我有路子让他发财，不但可以大大减少订货费用，而且可以本利双收赚大钱。"销售人员向老板提赚钱发财的建议，哪家老板会不心动呢？

请问皮鞋厂的推销员采用了哪种接近顾客的方法？这种方法的值得借鉴之处在哪？

模块六　商务谈判与成交

模块简介

　　商务谈判是企业与其他商业实体之间进行的互动过程，旨在达成一项具体协议或合作关系。它涉及不同的构成要素、准备工作和技巧，以确保双方达成满意的成交结果。

　　商务谈判包括谈判目标、利益相关方、谈判议题、谈判策略和谈判过程。谈判目标是指企业追求的具体目标和成果，利益相关方是指与企业进行谈判的各方，谈判议题是指需要讨论和解决的问题，谈判策略是指企业为实现谈判目标而采取的行动计划，而谈判过程则包括不同阶段和交流方式。

　　在谈判前，企业需要充分准备，了解谈判对象、目标和利益点，收集必要的信息，并制定明确的谈判策略和计划。这包括确定最低谈判底线和退路，预估对方的利益和需求，并考虑各种可能的谈判结果。

　　在商务谈判的起始阶段，企业通常需要提出一个初始报价或要求。这个报价应该根据企业的目标、市场条件和对方的需求来确定。通过合理的开局报价，企业可以设定一个起始点，以便在后续的讨价还价中进行调整。

　　讨价还价是商务谈判中常见的阶段。双方通过交流和协商，以达成一个最终的成交价格、条款或条件。在讨价还价过程中，企业可以运用多种策略和技巧，例如提供附加价值、灵活调整条件、寻找共同利益等，以最大程度满足自身利益和达成互利共赢的结果。

　　在谈判过程中，理解对方的需求和关注点非常重要。通过倾听和引导，企业可以更好地把握对方的需求，并提供符合其利益的解决方案。在商务谈判中，双方可能会面临各种问题。企业需要灵活适应，寻找创新的解决方案，并愿意做出一定的让步，以达成协议。建立良好的商业关系对于商务谈判的成功至关重要。

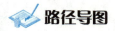
路径导图

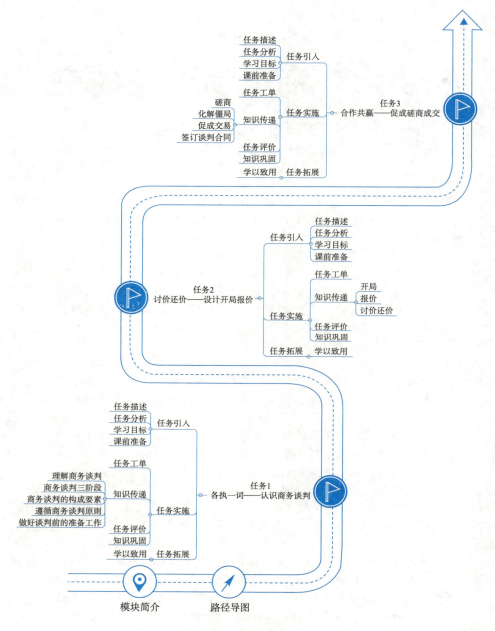

任务1 各执一词——认识商务谈判

Mission one

商务谈判是指在商业环境中，通过双方的协商和讨论，以达成双方共同利益的商业协议或交易的过程。商务谈判是企业中重要的决策和交流方式，对于推动业务发展和实现利益最大化至关重要。

商务谈判是一门复杂且具有策略性的艺术。通过充分的准备、有效的沟通和灵活的谈判技巧，可以达成双方共赢的商业协议，并建立长期的合作关系。

一、任务引入

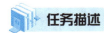 **任务描述**

供应商合作协议谈判

公司 A 是一家知名的服装品牌公司，计划与一个知名的供应商公司 B 合作，扩大其产品线并提高产品质量。为了确保供应商合作协议的顺利签署，公司 A 需要与公司 B 进行商务谈判，涉及原材料采购、订单数量、价格和交付期限等合作细节。

A 公司的谈判目标：①确保供应商 B 公司能够提供高质量的原材料，以满足 A 公司对产品质量的要求；②协商并达成双方都能接受的原材料采购价格；③确定订单数量和交付期限，以满足 A 公司的生产需求和供应链管理。

如果你是 A 公司谈判组织者，你要如何挑选你的谈判团队成员（包括谈判代表、专业人员、管理人员以及对这些谈判人员的素质能力要求），确定谈判客体、谈判背景、谈判议题、谈判时间、谈判地点，准备商务谈判合同基本条款的内容（包括商品品质、商品数量、商品包装、商品价格、支付方式、装运与交付、运输保险、商品检验等）。

 **任务分析**

我们首先要了解 A 公司的行业背景、服装品牌影响力，也要了解供应商 B 公司；其次要了解商务谈判的构成要素，共同商讨确定各类谈判人员的素质能力要求；再次要了解谈判客体、谈判背景、谈判议题、谈判时间、谈判地点等，再根据商务谈判合同基本条款的内容来撰写 A 公司的商务谈判合同基本条款，这样才能胸有成竹地与 B 公司进行供应商合作协议谈判。

学习目标

知识目标：理解商务谈判的含义、商务谈判活动的特征、类型、主要内容；掌握商务谈判三阶段、构成要素，遵循商务谈判的原则；理解商务谈判合同基本条款的内容，学会撰写商务谈判合同的基本条款。

能力目标：能够区分商务谈判活动情形及其类型，能够规划设计参与谈判的准备工作事宜。

商务能力训练与提升——开启商务之门

素质目标：增强商务谈判意识，提高参与谈判活动的心理适应力，具备良好的沟通能力、谈判技巧，具备良好的解决问题的能力。

 课前准备

（1）通过网络搜索了解当前服装行业背景，了解知名服装品牌企业的生产需求和供应链。

（2）通过网络搜索了解当前服装品牌供应商的行业背景。

（3）通过网络搜索和教材内容了解商务谈判的构成要素。

（4）商讨确定 A 公司谈判主体成员及各类谈判人员的素质能力要求。

（5）通过网络搜索和教材内容学会撰写商务谈判合同的基本条款。

二、任务实施

 任务工单

（1）第一步：了解当前服装行业背景，了解知名服装品牌企业的生产需求和供应链，并写在下方。

_____

_____

_____

（2）第二步：了解当前服装品牌供应商的行业背景，并写在下方。

_____

_____

_____

（3）第三步：商讨确定 A 公司谈判主体成员及各类谈判人员的素质能力要求，并填写表 6-1。

表 6-1　确定谈判主体及素质能力要求

谈判主体		素质能力要求
行为主体	谈判代表 （含主谈和辅谈人员）	
	专业人员 （含法律顾问、财务专家、技术人员等）	

（4）第四步：学会撰写商务谈判合同基本条款的内容，并填写表 6-2。

表6-2　合同基本条款及内容

合同基本条款	合同内容

（5）第五步：做好商务谈判前的组织准备工作，并填写表6-3。

表6-3　准备事项及工作内容

准备事项	工作内容
信息准备	
组织准备	
方案准备	
物质条件准备	

（6）第六步：分组（团队）上台汇报展示。

 知识传递

（一）理解商务谈判

1. 商务谈判含义

商务谈判是指在商业交易和合作过程中，各方为了达成共同目标而进行的互动和讨论。它是通过双方或多方之间的沟通、协商和交流，以解决彼此的利益分歧、达成共识和合作的一种重要手段。

商务谈判的目标通常是通过达成协议或交易来实现各方的利益，促进商业合作的进行。在商务谈判中，各方会围绕涉及的问题、利益分配、条件约定等方面进行交流和讨论，以求达成最优的协议。商务谈判涉及多个方面，包括但不限于合同条款、价格、交付方式、合作范围、期限等。

商务谈判需要各方进行充分的准备和策划，掌握有效的谈判技巧和策略。同时，商务谈判必须建立在相互尊重、平等和诚信的基础上，通过合理的讨论和协商，寻求双赢的解决方案。

2. 谈判的特点

（1）合作性：商务谈判是一种合作性的活动，各方在谈判中寻求共识并谋求合作。尽管在谈判中存在利益分歧和竞争，但通过互动和协商，各方努力寻找共同的利益点，以达成双赢的结果。在合作性的基础上，各方可以建立长期的商业合作关系。

（2）竞争性：商务谈判也具有一定的竞争性，表现在利益的对抗上，以及谈判能力和水平的对抗上。各方都有自己的利益目标，为了实现自身利益最大化，可能会运用谈判策略和技巧进行竞争。这种竞争性常常需要通过妥协和折中达到双方的接受程度。

（3）沟通性：沟通是商务谈判中至关重要的特点，它具有互动沟通和协商一致的特点。谈判双方需要充分交流和表达立场、意见和利益，以增进彼此的理解并寻求共识。沟通包括语言沟通、非语言沟通以及理解对方的意图和背后的利益需求。有效的沟通有助于减少误解和冲突，推动谈判向前发展。

3. 商务谈判活动的特征

（1）以获取经济利益为目的：商务谈判的主要目的是获得经济利益，包括达成有利的合作协议、争取更好的价格和条款、确保双方的利益等。各方在谈判中会以实现自身经济利益为导向，追求最大化的利益。

（2）以价值（价格）谈判为核心：在商务谈判中，价值（价格）谈判通常是核心议题。各方会就产品或服务的价格进行讨论和协商，并通过交换、让步和折中来寻求双方接受的价格，以实现经济利益的最大化。

（3）注重合同条款的严密性与准确性：商务谈判的成果通常会体现在合同中，因此各方对于合同条款的严密性和准确性十分注重。合同条款的详细和准确能够确保双方在交易过程中的权益和责任得到明确的规定，避免争议和纠纷的发生，同时也有助于双方建立信任关系和合作基础。

商务谈判的特征是针对经济利益的追求和优化，以价值（价格）为核心展开讨论和协商，并将达成的协议和协议内容体现在合同条款中。这些特征在商务谈判中起着重要的作用，能够帮助各方达到经济利益最大化、确保交易的可靠性和可持续性。同时，商务谈判也需要遵守法律法规和尊重商业道德，以保证谈判的合法合规性。

商道秘籍

中国式商务谈判的特点

1. 人情世故与生意很难分开

在我国的商务活动中，人情世故与生意是很难分开的，因此，在国内做商务谈判时，也需要注意人情世故。比如，生意谈判对象是老板亲戚，下游客户是总经理的朋友等，而这些需要参与谈判的公司职员事先了解涉及的上层领导态度，然后决定自己的谈判行为与底线。我们经常说"买卖不成仁义在"，即谈判双方对于谈判内容进行博弈，虽然交易没有达成，但彼此间的感情还存在，不会为这点事伤了感情（亲情、友情、爱情）。其实往往双方在说这句话的时候，感情已经没了一半。因此，这也是中国式商务谈判有趣的地方。

2. 亲兄弟难以明算账

在商务谈判中，往往家族企业顾忌的问题较多，顾忌父母、顾忌亲情等，亲兄弟之间往往不能明算账，结果不是自己吃亏，就是公司吃亏。特别是两家公司有亲情关系时，商务的天平就无法做到一碗水端平，导致双方在合作过程中都感觉自己吃亏，从而影响商业活动往来。

3. 职位要对等

职位要对等，级别要对等。如果对方是副总经理参加，己方当然也要派副总经理参加，除非己方非常关注这次谈判，想表示重视，可以派总经理去。因此，在谈判人员的安排上，都是事先询问对方是什么级别的人物参加，然后决定派谁参加。

4. 商务谈判的类型

（1）按谈判的规范性分。

①正规谈判：正规谈判是指在商业交易和合作过程中，遵守一定的规则和程序进行的谈判。它涉及国际和国内各种交易性的谈判，如企业之间的合作谈判、政府间的贸易谈判等。正规谈判通常会有明确的议程、参与双方代表、正式的文件和交流过程，并按照约定的规则和程序进行。

②非正规谈判：非正规谈判是指一般或普通的协商和交涉，不受特定规则和程序的约束。这种谈判可以是日常业务交流、问题解决或意见交换的过程。非正规谈判通常更加灵活，参与双方可以更自由地表达观点和意见，没有严格的时间限制和正式的形式。

（2）按谈判的目标分。

①不求交易结果的谈判：这种谈判的目标并不是追求具体的交易结果，而是通过交流和协商来增进双方的了解和互信，加强双方之间的关系。不求交易结果的谈判可以用于建立合作伙伴关系、探索潜在商机、解决问题和促进合作。

②意向书和协议书的谈判：在一项商务合作中，意向书和协议书起到了确立各方意向和承诺的作用。谈判双方会就这些文件的具体内容进行讨论和协商，以明确双方在具体合作项目或交易上的意愿和要求。

③准合同与最终合同的谈判：谈判双方在准合同和最终合同的制定过程中进行交涉和协商。这包括就合同条款、条件、价格、交付期限等方面进行谈判，以确保双方在合同里的利益和责任得到明确的规定和保护。

④索赔谈判：当一方在合同履行过程中认为对方未履行合同或违反协议时，会进行索赔谈判。谈判双方会就索赔的理由、范围和赔偿方式进行协商，以解决纠纷和处理损失的问题。

（3）按谈判的内容分。

①商品贸易谈判：商品贸易谈判是指双方在商品的销售、采购或交易过程中进行的谈判。这种谈判通常涉及商品的价格、质量、交货条件、支付方式以及其他相关条款和条件的协商和达成一致。商品贸易谈判是商务谈判中最常见的类型之一。

②非商品贸易谈判：非商品贸易谈判包括各种与非商品相关的商务合作谈判。这些谈判涉及技术买卖、工程项目、劳务合作、租赁业务、资金交易和经济合作等方面。

5. 商务谈判的主要内容

（1）商品贸易谈判：涉及商品的销售、采购或交易过程中的各个方面，例如价格、质量、数量、交货条件、支付方式等。

（2）技术买卖谈判：涉及技术转让、技术许可和知识产权的买卖交易，包括技术的价值评估、使用许可、技术保密协议等。

（3）劳务合作谈判：涉及劳动力资源的合作协议和劳务方面的交流，例如雇佣合同、派遣劳务、合作共享员工等。

（4）工程项目谈判：涉及工程项目的合作、实施和管理等方面，包括合同条款、工程方案、工期、责任划分、付款条款等。

（5）资金交易谈判：涉及资本和投资项目的谈判，包括投资条件、回报预期、股权结构、风险分担等。

（6）经济合作谈判：谈判双方就经济合作项目、合资企业、跨国合作等展开讨论，包括资源共享、市场开拓、利益分配、技术合作等方面。

（7）物流和供应链谈判：涉及物流和供应链合作的谈判，包括运输方式、仓储服务、配送安排、库存管理等。

（8）知识产权谈判：涉及知识产权的使用、申请、转让和保护等方面的谈判，包括专利、商标、著作权等知识产权的交流和协商。

（9）合同和协议谈判：涉及合同和协议的具体条款、条件、风险分担、违约责任、法律适用等方面的谈判。

（10）文化和国际交流谈判：涉及跨文化交流、国际合作项目的谈判，包括语言沟通、文化差异、合作方式等方面的讨论。

6. 商务谈判合同基本条款的内容

（1）商品品质。

①规格：指明商品的具体尺寸、尺寸容许误差、质量、材料、颜色、形状以及其他相关技术要求。规格条款用于确保双方对商品的具体要求达成一致。

②等级：指明商品的质量等级，例如优等品、一级品、合格品等。等级的确定通常基于行业标准，以确保交易双方对商品质量有相同的期望。

③标准：指明商品必须符合的国家、行业或其他标准。这些标准可能包括质量标准、安全性标准、环保要求等，以确保商品符合相关法规和行业规范。

④样品：商务谈判合同可能要求提供样品，以便双方可以确定商品的外观、质量和性能。样品的条款规定了样品的数量、类型以及确定样品是否具有代表性的方法。

⑤牌名或商标：商务谈判合同可能指定具体的牌名或商标，用于标识商品的来源和品牌。商标的使用和保护通常在合同中要明确规定。

⑥说明书：商务谈判合同可能要求提供商品的说明书或操作手册，以帮助用户正确使用和维护商品。说明书的条款规定了说明书的格式、语言和提供方式。

（2）商品数量。

①商品计量单位：商务谈判合同确定了商品计量的单位，例如千克、吨、个、箱等。这是双方用于确定交易数量的基本单位。

②商品质量计算：商务谈判合同可能规定了商品质量的计算方式。这可能包括净重、毛重、包装质量等，以确保双方对商品质量有明确的理解。

③交货数量：商务谈判合同明确规定了双方协商确定的商品交货数量。这是双方共同达成一致的具体交易数量。

④计量标准：商务谈判合同可能确定了商品数量计量的标准方法。这可能包括使用特定的称量装置或测量工具来确保准确计量。

⑤容许误差：商务谈判合同中可能规定了容许误差的范围。这是对于商品数量的一定区间，允许一定程度的误差存在，以适应实际生产和运输过程中的难以避免的变化。

（3）商品包装。

①包装材料：商务谈判合同中明确规定了商品包装所使用的材料类型，例如纸箱、木箱、塑料袋等。这些条款确保了商品在运输和储存过程中的适当保护和防护。

②包装形式：商务谈判合同可能明确规定了商品的包装形式，例如整箱、散装等。这些条款用于确定商品在运输和储存期间的形式和包装方式。

③包装规格：商务谈判合同明确规定了商品包装的具体规格，例如尺寸、质量、容量等。这些规格确保了商品包装的标准化和统一性。

④包装费用：商务谈判合同可能规定了商品包装费用的承担方和支付方式。这些条款涉及包装费用的分摊和支付细节，确保双方对包装费用的责任和义务有明确的了解。

⑤标识和标签：商务谈判合同可能规定了商品包装上的标识和标签要求。这些要求可能包括商品名称、规格、数量、生产日期、有效期等信息的标注，以确保正确识别和使用商品。

（4）商品价格。

①计量单位：商务谈判合同中明确规定了商品价格的计量单位，例如千克、吨、个、箱等。这是双方用于确定商品价格的基本单位。

②计价货币：商务谈判合同明确规定了商品价格的计价货币，例如美元、人民币、欧元等。这是双方协商确定商品价格时所使用的货币单位。

③单位金额：商务谈判合同具体规定了商品的单位价格，即每个计量单位对应的价格。通过确定单位金额，可以计算交易数量对应的总价格。

④价格术语：商务谈判合同可能明确规定了价格术语，例如 FOB（装运港交货价）、CIF（到岸价价）等。这些术语规定了价格包括哪些费用和服务，并指明了责任和风险的转移时间和地点。

（5）支付方式。

①预付款和最终付款：商务谈判合同可能规定了预付款和最终付款的时间和金额。预付款是指在交货前由买方提前支付的款项，最终付款是指在满足交货条件后的最后一笔付款。这些条款规定了双方支付款项的时间和金额比例。

②支付金额和支付货币：商务谈判合同明确规定了支付款项的具体金额和货币单位。这些条款确定双方商定的实际支付金额和所使用的货币单位。

③支付方式：商务谈判合同可能规定了支付方式的具体要求。这可能包括支付的时间、地点和方式，如电汇、信用证、支付宝等。支付方式条款确保了双方对支付过程中的具体流程和方式的一致。

④付款条件：商务谈判合同明确规定了付款的条件，如产品检验合格后付款、交货后立即付款等。这些条款规定了买卖双方在货物交付和付款之间的关系和义务。

⑤汇率风险：商务谈判合同可能涉及汇率风险的处理方式。这些条款规定了汇率的计算方法，以便双方确定支付金额在不同货币之间的转换规则。

（6）装运与交付。

①运输方式：商务谈判合同明确规定了商品的运输方式，例如海运、空运、陆运等。这些条款规定了商品从卖方发运到买方所采用的具体运输方式。

②交货时间：商务谈判合同明确规定了商品的交货时间。这是卖方承诺将商品交付给买方的具体期限。交货时间的明确规定有助于确保交易的及时性和顺利进行。

③交货地点：商务谈判合同明确规定了商品的交货地点。这是卖方将商品交付给买方的具体地点。交货地点的明确规定有助于双方确定物流和运输安排，并明确各自的责任范围。

④运输费用：商务谈判合同可能规定了运输费用的分摊和支付方式。这些条款涉及运输费用的责任承担和支付方法，以确保双方就物流费用达成一致。

⑤货物验收：商务谈判合同可能规定了货物验收的具体要求和程序。这些条款涉及买方

对交付的货物进行检查和验收的时间和方式，以确保货物符合合同约定的质量和规格。

（7）运输保险。

①货物保险：商务谈判合同明确规定了货物保险的责任和范围。这些条款确保在货物运输过程中，货物受到意外损失或损坏时，买卖双方可以获得相应的保险赔偿。

②保险责任和风险分担：商务谈判合同规定了运输保险责任和风险分担方式。这些条款明确规定了保险责任的承担方，以及损失或损坏发生时的赔偿责任和比例。

③保险金额和保险费用：商务谈判合同明确规定了货物保险的金额和保险费用。保险金额是指货物在运输过程中的保险价值，保险费用是买方需要支付的保险费用金额。

④保险索赔和损失处理：商务谈判合同可能涉及保险索赔和损失处理的具体程序和要求。这些条款确定了货物损失发生时的索赔程序和买卖双方的责任和义务。

（8）商品检验。

①检验内容与方法：商务谈判合同明确规定了商品检验的具体内容和方法。这些条款涉及检验所涵盖的方面，如外观、尺寸、包装、标签、质量等，并规定了进行检验的具体方法和标准。

②检验时间和地点：商务谈判合同明确规定了商品检验的时间和地点。这是双方协商确定的进行商品检验的具体时间和地点，以便确保检验过程的顺利进行和及时完成。

③检验机构：商务谈判合同可能指定了进行商品检验的具体机构。这些条款规定了负责进行检验的第三方机构，确保检验的中立性和客观性。

④检验标准：商务谈判合同明确规定了商品检验所遵循的标准。这些标准可能是国际标准、行业标准或双方自行协商的标准，以确保检验结果的客观性和一致性。

⑤检验证明：商务谈判合同可能规定了商品检验所要求的检验证明文件。这些文件可以包括检验证书、检测报告、质量证明书等，以提供商品质量和合规的证明。

（9）索赔、仲裁与不可抗力。

①索赔。

索赔依据：商务谈判合同明确规定了索赔依据，如合同违约、质量问题、交付延误等。这些条款列出了双方协商的索赔事项和具体依据。

索赔期限：商务谈判合同规定了索赔期限，即索赔请求必须在一定时间内提出。这些条款明确了索赔的截止日期，以确保及时处理争议和索赔事宜。

索赔金额：商务谈判合同规定了索赔金额的计算方法和限制。这些条款明确了索赔金额的计算方式、索赔的上限和赔偿范围。

②仲裁。

仲裁地点：商务谈判合同明确规定了仲裁地点，即双方可以共同确定进行仲裁的具体地点。这些条款确保双方能够在方便和公正的地点进行仲裁程序。

仲裁机构：商务谈判合同规定了进行仲裁的具体机构，如国际商会仲裁委员会（ICC）、国际仲裁院等。这些条款确保仲裁过程的专业性和合法性。

仲裁程序：商务谈判合同明确规定了仲裁的具体程序，包括仲裁申请、质证、辩论等环节。这些条款规定了双方在仲裁过程中的权利和义务。

效力：商务谈判合同规定了仲裁结果的效力，并确认双方对仲裁结果的接受和履行。这些条款确保仲裁结果的最终性和强制性。

③不可抗力。

商务谈判合同明确规定了被视为不可抗力的事件范围，如自然灾害、战争、政府行为等。这些条款列出了双方认可的不可抗力事件范围。

商务谈判合同规定了不可抗力事件发生后的后果处理方式，如延期交货、免除违约责任等。这些条款确定了双方在不可抗力事件发生后应采取的措施和责任分担。

商务谈判合同规定了不可抗力事件的证明文件的出具机构，以及双方应如何及时通知对方不可抗力事件的发生。这些条款确保不可抗力事件的真实性和及时性。

（二）商务谈判三阶段

1. 早期明确价值阶段

在这个阶段，谈判双方努力了解彼此的需求、利益和目标。他们可能进行信息交流、商业调查和市场研究，以便建立对各自价值的清晰认识。这个阶段的关键是明确双方的利益和目标，为接下来的商务谈判奠定基础。

（1）信息交流：谈判双方开始进行信息共享，讨论彼此的业务模式、产品特点、市场情况等关键信息。这有助于双方了解彼此的核心优势和潜在机会。

（2）商业调查和市场研究：双方可能进行商业调查和市场研究，以了解行业趋势、市场竞争、潜在合作伙伴等方面的信息。这些调查和研究可以帮助双方更好地认识市场环境和商业机会。

（3）需求分析：双方分析和评估各自的需求，并辨识对方可能提供的价值。他们可以探讨对方的痛点、期望和关键需求，以建立双方合作的基础。

（4）利益和目标的明确：通过对双方需求分析的结果，双方可以更清晰地明确自己的利益和目标。这些目标可能包括增加市场份额、提高产品质量、降低成本等。

（5）价值评估：双方分析彼此的核心优势、资源和能力，以及合作的潜在价值。他们可以评估双方合作的优势、风险和机会，进一步了解双方的互补性和合作潜力。

2. 创造价值阶段

在这个阶段，谈判双方努力协商最佳方案，创造最大的共同利益。他们寻求合作和互利的机会，以扩大双方的收益并共同实现成果。这个阶段的关键是通过创造新的价值和解决问题，让谈判双方都能获得更多的利益。

（1）合作和互利：在这个阶段，谈判双方共同努力寻求合作和互利的机会，而不是仅关注自己的利益。他们意识到通过合作可以创造更多的价值，实现双方的利益最大化。

（2）问题解决：在谈判过程中，双方可能面临一些问题和障碍。在创造价值阶段，双方需要积极寻找解决问题的方式，以期达成双方都能接受的方案。这可能需要双方共同提出创新的解决方案或妥协来解决利益冲突。

（3）寻求共同利益：谈判双方致力于寻找共同利益的机会，在寻找最佳方案时寻求双赢的结果。他们通过优化资源分配、共享风险和奖励，以实现双方的共同利益。

（4）创造新的价值：在创造价值阶段，谈判双方力求通过创造新的价值来扩大利益。这可以涉及合作创新、引入新技术或资源整合等活动，以使双方从合作中获得更多的收益。

（5）保持灵活性：在寻求最大利益的过程中，谈判双方需要保持灵活性，同时处理和平衡各种利益和需求。他们可能需要向对方让步，做出调整，以确保双方的共同利益得到充分满足。

3. 克服障碍阶段

在这个阶段，谈判双方可能会面临利益冲突、意见分歧和谈判者决策程序上的障碍。双方需要共同努力克服这些障碍，并寻找有效的解决方案。这个阶段的关键是通过沟通、妥协和灵活性来克服障碍，并最终达成协议。

（1）利益冲突：双方可能因为各自的利益目标不一致而产生冲突。在这种情况下，双方需要积极寻找妥协点和共同利益，以解决利益冲突。通过开展深入的讨论和分析，双方可以找到解决冲突的方案，以满足各自的需求。

（2）意见分歧：在谈判过程中，双方可能在需求、方案或其他方面存在意见分歧。在克服意见分歧的阶段，双方应该进行开放、坦诚的沟通，并努力寻找共同点和解决方案。通过探讨各种选项，并寻找双方都能接受的妥协，双方可以逐步消除意见分歧。

（3）谈判者决策程序：在某些情况下，谈判双方可能面临决策程序上的障碍，例如决策过程不透明、团队内部决策不一致等。解决此类问题的关键是建立透明和有效的决策程序，并确保谈判代表能够代表其组织做出决策。双方需要确保决策程序的公正性和合法性，以便推动谈判进展。

（4）沟通和妥协：在克服障碍阶段，双方需要积极进行沟通，并努力达成共识。双方应该开放地交流各自的需求和关切，并寻找合适的妥协点。通过理解对方的立场和利益，双方可以共同努力，找到可行的解决方案。

通过以上三个阶段的有序进行，商务谈判可以更好地实现双方的利益最大化，并确保谈判过程的顺利进行。在每个阶段，谈判双方需要保持积极的沟通、灵活的思维和合作的精神，以推动谈判向成功的方向发展。同时，建立信任和互利的合作关系也是商务谈判取得良好结果的关键因素。

（三）商务谈判的构成要素

1. 谈判主体。

商务谈判的构成要素之一是谈判主体，包括关系主体和行为主体。

（1）关系主体。

商务谈判的构成要素
（微课视频）

关系主体指的是参与商务谈判的相关方，他们之间存在着某种形式的关系。这些关系可以是合作伙伴关系、竞争关系、供应商和客户关系等。关系主体的存在对谈判过程和结果有着重要影响。

①合作伙伴关系：关系主体可能之前已经建立了长期的合作伙伴关系，他们之间存在一定程度的相互依赖和互惠关系。这种关系可以促进合作伙伴之间的有效沟通、信任和共同目标的实现。

②竞争关系：关系主体可能是彼此的竞争对手，他们追求相同的市场份额和资源。在这种关系下，商务谈判可能更加强调竞争和谈判策略，双方应通过谈判来解决冲突和利益分配问题。

③供应商和客户关系：关系主体可能是供应商和客户之间的关系。供应商希望通过商务谈判获得更多的订单和合同，而客户则关注质量、价格和服务等方面。在这种关系中，商务谈判的重点通常是协商供应条件和价格，以满足双方的需求。

关系主体在商务谈判中的存在会影响双方的谈判策略、态度和谈判目标。根据彼此的关系，谈判主体需要灵活调整自己的态度和策略，以促进有效的谈判过程和达成满意的协议。

（2）行为主体。

行为主体是指在商务谈判中扮演活跃角色的个人或代表团队。他们是实际参与谈判的人员，代表关系主体进行交流、表达观点、提出要求和进行协商。

在商务谈判中，行为主体通常包括以下人员。

①谈判代表：代表关系主体参与谈判，负责与对方进行交流、表达需求和寻求最终协议。

②高级管理人员：在某些情况下，企业的高级管理层可能会直接参与商务谈判，以提供决策支持、引导谈判方向和解决重要问题。

③专业人员：商务谈判中可能需要涉及专业的知识和技能，如法律顾问、财务专家、技术人员等。这些专业人员可以为谈判提供专业意见和支持。

行为主体在商务谈判中起着至关重要的作用，他们的技能、经验和智慧影响着谈判的发展和结果。行为主体需要具备良好的沟通能力、谈判技巧和解决问题的能力，以实现双方的最佳利益和达成协议。

（3）谈判人员素质能力要求。

谈判人员在商务谈判中需要具备多方面的素质和能力，包括谈判人员的气质、性格、心理素质、思想意识、知识素质、身体素质以及相关能力。

①气质、性格方面：自信，谈判人员应该对自己的能力和知识充满信心，以便在谈判中表现积极、坚定和有说服力的态度；耐心，谈判往往是一个漫长的过程，谈判人员需要有耐心和毅力，能够处理长时间的谈判和重复的话题；平和冷静，冷静的态度能够帮助谈判人员在压力下保持理性思考和决策，并避免情绪的影响；适应性，谈判人员需要对不同的谈判环境和对方的个性有良好的适应能力，能够灵活应对各种情况。

②心理素质方面：情绪控制能力，谈判人员需要具备控制情绪的能力，能够在紧张和有压力的情况下保持冷静，并有效地处理冲突和压力；人际交往能力，谈判人员需要有良好的人际交往能力，能够与对方建立积极的人际关系，以促进合作和共赢的结果；同理心，谈判人员应该具备同理心，并能够理解对方的观点、需求和利益，以促进有效的合作和共识的达成。

商道秘籍

我理解你的难处

有一所学校，请专家去处理校方和部分家长之间的纠纷。纠纷主要是由一群学龄前听障儿童在操场上没有得到有效的监护而引起的。家长们气愤是因为学校不仅没有负起充分的监护责任，而且在事件发生后只忙着收集事实以证明自己没做错，却对家长们真正关注的事情不闻不问。为了使谈判顺利进行，专家先让家长们陈述他们的不满，为此专家一直听了两个小时。等他们说完之后，专家说的第一句话是："我们也有孩子，我们完全理解你们为何对这件事感到不安。"听到专家这样说，家长们的回答是："如果事后有人像你们一样听我们诉说的话，事情就不会搞得这么复杂了。"

③思想意识方面：目标导向，谈判人员需要有明确的谈判目标，并能够以此为导向制定

谈判策略，以实现谈判结果的最大化；创新意识，谈判人员应该具备创新意识和解决问题的能力，能够提出新的思路和方案，以解决谈判过程中的难题；风险意识，谈判人员需要有风险意识，能够全面评估各种风险并制定相应的风险管理措施，以最大限度地减少风险对谈判结果的影响。

④知识素质方面：行业知识，谈判人员需要具备相关行业和产品知识，以便在谈判中提供专业的意见和建议；法律知识，谈判人员需要了解相关的法律和法规，以确保谈判过程和结果符合法律要求；商务技巧，谈判人员需要掌握一定的商务谈判技巧，包括信息收集、谈判策略制定、问题解决等方面的能力。

⑤身体素质方面：健康状况，谈判人员需要身体健康，以应对长时间和复杂的谈判过程；精力充沛，谈判往往需要高度的精神集中和持久的工作能力，因此谈判人员应具备充沛的精力和耐力。

⑥相关能力：敏锐的观察能力，谈判人员需要具备敏锐的观察、分析和判断能力，能够准确捕捉对方的需求、利益和意图；语言文字表达能力，谈判人员应具备良好的口头和书面表达能力，以便清晰、准确地传递观点和要求。

谈判人员需要综合运用这些素质和能力，以达到有效的谈判目标和互利共赢的结果。这些素质和能力是通过学习、培训和实践获得的，谈判人员应不断提升和完善自己的能力，以应对不同的商务谈判挑战。

 商道秘籍

谈判中应避免的语言

在谈判中，语言的选择运用十分重要，有些语言应尽量少用或不用。

（1）极端性的语言，如"肯定如此""绝对不是那样"。即使自己看法正确，也不要使用这样的词语。

（2）针锋相对的语言，如"不用讲了，事情就这样定了"。这类语言特别容易引起双方的争论、僵持，造成关系紧张。

（3）涉及对方隐私的语言，如"你们为什么不同意，是不是你的上司没点头"。与国外客商谈判尤其要注意这一点。

（4）有损对方自尊心的语言，如"开价就这些，买不起就明讲"。

（5）催促对方的语言，如"请快点考虑""请马上答复"。

（6）赌气的语言，它往往言过其实，造成不良后果，如"上次交易你们已经赚了5万元，这次不能再占便宜了"。

（7）言之无物的语言，如"我还想说……""正像我早些时候所说的……""是真的吗"等。许多人有下意识的重复习惯，俗称口头禅，它不利于谈判，应尽量克服。

（8）以自我为中心的语言，如"我的看法是……""如果我是你的话……"。过多地使用这类语言会引起对方的反感，起不到说服的效果。必要的情况下，应尽量把"我"变为"您"，一字之差，效果会大不相同。

（9）威胁性的语言，如"你这样做是不给自己留后路""请你认真考虑这样做的后果"。

（10）模棱两可的语言，如"可能是……""大概如此""好像……""听说……""似乎……"。

2. 谈判客体

谈判客体是指商务谈判中谈判双方共同关注的客观事物，也可以说是谈判的主题或议题。谈判客体可以是各种不同的事物，例如合同条款、价格、资源分配、合作机会、产品规格、服务条件等。

（1）合同条款：商务谈判往往涉及合同的签订和条款的商讨。谈判双方会就合同的具体条款进行协商，如支付方式、交货时间、责任承担、终止条款等。谈判的目的是达成双方都能接受的合同条款。

（2）价格：价格是商务谈判中一个重要的议题。供应商和客户之间会就产品或服务的价格进行协商和讨论。双方会通过谈判来寻求平衡，以确保价格对双方都是公平和有利可图的。

（3）资源分配：在某些情况下，商务谈判涉及资源的分配，如合作伙伴之间的资源共享、项目资源的分配等。谈判的目标是利益最大化和资源的有效分配。

（4）合作机会：商务谈判可能涉及双方之间的合作机会。双方会探讨合作的具体形式、合作方式和合作范围等问题，以促成共同利益的合作协议。

（5）产品规格：商务谈判可能包括对产品规格的讨论和协商。双方可能就产品的规格、质量标准、技术特点等进行谈判，以确保产品能够满足需求和标准。

（6）服务条件：商务谈判在服务行业中尤为重要，谈判双方会就服务范围、服务水平、服务期限、售后支持等进行协商，并对服务条件达成一致。

谈判客体是商务谈判的核心内容，双方在谈判中共同关注、协商以及最终达成共识。谈判客体不仅包括具体的事物，还可以涉及双方的利益、需求和目标等。在商务谈判中，双方应该积极探讨谈判客体，寻求合理的解决方案，以达成双方都能接受的协议。

3. 谈判背景

谈判背景是指商务谈判所处的客观环境条件，包括环境背景、组织背景和人员背景。下面对每个背景进行详细阐述。

（1）环境背景。

①政治背景：政治背景对商务谈判有重要影响。政治稳定与否、国际关系紧张程度、政府政策的改变等因素都会直接或间接地影响商务谈判的进行和结果。

②经济背景：经济背景包括宏观经济情况、行业竞争状况、市场需求等。经济背景的好坏会对商务谈判的目标、谈判策略和谈判结果产生影响。

③文化背景：不同的文化背景可能导致谈判方式、价值观、沟通方式等的差异，这对商务谈判的理解和谈判策略的选择都有一定的影响。

④地理自然环境：地理位置、气候条件、自然资源等都会对商务谈判产生一定的影响，如物流成本、供应链的稳定性等。

（2）组织背景。

①组织的历史发展：组织的历史背景和发展轨迹对商务谈判的实力、信誉和声誉有一定的影响。

②组织的行为理念：组织的核心价值观、文化及行为准则会对商务谈判的态度和方式产

生影响。

③组织的规模实力：组织的规模、资源、市场份额等因素会影响谈判的力量对比和谈判策略的选择。

④经营管理和财务状况：经营管理的水平和财务状况会对商务谈判的信誉和交易条件产生影响。

⑤谈判目标和主要利益人：组织的谈判目标、优先考虑的利益人以及对谈判结果的期望会影响谈判策略的制定和实施。

⑥谈判时限：谈判背景中的时限要求会对谈判的进程和结果产生影响。

（3）人员背景。

①谈判当事人职级地位：谈判双方的职级地位和权力对比会影响谈判的力量对比。

②受教育程度和个人阅历：个人的知识水平、经验和视野会影响谈判双方的认知、智慧和谈判技巧。

③工作作风和行为追求：谈判人员的工作作风和行为追求会影响双方的工作氛围和合作关系。

④心理素质和谈判风格：谈判人员的心理素质、情绪控制能力和谈判风格会对谈判的进行和结果产生影响。

⑤人际关系：人际关系是商务谈判中非常重要的因素，谈判人员之间的关系、互信程度等都会影响谈判的进行和结果。

通过对谈判背景的认知和分析，谈判人员可以更好地制定谈判策略、把握谈判节奏，并在谈判过程中适应和应对不同的环境和要求。了解谈判背景可以为谈判人员提供基础，促使合作达到更加理想的结果。

4. 谈判议题

谈判议题是指在商务谈判中需要协商解决的问题或议题。这些议题涉及合同细节、商务合作条件等具体事项。

（1）商品质量：商务谈判中的一个重要议题是商品质量。谈判双方会协商商品的质量标准、检验程序、质量保证等细节，以确保双方对商品质量有明确的共识。

（2）商品数量：商务谈判中另一个重要议题是商品数量。双方可能就订单量、产能、交货数量等进行协商，以满足双方的需求和供应能力。

（3）价格：价格是商务谈判中的核心议题之一。谈判双方会就商品或服务的价格进行协商，以确定合适的定价方式和具体价格水平。

（4）交货期：商务谈判中的交货期也是一个重要的议题。双方会就交货的时间、承诺的交货期限、紧急交货等进行协商，以满足客户的需求和供应商的能力。

（5）付款方式：商务谈判中的付款方式也是一个重要的议题。双方可能就款项支付时间、支付方式（如现金、信用证、分期付款等）以及付款条件进行协商和达成一致。

（6）保证条款和索赔：在商务谈判中，保证条款和索赔也是需要协商的议题。双方会就产品保修期、售后服务、质量问题的索赔流程等进行协商，以确保双方的权益和风险控制。

以上仅列举了商务谈判中常见的议题，实际谈判中可能还有其他具体的议题，如合作方式、市场份额分配、知识产权保护、合同解除条款等。谈判议题的确定和协商需要双方的积极参与和相互理解，在协商过程中灵活调整和妥善处理，以求达成双方都满意的协议。

5. 谈判时间

谈判时间在商务谈判中非常关键，对于谈判的效果和结果具有重要影响。

（1）谈判时间的设定应有弹性：谈判时间的设定应该具备一定的弹性，以便适应双方的安排和需要。双方可能会因为各种原因而需要进行调整，如时间冲突、紧急事件等。灵活的谈判时间设定可以为双方提供更多的协商空间和时间，以达成双方都满意的结果。

（2）不要泄露自己的谈判时限：在谈判中，不要将自己的谈判时限泄露给对方，以免影响自己的谈判策略和议价能力。如果对方得知了自己的时限，可能会利用这一信息来施加压力或掌握主动权。对谈判时限保密可以增加自己的议价能力和谈判灵活性。

（3）选择对自己谈判有利的时机：选择适合自己的时机进行谈判是很重要的。在谈判之前，要对整个环境、市场条件以及竞争对手的情况进行分析和评估。寻找对自己有利的时机进行谈判，可以提高自己的议价能力和交易条件。有利的时机可能包括市场供需状况的变化、竞争对手的困境或需求增加等。

谈判时间的设定和选择都需要谨慎考虑。灵活的谈判时间设定、对自己的谈判时限保密和选择有利的谈判时机都有助于提高谈判的成功率，达成令双方都满意的协议。在商务谈判中，注意把握好时间的策略和变化，可以为自己争取更有利的谈判结果。

6. 谈判地点

谈判地点在商务谈判中起着重要的作用，能够对谈判结果产生影响。

（1）主场谈判：主场谈判是指在自己熟悉和可掌控的环境中进行的谈判。这种地点选择可以让谈判一方在熟悉的环境中更加自信和舒适，有利于发挥自己的优势，掌握谈判的主导权。此外，主场谈判还可以提供更好的资源和支持，方便双方协商和做决策。

（2）客场谈判：客场谈判是指在对方熟悉和主导的环境中进行的谈判。在客场谈判中，双方的地位可能不平等，谈判一方可能面临较大的压力和障碍。然而，客场谈判也可以为谈判一方提供了解对方情况和需求的机会，有利于增进彼此的理解和信任。此外，客场谈判还有助于扩展自己的市场和合作伙伴。

（3）第三地谈判：第三地谈判是指选择一个中立的地点进行谈判，既不属于谈判双方的主场也不属于客场。这样的地点选择可以平衡双方的地位，并提供中立的谈判环境。第三地谈判有助于减轻双方的心理压力，促进公正和平等的协商。

在选择谈判地点时，需要综合考虑多个因素，包括谈判双方的地位、资源分配、文化背景、物流便捷性等。合适的谈判地点能够提供一个有利的环境，有助于双方的交流和协商。同时，也需要注意谈判地点的选择是否能够提供保密性和安全性，以保护双方的利益。无论是主场谈判还是客场谈判，或者选择第三地谈判，最重要的是谈判双方都应该保持积极的沟通和协商态度，并致力于寻求共赢的解决方案。

（四）遵循商务谈判原则

1. 平等原则

平等原则是商务谈判中的一项重要原则，它要求双方在谈判过程中应以平等的身份和地位进行协商和决策。

（1）对等地位：平等原则要求谈判双方在地位上具有对等性，不论是在经济实力、市场地位、资源分配还是其他方面，双方都应该处于相对平等的地位。这样有助于确保谈判过程中的公正性和相互尊重。

（2）无歧视性：平等原则还要求谈判双方对待彼此应当是公平和无歧视的，不论是出于种族、国籍、性别、宗教、社会地位或其他因素，双方都应该平等对待。

（3）共同决策权：平等原则包括给予双方共同的决策权。双方应该在谈判中充分地发表意见，表达利益诉求，共同参与决策过程。这有助于确保谈判结果的可行性和可接受性。

（4）相互尊重和尊重利益：平等原则要求谈判双方相互尊重对方的权利、意见和利益，尊重彼此的文化、背景和多样性。这有助于建立良好的合作伙伴关系，增进双方的互信和合作意愿。

2. 互利原则

互利原则是商务谈判中的另一项重要原则，它强调双方在谈判过程中应追求互利的结果，通过协商和合作达到双方利益的最大化。

（1）双方利益平衡：互利原则要求谈判双方在商务交往中追求双赢的结果，通过平衡各方的利益来达到长期的合作关系。双方应该相互理解和妥协，通过共同的努力寻求最大化的共同利益。

（2）互惠互利：互利原则强调相互间的互惠关系。谈判双方应该寻求相互的利益，而不是一方获得过多而另一方受损。通过协商和共享资源，双方可以最大限度地满足彼此的需求和利益。

（3）长期合作：互利原则还着眼于建立长期的合作关系。双方应该从长远角度考虑，寻找共同的利益点并保持良好的合作态度。这样可以促进双方的合作成果和共同发展。

（4）共同目标：互利原则强调双方应该共同确定和追求共同的目标。在谈判中，双方应该明确彼此的需求和期望，并通过协商和合作实现共同的目标。这有助于增强双方的合作意愿和合作能力。

3. 合法原则

合法原则是商务谈判中的重要原则之一，它强调谈判双方应在合法、合规的框架内进行协商和决策。

（1）遵守法律：合法原则要求谈判双方在商务谈判过程中始终遵守国家和地区的法律法规。双方应确保谈判活动的合法性，遵守相关的商业法律、合同法和知识产权法等。遵守法律规定可以保护双方的权益，维护公平竞争的商务环境。

（2）合规合约：合法原则还强调谈判双方应签订合法有效的合同和协议。合同应明确双方的权益和责任，并遵循约定的条款和条件。谈判双方应确保合同内容符合法律规定，在交涉和签署合同时进行透明、公正和双方自愿的协商。

（3）尊重商业道德：合法原则还指出谈判双方应遵守商业道德和职业伦理。商务谈判应遵循诚实、诚信、公正和透明的原则，避免欺诈、腐败和不正当竞争行为。双方应保持诚信和诚实的沟通，尊重商业伙伴的利益和权益。

（4）保护知识产权：合法原则强调保护知识产权的重要性。在商务谈判中，谈判双方应尊重和保护对方的知识产权，包括专利、商标、版权等。双方应遵守知识产权法规，通过协商和授权等方式实现知识产权的合法交易和使用。

4. 诚信原则

诚信原则是商务谈判中的关键原则之一，它强调谈判双方应在谈判过程中保持诚实、守信和可靠的行为和态度。

（1）诚实守信：诚信原则要求谈判双方在交流和表达意见时要保持诚实和真实。双方应提供准确的信息和数据，不隐瞒重要的信息和事实，避免故意误导对方。同时，在达成协议和合同签订后，双方也应按照约定履行承诺，守信守约。

（2）透明公正：诚信原则强调谈判过程应该是透明和公正的。双方应该通过明确的沟通和有效的信息交流，确保双方对谈判内容和目标有清晰的了解。同时，谈判过程中应遵守公平公正的原则，不利用信息不对称或其他不公平手段获取不当利益。

（3）尊重合作：诚信原则要求双方在商务谈判中保持合作态度和合作精神。双方应相互尊重和理解，尊重对方的权益、意见和需求。通过积极合作、协商和寻求共识，实现真正的合作共赢，而不是依赖欺骗或损害对方的利益。

（4）长期合作：诚信原则也强调建立长期合作关系的重要性。在商务谈判中，双方应考虑未来的合作潜力，并以信任和良好的合作记录为基础，建立稳定、可持续的合作关系。这有助于促进长期的合作成果和共同发展。

5. 求同原则

求同原则是商务谈判中的一项重要原则，它强调在谈判过程中，双方应寻求共同点和利益的一致性，以实现协商和决策的目标。

（1）共同目标：求同原则要求双方在商务谈判中明确共同的目标和利益点。双方应明确谈判的目的和预期结果，并在协商过程中寻找双方共同追求的目标。通过明确共同的目标，双方可以更好地协调和配合，推动谈判进展。

（2）利益交换：求同原则强调双方在谈判中应寻找互利的机会和交换点。双方应在协商过程中了解和考虑彼此的利益和需求，并寻找双方互相满足利益的方式。通过形成互利的交换，双方可以实现更加平衡和可持续的合作关系。

（3）异同调和：求同原则也提倡在谈判中调和双方的异同观点和意见。双方应开放心态，尊重对方的不同意见，通过积极的沟通和协商寻找共识。双方可以就问题的不同方面进行讨论，并在双方利益一致的基础上找到解决方案。

（4）共享资源：求同原则还强调双方应共享资源和信息。双方可以分享彼此的专业知识、经验和资源，以增强谈判结果的有效性。共享资源有助于双方更好地理解对方的需求和利益，并为合作提供更多机会。

6. 人和事有别原则

人和事有别原则是商务谈判中的一项重要原则，它强调在谈判过程中应区分人的问题和事的问题，并且要以不同的方式处理这两类问题。

（1）人的问题的处理。

①设身处地理解对方的观点和动因：在处理涉及人的问题时，双方应试图理解对方的观点、动机和利益。这有助于建立共情和理解，减少误解和冲突，为解决问题创造良好的关系基础。

②疏通谈判中掺杂的感情问题：谈判过程中，人情因素难免涌现，双方应设法疏通和化解这些感情问题。双方可以通过沟通、表达和理解彼此的情感，消除不必要的主观情感干

扰，从而更好地专注于问题的解决。

（2）人与事的问题的区分。

①将谈判者的两种利益区分开：谈判双方应意识到一方希望达成满足自身利益的协议，而另一方则追求双方长远合作利益。区分这两种利益的追求有助于双方理解彼此的动机和利益诉求，并找到适当的解决方案。

②谈判双方应做到互相信任：在区分人和事的问题时，建立和加强双方的信任十分重要。通过诚实、透明和守信的行为，双方可以建立互信关系，增强合作意愿和合作能力，促进问题的解决。

7. 把立场和利益分开的原则

把立场和利益分开的原则是商务谈判中一个重要的原则，它强调在谈判过程中要将双方的立场与利益区分开，并以利益为导向进行协商和决策。

（1）立场与利益的关系。

①立场反映了谈判者追求利益的态度和要求：谈判者的立场是其对特定问题的观点和态度。立场通常是由谈判者对其追求的利益的期望和需求决定的。

②利益是采取立场的原因：利益是指谈判者在谈判中希望获得和保护的利益、权益和价值。立场通常是为了实现特定利益而采取的行动态度。

（2）立场与利益关系的处理。

①协调双方的利益，而不是调和双方的立场：在商务谈判中，双方应着重协调和平衡彼此的利益。在谈判过程中，双方的立场可能相互对立，但是通过协商和创造性的解决方案，双方可以找到互利共赢的途径，满足双方的利益需求。

②利益第一原则：在处理立场与利益关系时，双方应以利益为导向。双方应共同寻求解决方案，使双方的利益最大化，实现持久和互惠的合作关系。

8. 坚持客观标准原则

坚持客观标准原则是商务谈判中的一个重要原则，它强调在谈判过程中应基于客观、公正和公认的标准来进行协商和决策。

（1）确定客观标准：如贸易规则、商品标准、结算规则、有关法律等。在商务谈判中，双方应参考国际、行业或法律等相关的客观标准。这些标准可以提供公认的框架和准则，使双方在谈判过程中能够依据相同的标准进行讨论和决策。通过识别和确认这些标准，可以避免主观情绪和个人意见对决策产生过大的影响，保持谈判的客观性。

（2）确定最合适标准：在谈判过程中，双方应努力寻找最合适的标准来解决争议和达成协议。最合适的标准应综合考虑双方的利益、行业规范以及相关法律和国际承诺等因素。通过选择最合适的标准，可以提高谈判结果的合理性和可接受性，减少冲突和争议，并增强合作关系的稳定性。

（3）以其矛攻其盾：在坚持客观标准的基础上，双方可以使用客观标准作为依据来攻击对方的不合理要求或立场。通过参考公认的标准和规则，双方可以向对方展示其要求或立场的不符合性，从而促使对方重新考虑或做出调整。这种以其矛攻其盾的策略可以增加谈判的说服力和争议的解决能力，推动谈判朝着可行的方向发展。

（五）做好谈判前的准备工作

做好谈判前的准备工作对商务谈判的成功至关重要。做好这些商务谈判前的准备工作可以提高谈判的效果和成功率。

1. 商务谈判的信息准备

（1）了解政府的政策、法律、社会文化民俗。

在准备商务谈判之前，了解所在地或目标市场的政府政策、法律法规以及社会文化习俗是必要的。这些信息能帮助双方更好地了解当地的政治、法律和文化环境，以便更好地处理谈判中可能涉及的相关问题，增加双方的相互理解和合作潜力。

（2）掌握市场行情。

了解市场行情是商务谈判前必须要做的准备工作之一。了解市场行情，包括对相关产品或服务的需求和供应情况、价格水平、竞争对手的情况等的了解。这些信息能够帮助双方准确把握市场走势，制定合理的谈判策略，提高谈判的成功率。

（3）研究谈判对手。

在进行商务谈判之前，对谈判对手进行充分的研究十分重要。这包括对对方的身份、资信、权限、时限、人员等方面的了解。通过深入研究对方，可以更好地了解对方的需求、利益和谈判风格，有助于双方寻找共同点和解决问题的方法。

（4）熟悉交往礼仪。

在进行商务谈判时，了解和熟悉当地的交往礼仪也是一项重要的准备工作。对于商务谈判涉及的着装、握手、递交名片、送礼物、就餐、礼貌语等方面的礼仪，可以事先做好准备，避免因不同文化背景带来的误解或冲突，营造友好氛围和提高沟通的顺畅性。

通过信息的准备和了解对方的情况，可以更好地把握谈判的重点和关键，增加双方的相互理解和合作意愿。同时，熟悉交往礼仪可以增加与对方的亲近感，并为友好的谈判氛围铺平道路。准备充分的商务谈判将有助于双方实现共同的利益，达成双赢的结果。

2. 商务谈判的组织准备

（1）谈判人员配备。

商务谈判通常需要不同专业背景和技能的人员组成团队。谈判人员的典型配备可以包括领导人（负责决策和指导）、商务人员（负责商务交流）、技术人员（提供专业技术支持）、财务人员（处理财务和经济事务）、法律人员（处理法律合规性问题）以及翻译人员（提供语言支持）等。

（2）谈判人员的分工与配合。

商务谈判人员应根据各自的专业背景和技能，进行合理的分工与配合。这包括主谈人员和辅谈人员的分工，主谈人员负责主导谈判过程，进行核心讨论和决策，而辅谈人员则负责提供支持和补充信息。

（3）台上与台下的分工与配合。

商务谈判涉及的不仅仅是谈判桌上的协商，还包括谈判桌下的各种组织和准备工作。台上指的是正式的讨论和决策环节，而台下则是指在谈判之前、期间和之后需要进行的各种准备和后勤工作，如文件准备、行程安排、场地布置、资料整理等。在台上与台下的分工与配合中，谈判人员需要相互协作，确保谈判过程的连续性和高效性。

通过商务谈判人员的合理配备和分工与配合，可以提高谈判的专业性、效果和成功率。不同角色的人员各司其职，发挥各自的专业优势，确保在谈判过程中全面考虑各方面的因素。台上与台下的合理分工与配合可以保证谈判的顺利进行，提高谈判的效率和成果。商务谈判的组织准备对于实现谈判目标和建立长期合作关系至关重要。

3. 商务谈判的方案准备

（1）制定谈判目标。

在商务谈判前，明确制定谈判目标是至关重要的。谈判目标可以分为最低目标（底线，最低可接受的结果）、中间目标（期望达到的结果）和最高目标（理想的结果）。通过明确目标，可以帮助双方确立谈判的方向和重要议题，并制定相应的策略和计划。

（2）确定谈判的进程与阶段目标。

商务谈判可能涉及多个阶段和议题。在准备过程中，确定谈判的进程和每个阶段的目标是必要的。这有助于分阶段进行谈判，将整个谈判过程分解为可管理的部分，降低复杂性，并确保谈判达到预期的结果。

（3）估量谈判中的问题与障碍。

在方案准备过程中，应对谈判中可能出现的问题和障碍进行估量和预测。这包括对各方的利益、要求和可能的矛盾或冲突进行分析。通过充分估量可能的问题和障碍，可以制定应对策略，以应对潜在的困难或挑战，保持灵活性，并提高谈判的成功率。

（4）确定谈判策略、方法。

商务谈判需要制定合适的谈判策略和方法。谈判策略包括如何定位自己的立场、如何与对方互动、如何处理谈判过程中的紧张局面等。谈判方法可以根据具体情况选择，如合作式谈判、竞争式谈判、折中式谈判等。通过制定适当的策略和方法，可以更好地控制谈判过程，增加达成协议的可能性。

商务谈判的方案准备有助于提前规划和掌握谈判的主动权。通过明确谈判目标、规划谈判进程和阶段目标、估量可能的问题和障碍，并制定谈判策略和方法，可以增加谈判的成功率和效果，促进双方达成互利共赢的合作协议。有效的方案准备能够为谈判提供指导和支持，确保谈判过程顺利进行。

4. 商务谈判的物质条件准备

商务谈判的物质条件准备同样是商务谈判的重要组成部分。

（1）谈判室及室内用具的准备。

确保谈判室具备适当的设施和用具是商务谈判的基本要求。谈判室应提供舒适的环境，包括合适的温度、光线和空气流通。此外，谈判室还应配备必要的设备，如液晶显示屏、音响设备、投影仪、白板或幕墙等，以便双方进行演示、讨论和共享资料。

（2）谈判人员的食宿安排。

商务谈判可能需要跨越一天或多天，因此合理的食宿安排是必要的。这涉及谈判人员的住宿、用餐和交通等方面的安排。确保提供舒适、方便且符合谈判人员需求的住宿条件，同时安排合适的用餐时间和场所，以便谈判人员能够恢复体力，保持稳定的精神状态。

商务谈判的物质条件准备对于创造一个良好的工作氛围和提高谈判效果至关重要。提供适当的谈判室设施和用具有助于双方进行有效的沟通和资料共享，促进谈判进程的顺畅进行。同时，合理的食宿安排可以保证谈判人员在谈判期间得到充分的休息和营养补给，确保他们身心状态良好，以应对长时间和复杂的谈判过程。商务谈判的物质条件准备为谈判提供了舒适和便利的环境，有助于双方更好地集中精力，达成良好的谈判结果。

 任务评价

序号	评价项目	评价指标	分值	自评（20%）	互评（20%）	师评（60%）	合计
1	知识目标（50分）	理解商务谈判的含义、商务谈判活动的特征、类型、主要内容	10				
		掌握商务谈判三阶段、构成要素，遵循商务谈判的原则	15				
		理解商务谈判合同基本条款的内容	15				
		学会撰写商务谈判合同基本条款	10				
2	能力目标（20分）	能够区分商务谈判活动情形及其类型	10				
		能够规划设计参与谈判的准备工作事宜	10				
3	素质目标（30分）	增强商务谈判意识，提高参与谈判活动的心理适应力	10				
		具备良好的沟通能力、谈判技巧	10				
		具备良好的解决问题的能力	10				
	合计		100				
	综合得分						

 知识巩固

单选题

1. 下列选项不属于商务谈判产生的前提条件是（　　）。

A. 双方（或多方）有共同的利益，无分歧之处

B. 双方（或多方）都有解决问题和分歧的愿望

C. 双方（或多方）愿意采取一定行动达到协议

D. 双方（或多方）都能互利互惠

2. 下列选项不属于商务谈判的特征是（　　　）。

A. 利益性　　　　　　B. 平等性　　　　　　C. 多样性　　　　　　D. 无约束性

3. 商务谈判的主体是（　　　）。

A. 当事人　　　　　　B. 标的　　　　　　C. 议题　　　　　　D. 价格

4. 谈判的核心任务是（　　　）。

A. 利益争执　　　　　　　　　　　　B. 说服（协商）

C. 价格解释与价格评论　　　　　　　D. 双方相对独立或对等

5. 谈判产生的条件是（　　　）。

A. 双方在观点、利益和行为方式等方面既相互联系又相互冲突或差别

B. 一方企图说服另一方或理解、或允许、或接受自己所提出的观点

C. 双方在物质力量、人格、地位等方面都相对独立或对等

D. 人际关系的一种特殊表现

6. 下列选项属于谈判的正确理念是（　　　）。

A. 双赢理念　　　　　　B. 输赢理念　　　　　　C. 双输理念　　　　　　D. 零和理念

7. 商务谈判的目的是（　　　）。

A. 商务谈判的议题　　　　　　　　　B. 商务谈判的当事人

C. 商务谈判的标的　　　　　　　　　D. 商务谈判的价格

8. （　　　）的核心是谈判的双方既要考虑自己的利益，也兼顾对方的利益，是平等式的谈判。

A. 让步型谈判　　　　B. 立场型谈判　　　　C. 互惠型谈判　　　　D. 原则型谈判

9. 下列选项不属于按谈判地点划分的谈判类型是（　　　）。

A. 主场谈判　　　　　B. 客场谈判　　　　　C. 第三地谈判　　　　D. 间接谈判

10. 下列选项不属于按谈判内容划分的谈判类型是（　　　）。

A. 商品贸易谈判　　　B. 投资项目谈判　　　C. 技术买卖谈判　　　D. 公开谈判

三、任务拓展

学以致用

有一对老夫妻，一天晚上在浏览杂志时，看到一幅广告中的背景是一座老式时钟，它把气氛衬托得十分优雅。妻子说："这座钟是不是你见过最漂亮的一个？把它放在我们的过道或客厅中，看起来一定不错吧？"丈夫回答："的确不错！我也正想找个类似的钟挂在家里，不知道多少钱？广告上没有标明价格。"商议之后，他们决定要在古董店里寻找那座钟，并且商定假若找到那座钟，只能花500元以内的价格购买。

他们经过两个月的搜寻后，终于在一家古董展示会场的橱窗里看到了那座钟，妻子兴奋地叫起来："就是这座钟！没错，就是这座钟。"丈夫说："记住，绝不能超过500元的预算。"他们走近那个展示摊位。"喔喔！"妻子说道，"时钟上标价是750元，我们还是回家算了，我们说过只有500元的预算，记得吗？""我记得。"丈夫说，"不过还是试一试吧，

我们已经找了那么久，不差这一会儿。"

　　夫妻私下商谈后，决定由丈夫作为谈判者，争取在 500 元内买下那座钟。随后，丈夫鼓起勇气，对那座钟的售货员说："我注意到你们有座钟要卖，定价就贴在钟座上，而且蒙了不少灰尘，显得的确很古老。"他接着说："告诉你我的打算吧，我给你出个价，只出一次价买那座钟，就这么说定。想你可能会吓一跳，你准备好了吗？"他停了一下，似乎想增加一下说话的效果。"你听着——250 元。"那座钟的售货员连眼也不眨一下，说道："卖了，那座钟是你的了。"

　　那个丈夫的第一个反应是什么？得意扬扬？"我真是棒极了，不但获得了优惠，而且得到了我要的东西。"不，绝不！我们曾经碰到类似的情况。他的最初反应一定是："我真蠢！我该对那家伙出价 150 元才对！"你也知道他的第二个反应："这座钟应该很重才对，怎么那么轻呢？我敢说里面一定有些零件不见了。"然而，他仍然把那座钟放在家里的客厅中，看起来非常美丽，而且似乎没什么毛病，但是他和太太却始终感到不安。那晚他们安歇之后，半夜曾三度起来。为什么？因为他们没听到时钟的声响。这种情况持续了无数个夜晚，甚至导致他们的健康开始恶化，夫妻俩都有些紧张并且都有高血压的毛病。为什么？只因为那个售货员不经交涉就以 250 元把钟卖给了他们。

　　案例中的这对老夫妻经历了商务谈判的三阶段吗？他们明明采取了吹毛求疵的谈判战术，说出了压价的理由并达成自己的目标，为何还感到不安？我们自己有没有同样的经历？

任务 2 讨价还价——设计开局报价
Mission two

　　商务谈判的开局和报价是指在商务谈判过程中，向对方提供的初始报价或估算，以展示商业交易或合作项目的基本条件和成本概述。商务谈判开局报价的目的是为双方提供一个起始点，以便在后续谈判中进一步商讨和达成协议。

　　开局报价是商务谈判的关键一环。通过合理、透明和灵活的报价，可以为双方提供一个起点，交换意向和需求，并为后续的谈判奠定基础。准确估算成本和利润、灵活调整报价、保持持续的沟通和协商，能够促进双方之间的合作关系和达成有益的商业协议。

一、任务引入

小故事大道理

销售经理的商务谈判

　　黎璐是一家家具制造公司的销售经理，最近公司开发了一款新型沙发，公司希望与一家大型家居连锁店合作销售。她将带领公司谈判团队与这家大型家居连锁店进行一场商务谈判，公司希望将沙发的零售价定为 2 800 元，与大型家居连锁店合作销售，可以以批发价50%的折扣出售，即每套沙发1 400元。如果你是销售经理，请你从开局报价、进行讨论、听取对方报价、还价等环节进行一场模拟谈判。

 任务分析

（1）在开局阶段，如何营造开局气氛、把握开局策略。

（2）在报价阶段，把握报价依据和报价方式，有技巧地进行报价。

（3）在讨价阶段，把握双方的沟通和灵活性，如何充分了解市场价格，设定目标价格和底线，确定讨价策略。

（4）在还价阶段，采用总体还价还是目标分解还价？采用哪种还价策略？

 学习目标

知识目标：熟悉商务谈判开局流程，掌握开局气氛营造，掌握报价还价的策略方法。

能力目标：能够有策略地打开谈判局面，营造良好气氛；能够有技巧地进行报价、讨价、还价；能够进行角色扮演，灵活运用各种谈判策略和技巧完成谈判的报价、讨价、还价阶段。

素质目标：认识开局的重要性，注重报价还价的技巧性，养成沉稳的气质；具备良好的沟通能力、谈判技巧和解决问题的能力；注重谈判过程的礼貌礼仪和得体的形象。

 课前准备

（1）通过网络搜索了解家具制造公司和大型家居连锁店之间的合作模式。

（2）通过网络搜索和教材内容了解营造开局气氛、开局报价、讨价还价的相关知识。

（3）通过网络搜索和教材内容确定此次商务谈判采用的开局策略。

（4）商讨确定此次商务谈判采用的报价方式和策略。

（5）通过网络搜索和教材内容商讨确定此次商务谈判采用的还价策略。

二、任务实施

 任务工单

（1）第一步：采用的开局策略，请填入表6-4。

表6-4　开局策略

开局策略	原因或理由

（2）第二步：确定报价依据及报价方式，撰写报价的话术，并填入表6-5。

表 6-5　报价依据及报价方式、话术

报价依据	报价方式
报价的话术：	

（3）第三步：进行讨论，详细介绍你的新型沙发的设计特点、优势和市场表现，并写在下方。

_____

_____

_____

（4）第四步：听取对方公司连锁店采购经理的报价，将他对批量折扣政策感兴趣的内容写在下方。

_____

_____

_____

（5）第五步：还价，阐述还价方式和使用的还价策略，撰写还价的话术，并填入表 6-6。

表 6-6　还价方式及还价策略、话术

还价方式	还价策略
还价的话术：	

（6）第六步：分组（团队）上台汇报（模拟谈判）。

 知识传递

（一）开局

谈判的开局是确定谈判方向、建立互信和合作基础的关键步骤。一个良好的开局能够为后续的谈判过程带来积极影响，有助于提高谈判的效率和成果。

1. 了解开局内容

商务谈判的开局是建立合作关系和确立谈判框架的重要步骤。商务谈判的开局阶段有助于建立互相理解和信任的氛围。确保双方对谈判目标的一致性，明确议程和进度，以及约定纪律规定，可以提高谈判的效率，并为后续的讨论奠定稳定的基础。

开局阶段的策略
（微课视频）

（1）具体问题的说明。

①介绍人员：在商务谈判开始之前，双方可以逐一介绍参与谈判的人员。每个人可以报上自己的姓名、职务以及在谈判中的角色。这样可以让所有参与者对彼此有一个基本了解，建立互信和合作的基础。

②谈判目标：在开局阶段，双方需明确表达自己的谈判目标和期望。这些目标可以是总体性的，例如建立长期合作伙伴关系，实现共赢，拓展市场份额等。确保双方对谈判的目标保持一致，有助于推动谈判的顺利进行。

③议程和进度：商务谈判需要有一个明确的议程和进度安排，以保证谈判过程的有序进行。在开局阶段，双方可以提出议程和进度的建议，并进行讨论和修改，直到达成共识。确保双方在谈判中知道将要讨论的议题，并有时间规划，可以提高谈判的效率和成果。

④纪律约定：商务谈判中的纪律约定非常重要，可以确保谈判过程的公正、透明和专注。在开局阶段，双方可以共同商讨并明确提醒所有参与者应遵守的纪律规定。这包括互相尊重，保持谈判内容的保密性，准时参加会议等。通过约定纪律规定，可以建立良好的谈判环境，提升双方的合作和沟通效果。

（2）营造适当的谈判气氛。

营造适当的谈判气氛是谈判成功的关键因素之一。通过语言、动作和表达方式的交流，可以营造出轻松、愉快和和谐的谈判氛围。

①积极和热情的语言表达：在谈判中，使用积极和热情的语言表达是非常重要的。双方可以使用肯定的词汇，对对方提出的观点和建议表示赞赏和认可。同时，避免使用过于消极和负面的表达方式，以免给谈判气氛带来压抑和紧张的感觉。

②幽默和风趣的交流：在适当的时候，双方可以运用幽默和风趣的方式进行交流。适度的幽默可以缓解紧张气氛，增加友好感和亲近感。然而，需要注意幽默的内容要得体，并避免冒犯或让对方感到不适的言辞。

③中性和客观的话题：在谈判中，选择中性和客观的话题是十分重要的。避免讨论敏感性和争议性的议题，以免引发争执和紧张局面。相反，谈论一些与业务相关且普遍认同的话题，例如行业趋势、市场前景、共同的业务挑战等，可以使双方建立共鸣和互相理解。

④尊重和倾听：建立适当的谈判氛围还需要双方相互尊重和倾听。尊重对方的观点和意见，给予足够的时间和空间表达自己的想法。倾听是非常重要的沟通技巧，它表明对对方的尊重和重视，有助于建立良好的合作关系。

（3）开场陈述。

在开场陈述中，双方可以依次陈述己方观点和愿望，并提出各种设想和解决方案。

①己方观点和愿望。

双方可以依次陈述自己的观点和愿望。在这个阶段，双方可以解释自己对待谈判问题的立场和看法，阐明自己的利益和需求。这可以帮助对方更好地理解己方的立场，并为后续的讨论提供一个参考框架。在陈述观点时，注意要明确、清晰并客观地表达己方的意见，避免使用攻击性或偏激的言辞。同时，给予对方足够的时间倾听和理解自己的观点，以促进双方之间的沟通和达成共识。

②设想和解决方案。

除了陈述观点和愿望外，双方还可以在开场陈述中提出各种设想和解决问题的方案。这可以是对当前问题的不同处理方式、合作模式的设想，或是解决矛盾和问题的方案建议。在提出方案时，双方可以充分发挥创造力，探索各种可能性。这些方案可能包括权益的妥协，资源的共享，合作伙伴关系的建立等。通过提出多种方案，可以为后续的讨论和谈判过程提供更多的选择和交流的平台。在交流过程中，双方应相互尊重并积极倾听对方的意见和方案。优秀的开场陈述能够展现双方的诚意和合作意愿，为谈判的进一步进行奠定基础。

 商道秘籍

案例音频 1

打动对方的开场陈述

在谈判的过程中，我们可能刚想开始进入角色时就被无情拒绝。为什么会被拒绝？在销售谈判中被拒绝的原因有很多，开场陈述不吸引人就是其中一点，例如以下两例。

例 1：

小王：赵总，你好，我是大华公司的销售人员小王。这是我们公司的产品资料，我们的设备质量好，而且价格便宜，你看是否感兴趣？

赵总：放我这吧！我感兴趣的话给你打电话。

（小王刚走，赵总顺手将小王的资料扔进了垃圾桶。）

例 2：

老李：赵总，您好，我是大华公司的销售人员老李。这是我们公司的产品资料，如果用我们的设备，会比您现在用的 W 型号的设备效率提高 30%，而且节能 10%……您是否感兴趣？

赵总：效率提高 30%？你讲讲。

要在短时间内打动对方，必须抓住对方的需求点。

2. 营造开局气氛

一个良好的开局为谈判的进展奠定了积极的基础，有助于为成功的结果铺平道路。

（1）营造高调气氛。

营造高调气氛是为了激发积极性和热情，创造一种充满活力、动力的氛围。它可以激发团队成员的热情和合作意愿，提高工作效率和创造力。

①情感法。

要利用情感法来营造高调气氛，可以选择一个特殊事件来引起参与者的情感共鸣。

选择一个特殊事件：选择一个引人注目、与参与者相关且能够激起情感的特殊事件。这可以是一个成功的故事、一个感人的经历、一个具有象征意义的事件等。确保该事件能够引起参与者的关注和情感共鸣。

讲述真实而感人的故事：用真实而有力的语言描述和讲述该特殊事件，以引起参与者内心的情感。追求情感共鸣，可以通过描述事件中的挫折、困难或突破来引发参与者的同情、欣赏或激励，从而建立共鸣和连接。

强调事件的意义和影响：在分享特殊事件时，强调其对参与者个人生活或谈判主题的意义和影响。这可以是启示、鞭策或激发，并表达对未来成功的信心和渴望，激发参与者的积极情绪，营造高调氛围。

鼓励分享和讨论感受：在分享特殊事件后，鼓励参与者分享自己的感受和观点。这可以通过提问、促进讨论或开放式的交流方式来实现。这种分享和讨论可以进一步加深情感共鸣，并营造更高调的气氛。

案例音频 2

一个电话号码引发的订单

一天，国美销售人员小胡拦住了一个中年男性顾客，向他介绍多循环冰箱。交谈中，小胡发现这位顾客对产品品质要求很高。小胡推荐一款高端机，并说今天是3·15，价格非常实惠，还说一到旺季要涨价。顾客笑着说："你真会做生意，我今天有点事，那好吧，我明天再过来。"

小胡知道这句话的双重含义，急忙说道："如果您方便的话，不妨留下您的电话号码，以便我们更好地为您服务。"顾客留下电话号码后就走了，小胡心里没有把握，拿不准这单生意能不能成交。她看了看电话号码，竟然发现是"139866"开头的，这是一个很老的电话号码，应该属于最先使用手机的人。看来，这位穿着朴素的顾客应该不一般，应该属于最先富起来的那一类人，那么他应该有足够的实力购买高端产品。这样，小胡便有了很迫切的愿望，希望这单生意能做成。晚上回家，小胡跟老公说了这件事。没想到，老公一看，就知道这号码是神力汽车公司的牛总。小胡一阵惊喜，并下定决心，一定要拿下这单生意。

第二天一上班，小胡便给牛总打电话："牛总，您好，我是国美的小胡。"牛总很奇怪，说："我并没有告诉你我姓什么啊，你怎么知道的啊？"小胡说出实情。牛总听完后，爽朗地笑了，说："好，好，好，你们国美电器这么用心地对待工作，而且又这么率直，本来我太太打算今天到别的商场看看，算了，我们今天就直接去你那里买冰箱吧，我喜欢那些用心对待工作的人。"就这样，这单生意在愉快的气氛中成交了。后来，牛总的太太又介绍别人来买了一台高端冰箱。这个故事告诉我们，要做有心人，有时商机就在一个小小的电话号码中。

②赞扬法。

要营造高调气氛，利用赞扬法是一种有效的方法，可以通过赞扬对方来获得认同，激发对方的热情。

了解对方的优点和长处：在与对方交流之前，先了解对方的优点和长处。这可以通过观察、了解对方的背景和成就，或者在与他人的交流中获取相关信息。了解对方的优点将帮助你更准确地给予赞扬和认同。

给予真诚的赞扬：在与对方交流时，以真诚和诚挚的态度给予赞扬。注意赞扬应该是具体的、有针对性的，而不是模糊和空洞的。通过提及对方的具体行动、成就或品质来表达你对他们的赞赏。

让赞扬与谈判主题相关：确保赞扬与谈判主题或讨论的话题有关联。这样可以更有效地激发对方的热情和积极性，并让他们感到自己在谈判中的重要性和价值感。

表达认同和共鸣：在给予赞扬时，同时表达对对方的认同和共鸣。这可以通过分享自己对对方行动、观点或成就的认可和共鸣，让对方感受到你与他们在想法和目标上的共同点。

激发积极回应和合作：赞扬不仅仅是为了夸奖，更重要的是激发对方的积极回应和合作。通过赞扬，让对方感到自己受到重视和赏识，进而激发他们更积极地参与谈判，并为达成共同目标努力。

③幽默法。

利用幽默法来消除对方的警戒心理，可以创造轻松、融洽的氛围，促进参与者更积极地参与谈判。幽默可以缓解紧张情绪，提升参与者的情感与认知，增加合作意愿和促进共识的形成。

案例音频 3

选择适当的幽默元素：在利用幽默来促进参与者的积极性时，需要选择适当的幽默元素。这可以是一个轻松的笑话、一个有趣的故事、一个巧妙的比喻或者一个幽默风格的陈述。要确保幽默元素与参与者的文化背景和敏感度相符，并且不会冒犯任何人。

创造轻松的氛围：将幽默嵌入谈判中，以创造轻松和融洽的氛围。可以通过适时引入幽默元素来缓解紧张的气氛，帮助参与者放松下来，以积极的心态参与讨论和协商。

关注非语言和声音效果：除了幽默的内容，注意非语言和声音效果的运用也是重要的。使用适当的语气、表情和姿势来增强幽默的效果，更容易引发参与者的笑声和积极反馈。

尊重和适度：在利用幽默时，要尊重参与者的感受，并确保幽默是适度的。幽默应该是友善和包容的，而不是冒犯或侮辱他人。在使用幽默之前，最好评估参与者的接受程度，以确保它能够达到理想的效果。

 商道秘籍

被拒绝的销售员

销售员晓晨与客户约好第二天上午 10 点到客户那里洽谈产品事宜，但是第二天由于晓晨有事耽误了，所以他打电话告诉对方 10 点半到达，没想到因为路上堵车，晓晨只能再打电话告诉客户 11 点到达。客户很气愤，告诉他不要过来了，也不会购买他推销的产品。

案例音频 4

但晓晨还是赶到了对方的公司，面对怒气冲冲的客户，他却笑着说："您好，我是××公司的销售员晓晨，刚刚听说您拒绝了一位销售员的推销，所以我马上过来了，希望我们的产品可以让您满意！"

客户乌云密布的脸一下子放晴了，甚至忍不住笑了出来，公司里也是一阵哄堂大笑。这时客户说："那我们看看你的产品吧。"

（2）营造低调气氛。

营造低调气氛是指在特定场合或环境下，创造一种平和、轻松、冷静的氛围，让参与者感到放松和舒适，提供思考和交流的空间。这种氛围通常不会过于激动、紧张或冲突，而是以平和、稳定和谦和为主导。

①感情攻击法。

感情攻击法旨在利用某种事件或语言刺激对方的情绪，使其感到低落、沮丧或受伤。这种做法可能会导致严重的负面后果，如破坏人际关系、增加冲突和不信任等。

②沉默法。

沉默法是一种营造低调气氛的策略之一，它通过保持沉默来给对方施加一定的心理压

力，引发对方的反思和行动。

使用沉默法时，你选择保持沉默，不回应对方的言辞或行动，让对方感到一定的紧张和不安。这种沉默可以让对方意识到他们的语言或行为可能是不合适或引发问题的原因，从而促使他们进行反思和调整。沉默法需要在适当的时间和情境下使用，以避免产生负面影响或误解。过度使用或长时间的沉默可能会导致沟通的中断、不愉快或冲突进一步升级。沉默并不意味着不尊重对方的感受和观点，而是为了引起对方的深思熟虑和自省。在合适的时机，你应该表达你的立场和关注，以促进更积极的沟通和寻求解决方案。

③疲劳战术。

疲劳战术常用于谈判、辩论或争论的情境中。它的目的是通过消耗对方的体力、耐心或意志力，使其陷入疲惫状态，从而削弱其谈判或辩论的热情和效力。

疲劳战术通常包括以下方式：频繁重复问题或论点，反复提出相同的问题或论点，使对方被迫不断回答或辩解相同的观点，以达到消耗其精力和耐心的目的；延长谈判时间，故意拖延或拉长谈判的时间，使其超出原定的时间范围，从而迫使对方在疲劳的状态下做出让步或接受不利条件；引入复杂的话语和技术性的内容，使用复杂的术语、技术性的内容或长篇大论，使对方在理解和应对上感到困惑和疲惫；频繁变换话题，在讨论过程中频繁地变换话题，使对方难以跟进和深入讨论，增加其负担和困扰。

④指责法。

指责法是一种营造低调气氛的策略，通过对对方的错误或失礼进行严厉指责，以引发其内疚感和负面情绪。其目的是通过严厉地指责对方的错误、不当行为或不良态度，以引起对方的内疚感或愧疚，从而影响对方的思维和行为。使用指责法时，一个人会直接或间接地表达对对方的不满、责备或谴责，通过批评和指责来施加压力或迫使对方做出改变。

3. 提升开局策略

开局策略是指在谈判开始阶段，谈判者为了获取有利地位和控制谈判进程而采取的行动方式或手段。这些策略旨在建立良好的谈判氛围、激发对方的兴趣和合作意愿，并提高自身的议价能力。通过这些策略，谈判者可以在谈判开始时获取更有利的地位，并对谈判进程起积极的引导作用。

（1）考虑影响开局策略的因素。

①考虑谈判双方的关系。

谈判双方的关系对开局策略起着重要的作用。如果双方存在较好的信任和合作关系，可以选择更加积极主动的策略。如果存在紧张或敌对的关系，则需要更加审慎和谨慎地选择策略。

②考虑双方的实力。

双方的实力对开局策略的选择和执行有着直接的影响。如果一方实力较强，可以采取更加自信和有利的策略。如果自身实力相对较弱，则可能需要更加灵活和巧妙地运用策略来平衡实力差距。

③考虑时间和资源限制。

谈判过程中的时间和资源限制也会对开局策略产生影响。如果时间紧迫或资源有限，可以采取快速出击、切入重点的策略；如果有足够的时间和资源，可以选择更加深入细致的策略。

④考虑谈判主题和环境。

谈判的主题和环境也是影响开局策略的因素之一。不同的谈判主题和环境可能需要采取不同的策略。例如，对于合作谈判，可以采取寻求共同利益的策略；对于竞争谈判，可能需要更加强调自身实力和利益的策略。

⑤考虑个人特点和风格。

每个谈判者都有自己的个人特点和谈判风格，这也会影响开局策略的选择。一些人可能偏向于直接和坚定的策略，而另一些人可能更注重建立人际关系和互动。因此，谈判者需要充分考虑自身特点和风格，并根据实际情况选择适合自己的策略。

（2）谈判开局策略。

①一致式开局策略。

一致式开局策略是一种追求谈判双方在开局阶段就建立友好和愉快气氛的策略。该策略的目标是通过创造积极的情绪和沟通氛围，促使双方在谈判开始时就产生一种共同利益和合作的感觉。

高调地表达友好意图：谈判者可以在开局阶段积极表达友好和合作的意愿，通过亲切的问候、微笑、握手等方式传递友好信号。这种高调的表达可以让对方感受到你的善意和友善，创造轻松和谐的氛围。

自然的沟通方式：在开局阶段，谈判者可以采用自然流畅的沟通方式，避免过于僵硬或刻意的表现。通过流畅的语言和互动方式，让对方感受到你的真诚和自信，增加彼此之间的交流和理解。

共同关注点的突显：在开局阶段，谈判者可以积极寻找和突显双方的共同关注点和利益点。通过找到共同点，并从中予以强调和重视，有助于建立彼此间的共识和共同目标。这可以让双方在开局时就体会到彼此的合作潜力和价值。

赞美和肯定对方：在开局阶段，适度的赞美和肯定对方的观点和立场，可以增强对方的自尊心和合作意愿。通过表达对对方的认可和赞赏，可以增加双方之间的亲和力和信任感。

创造轻松愉快的氛围：在开局阶段，谈判者可以利用一些幽默和轻松的方式来化解紧张氛围，缓解压力。轻松愉快的氛围有助于双方放松心情，更好地投入谈判过程中。

②保留式开局策略。

保留式开局策略是一种谈判策略，旨在通过保留信息和立场，掌握更多主动权和议价能力。该策略常用于具有竞争性和复杂性的谈判环境中，以获取更多的信息和优势。

控制信息的透露：在开局阶段，谈判者可以选择保留部分关键信息，以掌握更多的主动权。通过有选择地透露信息，可以引导对方的思考和反应，并为后续的议价和交流创造更有利的条件。

保持灵活性和变数：在开局阶段，保留式开局策略强调保持灵活性和变数。谈判者可以暂时不表达明确的立场和意见，以等待对方的信息和表态。通过保持灵活性，谈判者可以更好地应对谈判中的变化和不确定性。

寻找对方的意图和底线：通过保持观察和听取对方的表态，谈判者可以更好地理解对方的意图和底线。在开局阶段，掌握对方底线的信息可以为后续的谈判做出更有针对性的策略调整。

重视信息收集和分析：在开局阶段，保留式策略强调对信息的收集和分析。谈判者可以积极收集对方的观点、需求和背景信息，并通过分析这些信息来制定更有效的谈判策略。

暂时避免特定承诺和决策：在开局阶段，保留式策略允许谈判者暂时避免做出特定的承诺和决策。这可以为谈判者争取更多的时间和空间，仔细权衡各种选择，并提高谈判的灵活性和议价能力。

 商道秘籍

乌龙茶投资

有一家日本公司想要在中国投资加工乌龙茶，然后返销日本。日本公司与我国福建省一家公司进行了接触，双方互派代表就投资问题进行了谈判。

案例音频 5

谈判一开始，日方代表就问道："贵公司的实力到底如何，我们还不十分了解，能否请您向我们介绍一下，以增加我方进行合作的信心。"

中方代表回答道："不知贵方所指的实力包括哪几方面，但有一点我可以明确告诉您，造飞机我们肯定不行，但是制茶我们是内行，我们的制茶技术是世界一流的。福建有着丰富的茶叶资源，我们公司可以说是'近水楼台'。贵公司如果与我们合作的话，肯定会比与其他公司合作得满意。"

③坦诚式开局策略。

坦诚式开局策略是一种强调坦诚和透明的谈判策略，旨在建立诚信和信任的基础，促进谈判双方的有效沟通和合作。

坦诚和透明的表达立场：在开局阶段，谈判者可以直接、坦诚地表达自己的立场、利益和期望。通过明确表达自身的意图和目标，可以增加双方之间的互信，并为后续的谈判提供诚实和透明的基础。

共享信息和利益：坦诚式开局策略强调共享信息和利益。谈判者可以主动分享对方可能感兴趣的信息，并积极探索双方的共同利益点。这样可以建立以合作为基础的谈判氛围，并促进双方达成共识和协作。

尊重和关注对方需求：在坦诚式开局策略中，谈判者注重尊重和关注对方的需求与立场。通过积极倾听和理解对方的观点与利益，可以建立相互尊重和理解的基础，并为后续的讨论和谈判创造更好的条件。

坦诚面对困难和难题：坦诚式开局策略鼓励谈判者直面困难和难题，并真诚地与对方进行沟通和协商。谈判者可以主动提出存在的问题、担忧或疑虑，并以解决问题为目标，共同寻求可行的解决方案。

基于互信和合作导向：坦诚式开局策略以建立互信和合作为导向。谈判者可以展现自身的诚信和责任感，通过言行一致、信守承诺等方式增强对方对自己的信任。这有助于建立积极的合作关系，并为谈判的成功打下坚实的基础。

需要注意的是，坦诚式开局策略需要在适当的时机和条件下运用。谈判者应根据具体情况和对方的反应来决定何时以及在何种程度上展现坦诚。此外，坦诚式开局策略并不意味着无条件地公开或放弃自身的利益。谈判者仍需保持合理的谈判目标和底线，以确保自身利益的最大化。

④进攻式开局策略。

进攻式开局策略是一种积极主动、强势的谈判策略，目的是在谈判的初始阶段就取得主动权和优势地位。该策略常用于竞争性谈判或需要迅速推动议程的情况。

显示自信和决心：进攻式开局策略强调展现自信和决心，让对方感受到你的坚定意志和决定力。通过自信的言行和举止，可以在谈判开始时树立权威和竞争力，增加对方对你的尊重和认同。

提出有利条件和要求：在开局阶段，进攻式开局策略鼓励谈判者勇敢地提出有利的条件和要求。通过明确提出自己的期望和利益，可以增加主动权和议价能力，为后续的协商和交流创造更有利的条件。

强调自身优势和价值：进攻式开局策略强调突出自身的优势和价值。谈判者可以通过强调自己的实力、经验、技能或资源等方面来增强自身的竞争力。这有助于在开局阶段获得对方对你的信任和尊重。

制定明确目标和计划：进攻式开局策略强调制定明确目标和计划。在开局阶段，谈判者应当明确自己的目标，并制定相应的策略和计划。这可以帮助谈判者有条不紊地推进谈判进程，并取得更具有竞争力的结果。

保持灵活性和反应力：尽管进攻式开局策略强调主动和强势，但谈判者仍需保持灵活性和反应力。谈判中可能会出现变化和不确定性，谈判者需要及时调整策略，并灵活应对各种情况，以实现最佳的谈判结果。

 商道秘籍

迟到的代价

日本一家著名的汽车公司在美国刚刚"登陆"时，急需找一个美国代理商来为其推销产品、打开市场，以弥补他们不了解美国市场的缺陷。

案例音频6

当日本公司准备同美国的一家公司就此问题进行谈判时，日本公司的谈判代表因为路上堵车迟到了。美国公司的代表紧紧抓住这件事不放，想以此为手段获取更多的优惠条件。

日本公司的代表发现无路可退，于是站起来说："我们十分抱歉耽误了您的时间，但是这绝非我们的本意，我们对美国的交通状况了解不足，所以导致了这个不愉快的结果，我希望我们不要再因为这个无所谓的问题耽误时间了，如果因为这件事怀疑我们合作的诚意，那么，我们只好结束这次谈判。我认为，我们提出的优惠条件在美国是不会找不到合作伙伴的。"日本代表一席话令美方谈判代表哑口无言，美国人也不想失去一次赚钱机会，于是谈

判继续进行。

请问：日本代表采用了什么方法来开局呢？

⑤挑剔式开局策略。

挑剔式开局策略是一种在谈判开始阶段强调对对方提出批评和质疑的策略。该策略常用于竞争性或有分歧的谈判场景中，旨在制造对方的困惑和不安，以争取更有利的议价地位。

挑剔对方立场和观点：挑剔式开局策略强调对对方的立场和观点提出批评和质疑。谈判者可以对对方的观点和逻辑进行挑剔，展示自己对问题的深入思考和分析能力。这有助于引起对方的注意和思考，掌握双方谈判的主动权。

强调细节和矛盾之处：在开局阶段，挑剔式开局策略强调关注细节和矛盾之处。谈判者可以仔细研究对方提出的信息和提案，寻找其中的漏洞或自相矛盾之处，并有针对性地进行提问和质疑。这可以使对方感到必须解释和辩解，从而为谈判者争取更有利的条件。

提出额外要求和条件：挑剔式开局策略还可以通过提出额外的要求和条件来给对方制造困惑和不安。谈判者可以追加一些意想不到或难以接受的要求，以增加对方的议价压力，并促使对方做出更有利于自己的让步。

突出自身优势和专业知识：在挑剔式开局策略中，谈判者可以突出自身的优势和专业知识，以加强自己的认知优势和说服力。通过展示自己的专业性和能力，谈判者可以更有信心地挑战对方的立场，并争取更有利的谈判结果。

（二）报价

在谈判过程中，双方通过相互提出价格、条件或要求，并进行反复的讨价还价，以达成最终的协议或合同。这是谈判中最常见的环节之一，通常涉及对商品、服务、合作协议或其他交易事项的价格和条件进行协商。

报价阶段的策略
（微课视频）

在报价还价过程中，一方通常会先提出起始价格或条件，而另一方则会对此进行回应，提出自己的反对意见、改进要求或新的报价。接着，双方会进行反复的谈判和讨价还价，以逐渐逼近双方都能接受的价格和条件。

报价还价的关键在于双方对彼此的利益和底线进行平衡和谨慎权衡。双方可能采用各种策略和技巧，如提出妥协，阐述利益和理由，展示竞争优势，以及利用时间和信息等方面的差异来影响对方的决策。

1. 报价含义

报价是指在商业交易或谈判过程中，提供对商品、服务或其他事项的价格和条件的明确说明。报价的目的是向潜在买方或合作伙伴明确提供邀约，为谈判、购买决策或合作协议的制定提供依据。买方可以通过对不同供应商的报价进行比较，选择最具竞争力和符合需求的报价。卖方则通过报价来吸引客户、展示自身的产品或服务的价值，并争取获得订单或合作机会。

2. 报价依据

报价依据是在商业交易或谈判过程中，制定价格和条件时考虑的因素和考虑的目标。

（1）对己方最为有利：在报价时，一方通常会考虑自身的利益和目标，力求制定对自己最有利的价格和条件。这包括考虑成本、利润、市场需求、竞争态势、供需关系等方面的因素。报价的目标是在满足自身利益的前提下争取获取最大的商业价值。

（2）成功的可能性最大：另一个重要的报价依据是考虑成功的可能性。报价时，一方需要评估双方的利益和条件，以确定达成协议的可能性。这包括考虑市场竞争、对方的需求和意愿、对方的议价能力等方面的因素。报价的目标是尽量选择一个能够为双方接受和实现的价位，以增加成功达成交易的概率。

报价的依据可以根据具体情况有所不同，取决于交易的目的、双方的关系以及市场和竞争环境的影响。报价者通常会综合考虑多个因素，例如成本、市场需求、竞争对手的报价、产品或服务的价值、需求预测等，以制定具有竞争力且符合市场条件的报价策略。

值得注意的是，报价不仅仅局限于价格，还可能涉及其他条件和要求（如付款方式、交货期限等）。因此，在制定价格时，报价者还需全面考虑与价格相关的其他因素，并确保报价符合市场的合理期望、自身的商业目标和与对方的谈判态势。

3. 遵循报价原则

遵循报价原则是在商业交易或谈判中制定报价时应考虑的准则和规范。

（1）开盘价为卖方最高价或买方最低价：在报价中，开盘价通常被认为是一方愿意支付的最高价或另一方愿意接受的最低价。这是一种示意性的起始点，用于引导双方进一步讨价还价。开盘价的设定应根据市场情况、成本、需求等因素进行合理判断。

（2）开盘价应合情合理：报价中的开盘价应当根据情况和客观条件来确定，且具有合理性。开盘价应基于市场需求、产品或服务的价值、竞争力等因素，以及双方的利益和目标进行综合考虑。同时，开盘价应符合行业规范和市场的合理期望。

（3）报价应坚定、明确、完整：报价应具有坚定性，即报价方不轻易变更报价，除非双方经过协商一致。报价应明确、清晰地指明所涉及的商品、服务或其他事项的具体内容和条件。同时，报价应完整，包括价格、数量、规格、交付、付款方式等细节，避免留下模糊和容易产生误解的地方。

（4）报价应不加任何解释说明：报价应尽量避免在报价文本中加入个人、主观解释或过度解释。报价应简洁、准确地陈述具体的报价内容，避免模糊和歧义的表述，以减少误解和争议的发生。如果确实需要额外的解释或说明，可另行提供附加的文件或口头解释。

遵循这些报价原则有助于建立商业信任、促进有效的谈判和交易，并确保报价的公正性、透明性和可操作性。

4. 谈判报价的方式

（1）先报价：是指一方在谈判开始阶段就主动报价。通过先报价，该方展示了自己的立场和意愿，明确了自身的期望和条件。这有助于引导谈判的方向、节省时间，并与对方就价格和条件展开讨论。先报价可以作为谈判的起点和参考，为双方建立讨价还价的基础。

（2）后报价：与先报价相对，后报价是指一方在等待对方报价后再进行报价。这种方式常见于对竞争对手的反应、市场变化或对方的谈判策略不确定的情况下。通过后报价，一方可以更好地了解对方的期望和条件，以此为基础制定自己的报价策略。后报价能够更充分地考虑对方的态度、市场动向和其他信息，以更精确地回应对方的需求。

无论是先报价还是后报价，报价的方式应根据具体情况和谈判目标而定。每种方式都有其优势和风险，需要谨慎权衡。先报价能够主动塑造谈判进程和引导对方，但可能会过早暴露自己的底线和筹码。后报价能够更充分地理解和回应对方的需求，但可能会导致谈判延迟或不确定性增加。

（3）报价方式选择：在选择报价方式时，可以考虑以下几个因素。

谈判目标：首先要明确自己的谈判目标是什么，是追求最大利润还是争取与对方达成合作协议。如果追求最大利润，先报价可能更合适，以显示自己的底线和谈判筹码。如果是追求达成合作协议，后报价可能更适合，以便更好地理解对方需求并做出回应。

对方行为和市场态势：考虑对方的谈判策略和行为模式，以及当前的市场情况。如果倾向于等待并评估自己的报价，可以选择后报价，以便更好地掌握对方意图并做出相应调整。如果市场竞争激烈，先报价可能更有利于占据先机。

信息获取和分析：了解对方需求、市场价格和竞争对手的报价情况，可以帮助己方做出更明智的选择。如果通过先行报价可以收集有关对方意图和市场反应的重要信息，那么先报价可能更为合适。如果需要更多的细节和条件来制定策略性的报价，后报价可能更适合。

资源和能力：考虑自身的资源和能力，以及投入的时间和精力。先报价可能需要更多准备和分析工作，并对自己的底线和筹码有良好的把握。后报价可能需要更好的灵活性和快速反应能力，以及对谈判进程的更多监控和控制。

（三）讨价还价

1. 讨价

在讨价阶段，主要是通过报价和反报价的方式来达成共识。讨价的关键在于双方的沟通和灵活性，下面是一些讨价的技巧和策略。

（1）充分了解市场价格：在讨价前，了解相关产品或服务的市场价格是非常重要的，这样可以作为自己报价的基础，也可以更好地理解对方的反应和期望。

（2）设定目标价格和底线：在讨价前，设定一个理想的目标价位和一个底线价位，这样可以帮助你更清楚自己的底线，并在讨价过程中更有策略地调整报价。

（3）确定讨价的策略：根据实际情况，选择合适的讨价策略。例如，可以选择逐步递增或递减的方式进行报价，从而逐渐接近双方的期望目标。

（4）强调产品或服务的价值：在讨价过程中，强调你的产品或服务的独特价值和优势，以提高对方对报价的认可度。

（5）提供替代方案：如果对方对报价不满意，可以考虑提供一些替代方案，或者对不同的要求进行灵活调整，以寻找一个双方都可以接受的解决方案。

2. 还价

（1）还价是指对讨价方进行的改善报价的要求。在还价过程中，可以使用以下策略。

①表达不满意：如果对方的报价离自己的期望还有一定的差距，可以表达不满意，并说明原因，从而引起对方的关注和反应。

②提出具体要求：说明自己的期望价位，并提出具体的要求，例如要求对方调整价格、

增加服务或添加其他额外的价值。

③引用市场价位：如果对方的报价明显高于市场价位，可以引用市场价位作为参考，并要求对方给予合理的解释。

④比较竞争对手的报价：如果已经收集到竞争对手的报价信息，可以将其作为参考，并要求对方提供更有竞争力的报价。

⑤打造双赢方案：在还价过程中，可以尝试与对方一起寻找一个既能满足双方利益又能达到合理价格的解决方案，从而达成一个双赢的结果。

（2）还价方式。

①总体还价：总体还价是指以整体的价格为依据进行谈判和还价。在总体还价中，双方可以就产品或服务的总体价格进行讨论和协商，通过对整体价格的调整来达成共识。这种方式对于涉及多个方面的交易或合作较复杂的情况比较适用。

②目标分解还价：目标分解还价是将整体价格目标分解为多个具体细节目标进行还价。通过分解还价，可以更有针对性地对各个细节进行调整和协商，从而逐步接近整体价格目标。这种方式对于涉及具体项目或服务的交易较为适用。

（3）还价策略。

①比照还价策略：比照还价策略是将对方的报价与其他类似产品或服务的价格进行对比，找到差异和不合理之处，并以此作为谈判的依据进行还价。通过引用市场价格或竞争对手的报价，可以向对方传达当前报价不合理或高于行业标准的信息，从而促使对方降低价格或给出其他优惠条件。

②反攻还价策略：反攻还价策略是在对方给出报价后，以强烈的反应和不满意的态度作为还价策略。通过表达自己对高价格不满意的情绪，提出合理的反驳和要求，使对方感受到压力和紧迫感，从而促使对方主动调整报价或提供更多的价值。这种策略常用于对方提出的初始报价偏高的情况。

③求疵还价策略：求疵还价策略是基于对产品或服务的不完美之处或存在的问题提出还价的战略。通过主动挑出产品或服务的一些缺陷、不足或存在的不合理之处，以此为依据进行还价谈判。这可以使对方对产品或服务进行再考虑，并降低报价或提供相应的补偿或改进措施。该策略的关键在于：详细了解产品或服务的特点和存在的问题，进行仔细的分析；准确识别对自己来说重要的问题点，确保合理性；表达问题时要理性和客观，避免使用过于攻击性的语言；同时要提供解决方案或改进建议，以展示在确认问题的同时，也有合作的意愿。

无论使用哪种策略，在还价过程中都需要注意以下几点：①清晰明确的沟通。与对方进行有效的沟通，清晰表达自己的诉求和要求，以确保双方对还价的目标和条件有准确的理解。②敏锐的观察力。密切关注对方的回应和态度，及时捕捉到对方的信号和准备做出调整。③灵活应变。根据对方的回应和情况变化，随时调整还价策略和谈判技巧，以达到更好的结果。④保持合作态度。在还价过程中，保持积极的合作态度，主动寻找双赢的解决方案，以促进合作关系的良好发展。

案例音频7

任务评价

序号	评价项目	评价指标	分值	自评（20%）	互评（20%）	师评（60%）	合计
1	知识目标（40分）	熟悉商务谈判开局流程	10				
		掌握开局气氛营造策略	15				
		掌握报价还价的策略方法	15				
2	能力目标（30分）	能够有策略地打开谈判局面，营造良好气氛	10				
		能够有技巧地进行报价、讨价、还价	10				
		能够进行角色扮演，灵活运用各种谈判策略和技巧完成谈判的报价、讨价、还价阶段	10				
3	素质目标（30分）	认识开局的重要性，注重报价还价的技巧性，养成沉稳的气质	10				
		具备良好的沟通能力、谈判技巧和解决问题的能力	10				
		注重谈判过程的礼貌礼仪和得体的形象	10				
	合计		100				
	综合得分						

知识巩固

单选题

1. 谈判双方正式接触所处的谈判阶段是（   ）阶段。

A. 谈判准备　　B. 谈判开局　　C. 谈判磋商　　D. 谈判签约

2. 谈判前，主要迎送人的身份、地位与来者应该（   ）。

A. 略低　　B. 略高　　C. 对等　　D. 无所谓

3. 开局阶段奠定谈判成功基础的关键是（   ）。

A. 良好的谈判气氛　　B. 合理的报价

C. 反复磋商　　D. 确定谈判目标

4. 为谈判过程确定基调是在（   ）。

A. 准备阶段　　B. 开局阶段

C. 正式谈判阶段　　D. 签约阶段

5. 谈判开局阶段最常用的话题是（　　　）。

   A. 业务话题　　　　　　B. 技术话题　　　　　　C. 中性话题　　　　　　D. 交易话题

6. 通过语言或行为来表达我方强硬的姿态，从而获得谈判对手的必要尊重，这是（　　　）。

   A. 协商式开局策略　　　　　　　　　　　　B. 保留式开局策略

   C. 进攻式开局策略　　　　　　　　　　　　D. 坦诚式开局策略

7. 一致式开局策略适用于以下哪种谈判开局气氛？（　　　）

   A. 高调气氛或低调气氛　　　　　　　　　　B. 高调气氛或自然气氛

   C. 低调气氛或自然气氛　　　　　　　　　　D. 高调气氛、低调气氛或自然气氛

8. 保留式开局策略不适用于（　　　）。

   A. 高调气氛　　　　　　B. 自然气氛　　　　　　C. 低调气氛　　　　　　D. 和谐气氛

9. 在谈判开局中，以沉默法营造气氛的目的是（　　　）。

   A. 使谈判气氛降温　　　　　　　　　　　　B. 使谈判气氛升温

   C. 转移谈判话题　　　　　　　　　　　　　D. 不想谈判

10. 使用商务谈判阶段划分法，简单介绍自己的情况，并努力获取对方的意图属
于哪一个阶段的描述？（　　　）

   A. 准备阶段　　　　　B. 开局阶段　　　　　C. 磋商阶段　　　　　D. 终结阶段

三、任务拓展

被动的巴西公司

    巴西一家公司到美国去采购成套设备。巴西谈判小组成员因为上街购物耽误了时间。当他们到达谈判地点时，比预定时间晚了45分钟。美方代表对此极为不满，花了很长时间来指责巴西代表不遵守时间，没有信用，如果老这样下去的话，以后将很难合作，浪费时间就是浪费资源、浪费金钱。对此巴西代表感到理亏，只好不停地向美方代表道歉。谈判开始后，美方代表似乎还对巴西代表来迟一事耿耿于怀，一时间弄得巴西代表手足无措，说话处处被动，无心与美方代表讨价还价，对美方代表提出的许多要求也没有静下心来认真考虑，匆匆忙忙就签订了合同。等到合同签订后，巴西代表平静下来，头脑不再发热时才发现自己吃了大亏，上了美方代表的当，但已经晚了。

    案例中美方代表采用的是哪一种开局策略？这种开局策略的优点与不足是什么？

任务❸ 合作共赢——促成磋商成交

Mission three ←

    商务谈判磋商成交是指通过双方的协商和谈判，在商业交易或合作项目上达成最终一致意见的过程。这一阶段通常包括双方就交付条件、价格、条款和合同等细节进行深入的讨论

和协商。

　　商务谈判的磋商成交是商业合作的重要环节。通过详细讨论、合理建议和灵活调整，双方可以在谈判过程中逐步接近并找到共同的利益点。在最终成交后，建立合同以落实协议的内容，并且确保双方有相互信任和理解的良好合作基础。

一、任务引入

小故事大道理

 任务描述

A 公司与供应商 B 公司的合作谈判

　　A 公司是一家知名的电子设备制造商，专注于生产高品质的智能手机。为了提升产品质量和扩大市场份额，A 公司计划与供应商 B 公司合作，以获取高品质的电子元件和零部件。

　　谈判目标：

　　（1）确保供应商 B 公司能够提供符合 A 公司对电子元件质量的苛刻要求。

　　（2）协商并达成双方能够接受的电子元件的采购价格。

　　（3）确定订单数量和交付期限，以满足 A 公司的生产计划和供应链需求。

　　谈判现在进入磋商成交阶段，如果你们是 A 公司的谈判团队，请列出在磋商过程中，A 公司可以运用的策略，以及进入磋商成交阶段的主要议题；在签约谈判合同前，谈判团队要如何把握合同标的、数量及质量条款、合同价款酬金、合同履行的期限、地点和方式、合同违约责任、合同争议仲裁等条款。

 任务分析

　　（1）熟悉僵局成因及化解策略，熟悉促成交易策略。

　　（2）能够识别僵局状况，抓住时机化解僵局，能够捕捉成交信号促成交易。

　　（3）克服急于求成的心理，增强敏锐的观察力，培养良好的让步心态。

 学习目标

　　知识目标：熟悉僵局成因及化解策略，熟悉促成交易策略，把握签约合同条款。

　　能力目标：能够识别僵局状况，抓住时机化解僵局，能够捕捉成交信号促成交易，能够克服急于求成的心理。

　　素质目标：具备敏锐的观察力，养成良好的让步心态和以义取利的品质。

　　课前准备

　　（1）通过网络搜索和教材内容了解化解僵局的策略。

　　（2）通过网络搜索和教材内容了解在磋商过程中可以运用的策略。

　　（3）通过网络搜索和教材内容确定进入磋商成交阶段的主要议题内容。

（4）商讨确定进入成交阶段的合同条款内容。

二、任务实施

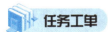 任务工单

（1）第一步：在磋商过程中，A公司可以运用的策略，将结果填入表6-7。

表6-7 磋商策略

磋商策略	原因或理由

（2）第二步：进入磋商成交阶段的主要议题，将结果填入表6-8。

表6-8 主要议题

主要议题	内容
电子元件质量标准	
电子元件采购价格	
订单数量和交付期限	

（3）第三步：进入成交阶段的合同条款，将结果填入表6-9。

表6-9 合同条款

合同条款	内容
合同标的	
数量及质量条款	
合同价款酬金	
合同履行的期限	
地点和方式条款	
合同违约责任	

（4）第四步：为促成签约，可以采取优惠劝导策略，应从哪些方面来考虑？将结果填入表6-10。

表6-10 优惠劝导策略

优惠劝导策略	内容
量身定制优惠	
强调独特价值	
限时优惠	
捆绑销售	

（5）第五步：分组（团队）上台汇报（模拟谈判）。

知识传递

磋商阶段的策略
（微课视频）

（一）磋商

谈判磋商是指在商业、政治或社交等各种场合中，通过双方或多方之间的协商和讨论来解决问题、达成协议或达成共识的过程。谈判磋商的目的是寻求双方利益的最大化和问题的最优解，并且通常涉及权力、资源、权益和利益的分配。在谈判磋商过程中，由于各方以自己利益为出发点，互相争夺，尽力使谈判向有利于自己的方向发展。当双方意见差距太大时，谈判会相持不下，进退两难，这就是谈判僵局。

1. 僵局含义

僵局指的是在某种情况或冲突中，无法取得进展或达成解决方案的状态。当各方存在分歧、利益冲突或无法妥协时，可能会导致僵局的出现。

在僵局中，各方可能无法达成共识或进行有效的谈判，导致问题无法解决或进一步恶化。僵局可能是临时性的，也可能是长期存在的，取决于问题本身的复杂性以及各方的行动和意愿。

2. 僵局成因

导致僵局的原因有以下三个。

（1）谈判一方故意制造僵局：有时，某一方可能出于策略考虑或利益诉求，故意采取措施制造僵局，以增加自身的议价能力或迫使对方做出妥协。这可以通过拖延谈判进程、坚持过高要价、制造紧迫感或威胁等方式实现。这种故意制造的僵局可能导致谈判难以进行或陷入僵局状态。

（2）双方实质性对立：当双方在核心问题上存在根本性的分歧和对立时，可能导致僵局。这种对立可以涉及基本价值观、核心利益、资源分配等方面。双方在这些问题上无法达成共识，彼此的立场不容妥协，从而导致谈判陷入僵局。在这种情况下，解决僵局可能需要双方考虑调整立场、重新审视利益和寻找共同利益的空间。

（3）沟通不畅：沟通不畅是导致僵局的常见因素之一。当各方之间存在信息不足、信息误解、概念模糊或语言障碍等情况时，谈判过程中可能会出现沟通障碍。沟通不畅会导致信息传递不准确、理解偏差，使各方无法真正理解对方的意图和需求，进而导致谈判的停滞和僵局。在这种情况下，需要加强沟通的质量和效果，可能需要进行更多的交流和解释，确保各方获得准确的信息和理解对方立场。

（二）化解僵局

1. 对谈判有一个正确的评估和调整

在谈判中，及时对谈判双方的利益、态度和策略等进行全面的评估。了解各方的底线和关键利益，找出双方的共同点以及冲突点，并根据评估结果调整自己的谈判策略和提出新的方案。

2. 把握谈判局面，驾驭谈判议程

在谈判中，要时刻把握谈判的进展状态，对谈判议程和谈判环境进行灵活的调整。要注

意引导谈判双方关注共同利益，避免陷入争吵和僵局。合理地掌控议程安排，确保谈判的重点和关键问题逐步得到解决。

3. 探索僵局原因，寻找合理方案

针对谈判中出现的僵局，需要深入分析和探索僵局产生的原因和根源。要倾听各方的观点和需求，积极寻找解决问题的合理方案，通过妥善协商和让步，找到双方都能接受的解决方案，并在谈判中提出具体的行动计划和时间表。同时，要保持沟通和合作的积极态度，通过增加互信和理解，推动谈判的进行。

（1）更换话题：如果谈判陷入僵局，可以尝试更换谈论的话题。有时，僵局可能是因为双方无法在当前议题上达成一致意见。选择一个新的话题或将注意力转移到其他相关议题上，可以为找到解决方案创造新的机会。

（2）更换谈判的主谈人：有时，谈判的僵局可能与某个特定人物的参与或处理方式有关。更换主谈人可能有助于改变谈判动态。选择一个新的谈判代表或调整谈判小组的成员，可能会为谈判带来新的思路和解决方案。

（3）暂时休息：如果谈判陷入僵局，可能需要休息一段时间来缓解紧张气氛。双方可以商定一个暂时的休息期，以便冷静思考和重新评估各自的立场。在重新开始谈判之前，休息期间可以进行自我反省和准备，并开放心态寻求共同解决方案。

（4）寻找新的解决方案：当谈判陷入僵局时，可能需要探索全新的解决方案。这可能涉及通过创造性思考、集体讨论或借助第三方中介来帮助双方发现新的观点和解决方案。寻找新的解决方案可以打破僵局，为谈判创造新的动力和可能性。

（5）由各方专家单独会谈：有时，让各方的专家独立进行会谈可能有助于打破僵局。每一方的专家可以在没有其他人干扰的情况下深入交流，并试图找到彼此的共同点和解决方案。这种单独会谈可能为双方提供更多的机会来理解彼此的需求和关注点，并促进合作与妥协。

化解谈判的僵局需要有正确的评估和调整，把握谈判局面和驾驭谈判议程，并探索僵局原因、寻找合理方案。同时，谈判双方要保持开放的态度和灵活的谈判方式，注重合作和共赢，共同努力达成最终的协议。

4. 把握谈判时机，做出适当让步

（1）让步的基本原则。

让步在谈判中是一种常见的策略，可以促进双方达成协议。

①不要做无谓的让步：让步应该是有意义的，有助于解决问题或推动谈判进展。不应该做出没有实际价值或不合理的让步，因为这可能削弱自己的立场和底线。

②让步要让得恰到好处：让步应该是有益的，符合自己的利益和目标。在做出让步时，应该考虑对自己的长远利益有积极的影响，确保让步让自己在谈判中获得更好的结果。

③让步要有利于创造和谐的谈判气氛：让步的目的之一是营造积极的谈判氛围，增进双方的合作和互信。让步应该有助于改善双方的关系，避免对立和敌对情绪的加剧。

④如果做出的让步欠周密要及早收回：有时，在考虑不周的情况下做出让步可能会给自己带来不利。如果意识到让步前没有充分考虑或评估，应该及早收回让步并重新评估战略。

⑤要严格制定让步次数、频率和幅度：让步应该根据具体情况进行合理的规划和管理。在谈判中，应该设定明确的让步次数、频率和幅度，以确保让步在可控的范围内，避免过度

让步。

让步的基本原则包括不要做无谓的让步，让步要让得恰到好处，让步要有利于创造和谐的谈判氛围，如果做出的让步欠周密要及早收回，要严格制定让步次数、频率和幅度。这些原则可以帮助谈判者在谈判中有效地运用让步策略，取得更好的谈判结果。

（2）让步策略。

让步策略是在谈判中使用的一种手段，有利于促成协议达成。

①互惠互利的让步策略：在谈判中，通过互惠互利的让步策略，可以建立相互合作的氛围。当一方做出让步时，要求对方做出相应的回报。这种策略要求将己方的让步与对方的让步直接联系起来，确保双方在谈判中都能获得一定的利益。

②以退为进的让步策略：这种策略以谈判中的短期让步为手段，以期待在长期中获得更大的利益。通过主动做出一些小的让步，可以打破僵局，改变对方的态度和立场，从而为自己争取更好的谈判结果。

③丝毫无损的让步策略：这种策略要求在让步时确保自己不会遭受任何实质性的损失。通过找到一些对自己来说并不重要或可以被弥补的让步点，在不影响自身利益的情况下改善谈判氛围，增加谈判双方的合作意愿。

④长、短期利益相结合的让步策略：这种策略要求在让步时综合考虑长期和短期的利益。通过在关键问题上做出一定的让步，可以为保护长期利益或获得更大的长期回报铺平道路。这种策略注重平衡利益，通过权衡取舍来达到谈判的整体目标。

每种让步策略都有其特定的应用场景和效果。在使用这些策略时，需要根据具体情况和谈判目标进行灵活运用。关键是要确保让步策略符合自身的利益和底线，同时有助于改善谈判关系、促成共赢的结果。谨慎地运用让步策略，可以使谈判更具灵活性，并为双方寻找到更有利的解决方案。

 商道秘籍

销售谈判——促成签单的八种技巧

1. 假定准顾客已经同意购买

当准顾客一再出现购买信号，却又犹豫不决时，可采用"二选其一"的问话。譬如，推销员可对准顾客说："请问您要那部浅灰色的车还是银白色的车？"

2. 帮助准顾客挑选

许多准顾客即使有意购买，也不喜欢迅速签下订单，总要东挑西拣，在产品颜色、规格、式样、交货日期上不停地打转。这时，聪明的推销员就要改变策略，暂时不谈订单的问题，转而热情地帮对方挑选颜色、规格、式样、交货日期等。一旦上述问题解决，订单也就落实了。

3. 利用"怕买不到"的心理

越是得不到、买不到的东西，人们越想得到它、买到它。推销员可利用这种"怕买不到"的心理来促成订单。譬如，可以对准顾客说："今天是优惠价的截止日，请把握良机，明天你就享受不到这种折扣价了。"

4. 先买一点试用看看

准顾客想要买某种产品，可又对该产品没有信心时，可建议对方先买一点试用看看。

5. 欲擒故纵

有些准顾客天生优柔寡断，虽然对产品有兴趣，可是拖拖拉拉，迟迟不做决定。这时，推销员不妨故意收拾东西，做出要离开的样子。

6. 反问式的回答

所谓反问式的回答，就是当准顾客问到某种产品，不巧正好没有时，就可运用反问来促成订单。举例来说，准顾客问："你们有银白色电冰箱吗？"这时，推销员不可回答没有，而应该反问道："抱歉！我们没有生产，不过我们有白色、棕色、粉红色的，在这几种颜色里，您比较喜欢哪一种呢？"

7. 快刀斩乱麻

在尝试上述几种技巧都不能打动对方时，推销员就得使出撒手锏，快刀斩乱麻，直接要求准顾客签订单。譬如，取出笔放在准顾客手上，然后直截了当地对准顾客说："如果您想赚的话，就签字吧！"

8. 拜师学艺，态度谦虚

在推销员费尽口舌，使出浑身解数都无效，眼看这笔生意做不成时，不妨试试这个方法。譬如，可以对准顾客说："××经理，虽然我知道我们的产品绝对适合您，可我的能力太差了，无法说服您，我认输了。不过在告辞之前，请您指出我的不足，让我有一个改进的机会好吗？"

（三）促成交易

在商业或交易谈判中，"成交"指的是双方达成协议并正式完成交易的过程。当双方就交易条件、价格、数量、付款方式等关键要素达成一致，双方均表示同意并签署合同或达成口头协议后，交易即被视为成交。

成交阶段的策略
（微课视频）

1. 把握签约意向

（1）捕捉成交信息。

捕捉成交信息是在商业谈判中非常重要的一环。

①提出完整明确的建议：为了促成交易，需要提出明确的建议或提案，其中包含交易的关键条款、价格、数量、交付条件等信息。信息应足够详细，以使对方能够理解和接受。

②最少的言辞阐明立场：在谈判中，尽量避免过多冗长的辩解或解释，因为这可能会导致混淆或引起误解。要以简明扼要的方式表达自己的立场和要求，尽量减少不必要的废话，集中在关键点上。

③最后决定的语气：在谈判接近尾声时，要以决绝和自信的语气表达自己的决定。确信地传达成交的意愿和决心，表现自己的坚定性和目标的确定性，以带动对方做出最终的决策。

④回答问题时简单果断：当对方提出问题时，回答要简单明了，避免晦涩或含糊不清的回应。清晰地阐述自己的观点和要求，并在回答中展现果断的决心和决定。这有助于对方感受到你的诚意与坚定。

⑤一再向对方保证：在谈判过程中，一再向对方保证自己的诚意和承诺，以加强彼此的信任。这可以通过重复强调自己的意愿和愿意承担责任的态度来体现。对方越相信你的承

诺，越有可能达成交易。

捕捉成交信息涉及有效的沟通和表达，清晰而坚定地传达自己的意图和决心，同时要保持诚实和信守承诺。这些方法有助于在谈判中捕捉成交的机会，并推动交易的完成。

（2）最后一次报价。

在最后一次报价时，采取恰当的策略可以增加达成交易的机会。

①不要过于匆忙报价：在最后一次报价之前，要确保自己已经充分考虑和评估了交易条件，并慎重决策。不要因为时间紧迫或其他压力而匆忙给出报价，确保你对交易的细节和结果有清晰的认识。

②控制好最后让步幅度：在最后一次报价时，要小心控制让步的幅度。虽然你可能愿意在最后一刻做出一些让步以促成交易，但也要确保让步的范围在你可接受的范围内。避免过度让步，以免损害自己的利益。

③让步与要求同时提出：在最后一次报价中，可以同时提出自己的让步和要求。这样可以在一次交流中更清晰地展示你的诚意和决心。通过将让步和要求结合在一起，可以突出双方的共同利益，并提供一个更有可能达成协议的框架。

最后一次报价时要谨慎而明确地传达自己的立场和意愿。不急于做出决策，控制好让步的幅度，并在报价中同时提出让步和要求，有助于最大限度地利用最后机会来推动交易圆满完成。

（3）最后的总结。

最后的总结在谈判中起到总结和决策的作用。

①未解决的问题及最后处理：在最后总结时，要确保所有问题都得到解决或得到适当的处理。如果还有一些未解决的问题，需要明确记录并找出解决方案。可以提出建议、寻求补偿或达成妥协，以尽可能解决剩余的问题。

②交易条件的达成：在总结阶段，要回顾并评估是否已经达到自己的交易目标或期望结果。检查是否所有的交易条款和条件都已经得到满足，同时考虑是否需要做出更多的让步或调整来达成交易。

③最后的让步项目和幅度：在总结中，需要明确说明最后的让步项目和幅度。这是指在谈判的最后阶段，自己愿意做出的最后一步让步，以促使交易的达成。让步的项目和幅度应在你的利益保护范围内，并与对方的回报相匹配。

④特殊的结尾技巧：在结束谈判时，可以采用一些特殊的结尾技巧来强调合作和共赢的态度。例如，可以回顾谈判的进程和取得的进展，表达对对方的感谢和赞赏，并强调双方的合作关系和潜在的合作机会。

最后的总结是对谈判过程的梳理和决策的体现。通过明确未解决的问题、评估交易条件的达成、指明最后的让步项目和幅度，以及采用适当的结尾技巧，可以为谈判的圆满结束提供支持，并为双方达成最终的协议铺平道路。

2. 促成签约的策略

（1）期限策略。

在促成签约过程中，期限策略可以是一种有效的策略。

①谈判中买方采用期限策略：买方可以采用期限策略来促使卖方做出决策并达成签约。

买方可以设定一个明确的期限，例如提供某项优惠或特价的截止日期，或者设定一个谈判结束的最终日期。这种期限策略可以增加紧迫感，促使卖方更快地做出决策，以避免错失买方提供的优惠或机会。

②谈判中卖方采用期限策略：卖方也可以采用期限策略来促使买方尽快签约。卖方可以设定一个截止日期，表示特定条件或优惠只在该日期之前有效。这种策略可以激励买方迅速做出决策，以确保能够获得卖方提供的优惠或特殊条件。

期限策略的核心在于增加紧迫感和促使双方尽快做出决策。无论是买方还是卖方，设定合理的期限并明确传达给对方，可以推动谈判的进行，促成签约的达成。然而，要注意期限策略的合理性，确保给予对方足够的时间进行评估和做出决策，以维护良好的商业关系。

（2）优惠劝导策略。

优惠劝导策略是在促成签约过程中常用的策略，旨在通过提供特定的优惠条件来推动对方尽快签约。

①量身定制优惠：了解对方的需求和利益，根据其具体情况量身定制特定的优惠条件。这可以包括价格折扣、额外的产品或服务、延长保修期限等。通过提供与对方具体需求相匹配的优惠，增强其签约的动力。

②强调独特价值：明确突出你的产品或服务的特色和独特价值，并与竞争对手进行对比。说明你的产品或服务相对于其他选项而言的优势，以引起对方的兴趣和动机。

③限时优惠：设定一个限时优惠的截止日期，强调优惠只在特定时间范围内有效。这种策略可以制造紧迫感，迫使对方尽快做出决策，以避免错过优惠条件。

④捆绑销售：结合不同产品或服务，提供更具吸引力的整体优惠。通过将多个相关项打包销售，可以增加对方签约的欲望，因为他们可以获得更多的价值和利益。

⑤定制化协议：如果对方有特殊要求或需求，尝试制定一份定制化的协议，满足他们的特定需求。通过灵活应对，展示与他们合作的意愿和能力，以促成签约。

优惠劝导策略的关键是了解对方的需求和利益，并通过提供个性化的优惠条件来满足他们的期望。通过强调独特值、设定限时优惠、捆绑销售或定制化协议，可以增加对方签约的动机，促使签约的达成。然而，要确保优惠策略的可行性和利润性，以保护自己的利益。

（3）最后通牒策略。

最后通牒策略是一种在谈判中采用的强硬手段，用于向对方施加压力并推动签约达成。

①明确表达立场：在最后通牒策略中，要明确表达自己的立场和要求。清晰地陈述对方需要满足的条件，并明确表示如果对方不满足这些条件，那么将采取进一步的行动，例如取消交易或寻找其他合作伙伴。

②设定明确的截止日期：在最后通牒中，设定一个明确的截止日期，使对方知道他们必须在这个日期之前做出决策。这种策略通过制造紧迫感，促使对方尽快做出决策，以避免失去该机会。

③准备好备选方案：在最后通牒中，要准备好备选方案，以备对方拒绝或无法接受最后通牒的情况。这样，你就拥有备选选择，并可以向对方表明你的决心，并为签约提供更多的

选择。

④与威胁相区分：最后通牒策略应该与威胁区分开。虽然它可以传达你的坚决立场，但应避免过度威胁或使用恶意手段。要通过坚定和明确的语言来表达自己的要求，而不是恶意的威胁。

（4）行动策略。

行动策略是指导具体行动的指南，可以通过合理策划、建立信任、提供有价值的解决方案、积极跟进和灵活妥协来推动签约的达成。每个行动策略都应根据具体情况和对方需求进行调整和定制，以最大限度地增加签约的成功概率。

（5）主动征求签约细节方面的意见。

在促成签约的过程中，主动征求对方在签约细节方面的意见是一种积极的策略。在主动征求对方的意见时，要确保真诚倾听，并对对方的意见给予重视和合理回应。尽量寻找双方都可以接受的解决方案，并在签约细节上寻求共同利益和互惠。通过开放性的交流和合作，可以增加签约顺利进行和最终成功的可能性。通过主动征求对方的意见，你可以达到以下目的。

①显示对对方的关注：主动征求对方在签约细节方面的意见，展示你对对方的关注和重视。这会增加对方的满意度，并建立一种互相尊重和合作的氛围。

②确保共识和一致性：征求对方的意见可以确保双方在签约细节上达成共识和一致性。通过听取对方的建议和需求，你可以调整和适应签约细节，以满足双方的期望和利益。

③发现潜在问题和障碍：主动征求对方的意见可以帮助你发现潜在的问题和障碍。对方可能提出的问题或关注点会让你更好地了解他们的需求，以及可能需要解决的问题，从而更好地规避潜在的风险。

④提高签约成功率：通过主动征求对方的意见，你可以尽早地了解对方的偏好和要求，并根据这些信息调整签约细节。这会增加签约成功的概率，因为双方都感到自己的声音被听到，并得到了满足。

（四）签订谈判合同

签订谈判合同是指在双方进行商务或合作谈判时达成共识，并以书面形式记录下双方达成的协议内容和条款。谈判合同通常包括各方的身份、目的、谈判的时间和地点、保密条款、谈判的程序和方式、谈判期限、解决争议的方式等关键要素。该合同的签订可以为双方提供法律保护，确保双方在谈判过程中的权益和责任，并为后续的合作提供基础。签订谈判合同是商务谈判中一种常见的行为，有助于确保双方理解和遵守谈判的规则和协议。

1. 合同标的

合同标的是指合同涉及的主要内容、目的或交易对象。合同标的可以是商品、服务、权益、资产或其他法律上可以转让或交换的事物。在合同中明确合同标的非常重要，因为它确定了合同的核心内容和双方的权利义务。例如，购买合同的标的可以是一辆汽车、一间房屋或一份商品订单；劳务合同的标的可以是一项具体的工作任务或服务；租赁合同的标的可以是一栋商业建筑或一辆汽车。合同标的应该清晰明确地描述，以避免后续的争议和误解。

2. 数量及质量条款

（1）数量条款：数量条款是合同中规定合同标的物或服务的具体数量的条款。该条款应明确地描述双方达成的数量协议，包括确切的数量、计量单位、交付日期和方式等。数量条款的目的是确保双方对交易的数量有清晰的了解和约束，避免后续的争议和纠纷。例如，购买合同的数量条款可以规定购买的商品数量为 100 台电视机；租赁合同的数量条款可以规定租赁的商业场所面积为 1 000 平方米。

（2）质量条款：质量条款是合同中规定合同标的物或服务应具备的质量要求的条款。该条款应详细说明双方对于产品或服务的质量标准和要求，包括物理性能、技术指标、功能性能、外观要求等。质量条款的目的是确保交易标的物或服务满足约定的质量标准，以保证交易的实际效果和双方的权益。例如，购买合同的质量条款可以规定商品应具备特定的功能和质量标准；劳务合同的质量条款可以规定服务的质量要求和提供的保修期限。

3. 合同价款酬金

合同价款酬金是指合同中约定的支付给对方的金额或酬劳。它是合同涉及的交易或合作所涉及的费用、报酬或补偿的金额。合同价款酬金的具体数额和支付方式会在合同中明确规定。

对于销售合同或购买合同，合同价款指的是购买商品或服务所需支付的金额。它可以是固定的金额，也可以是根据交付数量、质量或时间等因素而浮动的金额。

对于劳务合同或服务合同，合同酬金指的是为提供劳务或服务所支付的报酬。它可以是按小时、按次、按项目或按阶段支付的金额。

合同价款酬金的支付方式也有不同，可以是一次性支付，也可以分期支付或根据特定的里程碑或完成情况支付。支付方式的详细规定通常会在合同中约定，以确保双方对金额和支付时间的一致理解。

在合同中明确约定合同价款酬金是非常重要的，它有助于确保交易的公平性和合法性，并为双方提供明确的经济权益和责任。

4. 合同履行的期限、地点和方式条款

（1）合同履行的期限包括合同期限和履行期限两种。

①合同期限是指合同从生效之日起到终止之日的时间范围。合同期限可以是固定期限，也可以是永久期限。固定期限的合同期限通常在合同中明确指定，例如一年、三个月等。永久期限的合同则没有具体的终止日期，双方可以随时终止合同。

②履行期限是指合同中规定的各项义务和责任需要履行的时间期限。履行期限可以是固定期限，也可以是灵活的、可协商的期限。在合同中明确规定履行期限可以帮助双方明确各自的履行义务，确保按时履行合同。

（2）合同履行的地点与履行方式条款。

①合同履行的地点是指双方约定的履行合同义务的具体地点。根据不同的合同类型和交易性质，合同履行的地点可以是某个特定的场所（如办公室、工厂等），也可以是某个国家或地区。约定合同履行的地点可以明确各方的责任及义务，有助于双方协调履行。

②合同履行的方式是指合同中规定的双方履行合同义务的具体方式。履行方式可以是货物交付、服务提供、款项支付等形式。合同中明确约定履行方式有助于明确交易流程和双方

履行的责任，减少潜在纠纷和争议的可能性。

5. 合同违约责任

合同违约责任是指当一方未能按照合同约定的条款和条件履行其义务时，所面临的法律责任和后果。合同违约责任旨在保护合同当事人的权益，促使各方遵守合同并承担责任。

当一方违约时，另一方通常可以采取以下措施来寻求补偿或解决争议。

（1）索赔和损失赔偿：受损害的一方可以要求违约方支付损失赔偿，包括直接损失和间接损失。赔偿的数额通常取决于受损方所遭受的实际损失，包括合同违约导致的额外成本、损失的利润等。

（2）合同解除：非违约方有权解除合同，停止履行自己的义务，并要求违约方承担相应的违约责任。违约方可能需要支付违约金或其他形式的补偿。

（3）履行强制：受损害的一方可以寻求法院的裁决，要求违约方履行其在合同中约定的义务。法院可能会下令违约方履行合同或采取其他强制措施。

（4）合同修订：在某些情况下，双方可以协商修订合同条款，以解决违约问题并恢复合同的有效性。

6. 合同争议仲裁

合同争议仲裁是指双方在合同履行过程中发生争议时，通过仲裁机构或仲裁员解决争议的一种方式，而不是通过诉讼进行法院审判。仲裁一般是由合同双方在签订合同时约定的一种争议解决方式。

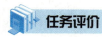 **任务评价**

序号	评价项目	评价指标	分值	自评（20%）	互评（20%）	师评（60%）	合计
1	知识目标（40分）	熟悉僵局成因及化解策略	10				
		熟悉促成交易策略	15				
		把握签约合同条款	15				
2	能力目标（30分）	能够识别僵局状况，抓住时机化解僵局	10				
		能够捕捉成交信号促成交易	10				
		能够克服急于求成的心理	10				
3	素质目标（30分）	具备敏锐的观察力	10				
		养成良好的让步心态	10				
		养成以义取利的品质	10				
	合计		100				
	综合得分						

 **知识巩固**

（一）单选题

1. 处理僵局的基本原则不包括（　　）。

A. 尽可能实现双方的真正意图　　　　　　B. 不带个人情绪

C. 努力做到双方不丢面子　　　　　　　　D. 坚持各抒己见

2. 打破僵局、击败犹豫的对手最有效的手段是（　　）。

A. 升格策略　　　　B. 期限策略　　　　C. 最后通牒策略　　　　D. 换将策略

3. 对于僵局的特征，下列描述错误的是（　　）。

A. 谈判最困难、紧张的阶段

B. 进入实质性问题的洽谈，明确自己的要求、意图、目标，提出问题，回答问题

C. 交流更多的信息，核心是明确"利益"

D. 真正对抗和实力较量，交锋可能会有多次，对立是谈判的命脉

（二）判断题

1. 谈判人员签订了合同，只是意味着法律意义上的谈判结束，履约过程中谈判还必然要继续发生。　　　　　　　　　　　　　　　　　　　　　　　　　　　（　　）

2. 在让步磋商中，如果对方在某一条款项目上先让步10%，则我方在另一个项目上让步也要达到10%。　　　　　　　　　　　　　　　　　　　　　　　　　（　　）

3. 谈判僵局应随时处理，而不必选择所谓的最佳时机。　　　　　　　　（　　）

4. 当谈判僵局继续发展，双方均无有效解决方法时，就只有仲裁。　　（　　）

三、任务拓展

 **学以致用**

玻璃厂是如何打破谈判僵局的？

我国浙江省一个玻璃厂就玻璃生产设备的有关事项与美国诺达尔玻璃公司进行谈判。在谈判过程中，双方就全套设备同时引进还是部分引进的问题发生分歧，双方代表各执一端，互不相让，导致谈判陷入尴尬的僵持局面。

在这种情况下，为了使谈判达到预定的目标，我方玻璃厂的首席代表决定主动打破这个僵局。

我方谈判代表思索片刻后，主动面带微笑地换成一种轻松的语气，避开双方争执的尖锐问题，向对方说："你们诺达尔玻璃公司无论在技术、设备还是工程师方面，都是世界一流水平。用你们的一流技术和设备与我们进行合作，我们就能够成为全国一流的玻璃生产厂家，利润是非常可观的。我们的玻璃厂发展了，不仅仅对我们有好处，而且对于你们公司来说利益会更大，因为这意味着你们是在与中国最大的玻璃生产厂合作，难道你们不是这样认为的吗？"

对方的谈判首席代表正是该公司的一位高级工程师，听到赞扬他的话，他立即表现出很

高兴的样子，谈判的气氛一下子就轻松活跃起来。

我方代表趁机将话题一转，强调资金的有限是客观现实，我方无法将设备全部引进，迫不得已才提出部分引进的想法。同时，还强调其他很多国家与我国北方的一些厂家进行谈判和合作，如果他们仅仅因为不能全部引进设备这一个小问题而不能投入最先进的技术和设备，那么他们将很快面临着失去中国市场的不利局面。对方代表听到这番话，终于意识到双方合作的广阔发展前景，如果因为设备引进规模的问题而不能够顺利达成协议，不仅将要损失暂时的经济利益，而且有失去中国市场的严峻考验。

竞争如此激烈，一旦被别人占领，很难再进入中国市场；另外，引进部分设备对整体利益影响不大。

至此，在双方进一步讨论后，顺利达成了部分引进设备的协议。

在这次谈判中，我方玻璃厂不仅成功地节省了大笔的外汇，而且该厂在诺达尔玻璃公司的帮助下迅速发展起来，最终在市场竞争中顺利占得先机，成为同行中的佼佼者。

玻璃厂采用何种方法打破了谈判僵局？

模块七　解决异议与处理抱怨

 模块简介

解决异议、处理抱怨以及提升客户忠诚度是企业在客户服务与关系管理中的重要任务。

解决异议的第一步是倾听客户的异议，并努力理解他们的问题和不满。这可以通过积极的沟通和问询来实现。与客户进行深入的交流，确保充分了解他们的期望、要求和意见。根据客户的异议，提供有效的解决方案。这可能包括更换产品、提供补偿、改善服务等。确保解决方案得到迅速执行，并与客户保持联系，确认问题得到解决并收集反馈。

诚实承认错误并接受责任，有助于建立信任，并显示企业对客户满意度的重视。对于客户的抱怨，要及时回应并采取行动，延迟回应可能会加剧客户的不满。分析抱怨的根本原因，从内部进行改进，以避免未来出现相同问题。如果抱怨合理且有效，提供适当的补偿和补救措施，以平息客户的不满。

为客户提供高质量、个性化的服务体验，超越他们的期望。建立良好的用户体验。与客户建立长期稳定的合作关系，根据他们的需求和偏好提供定制化的解决方案。与客户保持积极的沟通，定期关怀并了解他们的反馈和需求变化。设立奖励机制和忠诚计划，以感谢和激励忠诚客户，并提供额外的价值和特权。

通过积极处理抱怨和提供优质服务，企业可以提升客户的满意度和忠诚度。增强客户忠诚度对于企业来说至关重要，因为忠诚的客户会为企业带来重复购买、口碑传播以及更稳定的收入来源。因此，企业应重视客户抱怨的处理，并通过持续改进和个性化服务等方式提升客户的满意度和忠诚度，建立长期稳定的客户关系。

路径导图

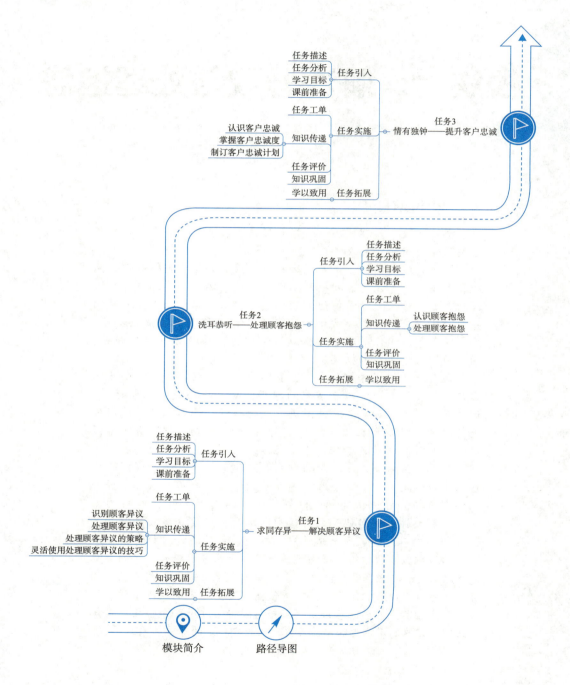

任务1 求同存异——解决顾客异议

Mission one

解决顾客异议是指在客户提出与产品、服务或交易相关的疑问、不满或投诉时，采取行动来理解并解决顾客的异议。

解决顾客异议是维护良好客户关系的重要一环。通过倾听、理解、提供解释和合理解决方案，以及积极主动地解决问题，能够满足顾客的需求，提升顾客满意度。通过持续改进，记录经验，提供补偿和回馈，能够展示对顾客的关心和重视，并提高顾客的忠诚度和口碑。

一、任务引入

 任务描述

中国改革开放的重心正在向中西部挺进，位于河北省石家庄市的某棉纺厂伍厂长率队在欧洲进行了设备和市场考查之后，报经国家有关部门批准，决定引进德国产的 Rou-12 型纺纱机器两台。谈判在国内进行，伍厂长作为引进方（买方），对手有德国的生产厂商代表，还有中国香港的一家贸易公司作为中介商也有代表到场。由于伍厂长事先进行了市场调查，掌握了有关情况，所以当对方提出 10 万欧元的价格时，伍厂长当即压价 25%，令对方大为吃惊。外商和港商见我方代表对国际市场行情十分熟悉，竟能把价格压到接近德国的出厂价，一时乱了方寸，但又找不到良好的对策，以致谈判连续进行了 3 天，却未能达成协议，反而出现了破裂的痕迹。

小故事大道理

德国产的这种纺纱机，在当今世界上属最先进的机种之一，在国际市场上能卖出好价钱，对于我国来讲，这种设备的先进性也是明显的。伍厂长不愿放弃引进这种机器的机会，经过数夜苦思，他找到香港的中介商说："我压的价是低了些，但话说回来，这两台机器按理说，你们应该免费送给我们才对。"见港商一脸疑惑的样子，伍厂长接着说："我们谈的这两台，是中国的第一家，而且是在中部地区。现在到处都在树立公司的形象，贵公司不是每年都要花上百万元的广告费吗？中国这么大的市场，你们为何不设个'窗口'做做活广告呢？"经过伍厂长的说服，港商同意了我方的建议，并协助说服了德国厂商。

最终，德国厂商以较低的价格，把机器售予我方，港商在这笔交易中也没有收一分钱的中介费，石家庄某棉纺厂此举为国家节省了十几万欧元。

请分析：伍厂长对待外商与港商异议的策略分别是哪一种？外商和港商最终为何会同意我方的建议？当谈判陷入僵局时，作为推销方又应怎么办呢？

任务分析

（1）首先要熟悉顾客异议种类表现，掌握顾客异议处理的原则、步骤、方法、技巧；其次要能够基本判断顾客的异议种类，并能够运用方法技巧处理顾客异议。

（2）分析伍厂长对待外商与港商异议的策略分别是哪一种，然后分析外商和港商最终同意我方建议的原因。

（3）最后换位思考一下，当谈判陷入僵局时，作为推销方会怎么想、怎么做，这样才能知己知彼、百战百胜。

 **学习目标**

知识目标：熟悉顾客异议种类表现，掌握顾客异议处理的原则、步骤、方法、技巧，掌握处理顾客异议的几种策略。

能力目标：能够基本判断顾客的异议种类，能够分析异议产生的原因，能够运用方法技巧处理顾客异议。

素质目标：具备对待顾客异议的良好心态，消除面对顾客异议的紧张心理，培养"以信处事"的优良品质。

课前准备

（1）通过网络搜索和教材内容了解顾客异议处理的种类、步骤、方法。
（2）能灵活使用处理顾客异议的各种技巧。
（3）根据任务描述资料能分析伍厂长对待外商与港商异议的策略。

二、任务实施

任务工单

（1）第一步：分析任务描述中外商与港商顾客异议的种类和表现，并填入表 7-1。

表 7-1　顾客异议的种类和表现

顾客异议的种类	表现特征

（2）第二步：分析伍厂长采用的是何种处理价格异议的策略，并分析这样做的原因，填入表 7-2。

表 7-2　处理价格异议的策略及原因

处理价格异议的策略	原因

（3）第三步：伍厂长团队灵活运用了哪种处理顾客异议的技巧，请分析这样做的优势，将结果填入表 7-3。

表 7-3　处理顾客异议的技巧及优势

处理顾客异议的技巧	优势

（4）第四步：分析外商和港商最终同意我方建议的原因，并填入表 7-4。

表 7-4　外商和港商同意我方建议的原因

解决顾客异议	原因
外商同意我方的建议	
港商同意我方的建议	

（5）第五步：请你揣测一下，作为推销方（外商、港商）会怎么想、怎么做，将结果填入表 7-5。

表 7-5　推销方的想法和做法

推销方的行为	想法和做法
外商	
港商	

6. 第六步：分组（团队）上台汇报。

 知识传递

（一）识别顾客异议

1. 理解顾客异议的含义

顾客异议是指顾客对产品或服务、销售业务人员、销售活动等方面表现的怀疑、否定、甚至反对的意见。一般是在顾客购买活动过程中表现的一种普遍现象。

（1）异议是销售活动中的一种必然现象：由于每个顾客的需求和期望不同，他们可能会对某些方面产生疑问或提出异议。这是正常的情况，而不是销售失败的标志。

（2）异议是销售障碍，也是成交信号：顾客的异议可能会阻碍销售进程，但也提供了销售人员了解顾客需求的机会。通过处理异议，销售人员可以了解顾客的关注点，提供更准确的解决方案，并建立更强的信任和关系。

（3）异议是企业无偿的信息源：顾客的异议提供了有关产品、服务或销售过程的反馈和意见。企业可以从中汲取宝贵的信息，改进产品和服务，优化销售策略，提高顾客满意度和忠诚度。

2. 分析异议产生的原因

（1）顾客自身方面的原因。

①没有发现和认识自己的需要：顾客可能没有意识到自己对某种产品或服务的需求，或

者对自己的需求没有清晰的认知。该原因主要有以下几种情况。

缺乏信息或知识：顾客可能对某种产品或服务缺乏充分的了解，不知道它的存在、功能或优势。由于缺乏信息，顾客可能会对产品的必要性产生怀疑，表现异议。

顾客异议的原因
（微课视频）

没有对需求进行认知：顾客可能没有意识到自己对某种产品或服务的真实需求。他们可能没有审视自己的生活、工作或个人情况，因此不能准确地感知到他们可能存在的问题或需要做出的改进。

偏见和固有观念：顾客可能持有一些偏见或固有观念，导致他们对某种产品或服务的需求持怀疑态度。他们可能认为某种特定的解决方案不适用于他们，或者出于习惯而不愿改变现有的做法。

满足现状：顾客可能对当前的状况感到满意，没有意识到可能存在更好或更有效的选择。他们可能认为没有必要改变或购买新的产品或服务，从而表达异议。

②顾客缺乏支付能力：一些顾客可能对产品或服务的价格感到不满意，认为它超出了他们的支付能力范围，从而产生异议。该原因主要有以下几种情况。

价格超出预算：顾客可能对产品或服务的价格感到不满意，因为它超出了他们事先设定的预算范围。他们可能认为产品的价格不合理或不符合市场行情，导致他们表达异议。

费用负担过重：顾客可能在考虑产品或服务的长期使用成本时感到负担过重。虽然他们可能对产品或服务本身有需求，但他们可能担心支付后续的运营、维护或升级费用，从而产生异议。

经济能力有限：一些顾客可能有经济能力有限的特殊情况，导致他们对产品或服务的价格感到不满意。他们可能无法承担产品或服务的价格，因此无法进行购买，从而表达异议。

③顾客没有决策能力：有些顾客可能在做决策时存在困难，缺乏自信或经验。他们可能对购买犹豫不决，从而表达异议。该原因主要有以下几种情况。

缺乏自信：顾客可能缺乏对产品或服务的自信，无法确定是否做出正确的决策。他们可能对市场上的选择感到困惑，担心自己做出错误的选择，从而表达异议。

缺乏经验：一些顾客可能缺乏相关的经验，不熟悉购买特定产品或服务的程序和要求。他们可能对产品或服务的特性、性能或适用性了解不足，导致他们产生异议。

对后果的担心：顾客可能因为对购买产品或服务所带来的潜在后果担忧而表达异议。他们可能担心产品或服务的质量、可靠性、售后支持等方面会不符合预期，因此对决策产生犹豫。

外部干扰因素：顾客可能受外部因素的干扰，如他人的意见、市场的竞争或媒体的影响，导致他们犹豫不决，表达异议。

④顾客购买经验和成见：之前的购买经验或某些负面观点可能导致顾客对产品或服务持有偏见，产生异议。该原因主要有以下几种情况。

负面购买经验：顾客可能在过去的购买经历中遇到问题或负面的情况，导致他们对同类产品或服务持有负面观点。这些经验可能包括产品的质量问题、售后服务不佳、交付延迟等，从而使顾客对新产品或服务产生异议。

不良口碑传播：顾客可能听闻他人对产品或服务的负面评价或意见，导致他们对产品或服务产生成见。这种口碑可以来自朋友、家人、同事或媒体报道，从而影响顾客的决策，使他们表达异议。

个人偏好或固有观念：顾客可能有一些个人偏好或固有观念，使他们对特定类型的产品或服务持有偏见。他们可能认为某种特定的产品或服务不适合自己，或者更倾向于传统方式或竞争品牌，从而对新产品或服务产生异议。

缺乏认知更新：顾客可能没有及时了解产品或服务的改进或创新，导致他们对其仍持有过时的观点。他们可能不熟悉产品或服务的最新功能、性能或优势，从而产生异议。

⑤顾客的自我表现：一些顾客可能出于个人因素或社交压力的需要，表现异议，以显示自己的独立性或主张。该原因主要有以下几种情况。

个人认同和独立性：一些顾客可能出于对自己个人认同和独立性的追求，表现异议。他们可能希望在购买决策中显示自己的独特性和个性，因此会对产品或服务提出质疑，以展示自己的独立思考和决策能力。

社交压力和群体认同：顾客可能受社交压力的影响，希望在他人面前展示自己的主张或迎合特定群体的认同。他们可能对某种产品或服务出于社交需求而表示异议，以满足他人的期望或获得认可。

试探或谈判策略：一些顾客可能使用异议作为试探或谈判的策略。他们可能希望通过表达异议，获得更好的价格、优惠或其他特殊待遇。这种行为可能是一种策略性的表现，旨在达到个人利益最大化的目的。

强烈的意见或偏好：顾客可能对某种特定产品或服务持有强烈的意见或偏好，导致他们表达异议。他们可能对其他替代选项持有负面观点，或者对特定品牌或类型的产品有偏好，因而对其他选择表示异议。

⑥顾客购买习惯：顾客可能对特定品牌或产品有固定的购买习惯，不愿尝试新的产品或服务，因此表达异议。

⑦顾客的其他偶然因素：某些不可预测的因素，例如顾客的心情、环境等，也可能对顾客表达异议起到影响作用。

（2）产品方面的原因。

①产品的效用：顾客可能会对产品的效用或功能产生异议，认为产品无法满足他们的需求或期望。他们可能对产品的特性、性能或功能提出质疑，表达异议。

②产品的质量：如果产品存在质量问题，例如易损坏、不稳定或不可靠，顾客可能会对此产生异议。他们会质疑产品的可靠性、耐用性或质量控制等方面。

③产品的价格：产品的价格也是顾客产生异议的一个重要因素。如果顾客认为产品的价格过高或不合理，他们可能对产品的价值提出异议，对购买决策产生疑虑。

④产品的服务：产品的售后服务和支持对于顾客的满意度也是至关重要的。如果产品的服务不到位，例如缺乏专业的售后支持、响应不及时或解决问题的能力不强，顾客可能会产生异议。

（3）人员环境方面的原因。

①销售人员不力：如果销售人员在销售过程中表现不佳，例如缺乏专业知识、不友好、缺少耐心或不诚信等，顾客可能会对销售人员产生异议。他们可能质疑销售人员的能力、诚信度或专业水平，对购买决策产生疑虑。

②销售信息不足：当销售人员无法提供充分的、清晰的产品信息或解答顾客的问题时，

顾客可能会对销售信息的准确性和可信度产生异议。他们可能认为销售人员没有提供足够的支持和指导，从而产生不满和异议。

③销售环境不良：销售环境的氛围以及与顾客的互动方式也会影响顾客的购买体验，从而使顾客产生异议。例如，过于压迫性或不专业的销售方式、过度推销或不尊重顾客意见的行为等，都可能导致顾客对销售环境产生异议。

为减少顾客异议的产生，企业应对销售人员进行专业培训，提高其产品知识和销售技巧，同时注重销售人员的服务态度和沟通能力。此外，建立良好的销售环境，注重顾客体验，尊重顾客意见和需求，提供良好的销售氛围，也非常重要。通过这些努力，可以增强顾客对销售人员和销售环境的信任，减少产生异议的可能性。

3. 区分顾客异议类型

（1）按性质划分。

顾客异议类型
（微课视频）

①真实异议：真实异议是指顾客对产品或服务存在真实的不满、疑虑或问题，并通过表达异议向企业提出反馈。这种异议可能是基于顾客的实际体验、观察或看法，并且是诚实和真实的。真实异议是企业改进和提升的机会，因为它们可以帮助企业发现和解决问题，提高产品质量和顾客满意度。

②虚假异议：虚假异议是指顾客故意提出的不实或夸大的异议，目的可能是获取不当利益、获得补偿、降低产品价格或损害企业声誉。虚假异议可能缺乏客观性和真实性，可能是基于个人利益或其他不良动机而产生的。虚假异议对企业来说是一种挑战，因为它们可能导致资源的浪费、企业形象的损害，甚至可能诱使企业做出不必要的改进或降低产品质量。

区分真实异议和虚假异议是重要的，因为只有真实异议才能帮助企业改进和提升，而对于虚假异议，则需要企业采取适当的措施进行辨别和处理。企业可以通过与顾客进一步沟通、调查和验证来判断异议的真实性，并采取适当的措施来解决真实异议，同时采取防范措施应对虚假异议的出现。

重要的是，企业应积极倾听并尊重顾客的反馈，对顾客的异议给予适当的回应。无论异议是否真实，企业都应以客户为中心，通过积极回应和解决问题来维护良好的客户关系和企业声誉。

（2）按根源划分。

①顾客方面的异议。

需求异议：顾客对产品或服务的需求存在异议，即认为产品或服务无法满足他们的实际需求或期望。这种异议可能源于对产品功能、性能、设计或适用性的质疑。

权力异议：顾客对购买决策中涉及的权力分配存在异议，即认为他们的权力或权益受到侵害或不公平对待。例如，他们可能对产品定价、售后服务、退换货政策等方面的规定表示异议。

支付能力异议：顾客对产品或服务的价格与他们的支付能力不匹配存在异议，即他们认为产品或服务的价格超出能够承受的范围。这种异议通常与个人财务状况、预算限制或市场行情等因素有关。

货源异议：顾客对产品的货源存在异议，即他们对产品的原产地、供应链透明度或产品的质量和真实性表示质疑。这种异议可能与顾客对产品的可靠性和可信度的评价相关。

购买时间异议：顾客对购买产品或服务的时间存在异议，即他们认为购买的时机不合适或不理想。这种异议可能与顾客对市场趋势、促销活动或个人需求时间窗口的感知和判断有关。

②企业人员方面的异议。

销售人员异议：顾客对销售人员的行为、态度或专业水平存在异议。这种异议可能包括销售人员的主动性、沟通能力、知识水平或服务态度等方面的不满。

产品质量异议：顾客对产品的质量存在异议，即他们认为产品的性能、可靠性或耐用性等方面不符合预期。这种异议可能源于产品的缺陷、材料选择、制造工艺等因素。

产品价格异议：顾客对产品的定价存在异议，即他们认为产品的价格过高或不符合产品的价值。这种异议可能与市场定价、竞争对手的价格、产品附加值等有关。

销售服务异议：顾客对销售服务的质量存在异议，即他们认为销售过程中的服务标准、响应速度、问题解决能力等方面不满意。这种异议可能是由客户支持不足、售后服务不到位或沟通不畅等问题引起的。

企业信誉异议：顾客对企业的声誉或信誉存在异议，即他们对企业的诚信度、品牌形象或历史纪录表示质疑。这种异议可能受媒体报道、广告宣传、竞争对手口碑或个人经验的影响。

③其他异议。

政策方面的异议：顾客对政府、组织或行业的政策、法规或规定表示异议。这种异议可能涉及价格管制、进口限制、税收政策、环保限制等方面，对企业经营或顾客行为产生影响。

市场竞争方面的异议：顾客对市场竞争的现状或行业局势表示异议。这种异议可能涉及垄断行为、不合理的价格竞争、市场不透明等，对市场公平性和顾客选择权产生影响。

社会道德方面的异议：顾客对企业或产品的社会责任、伦理标准或可持续发展等方面表示异议。这种异议可能涉及环境污染、动物权益、劳工权利等问题，对企业形象和声誉产生影响。

技术或科学方面的异议：顾客对特定技术、科学研究或创新表示异议。这种异议可能涉及食品安全、生物技术、人工智能等领域，对产品使用或技术发展方向产生影响。

文化或价值观方面的异议：顾客对产品或企业的文化或价值观表示异议。这种异议可能涉及宗教信仰、道德观念、社会公平等方面，对消费者群体的吸引力和品牌形象产生影响。

（二）处理顾客异议

1. 坚持处理原则

处理顾客异议时，坚持一些原则有助于有效解决问题和维护良好的顾客关系。以下是处理顾客异议时应坚持的原则。

顾客异议处理的方法
（微课视频）

（1）正视并尊重顾客异议。

对于顾客的异议意见，要认真对待，不轻视或忽略，尊重顾客的观点和感受。这有助于建立沟通和信任的基础。

（2）立足于满足顾客需求和利益。

以顾客的需求和利益为导向，寻求解决问题的最佳方式。关注顾客的核心问题和期望，努力提供符合他们期望的解决方案。

（3）培养百折不挠的精神。

面对顾客的异议，要保持积极的工作态度和解决问题的意愿。持久的精神能够帮助你在困难的情况下坚持寻找解决方案。

（4）永远不要和顾客争辩。

避免与顾客产生争执或对立，以和善、耐心、理性的态度与顾客进行沟通和交流。倾听顾客的意见，通过解释、回应和引导来进行有效的沟通。

（5）做好应对异议的预案准备。

提前制定和准备应对顾客异议的策略和方案。了解常见的异议类型和解决方法，并进行培训和沟通，以便团队能够快速、有效地应对顾客异议。

以上原则有助于建立积极的顾客关系，解决问题，并提供优质的服务体验。同时，要记住每个顾客都是独特的，处理每个异议的方法和解决方案可能会有所不同。灵活性和个性化的处理方式也是处理顾客异议的重要因素。

2. 处理顾客异议的基本步骤

（1）采取积极的态度。

以良好的心态正确对待顾客的不同意见甚至挑剔。"嫌货才是买货人。"

（2）认同顾客的感受。

认同作用是淡化冲突。认同不表示赞同，只是体会对方的感受，理解对方的想法。

（3）使顾客异议具体化。

通过提问的方式将顾客异议具体化。

（4）给予巧妙补偿。

可以利用产品的其他利益对顾客进行补偿，也可以将异议点直接变成卖点进行补偿。

（三）处理顾客异议的策略

1. 处理价格异议的一般策略

（1）先谈价值后谈价格。

先谈价值后谈价格的策略之所以有效，是因为顾客更关注产品或服务能给他们带来的好处和价值，而不仅仅是价格本身。通过强调产品或

处理顾客异议的
策略（微课视频）

服务的价值、优势和长期利益，可以改变顾客对价格的看法，使他们更愿意接受价格并认为它是合理的。这样，可以建立更加坚实的基础，让价格议价变得更加顺利和成功。

①突出产品或服务的价值：在与顾客沟通时，重点强调产品或服务的价值、功能和优势。通过展示产品或服务的特点、性能、解决问题的能力以及带来的好处，让顾客意识到其能获得的价值。

②对比竞争对手：将自己的产品或服务与竞争对手进行比较，并指出自己的产品或服务相较于竞争对手的优势和差异。以数据、案例或顾客反馈等来支持自己产品或服务的优越性，让顾客认识到他们选择自己的产品或服务是有价值的。

③引导顾客思考长期利益：通过提供长期利益和投资回报的前景，帮助顾客更好地理解产品或服务的价值。可以提供相关的研究数据、成功案例或过往顾客的经验分享，让顾客认

识到选择自己的产品或服务不仅是为了眼前的利益，也是为了长远的成功和收益。

④解答顾客疑虑：与顾客积极互动，了解他们的顾虑和疑虑，提供针对性的解答。通过解答顾客的问题和疑虑，帮助他们更好地理解产品或服务的价值，减少对价格的异议。

（2）缩小标价单位。

通过缩小标价单位，可以降低顾客对价格的敏感度，让他们更容易接受和理解价格。同时，将价格与明确的价值和成本效益联系起来，可以增加顾客对产品或服务的认可和价值感。此外，提供灵活的定价选项可以增强顾客的主动性和满意度，促使他们更容易做出决策。

①将总价转化为更小的单位：将产品或服务的总价转化为更小的单位，例如每天、每月、每次使用或每个单位的费用。通过这种方式，可以让顾客更容易理解和接受价格，并将其分摊到更短的时间段或更小的单位上。

②增加可见的价值：将产品或服务的价格与其所提供的增值和附加好处相对比。例如，将产品的价格与其所带来的效率提升、成本节约或收益增加进行对比，让顾客认识到价格所带来的价值和回报。

③强调成本效益：突出产品或服务的成本效益。通过比较产品或服务的价格与其所能创造的价值，以及与竞争对手相比的成本效益，让顾客意识到产品或服务的实际成本相对较低。

④提供灵活的定价选项：给顾客提供选择多种定价选项的机会。例如，可以提供不同的套餐、计费方式或使用周期，让顾客可以根据自己的需求和预算选择最适合的定价方案。

需要注意的是，在运用这种策略时，要确保所选择的更小单位和提供的增值相符合，不会使产品或服务的实际成本过高或折扣过大，以保持可持续性和盈利能力。

（3）增值预测。

增值预测的策略之所以有效，是因为它能够为顾客提供一个更为全面和深入的视角，让他们更好地理解和接受产品或服务的价格。通过展示产品或服务的未来收益、支持数据和案例、个性化需求的预测和强调长期合作伙伴关系，能够让顾客认识到选择你的产品或服务在长期中的投资回报，从而降低价格异议和提高接受度。

①强调产品或服务的未来收益：通过提供关于产品或服务未来可能带来的收益和增值的预测，让顾客认识到选择你的产品或服务是一个长期的投资，并能够带来更多的回报。这些收益可能包括成本节省、效率提高、市场份额增加、顾客忠诚度提升等。

②提供支持的数据和案例：为了提高顾客的信任度和接受度，提供支持增值预测的数据和案例非常重要。这些数据可以是市场研究结果、行业趋势分析、成功案例或过往顾客的实际经验。通过呈现这些数据和案例，可以让顾客更有理由相信产品或服务的未来收益预测，并降低他们对价格的异议。

③针对顾客需求进行增值预测：将增值预测与顾客的具体需求和目标紧密联系起来，让顾客能够直接看到和理解产品或服务对他们的具体价值。根据顾客的痛点和关注点，提供个性化的增值预测，让顾客深刻感受到你的产品或服务能够解决他们的问题并创造更多的价值。

④强调长期合作伙伴关系：着重强调与顾客建立长期合作伙伴关系的意义和价值。通过

分析未来，提出与顾客一起成长和发展的愿景，让顾客认识到选择你的产品或服务是一个长远和可持续的合作伙伴关系，而不仅仅是短期的交易。

需要注意的是，增值预测应该是有依据和合理的，不能夸大其词或不切实际。同时，在提供增值预测时，也要注明预测的不确定性和风险，以保持透明度和顾客的信任。

（4）让步。

通过让步可以在处理价格异议时达成共识和促成交易。确保让步范围的合理性、了解顾客需求、选择合适的让步选项、强调互惠关系和保持灵活应对的态度都是实施让步的关键。

①确定可让步的范围：在考虑让步之前，首先需要明确自身的底线和可让步的范围。确定一个可以接受的价格范围，并在此范围内进行让步，确保自身的利益和可持续性。

②了解顾客需求和优先级：与顾客积极沟通，了解他们的需求、优先级和关注点。通过探索顾客的需求，可以更准确地判断哪些方面对顾客是最重要的，从而有针对性地进行让步。

③选择合适的让步选项：根据顾客的需求和优先级，选择合适的让步选项。这些让步可以是提供一定的折扣、增加额外的服务或产品、延长保修期、调整付款方式等。通过这些让步，可以增加顾客的满意度和价值感，从而更有可能减少价格异议。

④强调互惠关系：在让步时，强调双方的互惠关系和长期合作的意义。让顾客意识到双方在交易中都能获得一定的利益，而不仅仅是降低价格。通过强调互惠关系，可以提高顾客的接受度。

⑤灵活应对：在处理价格异议时，保持灵活应对的态度是很重要的。根据顾客的反馈和议价的动态，可以调整让步的幅度和方式。灵活应对有助于维持良好的协商氛围，并寻找双方都能接受的解决方案。

需要注意的是，让步应该在合理范围内进行，并不是对所有顾客都适用。在确定让步时，要综合考虑利润和成本的可承受性，并确保让步后仍能保持盈利能力。让步并不意味着放弃自身的立场和底线。在让步的过程中，也要注意平衡双方的利益，并确保达成可持续的交易。

2. 处理购买时间异议的一般策略

（1）良机激励。

通过良机激励可以处理购买时间异议，促使顾客尽快完成购买。限时优惠、独家特权、时间敏感性的案例、明确的截止日期以及积极互动与追踪都是实施这一策略的关键。

①强调限时优惠：提供限时优惠措施，例如折扣、促销活动或特别奖励，以鼓励顾客在特定时间内购买。通过强调这些限时优惠的价值和独特性，可以营造购买的紧迫感，促使顾客尽快行动。

②提供独家特权：为那些在规定时间内购买的顾客提供额外的特权或福利。例如，提供独家的产品或服务访问权限、提供定制化的优惠方案、延长保修期限等。这样可以增加顾客的动力和愿望，尽快完成购买。

③提供时间敏感性的案例：通过提供与购买决策时间相关的案例，展示在特定时间内购买的好处和价值。例如，引用先前顾客的成功故事，说明他们在类似时间条件下购买所获得的好处，从而刺激顾客更快做出购买决策。

④设定明确的截止日期：设定明确的购买截止日期，让顾客知道他们需要在某个时间节点前做出购买决策。通过这种方式，可以为顾客设定时间限制，增强他们的紧迫感和决策动力。

⑤积极互动与追踪：与顾客积极互动，并通过跟进和追踪来加强对购买时间的引导。提供相关信息，回答顾客的问题，了解他们的进展和疑虑，以及提供额外支持，帮助他们做出购买决策。

良机激励的策略之所以有效，是因为它制造了购买时间的紧迫感和动力，鼓励顾客尽快行动。通过限时优惠、独家特权、时间敏感性的案例和明确的截止日期，可以激发顾客的兴趣和决策欲望，尽快完成购买。同时，积极互动和追踪可以提供有效的支持和引导，帮助顾客做出明智的购买决策。

需要注意的是，良机激励应该是真实可信的，避免制造虚假的紧迫感和优惠。同时，在执行策略时要注意与顾客的沟通和交流，确保提供的优惠和特权符合他们的需求和期望。

（2）利益得失预判。

利益得失预判的策略之所以有效，是因为它帮助顾客更好地理解和权衡不同购买时间的利益和损失。通过了解顾客的关注点和优先级、预测利益得失、提供证据和对比，并强调不可预见因素，可以提高顾客对购买时间决策的接受度。

①了解顾客的关注点和优先级：与顾客进行积极的沟通，了解他们对产品或服务的关注点和优先级。这包括他们对产品功能、价格、需求满足度以及与其他竞争对手的比较等方面的关注。通过了解顾客的关注点，可以预测他们对不同购买时间的利益和得失的考量。

②分析利益得失：根据顾客的关注点，预测不同购买时间的利益得失。这涉及分析顾客可能获得的好处和出现的风险或损失。例如，如果顾客尽早购买，他们可能享受到先行者优势、抢占市场份额或享受提前使用产品的好处。与此同时，他们可能面临潜在的价格上涨、竞争加剧或技术更新的风险。

③提供对比和证据：将不同购买时间带来的利益得失进行对比，并提供相关的证据和数据来支持预判。这可以包括市场趋势分析、竞争对手的行动、过去顾客的案例等。通过提供相应的证据和数据，可以提高顾客对利益得失预测的信任度和接受度。

④强调不可预见因素：提醒顾客存在一些不可预见的因素，这些因素可能对购买时间的利益得失产生影响。这可以包括市场变化、法规环境、经济波动等。通过强调这些不可预见因素，可以减轻顾客对购买时间的压力，并将重点放在现有的利益得失预判上。

需要注意的是，在进行利益得失预判时，要确保预测的准确性和可靠性，并充分考虑顾客自身的情况和目标。此外，与顾客的沟通和交流也是非常重要的，有助于更好地理解他们的需求和计划，并根据实际情况进行预测和提出建议。

（3）竞争诱导。

竞争诱导是一种处理购买时间异议的有效策略。竞争诱导的策略之所以有效，是因为它利用竞争环境激发顾客行动，使他们更加倾向于选择自身产品或服务。通过提供竞争对手的信息、强调竞争优势、提供特别优惠、突出实际案例和建立合作伙伴关系，可以增加顾客对自身产品或服务的认可和购买决策的动力。

①提供竞争对手的信息：首先，向顾客提供关于竞争对手的信息。这包括他们的产品、定价、优势等信息。通过展示竞争对手的存在和相关优势，可以让顾客意识到他们需要尽快

做出购买决策，以避免错失竞争对手的机会。

②强调竞争优势：针对竞争对手的信息，强调自身产品或服务的竞争优势。这可能包括产品的独特性、性能优势、卓越的顾客服务等。通过展示自身的优势，可以增强顾客对产品或服务的价值感，并增强他们尽早购买的动力。

③提供特别优惠：为了吸引顾客尽快购买，提供特别的竞争优惠措施是非常有效的。这可以是折扣、额外的服务或产品、增值福利等。通过提供这些特别优惠，可以促使顾客完成购买，避免流失给竞争对手。

④突出实际案例：通过呈现与自身产品或服务相关的成功案例，强调选择自身产品或服务对顾客的实际价值。这可以是基于真实顾客的故事、证明产品效果的数据、满意度调查结果等。通过展示实际案例，可以帮助顾客更好地理解自身产品或服务的竞争优势，并增强购买决策的动力。

⑤建立合作伙伴关系：强调与顾客建立长期合作伙伴关系的意义和价值。通过表明愿意与顾客合作，并提供持续的支持和服务，可以增加顾客对自身产品或服务的信任和认可，并削弱竞争对手在顾客心中的地位。

需要注意的是，竞争诱导应该是基于真实情况和可行性的。确保提供的竞争对手信息准确可靠，优势和特别优惠具备实质性的价值，以避免产生虚假或不良的影响。

3. 处理权力购买异议的一般策略

（1）激将策略。

激将策略是一种处理权力购买异议的有效策略。通过强调优势和竞争力、提供证据和案例、强调独特价值主张、创造竞争压力以及强调短期获得和长期效益，可以增加顾客对产品或服务的认可和购买决策的动力。

①强调优势和竞争力：在处理权力购买异议时，首先要强调自身产品或服务的优势和竞争力。通过清晰地传达产品或服务的独特特点、性能优势和与竞争对手的差异，可以激发顾客对自身产品的兴趣和购买动力。

②提供证据和案例：为了加强对产品或服务的信任和认可，提供相关的证据和案例是很重要的。这可以包括实际顾客的成功故事、第三方评估或认证机构的认可、产品或服务的效果数据等。通过这些证据和案例，可以增加顾客对产品或服务的可信度，从而减轻权力购买异议。

③强调独特价值主张：定位并强调产品或服务的独特价值主张。这可以是提供解决方案的全面性、市场领先地位、高品质的产品或服务等。通过强调独特价值主张，可以增加顾客对产品或服务的价值感，并激发购买的决心。

④创造竞争压力：通过提及竞争对手或曾经做出类似购买行为的顾客，创造竞争压力。示范其他顾客或竞争对手选择自己产品或服务的成功案例，引起顾客的关注和在竞争中脱颖而出的意愿，从而促使他们尽快完成购买。

⑤强调短期获得和长期效益：强调购买产品或服务的短期获得和长期效益。这可以包括提供快速解决方案、对未来可持续发展的影响，以及长期投资的回报等。通过强调当下的获益和未来的价值，可以增加顾客的购买动力。

需要注意的是，激将策略应该基于真实和可行的情况，并遵循诚信原则。在使用激将策略时，要注意与顾客之间的沟通和交流，确保提供的信息准确、客观和有力。

（2）鼓励策略。

鼓励策略是处理权力购买异议的有效策略。通过正面强调优势、提供奖励和赞赏、个性化定制、公开正面评价和提供灵活的选择，可以增加顾客对产品或服务的兴趣和购买动力，帮助他们更积极地参与购买过程。

①正面强调优势：向顾客正面强调产品或服务的优势和价值。这可以包括强调产品的特点、性能、创新性，以及服务的质量、专业性等。通过积极地突出产品或服务的优势，可以激发顾客对其的兴趣和认可，增加购买的意愿。

②提供奖励和赞赏：为购买产品或服务提供奖励和赞赏措施。这可以是折扣、优惠券、礼品或特别待遇等。通过提供这些奖励和赞赏，可以给顾客一种额外的价值感和满足感，激励他们尽快完成购买。

③个性化定制：根据顾客的需求和偏好，提供个性化的定制方案。通过满足顾客的特殊要求，并提供特别关注和服务，可以提高顾客对购买决策的积极性和满意度。

④公开正面评价：向顾客公开分享其他顾客对产品或服务的正面评价和成功故事。这可以通过顾客的推荐信、社交媒体的评论、在线评分等方式实现。通过展示正面评价，可以增加顾客对产品或服务的信任，鼓励他们尽快完成购买。

⑤提供灵活的选择：为顾客提供多样化的选择和购买方案。这可以是不同价格档次或包含不同功能和服务的选项。通过提供灵活的选择，可以满足顾客的多样化需求，并增加他们做出购买决策的可能性。

需要注意的是，在使用鼓励策略时，要注意与顾客之间的沟通和交流。了解顾客的需求和偏好，并根据实际情况提供相应的奖励和赞赏。此外，要确保所提供的奖励和赞赏是真实可行的，以避免产生误导或营销虚假行为。

（3）探询策略。

探询策略是处理权力购买异议的有效策略。通过提出问题、聆听和理解、解释和解答，并协作提供解决方案，可以更好地理解顾客需求，消除疑虑，增加顾客购买的决心和动力。

①提出问题：通过提出问题，向顾客探询其购买异议的原因和关注点。这可以包括询问顾客对产品或服务的疑虑、需求、偏好以及对竞争对手的看法等。通过主动提问，可以深入了解顾客的疑虑和观点，为后续的解决方案提供更有效的指导。

②聆听和理解：在顾客回答问题的过程中，着重聆听和理解顾客的观点和意见。这包括倾听顾客的担忧、需求、期望以及购买意愿的动因等。通过主动倾听和理解顾客的感受和需求，可以更好地把握顾客的想法和目标，为后续提供合适的解决方案。

③解释和解答：根据顾客提出的问题和表达的关切，进行解释和解答。这可以是解释产品或服务的特性和优势，回答顾客可能有的疑虑和疑问，提供有关产品或服务性能、质量、价格等方面的信息。通过详细地解释和解答，可以减轻顾客的疑虑和异议，增加对产品或服务的接受度和购买意愿。

④协作解决方案：与顾客一同寻找解决方案，以满足其需求和解决购买异议。这可以是提供定制的解决方案，调整产品或服务的特点或配套服务，或是提供更适合顾客的价格和付款方式等。通过与顾客紧密协作，可以找到更符合顾客期望的解决方案，并增加顾客对购买的积极性。

探询策略之所以有效，是因为它能够主动了解顾客的需求和关注点，理解顾客的观点和异议，并为顾客提供满意的解决方案。这种策略强调与顾客的互动和合作，充分体现了对顾客意见的重视和理解。

需要注意的是，在使用探询策略时，要确保真诚地关心和理解顾客，以及提供准确和有用的信息和解答。通过有效地聆听和提问，可以建立良好的沟通和信任，创造更好的购买体验和客户满意度。

（四）灵活使用处理顾客异议的技巧

灵活使用处理顾客异议的技巧对于建立良好的客户关系和成功解决问题至关重要。

1. 反驳技巧

在使用反驳技巧时，要倾听和理解顾客意见，控制情绪和语气，提供事实和数据支持，强调顾客利益，寻找共同点和解决方案，提供选择和建议，学会妥协和灵活调整。通过这些技巧的灵活应用，可以更好地解决顾客异议，满足其需求，增强顾客满意度和忠诚度。

（1）倾听并理解：在反驳顾客异议之前，首先要倾听并理解其表达的观点和问题。通过倾听，你可以充分理解顾客的立场和关切，为提出合适的反驳方式提供基础。

（2）控制情绪和语气：在回应顾客异议时，要保持冷静、礼貌和专业的态度。控制情绪和语气可以更好地解决问题，避免冲突和矛盾的升级。

（3）提供事实和数据支持：在反驳顾客异议时，提供事实和数据支持是非常重要的。通过提供准确、可靠和有力的信息，可以强化自己的立场，并有助于顾客更好地理解和接受解释。

（4）强调顾客利益：在反驳过程中，要强调顾客的利益和价值。展示产品或服务对顾客的益处和实际效果，以及为顾客解决问题的能力。在这种方式下，顾客更有可能对解释产生共鸣。

（5）寻找共同点和解决方案：与顾客合作寻找共同点和解决方案，是一种积极的反驳技巧。通过寻找共同点，可以减少对立和争论，并找到双方都能接受的解决方案。

（6）提供选择和建议：为顾客提供多样化的选择和具体的建议是一种灵活应对异议的方式。可以根据顾客的需求和情况，给出不同的方案和建议，以满足其需求和解决问题。

（7）学会妥协和灵活调整：在处理顾客异议时，有时需要妥协和灵活调整。要具备灵活性，根据顾客的要求和需求，调整自己的立场，以找到共同的解决方案。

需要注意的是，在运用反驳技巧时，要保持尊重和礼貌，避免引发顾客不满或进一步冲突。尽量寻求和谐和合作的解决方案，维护良好的客户关系和口碑。

2. 间接技巧

灵活运用间接技巧对于处理顾客异议至关重要。通过转移注意力、共鸣和同理心、问候和礼貌、提供间接解决方案、联结共同目标、逐步解释和引导，以及寻求上级支持，可以更好地回应顾客异议，缓解冲突，寻求双赢的解决方案。

（1）转移注意力：通过转移顾客的注意力，将其关注点从异议转移到其他的话题或方面。这可以通过提供与产品或服务相关的其他信息、功能或优势来实现，从而重新引导顾客的注意力。

（2）共鸣和同理心：通过表达共鸣和同理心，与顾客建立情感上的连接。这可以是表达对顾客感受的理解、对其问题的关注，或者与顾客分享共同经历的故事。共鸣和同理心可以缓解顾客的情绪，建立良好的沟通基础。

（3）问候和礼貌：在回应顾客异议时，始终保持问候和礼貌的态度。礼貌地与顾客交流，表达尊重和愿意解决问题的意愿，可以降低冲突的可能性，增加顾客的接受度。

（4）提供间接解决方案：通过提供间接的解决方案，逐步解决顾客的异议。这可以是提供替代品、其他选项、返修或退款等，以满足顾客的需求和要求。

（5）联结共同目标：与顾客联结共同的目标和利益，并强调双方的合作和合作价值。通过突出顾客和企业之间的共同利益，可以促进双方的合作，并达成更好的解决方案。

（6）逐步解释和引导：逐步解释问题的原因和解决方案的可能性，引导顾客逐步接受和理解。逐步解释和引导可以帮助顾客理解复杂的情况和决策，减少顾客的抵触和异议。

（7）寻求上级支持：在处理棘手的顾客异议时，寻求上级支持也是一种间接技巧。适时地引入上级、专家或管理层的支持，以赢得顾客的信任和接受，并促使问题得到更好的解决。

在使用间接技巧时，要根据具体情况和顾客的需求，选择合适的技巧，并注意与顾客的沟通和关系。要注重表达理解、提供解决方案、保持礼貌和专业的态度，以期创造积极的顾客体验和满意度。

3. 利用技巧

太极法和借力打力法是处理顾客异议的两种最有效的利用技巧。太极法强调接纳顾客观点转移和平衡，保持灵活性，以达成双赢的解决方案。借力打力法强调利用外部资源和支持，求助上级、专家和客户服务团队，寻求外部评价和认证。通过灵活使用这些技巧，可以更好地应对顾客异议，提供满意的解决方案。

（1）太极法：太极法的基本原则是以柔克刚，我们可以通过转移、化解和平衡来处理顾客的异议。

①接纳顾客观点：首先，要接纳顾客的观点和异议，表达对其意见的理解和尊重。这样做可以缓解顾客的激动情绪，并为后续商讨解决方案创造一个积极的氛围。

②转移和平衡：通过转移顾客关注点和平衡利益关系，找到双方可以接受的解决方案。这可以通过强调共同的目标、让步、提供额外的价值或妥协来实现。通过寻找平衡点，可以减少对立，达到双赢的结果。

③保持灵活性：在与顾客互动时，保持灵活性和开放性。这有助于适应变化的情况，重新评估和调整解决方案，以满足顾客更合理的需求和要求。

（2）借力打力法：借力打力法的基本原则是利用外部资源和支持来解决顾客的异议。以下是借力打力法的几个关键点。

①寻求上级支持：如果无法解决顾客的异议，可以寻求上级或管理层的支持和帮助。他们可能具有更高的职权和更好的资源，能够提供更全面和有力的解决方案。

②寻找专家帮助：在处理一些复杂的异议时，可以寻找并借助专家的帮助。他们可能具有特定的知识和经验，能够提供更专业的解决方案，以满足顾客的需求。

③利用客户服务团队：客户服务团队是解决顾客异议的重要资源。他们可以提供专业的帮助和指导，为顾客提供满意的解决方案。与团队密切合作，协同工作，可以提高解决问题的效率和质量。

④寻求外部评价和认证：寻求外部评价和认证可以提高顾客对解决方案的信心。这可以

涉及第三方评估、认证机构的认可，以及客户口碑和评论的转化等。

太极法和借力打力法都强调在处理顾客异议时的灵活性、合作性和寻求外部资源和支持。通过借助外部力量，可以更好地应对复杂的问题，提供更全面和有效的解决方案，同时可以增强与顾客的合作与信任。

需要注意的是，在应用太极法和借力打力法时，要灵活使用，并根据具体情况调整策略。关键是保持开放的心态，寻求创新和协作，尽可能得到好的结果。

4. 询问技巧

询问技巧是在处理顾客异议时帮助我们获取更多信息、理解问题本质、寻找解决方案的关键策略，询问技巧在处理顾客异议中起着重要作用。通过使用开放性问题、追问技巧、澄清技巧、请求意见和建议、尊重回应和综合分析等方法，我们可以更好地理解顾客的需求，为顾客提供满意的解决方案。同时，保持尊重和耐心回应，可以建立积极的客户关系。

（1）开放性问题：提出开放性问题可以帮助我们获取更具体和详细的信息。一般来说，这样的问题不能仅用"是"或"否"回答，应鼓励顾客提供详细的解释，以便我们更好地理解问题的根源。

（2）追问技巧：通过追问技巧可以进一步了解顾客的需求和意图。追问问题时要注意使用开放性的提问方式，例如，"可以告诉我更多关于这个问题的细节吗？"或"您希望我们如何处理这个问题？"这样的追问可以帮助我们获取更多的信息，以更好地了解问题的方方面面。

（3）澄清技巧：有时顾客的异议可能不明确或表达含糊，这时我们需要使用澄清技巧来准确理解他们的需求和问题。可以通过重述顾客的话语，向顾客请教关于他们遇到问题的具体细节，以及他们期待的解决方案。

（4）请求意见和建议：询问顾客意见和建议是了解他们想要什么以及如何满足他们需求的重要途径。可以直接询问顾客："您认为我们应该采取什么措施来解决这个问题？"或"您有任何其他意见或建议吗？"这样的询问可以帮助我们更好地了解顾客期望，并提供相应的解决方案。

（5）尊重回应：在询问问题时，要始终保持尊重和礼貌回应。给予顾客充分的时间发表意见，倾听他们的关切，并展示我们对他们问题和需求的重视。

（6）综合分析：将顾客提供的信息进行分析和综合，以便更好地理解问题和寻找最合适的解决方案。将顾客的反馈与其他相关数据和信息结合起来，考虑不同的角度和因素，建立全面的认识。

通过运用上述的询问技巧，我们可以更好地了解顾客的需求和问题，识别关键问题的根本原因，并为顾客提供更准确、满意的解决方案。同时，要注重倾听、尊重和耐心，在与顾客的互动中建立互信和合作的关系。

5. 补偿技巧

补偿技巧是在处理顾客异议时，为了回应和弥补顾客的不满或损失而采取的一系列措施。补偿技巧在处理顾客异议时非常关键。通过道歉和认错、提供合适的补偿方案、灵活处理、提供补救措施以及关怀和关注等，可以有效回应顾客的不满和损失，建立积极的客户关系。同时，通过持续优化和改进，提供持久的满意度和价值。

（1）道歉和认错：在回应顾客异议时，首先要表达道歉和认错的态度。通过真诚的道歉，表达对顾客不满或损失的关注，以及对他们的不便或困扰的理解。

（2）补偿方案：根据顾客的具体情况和需求，提供合适的补偿方案。补偿方案可以是折扣、返还款项、提供额外服务或福利、延长保修期限等。根据问题的严重程度和顾客的期望，选择适当的补偿方式。

（3）灵活处理：对于复杂或特殊情况，要灵活处理，并提供符合顾客期望和需求的个性化解决方案。这可能需要与顾客进行进一步的协商和沟通，以找到最佳的补偿方式。

（4）补救措施：除了直接补偿，还可以采取其他补救措施，以改善顾客的体验和修复与顾客的关系。例如，提供额外的服务或支持，加强质量控制，对涉及的流程和制度进行改进等。

（5）关怀和关注：在解决顾客异议过程中，要向顾客表达关怀和关注，以确保他们的满意度和体验感得到修复。通过与顾客的持续沟通，提供后续跟进和关怀措施，加强与顾客的关系。

（6）提供多种解决方案：与顾客一同探讨和提供多种解决方案，以便他们能够根据自己的需求和偏好做出决定。这可以提高顾客参与感和满意度，同时减少产生冲突和不满的可能性。

（7）反馈和改善：及时跟进补偿措施，并请求顾客提供反馈意见，以改进产品或服务质量。借鉴顾客的经验和教训，持续改进企业流程和服务水平。

关键是根据顾客的具体情况和反馈，选择适当的补偿措施，并加强与顾客的沟通和联系。通过真诚的道歉、提供合适的补偿方案、关怀和关注等，可以有效地回应顾客的不满和损失，并为他们提供持久的顾客价值和满意度。

6. 预防技巧

预防技巧在处理顾客异议时非常重要，有助于减少顾客投诉和纠纷，并建立强大的顾客关系，提升企业的声誉和竞争力。

（1）优质产品和服务：提供高质量的产品和服务是预防顾客异议的关键。确保产品符合质量标准，对服务进行培训和监督，以确保顾客在购买和使用过程中得到满意的体验。

（2）清晰的沟通和信息传递：建立明确的沟通渠道，并确保顾客能够获得准确和清晰的信息，包括产品说明、售后服务和退换政策等。以透明和诚信的方式与顾客沟通，避免误导和不准确的声明。

（3）培训员工技能：对员工进行充分的培训和教育，以提升服务质量和沟通能力。员工要了解和遵守公司的价值观和准则，以确保他们能够恰当地处理顾客的问题和异议。

（4）有效的投诉管理系统：建立一个有效的投诉管理系统，确保顾客的异议能够得到及时和适当的处理。提供一个简单明了的投诉渠道，并及时跟进和解决，以缓解不满情绪。

（5）倾听和反馈：主动倾听顾客的反馈和意见，以便识别问题和抓住改进机会。回应顾客的反馈，向顾客表明他们的意见得到重视，并采取措施来解决和改善问题。

（6）持续改进：不断评估和改进产品与服务，以提高顾客的满意度。通过监测客户体验、分析投诉数据、进行市场调研等方式，了解并满足顾客的需求。

（7）建立良好的客户关系：与顾客建立良好的关系，提供个性化的服务和支持。通过互动和关怀，加强与顾客的联系，提高顾客的忠诚度和满意度并减少发生异议的可能性。

7. 更换人员技巧

更换人员是在处理顾客异议时为了妥善处理顾客的不满或损失而采取的有效措施。

（1）聆听与尊重：在处理顾客异议时，始终保持耐心、尊重和理解。聆听顾客的问题和不满，让他们感到被重视和理解。通过积极的沟通，让顾客感受到他们的意见被听到和重视。

（2）快速回应：顾客对于异议的不满通常要求即时的解决方案。更换人员技巧中的一项重要举措是尽快回应顾客，并迅速采取行动解决问题。通过快速回应，向顾客展示组织对于问题的重视程度，并表明愿意解决问题的诚意。

（3）派遣高技能人员：更换人员时，组织应派遣具备高度专业技能和经验的人员或部门负责人来处理顾客异议。这样的人员能够更快速、准确地理解问题，并提供更有效的解决方案，以满足顾客的期望和需求。

（4）提供补救措施：当顾客出现异议时，组织应当立即采取补救措施，以解决问题并弥补顾客的损失。这可能包括提供退款、替换产品、赔偿或提供其他解决方案，以重新获得顾客的信任和满意。

（5）持续沟通与透明解释：与顾客保持持续沟通，及时向其提供进展情况和解决方案。透明地向顾客解释问题的原因和处理方式，以增加他们对于组织的信任和理解。

（6）培训和发展：为处理顾客异议的人员提供相关的培训和发展机会，以提高他们解决问题的能力和技巧。通过不断提升人员的专业水平，能够更好地应对各种顾客异议，有效解决问题。

8. 定制式技巧

（1）个性化沟通：根据每个顾客的偏好和需求，灵活调整沟通方式和渠道。有些顾客更倾向于电话沟通，而有些则更喜欢电子邮件或在线聊天等方式。

（2）定制化解决方案：提供定制化的解决方案，根据顾客的特定需求和背景进行个性化调整。因此，通过深入了解每个顾客的独特需求，能够更好地满足他们的期望。

（3）个别化服务：为每个顾客提供个别化的服务体验。这可能包括特殊折扣、定制包装、定期关怀等，使顾客感到被特别关注和重视。

（4）定期回顾与改进：与顾客定期进行回顾和反馈，了解他们对定制化服务的满意度和改进建议。根据顾客的反馈和市场趋势，不断改进个性化服务的质量和范围。

应用定制式技巧，能够更好地满足顾客的需求，提高顾客满意度，并增强与顾客的关系。最终，将为组织带来更好的口碑，使业务发展更好。

案例音频 1

案例音频 2

案例音频 3

 任务评价

序号	评价项目	评价指标	分值	自评（20%）	互评（20%）	师评（60%）	合计
1	知识目标（40分）	熟悉顾客异议种类表现	10				
		掌握顾客异议处理的原则、步骤、方法、技巧	15				
		掌握处理顾客异议的几种策略	15				
2	能力目标（30分）	能够基本判断出顾客的异议种类	10				
		能够分析异议产生的原因	10				
		能够运用方法技巧处理顾客异议	10				
3	素质目标（30分）	具备对待顾客异议的良好心态	10				
		消除面对顾客异议的紧张心理	10				
		培养"以信处事"的优良品质	10				
合计			100				
综合得分							

知识巩固

选择题

1. 顾客异议是什么？（　　　）

A. 指推销人员对其推销的产品、活动所表现的怀疑、否定或反面意见的反映

B. 指顾客对推销人员或其推销的产品、活动所表现的怀疑、否定或反面意见的反映

2. 根据根源不同，顾客异议表现在哪几方面？（　　　）

A. 顾客　　　　　　B. 推销人员　　　　　　C. 产品　　　　　　D. 企业

3. 处理顾客异议的基本步骤有哪些？（　　　）

A. 耐心倾听顾客异议　　　　　　B. 稍做停顿，再对顾客异议做出答复

C. 对顾客异议进行简单重复　　　　　　D. 解答顾客异议

4. 当顾客说"没钱"，其真实原因是有钱，但不舍得买。（　　　）

A. 对 　　　　　　　　　　　　　　　 B. 错

三、任务拓展

齐德勒先生是一位烹调器的推销员。一次他在向一位家庭主妇做了产品介绍后，约好第二天再去拜访她。到了第二天，这位家庭主妇虽然在家等着他的拜访，但听了他对产品进一步的说明后便说，还要再想一下，这件事还要同丈夫商量后再决定。

这时，齐德勒先生虽然知道这次成交的机会不大，但他走前想要确定这位妇女是有意拖延，还是确有理由不买，是真的要同丈夫商量一下，还是打发他走。于是他说："这很好，我到晚上再来，可以吗？"主妇拖延着不置可否。于是，齐德勒先生提出："让我问你一个问题，什么时候你丈夫带食品回家？"她反问："你这是什么意思？他根本不带食品回来。"齐德勒问道："那谁买呢？"她说："我买。"齐德勒问："你经常买吗？"她说："当然。"齐德勒说："食品很贵吧？一星期的食品将花费你 20 元或 25 元，是吗？"她说："什么 20 元或 25 元！应当是 120 元或 125 元，你大概从来没买过食品吧？"齐德勒说："是的，让我做保守一点的估计，你每星期花费在食品上至少 50 元，可以吗？"她说："可以。"接着，齐德勒拿出一个笔记本，对顾客说："夫人，你每星期花费 50 元买食品，一年如以 50 个星期算，那将花费 2 500 元（齐德勒边说边在本上写下 50×50）。你刚才告诉我，你已结婚 20 年了，这 20 年来，每年 2 500 元，共花费了 50 000 元（写下），这是你丈夫信任你让你买的。你总不会每次把食品都给他看吧！"她听后笑了。齐德勒说："夫人，你丈夫既然信任你，让你用 50 000 元买食品，他肯定会让你再花 400 元买烹调器，以便更好、更省时地烹调一个 50 000 元的食品吧？"就这样，齐德勒卖出了一套烹调器。

请分析：在推销过程中，顾客用什么理由提出哪种顾客异议？齐德勒采用了怎样的技巧来化解顾客异议？

任务2 洗耳恭听——处理顾客抱怨
Mission two ←

处理顾客抱怨是指在顾客对产品、服务或交易产生不满、不满足或投诉时，采取行动解决问题，满足顾客的需求，并提升客户满意度和忠诚度的过程。

处理顾客抱怨是维护良好客户关系的重要一环。通过倾听、理解、提供解释和合理解决方案，以及积极主动地解决问题，能够满足顾客的需求，提升顾客满意度。通过有效沟通和协商，展示对顾客的重视和关心，增强顾客的忠诚度和口碑。通过学习和改进，预防潜在问题的再次发生，提升整体服务质量。

一、任务引入

任务描述

小故事大道理

故障不断的手机

某日，一位女士到某品牌手机销售公司接待室投诉，情绪非常激动，直接要求见总经理。首先，接诉员对该顾客进行了安抚，并请她讲出事情的来龙去脉。

原来，她于 8 月 11 日购买了某品牌的 5700 型号手机一部。购买不到半个月，手机便出现了接听电话断线的问题，因为该手机是智能手机，顾客初次使用这样的手机，以为是自己不太了解手机功能，操作不熟练造成的，所以她没有放在心上，继续使用。

9 月 15 日，手机又出现了同样的故障。该顾客咨询后，被告知要到该品牌的客服中心来处理。客服中心对手机进行了升级维修。11 月 15 日，手机三度出现同样的故障，该顾客又被告知到客服中心，结果仍然是升级维修。

12 月 9 日，同样的故障第四次出现。该顾客很生气，到客服中心要求退货或者换货。工作人员称，前两次升级，不能算是维修，这次先将手机返回厂家进行维修，修理后看看再说。顾客无法接受，便要求工作人员开具检测单。但客服中心的工作人员只是在"三包"凭证中记录了两次升级记录，不承认这算是三次维修。双方为此争执不休，一气之下，顾客坚决要求退机。

（1）分析该品牌手机客服中心服务中存在的问题。

（2）建立手机客服中心服务质量指标体系，并描述应该如何提升顾客服务质量。

（3）模拟接诉员处理该顾客投诉的方法和步骤，以获得解决顾客问题、让顾客满意的结果。

任务分析

（1）首先要识别顾客抱怨，掌握顾客抱怨产生的途径，寻找顾客抱怨的原因。

（2）掌握处理抱怨的方法，掌握处理抱怨的具体操作技巧，掌握处理抱怨的语言技巧。

（3）分析该品牌手机客服中心服务中存在的问题。

（4）提升顾客服务质量，妥善处理顾客抱怨。

（5）列出处理该顾客投诉的方法和步骤，以获得解决顾客问题、让客户满意的结果。

学习目标

知识目标：识别顾客抱怨，熟悉顾客抱怨的原因；掌握顾客抱怨产生的途径；掌握处理抱怨的方法，处理抱怨的具体操作技巧。

能力目标：能够掌握顾客抱怨产生的途径，寻找顾客抱怨的原因；能够运用处理抱怨的方法解决实际问题；能够运用各种技巧得体礼貌地解决和处理顾客抱怨。

素质目标：重视顾客抱怨的重要性，增强应对顾客抱怨的心理适应能力；养成面对抱怨的良好态度；培养"以信处事"的优良品质。

 **课前准备**

（1）通过网络搜索和教材内容学会识别顾客抱怨。

（2）能灵活运用处理顾客抱怨的各种方法和技巧。

（3）根据任务描述资料能分析该品牌手机客服中心服务中存在的问题，学会根据实际情况妥善处理顾客抱怨。

二、任务实施

 **任务工单**

（1）第一步：分析该品牌手机客服中心服务中存在的问题，并填入表7-6。

表7-6　存在的问题

问题	内容
问题一	
问题二	

（2）第二步：该女士购买的手机出现了4次故障，最后她坚决要求退机，分析她产生抱怨并逐渐升级的根源，并填入表7-7。

表7-7　产生抱怨的根源

故障次数	产生抱怨的根源
第一次	
第二次	
第三次	
第四次	

（3）第三步：工作人员在处理顾客抱怨时有哪些不当之处？请逐一描述，并填入表7-8。

表7-8　处理顾客抱怨的不当之处

处理次数	不当之处
第一次	
第二次	
第三次	
第四次	

（4）第四步：分析正确处理顾客抱怨的方法和技巧，并填入表 7-9。

表 7-9　处理顾客抱怨的方法和技巧

方法和技巧	内容
方法	
技巧	

（5）第五步：分组（团队）上台汇报。

（一）识别顾客抱怨

1. 理解顾客抱怨的含义

顾客抱怨是指顾客对产品或服务的不满情绪以及对所遇到的问题、失望或差错的反应。当顾客的期望与实际的体验或结果不符时，他们可能会表达自己的不满，提出批评或投诉，并期望问题得到解决或合理的回应。顾客抱怨是一种反馈机制，帮助企业或组织了解问题和改进点，同时也是顾客维权和追求满意度的表现。抱怨可以涉及产品质量、服务态度、交付延迟、价格不公平等方面的问题。有效地处理顾客抱怨可以增加顾客忠诚度和提高口碑评价。

（1）顾客抱怨通常有三个用意。

①诉说产品或服务未达到期望和需求：顾客抱怨是一种有效的沟通方式，他们通过表达不满来告知企业或服务提供者，产品或服务没有满足他们的期望或需求。他们希望自己的问题得到关注和解决，同时也希望未来能够获得更好的体验。

②希望企业改进产品或服务水平：顾客抱怨是一种期望企业改进的行为，他们抱有希望，希望企业能够在产品质量、服务态度、交付速度等方面有所改进。顾客抱怨反映了他们对企业有一定的信任，认为企业有能力提供更好的产品或服务，希望企业能够倾听和采纳他们的意见。

③发泄心中的不满情绪、怨气：顾客抱怨也可以是一种情绪的宣泄，当顾客感到失望、愤怒或受到不公平对待时，他们选择通过抱怨来发泄自己的情绪和怨气。这种抱怨并不一定期望问题得到解决，而更多是一种情绪的宣泄方式。

顾客抱怨不仅是对产品或服务的不满意的表达，更是一种期望和信任的体现，希望企业倾听和改进。同时，抱怨也可以是顾客发泄情绪的方式。对企业而言，有效处理顾客抱怨是了解问题、改善服务质量和提升顾客满意度的重要途径。

（2）顾客抱怨产生的途径。

①从时间上来看，抱怨是在消费过程中出现的。顾客在使用产品或接受服务的过程中，可能会遇到问题、不满意的体验或者与期望不符的情况，从而引发抱怨。

实时抱怨：顾客在使用产品或服务时，如果遇到问题或不满意的情况，可能会立即表达抱怨，即时反映自己的意见和需求。这种实时的抱怨可以促使企业或服务提供者及时采取措施解决问题，避免问题进一步恶化。

后期抱怨：有些顾客可能会在一段时间之后，如消费完成后或过一段时间之后，对产品或服务的问题或不满情况进行抱怨。这种抱怨可能是因为发现问题有一定的延迟，或者在体验后经过思考才对问题有更准确的判断。

②从方式上看，抱怨大多以口头方式进行。抱怨通常以口头方式进行，顾客会直接向相关人员或部门表达他们的不满和抱怨。这可以发生在面对面的对话中，也可以通过电话、邮件、社交媒体等途径进行沟通。口头抱怨的特点是及时性强，可以直接传达顾客的情绪和意见，便于双方进行实时的对话和了解。

③从对象上来看，抱怨经常是找到相应部门或人来进行。顾客会尝试联系服务提供者的客服部门、售后支持团队或相关管理人员，向他们诉说和表达不满。他们希望能够得到关注和解决方案，因此会直接找到负责处理抱怨的相关人员或部门。这种方式可以帮助顾客更快地得到回应和处理。

然而，当抱怨问题没有得到满意的解决，顾客可能会将抱怨升级为投诉或索赔。这时，顾客不再仅仅寻找相应部门或人进行沟通，而是通过正式的投诉渠道，向企业或相关机构提出申诉和索赔要求。投诉可能涉及更高层次的管理人员或监管机构，要求更严肃的解决和补偿。

（3）抱怨不妥善处理的结果。

①顾客不满情绪更加强烈：当顾客的抱怨没有得到妥善、及时的处理时，他们的不满情绪可能会进一步加剧。他们可能感到被忽视或不被重视，产生更大的不满和愤怒，甚至可能会在相关渠道上进行负面的口碑传播，扩大不满情绪的影响范围。

②失去顾客：如果顾客抱怨得不到满意的解决，他们可能会失去对企业或品牌的信任和忠诚度。他们可能会放弃继续购买产品或使用服务，转而向竞争对手寻找解决方案。这将导致企业失去重要的收入来源和顾客群体。

③影响企业的声誉和形象：未能妥善处理顾客抱怨可能导致企业声誉和形象受损。不满的顾客有可能在公开场合表达自己的不满，包括社交媒体、在线评价、口口相传等渠道。这种形式的负面宣传对企业的声誉和形象有直接而持久的影响，会让其他潜在顾客对企业产生负面的印象。

商道秘籍

客户的抱怨和责骂就是最好的礼物

数据统计发现，25 个不满意的顾客中只有 1 个顾客抱怨，商家要提醒自己还有 24 个不满意而没有抱怨的顾客，因此要立即改善服务态度，提高服务水平。对于企业来讲，沉默的顾客是企业最大的隐忧，因为没有抱怨并不等于满意。

案例音频1

如果能处理好顾客的抱怨，70% 的顾客还会继续购买；如果能够当场解决，95% 的顾客会继续购买。顾客的满意度会影响其购买行为，立即改善要比久拖不决来得好。一个不满意的顾客会把他不满的态度告诉 8～10 个人（按 10 个人计算），其中的 20% 会告诉 20 个人。按照这样的算法，10 个不满意的顾客会造就 120 个不满意的新准顾客，其破坏力是不可低估的。此外，开发一个新顾客的成本是保有一个老顾客的 5～10 倍，做企业就是做市场，做市场就是寻找顾客，守住老顾客、开发新顾客是企业永恒的主题。

2. 寻找顾客抱怨的原因

（1）产品方面的原因。

①质量问题：产品质量问题是常见的引起顾客抱怨的原因之一。可能出现的问题包括制

造缺陷、不合格品质、易损坏、易脱落等，这些问题会导致顾客无法正常使用产品，或者给他们带来困扰和不满。

②功能问题：如果产品的功能无法满足顾客的需求或预期，顾客可能会抱怨功能问题。例如，某些功能无法正常运行、无法实现承诺的效果或操作复杂等，这会让顾客感到失望和不满。

③标识等方面的问题：例如，产品数量与承诺不符、包装不完整或破损、规格不准确或与描述不符，或者标识不清晰、误导顾客等问题，这些也会引起顾客的不满和抱怨。

这些产品方面的问题可能会影响顾客的体验感和满意度，导致他们表达不满和抱怨。对企业而言，了解并解决这些问题是提升产品质量和满足顾客需求的关键。定期检查和改善产品质量，进行准确的产品规格与标识，以及优化包装等措施都有助于减少顾客抱怨以及提升品牌形象。

（2）销售或服务人员方面的原因。

①服务方式方法欠佳：销售或服务人员的服务方式和方法不够专业或得当，无法满足顾客的需求和期望。例如，无法提供准确的信息和建议、忽视顾客的问题或需求、处理问题的能力不足等。

②服务态度欠佳：销售或服务人员的服务态度不友好、不耐心或不专业，无法给顾客提供良好的服务体验。这可能包括不愿意倾听顾客的问题、不热情或冷漠的态度、不适当的语言或行为等。

③服务人员自身不良行为：销售或服务人员的自身行为不端或不规范，例如粗鲁无礼、不诚实、不守时等。这样的行为会给顾客带来不满和负面的印象，导致抱怨和不满意。

销售或服务人员是企业与顾客之间的重要接触点，他们的表现和态度直接影响顾客的感受和满意度。因此，培训和监督销售或服务人员的专业知识和技能，加强沟通和服务技巧的提升，以及建立良好的工作文化和价值观，都是减少顾客抱怨的关键。企业需要确保销售或服务人员具备良好的服务态度和行为操守，以满足顾客的期望并提升顾客满意度。

（3）其他方面的原因。

①经营场所安全、保卫欠缺：如果经营场所存在安全隐患或保卫措施欠缺，顾客可能会对其安全感和隐私保护产生担忧，并可能抱怨这些问题。例如，缺乏有效的安全措施或照明设施，容易发生盗窃或人身安全问题等。

②经营场所环境卫生不好：经营场所环境卫生状况如果不佳，顾客可能会对卫生问题产生抱怨。例如，脏乱的环境、异味、卫生设施缺失或不维护等问题可能影响顾客的消费体验，引发他们的不满。

③经营场所秩序混乱：经营场所秩序混乱可能导致顾客的抱怨。例如，排队无序、商品摆放混乱、员工不组织引导等问题可能使顾客感到困惑和不满。

（二）处理顾客抱怨

1. 坚持正确态度

（1）诚恳地对待顾客：对待顾客抱怨时，应以诚恳的态度去面对，表达真诚的歉意和关心。顾客抱怨通常是出于不满，诚恳地对待顾客能够有效缓解顾客的情绪。

（2）充分尊重顾客：顾客是企业的重要资源，对待顾客抱怨时应充分尊重顾客，给予他们足够的重视和关注。尊重顾客的意见和感受，能够建立一种互信的关系。

（3）认真地倾听抱怨：当顾客抱怨时，要认真倾听他们表达的问题和意见。不中断顾客的发言，耐心聆听并理解他们的观点，这将有助于准确把握顾客的需求和问题。

（4）设身处地地理解顾客：在处理顾客抱怨时，要设身处地地理解顾客的处境和感受。试图从顾客的角度思考问题，理解他们的期望和需求，这有助于更好地找到解决方案。

通过坚持正确的态度，企业与顾客之间可以构建良好的关系，并为解决顾客抱怨打下基础。维护好顾客关系，增强顾客满意度，对企业的长期发展至关重要。

2. 掌握处理抱怨的方法

（1）撤换当事人。

处理抱怨的方法
（微课视频）

①更换销售人员：如果顾客抱怨与某个销售人员的不当行为或服务态度有关，可以考虑更换该销售人员。让其他经验更好、态度更好的销售人员接待顾客，以改善顾客的体验感和满意度。

②由企业上级领导出面：在某些情况下，顾客的抱怨可能需要高层领导的介入和解决。企业可以派遣上级领导或专业的客户关系管理人员与顾客进行沟通，以显示对顾客的重视并解决问题。

（2）改变沟通场所。

改变沟通场所是处理顾客抱怨的另一种方法，需要注意以下三方面。

①热情接待：在进行沟通时，要以热情和友好的态度接待顾客。展示对顾客的关注和重视，让顾客感受到企业的真诚和关心。热情接待可以帮助缓解顾客的情绪，并打开双方的沟通之门。

②交谈前先冷处理：在面对激动或愤怒的顾客时，首先需要进行冷静的处理。保持冷静的心态，避免情绪激动、争吵或冲突加剧。冷静处理可以更好地理解顾客的抱怨，提供积极的解决方案，并维护双方的合作关系。

③保持谦和态度：无论顾客的抱怨是出于什么原因，都要保持谦和的态度。不以傲慢或敌对的态度对待顾客，而是更愿意倾听和理解他们的观点。谦和的态度有助于建立互信关系，并更好地解决问题。

（3）改变沟通时间。

在某些情况下，如果撤换当事人和改变沟通场所都无法解决顾客抱怨，改变沟通时间是一个可以考虑的解决办法。下面是需要注意的几个方面。

①将沟通时间改为第二天：如果顾客和企业无法立即就抱怨问题进行有效的解决和沟通，可以尽量将沟通时间安排在第二天。这样有助于双方冷静下来，平复情绪，重新思考问题，并准备好更有效的解决方案。

②再约定洽谈时间：如果抱怨问题比较复杂或需要更深入的讨论，可以与顾客约定一个适当的洽谈时间。这样可以给双方更多的准备时间，并确保在合适的时间和环境下进行有意义的对话和制定解决方案。

改变沟通时间的方法可以为顾客和企业提供更充分的准备和思考时间，从而更好地解决抱怨问题。这能够缓解紧张情绪，提供更冷静和理性的思考，有助于确保双方关注问题的核心，并找到更持久且令各方满意的解决方案。然而，需要注意的是，及时沟通和解决问题对于维护顾客关系和品牌声誉仍然非常重要，尽量不要拖延过长的时间，以免增加顾客的不满和不信任。

3. 掌握处理抱怨的具体操作技巧

（1）倾听。

①让顾客先释放情绪：给顾客一个宽容的空间，让他们先表达自己的情绪，倾听他们的抱怨和不满。这样可以让顾客感受到被重视和理解，有助于缓解紧张情绪。

②善于运用肢体语言：通过运用肢体语言，如保持眼神接触、微笑、示意性的点头或轻握手等，展示你的专注和关注。这可以增强顾客的信任感，并表达你的真诚。

③仔细确认问题所在：在倾听顾客抱怨时，要仔细聆听和理解他们所表达的问题。确保你完全明白顾客的需求和关注点。如果不确定某些事项，可以提出更具体的问题，以便更准确地理解问题所在。

（2）分担。

分担是处理顾客抱怨时的一个重要技巧。通过分担，你向顾客传达对他们遇到问题的理解和同情。下面是分担的具体方法。

①理解和认同顾客的观点：通过表达对顾客抱怨的理解和认同，让顾客感受到你对他们的关注和支持。例如，你可以说："我完全理解您的不满和困扰。"

②分担类似经历：告诉顾客，他们的抱怨和问题并不是孤立的，你曾经也遇到过类似的情况。这样做有助于建立共鸣，并让顾客感到他们的问题是被重视和关注的。

③提供解决方案：除了分担，还要向顾客提供解决方案。表达你将要帮助顾客解决问题的意愿，通过积极的行动缓解顾客的不满和困扰。例如，你可以说："我们会竭尽全力解决这个问题，并确保您满意。"

通过分担，你能够与顾客建立更好的关系，并增加他们对你解决问题的信任和满意度。这种关心和支持的态度有助于缓解顾客的情绪和紧张感，并使他们更愿意与你合作，以找到满意的解决方案。

（3）澄清。

澄清是处理顾客抱怨的重要技巧之一。通过澄清，你可以向顾客解释问题的本质，并表达对顾客的理解和同情。

①对问题进行定义：与顾客共同澄清问题的本质和原因。确保你完全理解顾客抱怨的问题，以便提供精确的解释和解决方案。通过明确问题的定义，可以避免产生误解和进一步的困惑。

②说明产品本身或顾客使用不当：在澄清问题的同时，要明确问题是由产品本身的缺陷还是由顾客使用不当而导致的。通过透明的沟通，让顾客了解问题的起因，并提醒他们正确使用产品或服务的方法。

③表达理解与同情：在向顾客解释问题时，要以理解和同情的态度进行沟通。表达对顾客所面临问题的关注和理解，让他们感受到你对他们困境的支持和同情。

通过澄清问题，你能够帮助顾客更好地理解问题的本质，并对问题产生的原因有所了解。同时，通过表达理解和同情，能够在保持积极解决问题态度的同时，缓解顾客的情绪，增强顾客对你的信任和满意度。

（4）陈述。

陈述是处理顾客抱怨的重要技巧之一。通过提出处理方案并使用鼓励的话语，你可以向顾客传达你的专业态度和对他们的感激之情。

①提出处理方案：根据顾客的抱怨和问题，主动提出具体的解决方案。确保你的解决方

案是客观、合理和可行的。通过积极的行动来解决问题，展现你的专业能力和服务意愿。

②感谢顾客的抱怨和投诉：表达对顾客的感激之情，并感谢他们向你提出抱怨和投诉。解释他们的反馈对于改善产品或服务的质量和提升客户体验的重要性。这样可以让顾客感受到他们的声音被重视和关注，并增强与顾客的合作关系。

③使用鼓励的话语：在陈述中使用鼓励的话语，以鼓励顾客的参与和支持。例如，你可以说："感谢您的抱怨和投诉，这为我们提供了改进和成长的机会。我们将竭尽全力来解决问题，并为您提供更好的服务。"

通过提出处理方案和使用鼓励的话语，你能够向顾客传达专业性和诚挚的态度。这将增强顾客对你的信任和满意度，并促使双方共同合作，以解决问题并改进产品或服务的质量。

（5）要求。

通过再次询问顾客是否有其他问题和要求，并明确告知顾客随时联系的方式，你可以展示对顾客满意度和服务质量的关注。

①再次询问顾客是否有其他问题和要求：在解决了顾客目前的抱怨和问题之后，再次向顾客表达问候并询问是否还有其他问题或需要。这表明你对顾客的关注和关心，并展现你愿意提供继续支持的态度。

②诚恳告知顾客随时联系的方式：在与顾客的交流中，明确告知顾客你的联系方式，如电话号码、邮箱或其他沟通渠道。鼓励顾客随时与你联系，无论是有任何进一步的问题、建议或需要帮助，你都愿意支持他们。

通过再次询问顾客是否有其他问题和要求，并告知顾客随时与你联系的方式，能够建立一种亲近和信任的关系。这不仅能够解决顾客的当前问题，还能为未来的沟通和合作打下坚实的基础。

4. 掌握处理抱怨的语言技巧

（1）倾听并尊重：给顾客足够的时间表达他们的抱怨，倾听他们的观点，并展示对他们的尊重和关注。避免打断或争辩，以免加剧紧张情绪。

（2）使用积极的语言：使用积极的措辞来回应顾客的抱怨。避免使用负面或攻击性的语言，以免进一步激怒顾客。相反，采用积极、理性和客观的语言，传达你的专业态度和解决问题的愿望。

（3）表达同情和理解：展示对顾客抱怨的同情和理解。使用"我理解您的不满""我十分抱歉您遇到了这样的问题"等表达方式，让顾客感受到你对他们的关心和支持。

（4）解释和澄清：对问题进行澄清和解释，阐明问题的本质和原因。确保顾客了解问题是由产品、服务或其他因素引起的，并为他们提供相关的背景信息和解决方案。

（5）提供解决方案：主动提供解决问题的方案或建议。确保你的解决方案是客观、合理和可行的，并表达你将采取积极行动来解决问题的意愿。

（6）感谢与鼓励：感谢顾客的反馈和抱怨，并鼓励他们的参与和支持。告诉顾客，他们的意见对于改进产品或服务的质量至关重要，表达对他们抱怨的感激之情。

（7）提供进一步的支持：明确告知顾客，他们可以随时与你联系，无论是有进一步的问题、建议或需要帮助。确保顾客知道他们有一个可靠的渠道来解决他们的问题，并展现你持续关心和支持的态度。

（8）关注解决和学习：在解决顾客抱怨后，跟进并确认问题是否得到解决。将抱怨作为一个学习机会，与团队一起分析并探索如何改进产品或服务，以避免类似问题再次发生。

5. 掌握处理抱怨的相关技巧

抱怨与投诉是不满意的表现，顾客对购买产品的抱怨，往往产生于需求与满足的矛盾之中。顾客的期望没有达到，往往通过情绪、语言和行动上的不满，对客服人员进行责怪。正确对待并处理顾客的抱怨与投诉，掌握相关技巧十分必要。

（1）耐心多一点。

在实际处理中，要耐心地倾听顾客的抱怨，不要轻易打断顾客的叙述，也不要批评顾客的不足，而是鼓励顾客倾诉、宣泄心中的不满。当他们发泄不满之后，就能够比较自然地听服务人员的解释和道歉了。

（2）态度好一点。

顾客有抱怨或投诉就是表现对企业的产品及服务不满意，从心理上来说，他们会觉得企业亏待了他们。因此，如果在处理过程中态度不友好，会让他们的心理感受及情绪变得更差，与顾客之间的关系会恶化；反之，若服务人员态度诚恳、礼貌热情，会消除顾客的抵触情绪。俗话说，"伸手不打笑脸人"，态度谦和友好，会促使顾客平复心绪，理智地与服务人员协商解决问题。

（3）动作快一点。

处理抱怨和投诉的动作要快：一来可以让顾客感觉受到尊重；二来表示企业解决问题的诚意；三来可以防止顾客的负面情绪给企业造成更大的伤害；四来可以将损失降至最低。一般接到顾客抱怨或投诉的信息，应向顾客打电话了解具体内容，然后在企业内部协商好处理方案，最好当天给顾客答复。

（4）语言得体一点。

若顾客对企业有不满，在发泄不满的陈述中有可能会言语过激，如果服务人员与之针锋相对，势必使彼此关系恶化。在解释问题的过程中，措辞也要十分注意，要合情合理，得体大方，不要说"你懂不懂最基本的技巧"等伤人自尊的语言，尽量用婉转的语言与顾客沟通。即使顾客存在问题，也不要过于冲动，否则，只会使顾客失望并很快离去。

（5）补偿多一点。

顾客抱怨或投诉在很大程度上是因为他们使用该企业的产品后利益受损，因此，顾客抱怨或投诉之后，往往会希望得到补偿，这种补偿可能是物质上的，如换货、退货，或赠送商品等，也可能是精神上的，如道歉等。

（6）层次高一点。

顾客提出抱怨和投诉之后都希望自己的问题受到重视，往往处理这些问题的人员的层次会影响顾客期待解决问题的情绪。如果高层次的领导能够亲自为顾客处理或亲自打电话慰问，会化解许多顾客的怨气和不满，使其比较易配合服务人员处理问题。因此，处理抱怨和投诉时，如果条件许可，应尽可能提高处理问题的服务人员的级别，如本企业领导出面（或服务人员任职的某部门领导）或聘请知名人士协助等。

（7）办法多一点。

很多企业处理顾客抱怨和投诉的结果，就是给他们慰问、道歉或补偿，以及赠小礼品等，其实解决问题的办法有许多种，除上述手段外，可邀请顾客接触无此问题出现的顾客，或邀请他们参加企业内部的讨论会，或者给他们奖励等。

商道秘籍

千万注意不要使用以下禁语：

（1）"不是这样""不可能""我们的商品绝对不会有问题""一定是您弄错了"；

（2）"有问题吗？我不太了解这件事，请您去问问顾客服务处那边的人吧"；

（3）"一分价钱一分货""您花了那么点钱，当然只能买到这样的产品了"；

（4）"这个问题我也不太清楚"；

（5）"这种问题太简单了吧""这种问题连小孩子（傻瓜）都知道"。

案例音频 2

案例音频 3

任务评价

序号	评价项目	评价指标	分值	自评（20%）	互评（20%）	师评（60%）	合计
1	知识目标（40分）	识别顾客抱怨，熟悉顾客抱怨的原因	10				
		掌握顾客抱怨产生的途径	15				
		掌握处理抱怨的方法，掌握处理抱怨的具体操作技巧	15				
2	能力目标（30分）	能够掌握顾客抱怨产生的途径，寻找顾客抱怨的原因	10				
		能够运用处理抱怨的方法解决实际问题	10				
		能够运用各种技巧得体礼貌地解决和处理顾客抱怨	10				
3	素质目标（30分）	重视顾客抱怨的重要性，增强应对顾客抱怨的心理适应能力	10				
		养成面对抱怨的良好态度	10				
		培养"以信处事"的优良品质	10				
合计			100				
综合得分							

知识巩固

选择题

1. 顾客投诉的正面价值包括（　　）。

A. 帮助企业认识到自身的不足

274

B. 帮助企业改进产品

C. 有效解决投诉可以获得顾客忠诚度

D. 小范围、低比例的顾客投诉可以提升顾客对产品的认知

2. 在一个功能性的社区中，负面的评价更容易引起人们的关注和讨论，因此会提升人们的购买欲望。（　　　）

　　A. 对　　　　　　　　　　　　　　　B. 错

3. 应对顾客投诉的第一步是倾听顾客的意见。（　　　）

　　A. 对　　　　　　　　　　　　　　　B. 错

4. 顾客不满意，关键是（　　　）。

　　A. 感受到的服务质量跟心理的期望值之间的差距

　　B. 客服部门不负责

　　C. 企业客户服务意识不强

　　D. 顾客过于偏激

5. 就企业而言，顾客的抱怨乃是创造利润的绝好机会。（　　　）

　　A. 是　　　　　　　B. 否

三、任务拓展

学生抱怨学校食堂的服务质量与菜品选择

一天，学生对学校食堂的服务质量和菜品选择提出了一系列的抱怨。

在过去的几个月里，我们习惯性地在学校食堂就餐。然而，不可否认的是，我们对食堂的服务质量和菜品选择越来越不满意。

首先，就服务质量而言，食堂的工作人员在高峰时段的效率明显下降。就餐时，排队时间长、取餐速度慢，往往需要花费很长时间才能拿到餐品，有时还会出现员工态度冷漠、服务匆忙的情况，这让同学们倍感不耐烦和不满。

其次，我们对菜品选择感到十分失望。食堂提供的菜品种类单一，几乎每天都是重复的菜谱。蔬菜种类和新鲜水果的供应也非常有限。这不仅影响我们的营养摄入，而且导致我们饮食乏味，口味缺乏多样性。我们希望能够有更多的菜品选择，以满足我们的口味和饮食需求。

对于这些问题，我们希望学校能够重视并采取措施改进食堂的服务质量和菜品选择。我们建议学校增加食堂工作人员，提升服务效率，加强员工培训，确保友好和专业的服务态度。同时，增加菜品的多样性，定期更新菜谱，注重蔬菜和水果的供应，以满足广大学生对于健康饮食的需求。

我们相信，通过学校和学生的共同努力，食堂问题可以得到改善，能够提供更好的用餐体验，为学生创造一个良好的学习环境。

如果你是学校后勤服务部门的领导，你将如何了解学生的抱怨，及时回应问题，主动改进食堂服务，提高学生满意度？你将如何解决以上学生提出的抱怨？如何建立反馈渠道？如何检测学生的反馈与诉求？如何运用沟通技巧解决学生的抱怨？

任务③ 情有独钟——提升客户忠诚
Mission three

提升客户忠诚是指通过一系列策略和行动，使客户对企业或品牌产生更高程度的忠诚度和满意度，使他们与企业建立长期合作关系，从而提高客户的重复购买率和口碑传播效果。

提升客户忠诚度需要持续地关注和努力，通过提供优质的产品或服务、创造良好的购物体验、建立信任和亲密关系、定制营销策略、制订奖励激励计划、主动关怀和跟进等方式，以及对客户反馈的认真听取和回应，能够提高客户的忠诚度和满意度。忠诚的客户不仅会持续购买和使用产品或服务，还会成为品牌的强力推广者，并吸引更多的潜在客户。

一、任务引入

 任务描述

小故事大道理

乐购（Tesco）是英国最大的食品超市公司之一。该公司实施了一项名为"俱乐部卡"（Club Card）的忠诚计划，通过这个计划，将市场份额从1995年的16%提升到了2003年的27%，成为英国最大的连锁超市集团。乐购的"俱乐部卡"被评价为"最善于使用客户数据库的忠诚计划"和"最健康、最有价值的忠诚计划"。

乐购的"俱乐部卡"不仅仅是一个简单的积分计划，还是乐购营销战略的基础。该卡的积分规则非常简单，客户可以从乐购消费的金额中获得1%的奖励，然后乐购会将客户累积的奖金换成"消费代金券"邮寄给客户。这种简单实惠的积分卡引起了很多家庭的兴趣。

乐购通过客户使用"俱乐部卡"来掌握大量客户购买习惯的数据，包括每次采购的总量、主要偏爱的产品以及使用频率等。他们将客户分成了不同的"利基俱乐部"，并为每个"利基俱乐部"制作了不同版本的"俱乐部卡杂志"，刊登吸引他们的促销信息和其他关注的话题。乐购还通过直邮信函代替电视广告来进行宣传，与供应商联手促销，以及推出联名信用卡等方式控制成本和提高客户价值。

乐购的"俱乐部卡"计划取得了巨大成功，吸引了众多客户的参与和持续忠诚。通过利用客户数据库并提供个性化服务，乐购建立了与消费者的紧密关系，成为英国超市行业的领导者。

请你找出乐购提高客户忠诚度的途径。它是怎样设计奖励计划的？它在购买过程中提供哪些额外的增值服务、个性化的关怀和定制化的礼物，创造对客户来说愉悦和特别的体验？乐购赢得客户忠诚度的主要原因有哪些？

任务分析

（1）乐购提高客户忠诚度的途径。

（2）它是怎样设计奖励计划的？

（3）它在客户购买过程中提供哪些额外的增值服务、个性化的关怀和定制化的礼物，创造对客户来说愉悦和特别的体验？

（4）乐购赢得客户忠诚度的主要原因有哪些？

 学习目标

知识目标：了解客户忠诚的定义和分类，了解客户忠诚度的含义和指标体系；掌握提高客户忠诚度的途径，提升客户忠诚度的方法技巧，学会制订客户忠诚计划。

能力目标：能够辨明影响客户忠诚的主要因素，能够采取合适的方法技巧提升客户忠诚度，能够制订客户忠诚计划。

素质目标：重视客户忠诚的重要性，具备应对客户忠诚的心理适应能力，培养客户忠诚；培养"以信处事"的优良品质。

 课前准备

（1）通过网络搜索和教材内容了解什么是客户忠诚，什么是客户忠诚度。

（2）通过网络搜索和教材内容找出提高客户忠诚度的途径。

（3）通过网络搜索了解乐购的发展现状。

二、任务实施

 任务工单

（1）第一步：找出乐购提高客户忠诚度的途径，并填入表7-10。

表7-10 提高客户忠诚度的途径

途径	内容
途径一	
途径二	
途径三	

（2）第二步：找出乐购是怎样设计奖励计划的，并填入表7-11。

表7-11 奖励计划

奖励计划	内容
奖励计划一	
奖励计划二	

（3）第三步：在客户购买过程中，乐购提供了哪些额外的增值服务、个性化的关怀和定制化的礼物，创造对客户来说愉悦和特别的体验，将结果填入表7-12。

表7-12　乐购提供的增值服务、个性关怀和定制礼物

服务	内容
额外的增值服务	
个性化的关怀	
定制化的礼物	

（4）第四步：乐购赢得客户忠诚的主要原因有哪些？将结果填入表7-13。

表7-13　乐购赢得客户忠诚的原因

原因	内容
原因一	
原因二	
原因三	

（5）第五步：分组（团队）上台汇报。

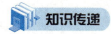 知识传递

（一）认识客户忠诚

1. 理解客户忠诚的含义

客户忠诚是指客户对某个品牌或企业持续购买并保持长期支持的倾向和情感态度。这种忠诚通常基于客户对品牌或企业的满意度、信任度和认可度，并体现在重复购买、口碑传播、建立持久关系以及对竞争品牌或企业的抵制等方面。客户忠诚对企业非常重要，因为忠诚客户更倾向于购买更多产品或服务，带来更高的销售额和利润，并为企业树立良好的口碑和品牌形象。因此，企业通常通过提供卓越的产品或服务质量、建立良好的客户关系、提供个性化的购物体验等方式来提升客户忠诚度。

2. 客户忠诚的分类

客户忠诚可以根据不同的因素和动机来分类，下面是几种常见的客户忠诚分类。

（1）垄断忠诚：指客户在市场上只有一个供应商或品牌的情况下，由于没有其他选择，而选择长期忠诚于该供应商或品牌。这种忠诚主要基于缺乏竞争替代品的情况，而非客户对品牌或企业本身的认可和满意度。

（2）惰性忠诚：指客户在缺乏动力主动变更供应商或品牌的情况下，表现为对当前供应商或品牌的忠诚。这种忠诚主要基于惯性和便利，而非主动选择。客户可能没有强烈的动机去寻找替代品或改变购买习惯。

例如，某人购买手机时选择了品牌A，但并没有对其他手机品牌进行详细的比较和考虑。他可能会因为偷懒或没有时间去研究其他手机品牌，而在以后的购买行为中一直选择品

牌 A 的手机。即使其他品牌推出了更有吸引力的产品或有更好的性能，这个人仍然会坚持购买品牌 A 的手机，因为他没有足够的动力去改变自己的购买习惯或寻找其他可替代的品牌。

（3）方便忠诚：指客户因为某种便利因素而选择忠诚于某个供应商或品牌。这种便利可以是地理位置近、购买流程简单、交易方式方便等。客户选择这种忠诚主要是基于方便性和效率。

例如，一个人生活在一个小城镇，附近只有一家超市，购买日常用品必须去该超市。尽管该超市并没有提供最佳的价格或品牌选择，但由于它距离近，购物流程简单，这个人可能会因为便利性的考虑而选择长期忠诚于这家超市。即使其他超市可能提供更好的价格、更多的品牌选择或更好的服务质量，但由于其他超市距离遥远或者购物流程烦琐，这个人可能会因为方便而选择继续在这家超市购买。

（4）价格忠诚：指客户因为某个供应商或品牌的价格优势而选择忠诚。客户可能认为该供应商或品牌的价格相对较低，并且在考虑替代品时会考虑价格因素。价格忠诚的客户可能会在价格上受到挑战时，考虑转向其他供应商或品牌。

例如，一个人经常购买某个品牌的咖啡。无论是否有其他品牌的咖啡具有更好的口味或品质，他都坚持购买这个品牌的咖啡，因为这个品牌的咖啡价格相对较低。他认为这个品牌的咖啡提供了相对较高的性价比，并且在考虑替代品时会优先考虑价格因素。即使其他品牌的咖啡可能在口味上更出色，但由于价格较高，这个人在经济上并不愿意转向其他品牌。他会继续选择购买价格相对较低的品牌，因为价格对他来说是决定因素。

（5）激励忠诚：指客户因为某种激励措施而选择忠诚于某个供应商或品牌。这种激励可以是积分、礼品、专属优惠等形式的奖励，以鼓励客户保持忠诚。客户主要基于奖励和福利方面的考虑来维持忠诚。

例如，一个人经常在某家零售商店购买商品。这家零售商店推出了一个会员计划，会员可以享受积分、专属优惠、生日礼品等福利。这个人决定成为该零售商店的会员，并且在购买商品时始终选择该零售商店，以便积累更多的积分并享受会员特权。即使其他零售商店可能提供类似的商品或更好的购物体验，但由于这个人已经成为该零售商店的会员，他会因为激励措施而选择继续在该零售商店购物。他认为通过积分兑换礼品或享受专属优惠，可以获得额外的价值和福利。

（6）信赖忠诚：指客户因为对某个供应商或品牌的信赖和满意度而选择忠诚。这种忠诚是基于品牌或企业在产品质量、服务水平、信誉等方面的良好表现。客户相信该供应商或品牌能够满足他们的需求并提供良好的购买体验。

例如，一个人在过去几年里一直使用某个品牌的电子产品，并且对这个品牌的产品质量、可靠性和售后服务非常满意。他对这个品牌形成了一种信任和好感，认为它提供的产品可以满足自己的需求，并且有这个品牌作为后盾，有了问题可以得到及时解决。即使其他品牌推出了类似的产品，但由于这个人对该品牌的信任和好感，他会继续选择购买该品牌的产品。他相信这个品牌会在质量、可靠性和售后服务方面继续表现出色，因此保持忠诚。

（7）潜在忠诚：指客户在还未成为忠诚客户时，展现对某个供应商或品牌的潜在忠诚。这种忠诚可能是因为客户对品牌形象感兴趣，或是对品牌的口碑有所认可，但尚未进行实际购买和使用。潜在忠诚客户可能需要进一步的激励或信任建立才能转化为实际忠诚客户。

例如，一个人一直关注某个手机品牌的最新产品和信息，虽然他目前并没有购买该品牌的产品，但他对该品牌持有很高的好感。他对该品牌的产品设计、技术创新以及用户体验感充满期待，并认为该品牌可以满足他日常使用手机的需求。尽管在目前他尚未表达明确的忠诚或进行实际购买行为，但在他有手机购买需求时，他倾向于选择该品牌的产品，因为他对该品牌抱有潜在的忠诚态度。在这种情况下，这个人的忠诚是基于他对该品牌的预期和期望。尽管他目前尚未购买产品，但他在未来有购买需求时会优先考虑该品牌。

这些分类可以帮助企业更好地理解客户忠诚的动机和行为，从而制定相应的战略和措施来促进客户忠诚度的提升。

3. 影响客户忠诚的主要因素

（1）客户满意：满意是客户忠诚的基础。当客户对供应商或品牌的产品、服务或购物体验感到满意时，他们更有可能选择继续购买并保持忠诚。满意度可以通过产品质量、服务质量、交付准时性等方面来评估，供应商需要努力提供优质的产品和服务，以提高客户满意度。

（2）客户感知价值：客户感知到的产品或服务的价值也是影响忠诚的重要因素。客户会评估产品或服务是否能够满足他们的需求，并且在一系列考虑因素后，判断是否物有所值。供应商需要清楚了解客户的需求，提供具有竞争力的产品或服务，并突出其与竞争对手的差异性和价值优势。

（3）转移成本：转移成本是指从一个供应商或品牌转向另一个供应商或品牌所需承担的费用和努力。如果客户发现转向其他供应商或品牌将会带来不便、增加时间成本或其他不可忽视的成本，他们更有可能选择保持忠诚于当前供应商或品牌。供应商可以通过提供独特的产品或服务、建立客户关系、提供优质的售后支持等方式来降低客户的转移成本。

（4）客户信任：客户对供应商或品牌的信任是忠诚的重要基石。客户信任取决于供应商的信誉、诚信度、透明度和一致性。客户需要相信供应商会履行其承诺，并在发生问题时积极解决。建立和维护客户信任需要供应商通过过程改进、有效沟通、保护客户隐私等措施来证明其值得信赖。

通过关注和改善这些因素，供应商可以提升客户的忠诚度，并促使客户持续选择和支持他们的产品或服务。

4. 客户忠诚对企业的意义

（1）增加收入和市场份额：忠诚的客户往往会持续购买企业的产品或服务，从而为企业创造稳定的收入。他们也更有可能推荐企业给其他人，带来新的潜在客户。通过持续吸引和保留忠诚客户，企业可以增加市场份额并实现收入的持续增长。

（2）降低成本，提升竞争地位：保持现有客户的忠诚度比吸引新客户更加经济高效。忠诚客户不需要企业进行大量的市场宣传和推广，也无须在吸引新客户上花费过多的资源和时间。此外，忠诚客户通常更容易满足于企业的产品或服务，减少了退款与售后成本。通过降低成本，企业可以在竞争中获得更强的地位。

（3）有利于提高企业的知名度和美誉度：忠诚客户往往会积极传播企业的品牌和口碑。他们会向亲朋好友推荐产品和服务，或在社交媒体平台上分享购买体验和好评。这有助于提高企业的知名度和美誉度，吸引更多的潜在客户。

（4）有利于新产品推广：对于已经建立了忠诚关系的客户，他们更有可能接受企业推出的新产品或服务。由于他们对企业的信任和好感，他们愿意尝试和购买新产品，进而帮助企业实现新产品的成功推广。

（5）集中精力：通过赢得客户的忠诚，企业可以将更多的精力集中在提供优质的产品和服务上，进一步提升客户满意度与忠诚度。企业可以通过不断提升产品质量、创新服务、进行客户反馈与改进等方式来满足和超越客户的期望，从而建立长期稳定的竞争优势。

客户忠诚对企业意义重大，不仅可以为企业带来稳定的收入和市场份额，还能降低成本，提高知名度和美誉度，推广新产品，并集中精力提升产品和服务质量。因此，企业应该重视客户忠诚度的建立与培养，并投入资源和精力来提供出色的客户体验，以赢得客户的长期忠诚。

（二）掌握客户忠诚度

1. 客户忠诚度的含义

客户忠诚度是指客户忠诚的程度，是一个量化概念。它是指由于质量、价格、服务等诸多因素的影响，客户对企业产品或服务的依赖和认可、坚持长期购买和使用该企业产品或服务所表现的在思想和情感上的一种高度信任和忠诚的程度，是客户对企业产品在长期竞争中所表现的优势的综合评价。客户忠诚度是客户对某一企业的产品或服务产生感情，形成偏爱并长期重复购买该企业产品或服务的程度。

2. 客户忠诚度的指标体系

客户忠诚度是客户忠诚的量化指标，体现了客户对公司产品或服务态度的倾向性或行为重复性的程度。对客户忠诚度的度量应当建立客户忠诚度的指标体系。客户忠诚度的指标体系可以涵盖多个方面，下面是一些常见的指标。

（1）重复购买率：重复购买率是指客户在一定时间内再次购买同一品牌或企业的产品或服务的比例。较高的重复购买率意味着客户对品牌或企业的忠诚度较高。

（2）跨购行为：跨购行为指客户除了购买主要产品或服务外，还购买其他附加产品或服务的行为。客户的跨购行为显示了他们对品牌或企业的兴趣和信任。

（3）品牌偏好度：品牌偏好度是客户对某个品牌的喜爱和偏好程度。通过调查和市场研究，可以测量客户对不同品牌的偏好程度，从而评估客户忠诚度。

（4）口碑传播：口碑传播指客户向其他人推荐品牌或企业的行为。通过调查和监测客户的口碑传播活动，可以了解他们对品牌或企业的满意度和忠诚度。

（5）客户投诉率：客户投诉率是客户向品牌或企业提出投诉的比例。较低的投诉率表明客户对品牌或企业的满意度和忠诚度较高。

（6）客户满意度：客户满意度是客户对品牌或企业产品或服务的满意程度的综合评价。通过定期进行客户满意度调查，可以衡量客户对品牌或企业的满意度，并从中评估忠诚度。

（7）客户生命周期价值：客户生命周期价值是客户在与品牌或企业建立关系期间为企业带来的总收益。较高的客户生命周期价值意味着客户忠诚度较高。

3. 提高客户忠诚度的途径

（1）不断改进产品和服务质量：提供高质量的产品和服务是培养忠诚客户的基础。企业应该持续改进产品和服务，关注客户需求和反馈，在产品设计、生产过程、交付和售后支持等方面不断追求卓越。

（2）提高客户满意度：客户满意是忠诚度的关键。通过关注客户需求、提供个性化的定制化体验、提供及时响应和有效的解决问题的方案等来增强客户满意度。定期进行客户满意度调查和反馈收集，根据客户反馈及时改进和优化服务。

（3）确定客户价值取向：了解客户的价值观、需求和偏好，个性化地满足他们的需求。定位企业的核心价值主张，并通过产品、服务和沟通方式向客户传递这些价值。强调品牌的独特性和与客户关心的问题的契合度。

（4）留住有价值客户：重视并保持与有价值的客户建立和发展关系。通过提供个性化的优惠、会员权益、专属服务等方式来增强客户忠诚度，建立长期稳定的合作关系。

（5）提升品牌形象：良好的品牌形象可以增强客户对企业的信任和忠诚度。建立一个明确、一致和可信赖的品牌形象，通过品牌故事、品牌声誉管理、品牌承诺和传播等方式来提升品牌形象。

（6）服务第一销售第二：将客户的需要和利益放在首位，关注提供优质的售前和售后服务。建立有效的客户服务团队，提供及时响应和解决问题的支持，通过良好的服务体验提升客户忠诚度。

（7）建立员工忠诚：员工是企业与客户之间的桥梁，建立一个忠诚、专业和积极的员工团队对提高客户忠诚度至关重要。关注员工培训和发展，建立激励机制和团队合作文化，使员工与企业的愿景和价值观保持一致。

（三）制订客户忠诚计划

制订客户忠诚计划是一个需要认真规划和执行的过程。

（1）分析客户需求：首先，对客户进行细致的分析和研究，了解他们的需求、偏好和行为习惯。通过市场调研、数据分析和客户反馈等方式获取相关信息，并将这些数据用于后续的计划设计。

（2）设计奖励计划：根据对客户需求的分析结果，制订相应的奖励计划。常见的奖励计划包括独立积分计划、合作联盟模式、忠诚卡模式和俱乐部模式等。

①独立积分计划：建立一个独立的积分系统，客户通过购买产品或服务积累积分，再用积分兑换奖励或特定权益。

②合作联盟模式：与其他非竞争性企业建立合作关系，客户通过在合作伙伴商家消费来积累或兑换奖励或特定权益。

③忠诚卡模式：发行会员卡或忠诚卡，客户通过使用该卡享受特定的优惠和权益。

④俱乐部模式：建立会员俱乐部，给予会员特定的福利和活动，如会员专属活动、产品折扣、生日礼物等。

（3）为客户创造惊喜：客户惊喜是计划的关键部分之一。通过在购买过程中提供额外的增值服务、个性化的关怀和定制化的礼物，超出客户的期望，创造对客户来说愉悦和特别的体验。这可以包括生日礼物、特殊节日礼品、独一无二的活动或活动优先权等。

（4）在实施客户忠诚计划时，还需注意以下几点。

①定期评估和调整计划：随着市场和客户需求的变化，评估计划的效果并进行必要的调整和改进。保持灵活性，根据市场反馈进行优化。

②有效沟通和推广：确保计划的有效传达和推广，包括在渠道中宣传计划、使用多种沟通方式与客户互动、提供清晰的计划信息和参与方式等。

③数据追踪和分析：建立数据追踪和分析机制，收集和分析参与者的数据，了解计划的

效果和客户参与度。根据数据结果进行优化和改进。

④培训和激励员工：确保员工理解并能有效执行计划，培训员工如何提供个性化服务和给予客户特殊的优惠与权益。同时，设立相应的激励机制，鼓励员工积极参与和支持计划的推行。

制订客户忠诚计划需要进行客户需求分析、设计奖励计划和为客户创造惊喜。在实施计划时，应定期评估和调整计划、进行有效的沟通和推广、进行数据追踪和分析以及培训和激励员工等，以确保计划的有效性和忠诚度的持续提升。

 任务评价

序号	评价项目	评价指标	分值	自评（20%）	互评（20%）	师评（60%）	合计
1	知识目标（40分）	了解客户忠诚的定义和分类，了解客户忠诚度的含义和指标体系	10				
		掌握提高客户忠诚度的途径，提升客户忠诚度的方法技巧	15				
		学会制订客户忠诚计划	15				
2	能力目标（30分）	能够辨明影响客户忠诚的主要因素	10				
		能够采取合适的方法技巧提升客户忠诚度	10				
		能够制订客户忠诚计划	10				
3	素质目标（30分）	重视客户忠诚的重要性，具备应对客户忠诚的心理适应能力，培养客户忠诚	10				
		善用沟通技巧，学会运用"动之以情，晓之以理"方法	10				
		培养"以信处事"的优良品质	10				
合计			100				
综合得分							

 知识巩固

单选题

1. 近年来，粉丝经济风靡大江南北，是一个新话题。（　　）

A. 对　　　　　　　　　　　　　　　　B. 错

2. 2019 年，天猫 6 · 18 粉丝狂欢节的数据显示，以品牌线上营销活动的转化率来看，

粉丝人群是非粉丝人群的 5 倍。（　　）

    A. 对   B. 错

3. 根据客户对企业产品或者服务的情感依恋程度及客户重复购买率，高情感依恋、低重复购买率的客户忠诚是指（　　）。

    A. 潜在忠诚   B. 激励忠诚   C. 习惯忠诚   D. 超值忠诚

4. 客户满意与忠诚间的关系主要受客户期望的影响，行业竞争程度对两者间的关系并无影响。（　　）

    A. 对   B. 错

5. 下列选项是从客户行为的角度判断客户忠诚度的指标是（　　）。

    A. 在一段时间内购买企业产品或者服务的次数

    B. 挑选时间的长短

    C. 钱包份额

    D. 购买费用

6. 客户满意并不一定就能带来客户忠诚，满意和忠诚之间的关系受客户期望以及竞争程度的影响。（　　）

    A. 对   B. 错

三、任务拓展

 学以致用

推销员：您好，我代表××公司来向您介绍我们最新的产品。它具有许多独特的特点和优势，我相信您会对它感兴趣的。请问您平时在使用类似产品时最关心什么方面呢？

顾客：我主要关心产品的质量和性能。我希望能够得到一个可靠、高效的解决方案。同时，价格也是我考虑的一个重要因素。

推销员：非常明白您的需求。我们公司的产品正是以质量和性能为核心设计的。我们采用了最先进的技术和材料，确保产品的可靠性和持久性。而且，我们提供了竞争性的价格，并保证性价比的优势。

顾客：那么，产品是否有任何形式的保修或售后服务呢？

推销员：当然，我们非常重视客户的售后体验。我们提供长时间的保修期和全方位的售后服务支持。如果您在使用过程中遇到任何问题或需要帮助，我们的专业团队将随时为您解答和提供支持。

顾客：这听起来很不错。除了以上提到的，还有哪些能够提高产品吸引力和使用体验的特点吗？

推销员：除了产品本身的特点，我们还提供了许多附加价值。比如，我们定期推出升级和优化的版本，以确保您始终享受最新的功能和性能提升。同时，我们也不断听取客户的反馈和建议，不断改进和完善产品。

顾客：听起来很不错。我会考虑购买使用您的产品的。

推销员：非常感谢您给予我们的机会。我们将致力于为您提供优质的产品和满意的购买体验。如果您有任何疑问或需要进一步了解，随时向我提问即可。

故事中，推销员运用了哪些技巧来提升客户忠诚度？

模块八　数据挖掘与信息归档

模块简介

　　数据挖掘与信息归档是企业在客户关系管理和营销策略中的重要工具。通过收集客户信息，建立客户信息档案，企业可以深入了解客户需求和行为，从而利用数据分析的手段提供更个性化的服务和有效的营销策略。

　　通过多种渠道收集客户信息，包括在线注册、调查问卷、购买记录、社交媒体活动等。这些信息可以涵盖个人身份、购买偏好、兴趣爱好、互动行为等方面。将收集到的客户信息进行整理和分类，以便于管理和后续分析。这可以通过建立数据库、使用客户关系管理系统等方式实现。将客户信息存储在客户信息档案中，记录关键数据、联系信息和重要的互动历史。档案可以包括个人信息、购买历史、反馈意见、客户需求等。

　　运用数据挖掘技术和分析工具对客户信息进行深入分析，寻找隐藏的模式和趋势。这可以帮助企业发现客户群体的特征、行为喜好、购买模式等信息，为制定个性化的推荐和营销策略提供依据。基于客户的偏好和行为，提供个性化的产品推荐、定制化的服务和定价策略。利用客户信息，在关键时刻提供准确的相关信息，提高客户体验感和满意度。根据客户信息的分析结果，制定更精准的市场定位、营销策略和推广活动。利用客户信息进行洞察和预测，帮助企业做出更明智的决策和投资行为。

　　数据挖掘与信息归档可以帮助企业深入了解客户，提供个性化的服务和推荐，增加客户忠诚度和满意度。同时，合理应用客户信息也能够帮助企业提高市场竞争力，优化资源配置，实现更高的业务增长和利润回报。因此，企业应注重数据收集和信息档案建立，并合理运用数据分析方法，以提升客户关系管理能力和营销效果。

 路径导图

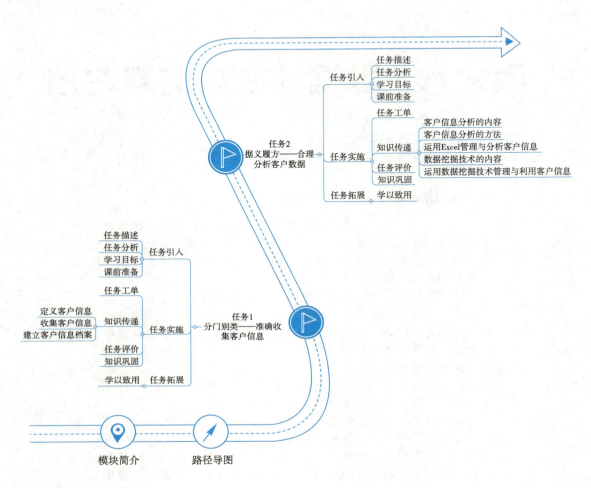

任务❶ 分门别类——准确收集客户信息
Mission one ←

　　收集客户信息是指通过各种渠道和方式获取客户的个人、交易和偏好等相关信息。这些信息可以帮助企业更好地了解客户，进行有效的市场营销、个性化推荐和客户服务。

　　通过合法合规、多样化的渠道、信息分类、信息更新和维护、数据分析和洞察、个性化营销和服务、数据安全和保护、透明和选择等方式，能够收集客户信息并应用于市场营销和个性化服务。这有助于企业更好地了解客户，满足他们的需求，提升客户满意度和忠诚度，并与客户之间建立长期合作关系。

一、任务引入

小故事大道理

任务描述

　　小李今年刚从大学毕业就应聘到 A 公司驻南京销售部，成为一名普通的销售人员。小李在学校时一直严格要求自己，表现突出，各方面出类拔萃，因此，他对自己的前途也充满了信心。他很希望自己能够在 A 公司大展拳脚，实现远大抱负。小李进入公司后，发现他的直接领导——南京销售部的经理，是一个 40 岁左右、看上去时刻都充满着旺盛精力的中年人，他的人缘很好，与许多客户都建立了深厚的友谊，在他的带领下，A 公司在南京的销售业绩近几年得到了飞速的发展，小李也受到了鼓舞。但是，入职几个月后，小李逐渐发现销售部门在客户管理上非常混乱，公司没有一个制度化的客户管理机制，许多客户的资料都只保留在销售人员的大脑中，销售部门并没有这些客户的详细信息记录，销售大部分是依靠销售人员与客户的私人关系来进行的。他为这种情况感到深深的担忧，并把这种担忧告诉了经理，但经理没有给他一个明确的答复。半年后，他所担忧的事情终于发生了，销售部经理跳槽到了另外一家大公司，同时带走了部门里的另外两位核心销售人员。这样，由于缺乏客户资料，公司在南京的销售一下子陷入了"泥潭"，销量迅速下降。鉴于小李过去的优秀表现，他被公司任命为驻南京销售部的经理。接到任务后，小李意识到，现在急需对客户信息进行整理。面对报表、订单、电话记录、客户花名册等各式原始资料，小李思索良久，决定从现有相关资料中找出有价值的客户信息，将信息资料分类后录入客户关系管理系统。

　　小李遇到的事情是企业中一种常见的现象。假如你处于小李的位置，你应该怎样做？你将如何收集客户信息？如何有效地建立客户信息档案。

任务分析

　　（1）小李将如何收集客户信息？要解决这个问题，就必须先弄清楚个人或企业客户信息的内容，并掌握获取客户信息的渠道和方法。

　　（2）小李如何有效地建立客户信息档案？要解决这个问题，就必须学会设计客户档案信息表，学会用适当方法保存记录客户信息，能根据具体情况收集客户信息并建立客户信息档案。

学习目标

　　知识目标：掌握定义客户信息的原则，掌握获取客户信息的渠道和方法，掌握客户档案信息表的设计方法和模式。

　　能力目标：能使用适当方法保存记录客户信息，能够设计客户档案信息表，能根据具体情况收集客户信息并建立客户信息档案。

　　素质目标：培养信息收集和选择能力，树立对客户信息严格保密的意识，养成随时整理、记录客户信息的良好习惯。

课前准备

（1）你知道有哪些接触信息的途径吗？通过什么工具可以收集信息？

（2）作为顾客，你有没有填写客户档案信息表的经历？

（3）你在日常学习和工作中，有没有随时整理个人信息的习惯？这样的习惯为你带来了哪些好处？

二、任务实施

 任务工单

（1）第一步：如果你是小李，请你列出 A 公司原南京销售部客户管理的弊端，并填入表 8-1。

表 8-1　客户管理的弊端

管理者	管理弊端
A 公司	

（2）第二步：如果你是小李，你将从原始资料中收集客户哪些信息？请列出关键信息字段，设计一份合理的客户档案信息表，将相关内容填入表 8-2。

表 8-2　客户档案信息表

关键信息字段	内容
个人基本信息	
家庭情况信息	
事业情况信息	
购买动机信息	
生活方式信息	

（3）第三步：如果你是小李，你将从哪些渠道获取客户信息？将结果填入表 8-3。

表 8-3　获取客户信息的渠道

渠道	内容
直接渠道	
间接渠道	

（4）第四步：如果你是小李，你将采用哪几种方法收集客户信息？将结果填入表8-4。

表8-4 收集客户信息的方法

收集方法	内容
观察法	
人员访谈法	
问卷调查法	

（5）第五步：如果你是小李，请你按照现有客户、潜在客户和流失客户设置客户资料卡。将内容填入表8-5。

表8-5 客户资料卡

客户类型	资料卡内容
现有客户	
潜在客户	
流失客户	

（6）第六步：如果你是小李，请展示设置成功的客户一览表、客户资料卡、客户数据库。

_____

_____

知识传递

（一）定义客户信息

客户信息是指客户喜好、客户细分、客户需求、客户联系方式等一些关于客户的基本资料。

案例音频

1. 定义客户信息的原则

（1）准确性原则。该原则要求所收集的信息要真实、可靠，这个原则是信息收集工作的最基本的要求。为达到这样的要求，信息收集者必须对收集的信息反复核实，不断检验，力求把误差减少到最低限度。

（2）全面性原则。该原则要求所搜集到的信息广泛、全面完整。只有广泛、全面地搜集信息，才能完整地反映管理活动和决策对象发展的全貌，为决策的科学性提供保障。

（3）时效性原则。信息的利用价值取决于该信息是否能及时地提供，即它的时效性。信息只有及时、迅速地提供给它的使用者才能有效地发挥作用。特别是决策对信息的要求是"事前"的消息和情报，而不是"马后炮"。因此，只有信息是"事前"的，对决策才是有效的。

2. 客户信息的类型

（1）个人客户信息类型。

个人客户的信息应当包括表8-6和图8-1中几个方面的内容。

表 8-6　个人客户的信息

客户信息	内容
基本信息	个人基本信息：姓名、户籍、籍贯、血型、身高、体重、出生日期、性格特征、教育情况，身份证号码、家庭住址、电话、传真、手机、电子邮箱，所在单位的名称、职务、地址、电话、传真等
	家庭情况信息：已婚或未婚、结婚纪念日、如何庆祝结婚纪念日，配偶姓名、生日及血型、教育情况、兴趣专长及嗜好，有无子女，子女的姓名、年龄、生日、教育程度，对婚姻的看法、对子女教育的看法等
	事业情况信息：以往就业情况、单位名称、地点、职务、年收入，在目前单位的职务、年收入、对目前单位的态度、对事业的态度，长期事业目标是什么、中期事业目标是什么、最得意的个人成就是什么等
心理与态度信息	个人客户购买动机信息：客户为什么购买等信息
	生活方式信息：医疗病史、目前的健康状况、是否喝酒（种类、数量）、对喝酒的看法、是否吸烟（种类、数量）、对吸烟的看法，喜欢在何处用餐、喜欢吃什么菜，对生活的态度、有无座右铭，休闲习惯是什么、度假习惯是什么，喜欢哪种运动、喜欢聊的话题是什么，最喜欢哪类媒体，个人生活的中期目标是什么、长期目标是什么，亲戚情况、与亲戚相处的情况、最要好的亲戚，朋友情况、与朋友相处的情况、最要好的朋友，邻居情况、与邻居相处的情况、最要好的邻居，对人际关系的看法
	个性信息：曾参加过什么俱乐部或社团、目前所在的俱乐部或社团，是否热衷政治活动、宗教信仰或态度，喜欢看哪些类型的书，忌讳哪些事、重视哪些事，是否固执、是否重视别人的意见，待人处事的风格，自认为自己的个性如何、家人认为他的个性如何、朋友认为他的个性如何、同事认为他的个性如何
	信念和态度信息：客户满意度、客户忠诚度、客户对产品与服务的偏好或态度、竞争对手行为等信息
行为信息	客户购买的种类、交易的时间、购买的金额、购物的频率、购买的途径等

（2）企业客户信息类型。

企业客户的信息应当由表 8-7 和图 8-2 中几个方面的内容组成。

表 8-7　企业客户的信息

客户信息	内容
基本信息	名称、地址、电话、创立时间、组织方式、业种、资产、规模、服务区域、经营观念、经营方向、经营特点、企业形象、声誉等
业务信息	销售能力、销售业绩、发展潜力与优势、存在的问题及未来的对策等
交易信息	交易条件、信用状况及出现过的信用问题、与客户的关系及合作态度等
负责人信息	所有者、经营管理者、法人代表及其姓名、年龄、学历、个性、兴趣、爱好、家庭、能力、素质等

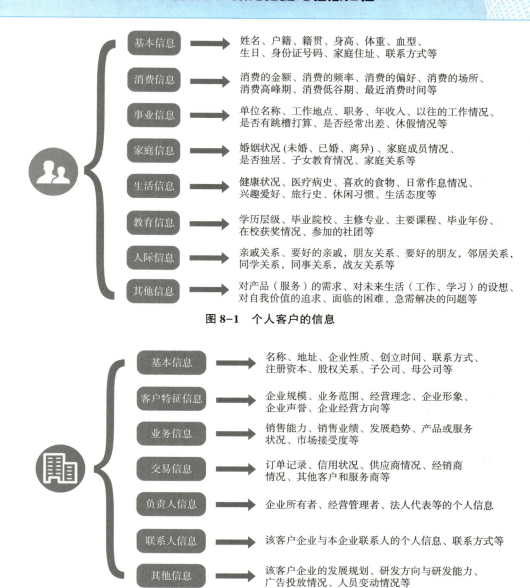

图 8-1　个人客户的信息

图 8-2　企业客户的信息

（二）收集客户信息

1. 客户信息收集渠道

在收集客户信息时，可以采用多种途径和渠道，通常我们获取的客户信息由第一手信息和第二手信息两部分组成。具体而言，企业通过直接渠道获取第一手信息，通过间接渠道获取第二手信息。

（1）直接渠道。

①在调查中获取客户信息。调查人员通过面谈、问卷调查、电话调查等方法得到第一手客户信息，也可以通过仪器观察被调查客户的行为并加以记录而获取信息。

②在营销活动中获取客户信息。广告发布后，潜在客户或者目标客户与企业联系或者打电话，或者剪下优惠券寄回，或者参观企业的展室等，一旦有所回应，企业就可以把他们的信息添加到客户数据库中。

在与客户的谈判中，客户的经营作风、经营能力及对本企业的态度都会得到体现，谈判中还往往会涉及客户的资本、信用、目前的经营状况等信息，因此，谈判也是收集客户信息的极好机会。

③在服务过程中获取客户信息。为客户提供服务的过程是企业深入了解客户、联系客户、收集客户信息的最佳时机。在服务过程中，客户通常能够直接并且毫无避讳地讲述自己对产品的看法和期望、对服务的评价和要求，对竞争对手的认识，以及其他客户的意愿等，其信息量之大、准确性之高是在其他条件下难以实现的。

④在终端收集客户信息。终端是直接接触客户的前沿阵地，通过面对面地接触可以收集客户的第一手信息。但是，终端收集难度较大，因为这关系到商家的切身利益，因此要通过相应的激励机制，调动商家的积极性，使商家乐意将客户信息提供给企业。

⑤通过博览会、展销会、洽谈会等获取客户信息。由于博览会、展销会、洽谈会针对性强且客户群体集中，因此这些地点是收集客户信息的重要场所。

⑥网站和呼叫中心是收集客户信息的新渠道。随着电子商务的开展，客户越来越多地转向网站去了解企业的产品或服务，以及在网上即时完成订单等操作，因此，企业可以通过客户访问网站进行注册的方式，建立客户信息档案。

此外，客户拨打客服电话时，呼叫中心可自动将客户来电信息记录在计算机数据内。因此，在客户订货时，通过询问客户一些基本送货信息，也可以建立客户信息数据库。

信息技术及互联网技术的广泛使用为企业开拓了新的获得客户信息的渠道；同时，由于网站和呼叫中心收集客户信息成本低，因此，通过网站、呼叫中心收集客户信息越来越受到企业的重视，已成为企业收集客户信息的重要渠道。

⑦从客户投诉中收集客户信息。客户投诉也是企业了解客户信息的重要渠道，企业可将客户的投诉意见进行分析整理，同时建立客户投诉档案资料，从而为改进服务、开发新产品提供基础数据。

在以上渠道中，客户与企业接触的主动性越强，客户信息的真实性和价值就越高，如客户呼入电话，包括投诉电话、求助电话或者抱怨时所反映的客户信息就比呼叫中心呼出电话得到的客户信息价值高。

（2）间接渠道。

①各种媒介。企业从各种公开的媒介中获取客户信息，如国内外各种权威性报纸、杂志、图书和国内外各大通讯社，互联网、电视台发布的有关信息，都会涉及客户信息。

②工商行政管理部门及驻外机构。工商行政管理部门一般掌握客户的注册情况、资金情况、经营范围、经营历史等，是可靠的信息来源。对国外客户，可委托我国驻各国大使馆、领事馆的商务参赞帮助了解；另外，也可以通过我国一些大公司的驻外业务机构帮助了解客户的资信情况、经营范围、经营能力等。

③国内外金融机构及其分支机构。一般来说，客户均与各种金融机构有业务往来，通过

办公地址）等。

②客户背景信息：年龄或出生日期、性别、婚姻状况、职业或行业等。

③家庭信息：家庭成员人数、家庭成员姓名和关系等。

④财务信息：收入水平、资产状况、债务等。

⑤偏好和兴趣：投资偏好、购买习惯、兴趣爱好等。

客户一览表可以根据实际需求进行定制，以满足机构对客户信息的管理和分析需要。通过有效维护和管理客户一览表，机构可以更好地了解和管理客户，提供更个性化的服务，并进行精确的市场分析和决策。同时，要确保客户信息的安全存储和隐私保护，遵守相关的法律法规和隐私保护政策。

（3）客户资料卡。

客户资料卡是记录和管理客户信息的工具，它可以采用不同的形式和内容，以满足机构对客户信息的需求。

①潜在客户卡：用于记录潜在客户信息的卡片或表格。当机构接触到潜在客户时，可以使用潜在客户调查卡来收集他们的基本信息和需求，以评估他们是否适合成为机构的客户。潜在客户调查卡一般包括姓名、联系方式、兴趣爱好、投资意向、购买能力等信息。

②现有客户卡：用于记录现有客户信息的卡片或表格。已成为机构客户的人可以使用现有客户卡进行详细信息的记录，包括基本信息、家庭信息、财务状况、购买历史、投诉记录、服务需求等。通过总结和分析现有客户卡中的信息，机构可以更好地了解客户需求，提供个性化的产品和服务。

③旧客户卡：旧客户卡主要用于记录过去曾经是机构客户但已经不再与机构有业务往来的客户信息。旧客户卡通常包含客户的基本信息、历史交易记录、离开的原因等。通过维护旧客户卡，机构可以进行定期回访和沟通，了解客户是否对重新建立业务关系有兴趣，并探索可能的合作机会。

这些客户资料卡的目的是记录客户信息，为机构提供参考，使其能够更好地了解和管理客户。同时，机构需要确保客户信息的安全性和保护客户隐私，在存储和使用客户资料卡时要遵守相关的法律法规和隐私保护政策。

（4）客户数据库。

客户数据库是用于存储、管理和操作客户信息的电子系统或软件。它可以帮助机构有效地组织和利用客户数据，以更好地了解客户、提供个性化的服务，并进行精确的市场分析和决策。

①数据收集和存储：客户数据库可以收集和存储各种客户信息，例如基本信息、联系方式、交易历史、偏好和兴趣等。这些信息可以从多个渠道和来源获取，如问卷调查、在线注册、交易记录等。

②数据分类和关联：客户数据库可以将客户信息按照特定的分类标准进行分组，例如按地理位置、产品偏好、消费行为等来分组。此外，可以通过关联不同客户之间的关系，如家庭成员、合作伙伴等，以获取更全面的客户视图。

③数据更新和维护：客户数据库需要定期更新和维护，以确保数据的准确性和及时性。

这包括更新客户信息、纠正错误或重复数据，并及时删除或归档不再有效或相关的信息。

④数据分析和洞察：客户数据库可以分析和挖掘客户数据，以发现关键洞察和趋势。通过数据分析技术，可以了解客户行为模式、产品偏好、市场细分等，并为业务决策提供有价值的信息。

⑤客户沟通和营销：客户数据库是进行客户沟通和营销的重要工具。它可以帮助机构建立客户联系，并根据客户属性和兴趣提供定制化的沟通和推广内容。

⑥数据安全和隐私保护：客户数据库必须确保客户数据的安全性和隐私保护。这包括使用安全的网络和存储系统，采取访问控制和加密措施，并遵守适用的数据保护法规和隐私保护政策。

客户数据库在客户关系管理中起关键的作用。通过有效的客户数据库管理，机构可以提高客户满意度、提升客户忠诚度，并优化业务运营和决策。然而，在使用客户数据库时，机构需要确保遵守数据保护和隐私保护法规，并确保透明地向客户介绍数据收集和使用方式。

4. 建立客户信息档案的要求

（1）主动性和计划性。

建立客户信息档案需要具备主动性和计划性，即积极主动地收集和记录客户信息，根据既定计划和目标进行数据收集和整理工作。这样可以确保及时且系统地获取和更新客户信息，提高数据的准确性和时效性。

（2）适用性和计划性。

建立客户信息档案需要考虑档案的适用性和计划性，即收集和记录的客户信息应符合实际业务需要，能够对客户有全面了解。同时，需要制订明确的计划和流程，使收集到的信息与业务目标和策略相匹配。

（3）完整性和一致性。

建立客户信息档案要求信息的完整性和一致性。这意味着需要收集客户的基本信息、联系方式、购买历史、需求等各个方面的数据，并确保这些数据在不同记录和系统间的一致性，避免冗余和重复。

（4）价值性和优化性。

建立客户信息档案需要确保数据的价值性和优化性，即收集的信息应具备商业价值，并能够为企业提供有效的决策支持。同时，需要定期评估和优化数据的质量和意义，避免收集和存储无效或过时的信息。

（5）保密和法律保护。

建立客户信息档案要求对数据进行保密和法律保护。企业需要确保客户信息的机密性和隐私权保护，采取适当的安全措施，如数据加密、访问权限控制等，防止信息泄露和滥用，并遵守相关的法律法规，如个人信息保护法、数据保护法等。

通过满足以上要求，企业可以建立良好的客户信息档案，增进对客户的了解和提高服务质量，提升市场竞争力和业务效益。同时，为了保护客户隐私和维护合法合规的数据处理行为，企业还需要定期进行档案数据的审查和更新，确保数据的安全性和合规性。

任务评价

序号	评价项目	评价指标	分值	自评（20%）	互评（20%）	师评（60%）	合计
1	知识目标（40分）	掌握定义客户信息的原则	10				
		掌握获取客户信息的渠道和方法	15				
		掌握客户档案信息表的设计方法和模式	15				
2	能力目标（30分）	能使用适当方法保存记录客户信息	10				
		能够设计客户档案信息表	10				
		能根据具体情况收集客户信息并建立客户信息档案	10				
3	素质目标（30分）	培养信息收集和选择能力	10				
		树立对客户信息严格保密的意识	10				
		养成随时整理、记录客户信息的良好习惯	10				
	合计		100				
	综合得分						

知识巩固

选择题

1. 获取客户信息的原则有（　　　）。

A. 及时性　　　　　　B. 规范性　　　　　　C. 完整性　　　　　　D. 真实性

2. 客户信息开发方式中，门店接待法的优势有（　　　）。

A. 简单易行　　　　　　B. 开发成本低　　　　　　C. 客户信息准确度高

D. 获取客户信息多　　　　　　　　　　E. 不受时间和场地的限制

3. 收集客户信息的间接渠道是（　　　）。

A. 在营销活动中获取客户信息

B. 在服务过程中获取客户信息

C. 在国外咨询公司及市场研究公司中获取客户信息

D. 在终端收集客户信息

4. 以下不属于需求分析三部曲的是（　　　）。

A. 获取客户需求信息　　　　　　　　B. 分析客户需求

C. 加强客户的真实体验　　　　　　D. 租借其他机构的名录

5. 获取潜在客户及现有客户信息的有效途径包括（　　　）。

A. 建立自己的名录　　　　　　　　B. 租借其他机构的名录

C. 与有业务来往的合作伙伴交换名录　　D. 以上皆是

三、任务拓展

 学以致用

客户信息档案与个性化服务

　　泰国的东方饭店堪称亚洲饭店之最，几乎天天客满，不提前一个月预订是很难有入住机会的，而且客人大都来自西方发达国家。泰国在亚洲算不上特别发达，但为什么会有如此诱人的饭店呢？大家往往会以为泰国是一个旅游业发达的国家，而且有世界上独有的人妖表演。是不是他们在这方面下了功夫？错了，他们靠的是真功夫，是非同寻常的客户服务。那他们的客户服务到底好到什么程度呢？我们不妨通过一个实例来看一下。

　　企业家李先生到泰国出差，下榻于东方饭店，这是他第二次入住该饭店。次日早上，李先生走出房门准备去餐厅，楼层服务生恭顺地问道："李先生，您是要用早餐吗？"李先生很奇怪，反问道："你怎么知道我姓李？"服务生回答："我们饭店规定，晚上要背熟所有客人的姓名。"这令李先生大吃一惊，尽管他频繁往返于世界各地，也入住过很多高级酒店，但这种情况还是第一次碰到。李先生愉快地乘电梯下至餐厅所在楼层，刚出电梯，餐厅服务生忙迎上前，说："李先生，里面请。"李先生十分疑惑，又问道："你怎么知道我姓李？"服务生微笑着答道："我刚接到楼层服务生电话，说您已经下楼了。"李先生走进餐厅，服务生殷勤地问："李先生，还要老位子吗？"李先生的惊诧再度升级，心中暗忖："上一次在这里吃饭已经是一年前的事了，难道这里的服务生依然记得？"服务生主动解释："我刚刚查过记录，您去年6月9日在靠近第二个窗口的位子上用过早餐。"李先生听后有些激动了，忙说："老位子！对，老位子！"于是服务生接着问："老菜单？一个三明治，一杯咖啡，一个鸡蛋？"此时，李先生已经极为感动了，说："老菜单，就要老菜单！"给李先生上菜时，服务生每次回话都退后两步，以免自己说话时将唾沫不小心飞溅到客人的食物上，这在美国最好的饭店里李先生都没有见过。

　　一顿早餐就这样给李先生留下了终生难忘的印象。

　　此后三年多，李先生因业务调整再没去过泰国，可是在李先生生日的时候，突然收到了东方饭店发来的一张生日贺卡：亲爱的李先生，您已经三年没有来过我们这里了。我们全体人员都非常想念您，希望能再次见到您！今天是您的生日，祝您生日愉快！李先生当时热泪盈眶，激动不已。

　　你认为泰国东方饭店收集的客户信息档案包含哪些方面的内容？结合案例说明如何才能更好地挖掘、留住客户。

任务2 据义履方——合理分析客户数据
Mission two

分析和利用客户信息是指通过对收集到的客户信息进行深入分析和挖掘，以获取有关客户行为和偏好的洞察，并将这些洞察用于市场营销、个性化推荐和客户服务等方面的决策和实际操作。

通过数据整合和清洗、数据分析工具和技术、客户行为分析、个性化推荐和营销、客户细分和策略定制、忠诚度和满意度分析、数据隐私和合规性等方式，可以更好地分析和利用客户信息。这有助于企业深入了解客户，制定有效的市场策略和个性化服务，提高客户的满意度和忠诚度，并实现持续的业务增长和竞争优势。

一、任务引入

小故事大道理

 任务描述

前面任务1任务描述的案例故事中提到，A公司在南京的销售一下子陷入了"泥潭"，面对A公司销售部目前面临的困局，小李认为，要想使销售部重获新生，必须改变其在客户管理上的混乱局面，建立一套客户信息档案管理制度，把对客户信息的收集、对客户的评估等各方面的管理制度化、标准化，使客户资源能够牢牢地掌握在企业的手里。很快，公司内部一套完整的客户信息档案建立起来了，同时制定了完整的客户档案管理制度。但与此同时，小李认为，客户信息档案的建立，不仅是为了把客户的信息保存下来，更重要的是应该学会如何充分利用客户数据信息。

问题：

（1）客户数据信息库除了保存客户信息外，还有何其他作用与价值？
（2）如何充分利用客户数据信息？
（3）常见的客户信息分析方法有哪些？

 任务分析

（1）首先要认识客户数据信息库对企业进行客户关系管理的重要性。
（2）其次要思考如何充分利用客户数据信息。
（3）是否能熟练运用Excel进行客户信息分析。
（4）能否运用常见的客户信息分析方法进行分析。
（5）会使用哪种数据挖掘技术。

 学习目标

知识目标：熟悉常用的Excel客户信息分析的操作方法，了解数据挖掘在客户信息分析中的应用领域，掌握客户档案信息表的设计方法和模式。

能力目标：能熟练运用 Excel 软件，能进行数据挖掘，能够利用客户信息档案进行客户管理工作。

素质目标：树立对客户信息严格保密的意识，养成随时记录和整理客户信息的良好习惯。

 课前准备

（1）熟练使用 Excel 中的高级筛选、分类汇总功能，能够利用函数、图表等分析数据。
（2）掌握常见的客户信息分析方法。
（3）收集常见的数据挖掘技术。

二、任务实施

 任务工单

（1）第一步：你可以从消费行为分析、特征分析、忠诚分析、注意力分析、价值分析等方面进行个人客户信息分析，并填入表 8-8。

表 8-8　个人客户信息分析

客户信息分析	内容
消费行为分析	
特征分析	
忠诚分析	
注意力分析	
价值分析	

（2）第二步：运用哪种客户信息分析方法（如对比分析、聚类分析、分类分析、相关性分析、预测分析），为何要采用此种分析方法。将相关内容填入表 8-9。

表 8-9　所采用的客户分析方法及原因

客户分析方法	原因
对比分析	
聚类分析	
分类分析	
相关性分析	
预测分析	

（3）第三步：运用 Excel 进行客户信息排序与筛选，采用分类汇总功能分析客户销售数据，并填入表 8-10。

表 8-10　分类汇总分析客户销售数据

数据处理	内容
排序情况	
筛选情况	
分类汇总	

（4）第四步：运用数据透视表功能分析客户销售数据，并填入表 8-11。

表 8-11　数据透视表分析客户销售数据

数据处理	内容
数据透视表分析	
数据挖掘	

（5）第五步：根据已有数据进行客户分类与管理，并填入表 8-12。

表 8-12　客户分类与管理

客户分类与管理	内容
客户分类	
客户管理	

（6）第六步：利用某一种数据挖掘技术进行客户信息分析，并填入表 8-13。

表 8-13　客户信息分析

数据挖掘技术	内容

（7）第七步：如何利用最新客户信息数据细分客户、发现新客户、识别优质客户？

知识传递

建立客户信息档案、收集客户信息的目的是利用这些信息，使其在实现企业的客户导向中真正发挥作用、实现信息的价值。因此，要在建立客户信息档案的基础上，不断开发及利用档案信息内容。客户信息档案在客户关系管理的各项工作中都具有重要的作用。客户信息档案分析的内容取决于管理决策与策略的需要，由于在不同企业、不同时期这种需要是不同的，所以进行客户信息档案分析及利用的内容也是不同的。

（一）客户信息分析的内容

（1）个人客户信息分析如表8-14所示。

表8-14　个人客户信息分析

分析内容	所需信息	作用
消费行为分析	消费记录（消费的时间、地点，消费对象，消费金额）、消费习惯、消费场景等	分析客户的消费意愿、做出消费决策的关键因素等，为后续的精准营销提供参考和指导
特征分析	地域、年龄、性别、消费习惯、婚恋状况、爱好、收入、职业、娱乐方式、是否养宠物、是否租房等	分析客户特征，便于"投其所好"，给类似的客户以类似的对待，可提高效率
忠诚分析	交易频率、对企业的态度、对以往业务的满意程度等	分析客户对企业的忠诚度，为企业判断其流失概率，为二次开发决策、客户挽回等提供帮助
注意力分析	客户与企业交流过程中关注的信息、网络浏览记录、社交媒体上对某人某事的关注等	分析客户的兴趣所在和其潜在需求，为与客户沟通时切入共同话题以及产品推送提供参考
价值分析	消费频次、消费金额及其变化幅度，对同类产品和企业的关注度等	分析客户的生命周期、客户未来能对企业贡献的价值，为企业"量身定制"营销计划提供帮助

（2）企业客户信息分析如表8-15所示。

表8-15　企业客户信息分析

分析内容	所需信息	作用
业务状况分析	市场信息（市场范围、市场份额、市场竞争状况等）、销售信息（销量、销售额、销售周期等）、产品信息（产品生产周期、质量、技术水平等）等	分析企业客户的业务状况，为其提供个性化的服务，针对性地满足其需求
经营状况分析	财务信息（企业负债、企业净利润、企业利润率、资产周转率、股权交易等）、人才流动情况、库存情况、业绩走势等	分析企业客户的经营情况，判断其未来发展趋势，为企业日后与其的合作决策提供参考

续表

分析内容	所需信息	作用
信用状况分析	回款率、回款平均时间、过往违约记录、资本实力、近期融资、临到期债务等	分析企业客户的信用情况，对于低信用客户，不允许其赊欠，必须严格照期付款，尽量保障应收货款安全；对于高信用客户，允许其赊欠，努力培养关系

（二）客户信息分析的方法

面对客户数据库中的海量数据，只有使用科学的数据分析方法，企业才能高效地完成客户信息分析工作，并保证分析结论的科学性。数据分析的方法有很多，主要有以下五种。

1. 对比分析法

对比分析法是最基本的数据分析方法，也是其他数据分析方法的基础。对比分析法通过比较数据与标准数据的差异，借以了解数据反映的情况。

例如，有一则信息为"客户上月消费额为 3 500 元"，此时我们无法分析这个客户的消费额的高低，如果我们比较"过去一段时间同一个客户的平均月消费额为 2 000 元"这一信息，即可得出结论：此客户的消费额较高。

对比分析的常用场景包括：时间对比，如同比、环比、变化趋势等；不同类客户对比，如新客户与老客户对比、登录客户与未登录客户对比、高黏客户与低黏客户对比、活跃客户与不活跃客户对比等。

常见的对比分析法包括单一指标分析和多指标分析等。

（1）单一指标分析。

单一指标分析是只对比一项指标的简单评价方法，如客户订单金额分析只分析客户的订单金额，认为订单金额最高的客户价值更高。

这种分析简便直观，但是结论的可靠性不高，如某客户可能订单金额稍低，但交易频率很高，从维护长久客户关系的角度，其价值显然高于订单金额高但只有一次交易记录的客户。

（2）多指标分析。

为了弥补单一指标分析的缺陷，尽量科学、客观地评价客户，企业可以采用多指标分析。多指标分析即综合评价，如线性规划、概率分析。线性规划通过对多个约束条件综合评价，进而合理判断客户的价值；概率分析通过对主要的效益指标概率分布情况进行分析，对客户的整体价值做出评价。

2. 聚类分析法

聚类分析法指按照一定的方法，把存在各种差异的元素按照某些方面的相似性聚合成几类，类与类之间的差异较大，而每一聚合类中元素之间的差异比较小。因此，对于聚类分析法，企业需要关注两个核心问题，即聚合类中元素的相似性和类与类的差异性。

例如，某两个客户在年龄、地域、文化层次、收入水平等方面都很相似，就会被归入同一聚合类。聚类分析法在客户特征分析中较为常用。

3. 分类分析法

分类分析法是一种基本的数据分析方法，其本质是把事物分开，归到不同的类别中并分别识别，从而获得对事物的新认识。使用分类分析法时，企业首先需要确定分类的标准，再根据标准进行分类。

例如，企业可以将所有客户按照订单金额的大小分为大客户、中等客户、小客户和休眠客户，如图 8-3 所示。

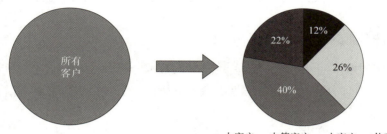

图8-3　按订单金额的大小划分客户

4. 相关性分析法

相关性分析法是通过研究两个或两个以上处于同等地位的随机变量间的密切程度来进行统计分析的方法。相关性分析法的主要用途是分析两组数据之间的关联。例如，如果以"客户月收入"为自变量，而"客户月消费金额"为因变量，可得到图 8-4 所示的散点图。

在散点图中，点呈"左下—右上"分布，说明客户月消费金额的变化与客户月收入有正相关关系。

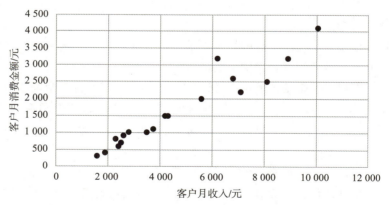

图8-4　散点图

5. 预测分析法

在决策过程中，预测分析法常被使用，是指根据客观对象的已知信息而对事物在将来的某些特征、发展状况的一种估计、测算活动。它通过运用各种统计、数学和逻辑推理方法，对未来的趋势进行合理的估计和预测。下面详细介绍四种常见的预测分析法。

（1）经验预测法：这种方法主要基于经验丰富的专业人士的判断和预测进行。它根据过去的经验和观察，对未来的发展做出推断。这种方法的准确性很大程度上取决于专业人士的判断能力和经验积累。

（2）类比预测法：这种方法主要是通过比较类似的历史事件或现有的数据，推导出未来的发展趋势。它根据已知的、相似的情况，对未知的未来做出推断。这种方法的优点是简单易用，但需要注意的是，现实中的情况可能存在差异，不一定完全符合类比的假设。

（3）惯性预测法：这种方法主要是基于过去的数据模式进行预测。它假设未来的发展会延续过去的趋势，根据已有的数据和模式推导出未来的结果。这种方法的优点是简单直观，但缺点是忽略了未来的不确定性，可能无法准确预测突然的变化。

（4）逻辑关系预测法：这种方法主要是通过找出各因素之间的逻辑关系来进行预测。它基于因果关系或其他逻辑关系，如供应与需求、投入与产出等，推导出未来的发展趋势。这种方法的优点是能够准确地预测各个因素之间的相互作用和影响，但缺点是需要准确的数据和逻辑关系。

以上四种预测分析法各有优缺点，需要根据具体情况选择使用。同时，无论使用哪种预测方法，都需要对数据进行准确、有效的收集和处理，以保证预测结果的准确性。

（三）运用 Excel 管理与分析客户信息

1. 客户信息排序与筛选

（1）客户信息排序。

在 Excel 中，可以使用排序功能对客户信息进行排序。打开 Excel，并将客户信息保存在一个工作表中。选中待排序的客户信息区域。你可以选中包含所有信息的列或行，也可以选中含有排序依据的特定列。在 Excel 的菜单栏中单击"数据"选项卡，在"排序和筛选"区域单击"排序"按钮。弹出的排序对话框中，选择要排序的列，可以单击"添加级别"按钮，设置多个排序级别。对于每个排序级别，可以选择升序或降序。确认排序设置后，单击"确定"按钮，Excel 将根据你的设置对客户信息进行排序。请注意，在排序过程中，Excel 会根据排序的列对整行数据进行排序，确保每行的数据仍然保持一致。

排序功能可以让你根据不同的需求对客户信息进行排序，比如按照客户名称的字母顺序排序、按照客户编号的数字大小排序等。这样可以使客户信息更加有序，便于查找和分析。

（2）客户信息筛选。

在 Excel 中，可以使用筛选功能对客户信息进行筛选，以满足特定条件的查询需求。Excel 提供了两种主要的筛选方法：自动筛选和高级筛选。

①自动筛选。

自动筛选是一种简单直接的筛选方式，适用于简单的筛选需求。以下是使用自动筛选的步骤：在客户信息所在的表格中，选中待筛选的数据区域；在 Excel 的菜单栏中单击"数据"选项卡，在"排序和筛选"区域单击"筛选"按钮；在每个列标题行的右侧会出现一个筛选箭头，单击筛选箭头，Excel 会显示该列中的独特值，以及一个可供选择的筛选条件列表；选择需要的筛选条件，Excel 将根据条件自动筛选出符合条件的客户信息；可以同时在多个列上应用筛选条件，筛选结果会同时满足所有条件。

自动筛选功能允许你根据特定值或条件快速筛选出满足条件的客户信息，而不需要手动筛选或复制粘贴数据。

②高级筛选。

　　高级筛选是一种更为灵活和强大的筛选方式，适用于更复杂的筛选需求。以下是使用高级筛选的步骤：在客户信息所在的表格中，创建一个空白区域，用于放置筛选结果；在新的区域中，设置列标题行，用于指定筛选条件；在 Excel 的菜单栏中单击"数据"选项卡，在"排序和筛选"区域单击"高级"按钮；在"高级筛选"对话框中，指定数据区域和筛选条件区域的范围；确定筛选条件后，选择将筛选结果复制到指定区域或直接筛选当前区域；单击"确定"按钮，Excel 将根据设置的筛选条件进行高级筛选，将符合条件的客户信息显示在指定区域。

　　高级筛选功能提供了更多复杂的筛选选项，可以结合多个列设置复杂的筛选条件，并将筛选结果复制到指定区域。这使你可以灵活地进行多条件的筛选和数据分析。

　　2. 客户销售情况统计与分析

　　客户销售情况的统计与分析可以通过多种方式进行，包括利用分类汇总功能、函数与图表分析以及数据透视表。

　　（1）利用分类汇总功能分析客户销售数据。

　　分类汇总功能可以将客户销售数据按照指定的分类要素进行汇总，并提供相关的统计信息。这可以帮助你了解不同客户的销售情况，如总销售额、平均销售额等。

　　步骤如下：将客户销售数据整理成一个表格，表格中包含客户名称、销售额等相关列；在 Excel 的菜单栏中点击"数据"选项卡，在"汇总"区域点击"分类汇总"按钮；在"分类汇总"对话框中，选择需要分类汇总的列和需要统计的值；确认设置后，Excel 将根据选择的分类要素对客户销售数据进行汇总，并生成分类总计和统计信息。

　　通过分类汇总功能，可以对客户销售数据进行整体的统计，了解不同客户的销售情况，从而有针对性地制定销售策略和管理客户关系。

　　（2）利用函数与图表分析客户销售数据。

　　Excel 提供了多种内置函数与图表，可以对客户销售数据进行更深入的分析。

　　①函数分析：可以使用函数如 SUM、AVERAGE、COUNT 等进行数据的求和、平均值、计数等统计计算，从而得到客户销售数据的总体统计结果。同时，还可以使用函数如 IF、VLOOKUP 等进行条件判断和查找，进而更好地挖掘和分析客户销售数据。

　　②图表分析：通过创建图表，如柱状图、折线图、饼图等，可以直观地展示和比较客户销售数据的各项指标，如销售额的分布、季度销售趋势、不同客户销售额的对比等。图表的可视化效果能够更直观地发现销售数据中的模式和趋势。

　　函数和图表的分析能力使你可以灵活地对客户销售数据进行更深入的挖掘和分析，以发现潜在的销售机会和问题。

　　（3）利用数据透视表分析客户销售数据。

　　数据透视表是一种强大的数据分析工具，可以对大量数据进行灵活、多维度的分析和汇总。对于客户销售数据的分析，数据透视表能提供更全面和直观的分析结果。

　　①创建数据透视表：选中客户销售数据的表格区域，单击 Excel 菜单栏中的"插入"选项卡，在"表格"区域单击"数据透视表"按钮。根据引导，选择需要统计和分析的字段，如客户名称、销售额等，并将它们添加到数据透视表的相应区域。

　　②数据透视表分析：通过拖动字段到数据透视表的行、列、值区域，可以对客户销售数据进行多维度的汇总和统计。可以生成的分析结果包括客户销售额的总体汇总、按照不同客

户的销售额对比、按照时间的销售趋势等。

数据透视表提供了一种灵活且强大的分析方式，可以帮助你从不同的角度深入挖掘客户销售数据，快速获得有价值的信息，并为业务决策提供支持。

利用 Excel 分类汇总功能、函数与图表分析以及数据透视表，你可以对客户销售数据进行全面的统计与分析，从而有助于理解销售情况、制定销售策略，并做出更有针对性的决策。

 商道秘籍

客户信息是企业的财产，如何管理客户信息，是通过 Excel 表格、CRM 管理，还是放任销售自行管理。不论什么方式，以下几点对于管理客户信息很重要。

（1）决定管理内容：你要管理的内容因公司而异。通过自定义来管理你需要的内容，而不是遵循客户档案模板。

除了负责人的姓名、职务、联系方式等信息外，我们还希望管理合同日期、购买日期、平均购买单价和累计销售额等与收入相关的信息。如果负责人在商务谈判过程中发生变化，最好同时管理新旧负责人信息。

（2）完善的操作规程：在向多个部门介绍时，还需要统一操作规则。确定输入法和客户信息更新规则等工作流程，使部门之间没有差异。

但是，不适合业务的操作规则会降低业务效率。最好让每个部门都有机会定期开会，检查当前的操作规则是否有任何不便。如果规则太详细，就会有更多的例外，所以避免过于严格的操作规则是安全的。

（3）与其他系统的对接：此外，如果与外部系统联动，可以轻松将数据导入 CRM 系统进行更复杂的营销分析。

因此，问题是"身份验证"。对于每个系统的身份验证工作，员工每天必须登录多次。随着账户数量的增加，管理员的管理变得复杂，为了降低成本而引入的系统甚至可能适得其反。

3. 客户分类与管理

客户分类与管理是指将客户按照一定的标准和规则进行分类，并针对不同类别的客户制定相应的管理策略和服务方案。客户分类与管理的目的是更好地了解客户需求、提供个性化的服务、提高客户满意度和保持客户忠诚度。

（1）客户分类的标准。

客户分类的标准可以根据企业的业务需求和客户特征来确定。

①消费能力：根据客户的消费能力和购买习惯将客户划分为高价值客户、中等价值客户和低价值客户。

②购买频率：根据客户的购买频率将客户划分为高频购买客户、中频购买客户和低频购买客户。

③产品偏好：根据客户对产品或服务的偏好将客户划分为不同的偏好类型，如高端产品偏好客户、性价比产品偏好客户等。

④客户行业：根据客户所在行业将客户划分为不同的行业类别，如金融行业客户、制造业客户等。

（2）客户管理策略。

针对不同类别的客户，制定相应的客户管理策略是客户分类与管理的核心内容。

①高价值客户管理：对于高价值客户，可以提供个性化的服务，如专属客户经理、定制产品、优先服务等，以增强其忠诚度和满意度。

②潜力客户开发：对于中等或低价值但潜力较大的客户，可以通过市场推广、营销活动等方式进行开发，争取提升其消费能力和购买频率。

③维护低价值客户：对于低价值客户，虽然贡献较小，但仍需要维护，可以通过提供优惠券、开展促销活动等方式保持其忠诚度并促使其再次购买。

④行业定向服务：对于特定行业的客户，可以提供定制化的产品和服务，满足其特殊需求。

（3）客户数据管理。

客户分类与管理需要依赖客户数据的收集和管理。

①数据收集：及时、准确地收集客户信息，包括消费行为、偏好、联系方式等。可以通过各种途径收集数据，如客户调查、采购记录、市场营销数据等。

②数据整合：将不同来源的客户数据整合到一个中心数据库中，确保数据的完整性和一致性，并建立客户档案。

③数据分析：通过数据分析工具和技术，对客户数据进行深入分析，发现客户行为和需求的模式和趋势，为客户分类与管理提供数据支持。

（四）数据挖掘技术的内容

1. 数据挖掘技术

（1）分类挖掘。

分类挖掘是数据挖掘技术的一种重要应用，在客户信息分析中也具有广泛的应用。分类挖掘通过构建分类模型，将数据样本划分到不同的预定义类别中，从而根据不同特征对客户进行分类和预测。

①特征选择：在进行分类挖掘之前，需要选择合适的特征来描述客户的特点和行为。特征选择的目的是从大量的客户信息中找到对分类结果有影响的最相关特征。通过数据挖掘技术，可以分析客户数据中的特征值和目标类别之间的关系，选择对客户分类起决定性作用的特征。

②构建分类模型：在分类挖掘中，需要根据已有的客户信息数据集构建分类模型。常见的分类模型包括决策树、朴素贝叶斯、支持向量机（SVM）等。这些模型能够通过学习已有的客户数据，发现不同特征之间的关联规律，并根据学习的模式将新的客户数据进行分类。

③客户分类和预测：通过构建的分类模型，可以将新的客户数据样本划分到不同的类别中，实现客户的分类和预测。例如，在电商领域，可以根据客户的购买历史、浏览行为等特征，将客户分为高价值、中等价值和低价值客户，并预测客户的消费行为和购买潜力。

④客户群体分析：通过分类挖掘，可以将客户分为具有相似特征和行为的群体。这有助于企业更好地了解客户需求、制定有针对性的市场营销策略。例如，可以将客户分为不同的年龄段、购买偏好、地理位置等群体，针对不同群体的特征和需求制定个性化的

营销策略。

⑤模型评估和优化：在使用分类挖掘技术进行客户信息分析时，需要对构建的分类模型进行评估和优化。通过比较分类模型的准确率、召回率、精确度等指标，评估模型的性能。如果发现模型性能不满足要求，可以根据评估结果进行模型优化，改进特征选择、调整模型参数等。

通过分类挖掘技术，在客户信息分析中可以实现客户的精准分类、个性化推荐、市场细分等目标。这有助于企业更好地了解客户，提高客户满意度和忠诚度，优化市场营销策略，从而提升企业的竞争力和业绩。

（2）聚类分析。

聚类分析是数据挖掘技术中的一种重要方法，用于将数据对象分为具有相似特征的群组，从而揭示数据之间的内在模式和结构。在客户信息分析中，聚类分析可以帮助企业理解不同客户群体之间的相似性和差异性，以便更好地制定个性化的营销策略和服务方案。

①数据准备：在进行聚类分析之前，需要准备客户信息的数据集。通常，这些数据包括客户的特征值，如购买历史、消费行为、偏好、地理位置等。数据应该被转化为数值或离散化的形式，方便聚类算法的处理。

②选择聚类算法：根据实际需求和数据特点，选择适合的聚类算法。常见的聚类算法包括 K 均值聚类、层次聚类和基于密度的聚类算法等。不同的算法在处理数据特征和聚类结果方面有不同的优缺点，需要根据具体情况进行选择。

③特征选择：在聚类分析中，需要选择合适的特征来描述客户的特征，类似于分类挖掘中的特征选择。特征选择有助于提高聚类结果的质量和可解释性。通过分析特征之间的相关性和重要性，选择对聚类结果有影响的特征。

④聚类算法执行：根据选择的聚类算法和数据准备步骤，执行聚类分析。聚类算法将根据数据之间的相似性和距离度量，将客户分成不同的群组。一般而言，聚类算法会迭代地计算群组中心或关联矩阵，直到达到停止准则为止。

⑤结果解释和应用：根据聚类算法的结果，解释和描述得到的客户群组。通过对每个群组的特征进行分析和比较，得出每个群组的特点和区别，并为每个群组制定相应的营销策略和服务方案。例如，可以将不同群组的客户划分为高消费群、潜力客户群、一次性客户群等，并针对每个群组采取适当的市场营销措施。

⑥聚类结果评估和优化：对聚类结果进行评估，以确定聚类的质量和效果。常见的评估指标包括类内距离、类间距离、轮廓系数等。如果聚类结果不满足预期，可以调整参数、重新选择特征，或尝试其他聚类算法，以达到更好的聚类效果。

聚类分析在客户信息分析中的应用可以帮助企业深入了解不同客户群体的特点和需求，制定个性化的营销策略和服务方案，提高客户满意度和忠诚度。这有助于企业精准定位目标客户，提升市场竞争力和业绩。

（3）关联挖掘。

关联挖掘是数据挖掘技术中的一种方法，用于发现数据集中的项之间的相关性和关联规则。在客户信息分析中，关联挖掘可以帮助企业发现客户之间的购买行为和偏好，从而制定更有效的交叉销售策略和推荐系统。

①数据准备：在进行关联挖掘之前，需要准备客户信息的数据集。这些数据通常是交易

记录、购买历史或用户行为数据。数据应该被整理成适合关联挖掘算法处理的形式，通常是以事务为单位的数据集。

②关联规则挖掘：通过关联挖掘算法，可以从数据集中发现频繁项集和关联规则。关联规则是指在数据集中发现的项之间的关联关系。

③频繁项集发现：关联挖掘算法会根据设定的最小支持度阈值，搜索大数据集中的频繁项集。通过寻找频繁项集，可以了解客户之间的购买行为和商品之间的关联性。

④关联规则生成：基于频繁项集，关联挖掘算法可以生成关联规则。关联规则表示项之间的关系，包括"如果……那么……"的形式。例如，"如果客户购买商品 A，那么有较高的概率他们也会购买商品 B"。通过关联规则，可以发现不同商品之间的关联关系，为交叉销售和推荐提供依据。

⑤关联规则评估和选择：通过设定最小置信度阈值，可以过滤出具有一定关联性的规则。置信度是指在满足前提条件的情况下，规则发生的概率。评估和选择关联规则的过程中，可以根据置信度、支持度、提升度等指标进行决策。

⑥结果解释和应用：解释和应用关联挖掘的结果可以帮助企业理解客户之间的关联行为和购买模式。根据挖掘的关联规则，可以制定交叉销售策略、定向推荐、商品捆绑销售等。例如，当客户购买某件商品时，可以通过关联规则推荐其他相关的商品，从而提升客户购买的概率和销售额。

关联挖掘（见图 8-5）在客户信息分析中的应用可以帮助企业挖掘客户之间的关系和购买行为模式，精准推荐和定制化服务，提高客户满意度和销售效果。这有助于企业实现个性化营销和提高客户忠诚度，从而获得竞争优势和业绩增长。

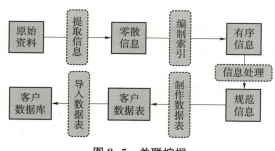

图 8-5 关联挖掘

（五）运用数据挖掘技术管理与利用客户信息

1. 发展新客户

（1）数据准确：需要收集客户相关的数据，如购买历史、网站访问记录、社交媒体活动等。这些数据可以通过多种渠道获取，如企业内部数据库、在线数据源、社交媒体平台等。

（2）数据清洗和整理：采集的数据可能存在噪声、缺失值或错误。在应用数据挖掘技术之前，需要对数据进行清洗和整理，确保数据的准确性和完整性。

（3）特征选择和提取：特征提取是将原始数据转换成可用于数据挖掘的特征表示的过程。通过选择和提取适当的特征，可以更好地描述客户的特征和行为。

（4）数据挖掘算法选择：根据具体任务的需求，选择适当的数据挖掘算法。常用的算法包括聚类分析、分类算法、关联规则挖掘等。这些算法可以从数据中发现模式、规律和关联，帮助企业了解新客户的特征和行为。

（5）新客户分群：通过聚类分析等技术，将客户划分为不同的群组。这样可以将具有相似特征和行为模式的客户放在一起，有助于更好地理解不同的客户群体，并针对不同群体制定针对性的营销策略。

（6）预测新客户行为：基于历史数据和挖掘得到的模式，可以预测新客户的行为。通过构建模型，可以预测新客户的购买倾向、产品偏好、流失风险等信息，从而有针对性地开展营销活动，并提供个性化的产品或服务推荐。

（7）精细化营销策略：通过数据挖掘技术分析客户的数据，可以更好地了解客户需求，为其提供个性化的产品和服务。这可以帮助企业优化营销策略，提高客户满意度，增加销售额。

2. 进行客户细分

数据挖掘技术在客户信息分析中的另一个重要应用是进行客户细分。

（1）数据准备：需要收集客户相关的数据，如购买历史、交互行为、个人特征等。这些数据可以来自企业内部数据库、网站活动日志、市场调研等渠道。

（2）数据清洗和整理：对收集的数据进行清洗和整理，去除噪声、处理缺失值和异常值，确保数据的完整性和准确性。

（3）特征选择和提取：通过选择和提取适当的特征，可以更好地描述客户的特点和行为。这可以包括客户的地理位置、年龄、性别、购买频率、消费金额等特征。

（4）数据挖掘算法选择：根据客户细分的目标，选择合适的数据挖掘算法。常用的算法包括聚类分析、分类算法、关联规则挖掘等。这些算法可以识别不同的客户群体和潜在的关联模式。

（5）客户分群与细分：通过聚类分析等技术，将客户划分为不同的群组和段落。这样可以将具有相似特征和行为模式的客户放在一起，形成不同的客户细分。细分可根据多维度标准，如客户价值、购买习惯、兴趣偏好等。

（6）细分结果分析：分析和理解不同细分群组的特征和行为模式，了解其需求和喜好。这可以帮助企业更好地制定个性化的营销策略和推荐系统，提供符合不同细分群组喜好的产品和服务。

（7）精细化营销策略：根据客户细分的结果，企业可以制定精细化的营销策略。例如，面向高价值客户的特别优惠、定制化产品或服务、对特定细分群体的推广等，以提高客户满意度和忠诚度。

3. 实现交叉销售

数据挖掘技术在实现交叉销售（Cross-Selling）方面也可以发挥重要作用。

（1）数据准备：需要收集相关客户和产品的数据，如购买历史、产品关联性数据等。这些数据可以来自企业内部数据库、销售记录、购物篮分析等渠道。

（2）数据清洗和整理：对收集的数据进行清洗和整理，去除噪声和异常值，处理缺失值和重复数据，确保数据的准确性和完整性。

（3）关联规则挖掘：通过关联规则挖掘算法，分析客户购买行为并发现频繁购买的产品组合或关联性。通过挖掘潜在的关联规则，可以发现哪些产品往往同时被客户购买，从而确定哪些产品适合进行交叉销售。

（4）推荐系统：通过构建个性化推荐系统，基于客户历史购买行为和关联规则，预测客户可能感兴趣的其他产品。这种推荐系统可以通过协同过滤、内容过滤和混合过滤等方法实现。

（5）客户分群：通过聚类分析或其他分类算法，将客户分成不同的群组。根据不同群组的特点和行为模式，可以更好地确定适合进行交叉销售的产品组合。

（6）个性化营销策略：基于客户分群和推荐系统的结果，制定个性化的营销策略。例如，向某一群体的客户提供特定组合产品的优惠或套餐，通过交叉销售促进更多的产品销售。

（7）实时推荐：将交叉销售的推荐集成到销售系统中，实现实时推荐。当客户进行购买操作时，推荐系统可以即时生成适合的交叉产品推荐，提供给销售人员或展示给客户。

4. 识别优质客户

数据挖掘技术在识别优质客户方面具有重要应用。

（1）数据准备：需要收集相关客户的数据，如购买历史、消费金额、购买频率、产品偏好等。这些数据可以来自企业内部数据库、销售记录、客户调研等渠道。

（2）数据清洗和整理：对收集的数据进行清洗和整理，去除噪声和异常值，处理缺失值和重复数据，确保数据的准确性和完整性。

（3）特征选择和提取：通过选择和提取适当的特征，可以更好地描述客户的特点和行为。例如，购买频率、消费金额、产品类别偏好等特征可以用于识别优质客户。

（4）客户价值计算：通过数据挖掘技术，可以对客户进行评估和计算其价值。常用的方法包括 RFM 分析（Recency，Frequency，Monetary Value）和 CLV 分析（Customer Lifetime Value）。这些方法可以评估客户的购买力、忠诚度和未来价值。

（5）预测模型构建：通过建立预测模型，可以预测客户的行为和潜在价值。常用的模型包括分类算法、回归分析、决策树等。这些模型可以根据客户的特征和行为，预测其未来的购买倾向和价值。

（6）客户分群：通过聚类分析或其他分类算法，将客户分成不同的群组。根据不同群组的特点和行为模式，可以确定哪些群组属于优质客户。

（7）个性化营销策略：基于客户分群和预测模型的结果，制定个性化的营销策略。例如，针对优质客户提供特别优惠、定制化产品或服务，并加强与他们的互动和关系，以提高客户满意度和忠诚度。

5. 发现客户异常行为，防止客户流失

数据挖掘技术在发现客户异常行为并防止客户流失方面有广泛的应用。

（1）数据准备：需要收集客户相关的数据，包括购买历史、服务使用记录、交互行为等。这些数据可以来自多个渠道，如企业内部数据库、日志文件、用户反馈等。

（2）数据清洗和整理：对收集的数据进行清洗和整理，去除噪声、处理缺失值和异常值。确保数据的准确性和完整性，为后续分析打下基础。

（3）异常检测：通过数据挖掘技术，可以发现客户的异常行为。例如，异常的购买模式、异常的服务投诉频率等。常用的异常检测算法包括统计模型、聚类分析、时间序列分

析等。

（4）行为模式分析：通过对客户行为的模式进行分析，可以发现流失的预警信号。例如，购买量、访问频率或特定行为的变化可以暗示客户流失风险。数据挖掘算法如聚类分析和关联规则挖掘可用于发现这些模式。

（5）预测模型构建：基于历史数据和挖掘得到的模式，可以建立预测模型来预测客户流失的可能性。常用的预测算法包括分类算法、决策树、神经网络等。这些模型可以根据客户的特征和行为，预测客户是否有流失的风险。

（6）实时监控：将预测模型应用于实时监控系统中，及时发现客户的异常行为。通过持续监控客户的行为和预测结果，可以及早采取措施防止客户的流失。

（7）个性化干预：根据客户的特征和流失的预测结果，制定个性化的干预措施。例如，通过定制化的优惠券、个性化的服务或针对性的沟通，尝试挽留潜在流失客户。

6. 开展客户风险分析

数据挖掘技术在客户风险分析方面具有重要应用。

（1）数据准备：需要收集客户相关的数据，包括个人信息、历史交易记录、信用评分等。这些数据可以来自内部数据库、公共数据源、信用机构等。

（2）数据清洗和整理：对收集的数据进行清洗和整理，去除噪声、处理缺失值和异常值，确保数据的完整性和准确性。

（3）特征选择和提取：通过选择和提取适当的特征，可以更好地描述客户的风险特征。例如，客户的收入水平、借款金额、信用记录等特征可用于客户风险分析。

（4）风险模型构建：基于历史数据和客户特征，建立风险模型来预测客户的风险水平。常用的建模技术包括逻辑回归、决策树、支持向量机等。这些模型可以根据客户特征和历史数据，预测客户是否具有潜在的风险。

（5）数据挖掘算法应用：利用数据挖掘算法，如聚类分析、关联规则挖掘、异常检测等，发现潜在的风险模式和关联关系。通过分析客户之间可能存在的风险行为和关联，可以更好地识别风险客户。

（6）风险评估和分级：根据风险模型和数据挖掘的结果，将客户分为不同的风险等级。这可以帮助企业识别高风险客户，并采取相应的风险管理策略。

（7）风险监控和预警：建立风险监控系统，实时跟踪客户的风险状况。当客户表现异常行为或风险指标超过预警阈值时，便可进行预警并采取相应措施。

通过数据挖掘技术开展客户风险分析，企业可以更好地了解客户的风险状况，提前预测和识别潜在的风险客户，并采取适当的风险管理措施。这有助于降低企业的暴露风险，保护企业利益，提高风险管理效率。

 任务评价

序号	评价项目	评价指标	分值	自评（20%）	互评（20%）	师评（60%）	合计
1	知识目标（40分）	熟悉常用的 Excel 客户信息分析的操作方法	10				
		了解数据挖掘在客户信息分析中的应用领域	15				
		掌握客户档案信息表的设计方法和模式	15				
2	能力目标（30分）	能熟练运用 Excel 软件	10				
		能进行数据挖掘	10				
		能够利用客户信息档案进行客户管理工作	10				
3	素质目标（30分）	树立对客户信息严格保密的意识	10				
		养成随时整理客户信息的良好习惯	10				
		养成随时记录客户信息的良好习惯	10				
	合计		100				
	综合得分						

知识巩固

单选择

1. 对（   ），公司应适当挖掘他们的潜力，把他们培养成次价值客户或潜在价值客户，如若不行，则要采取改变或放弃的策略。

A. 价值客户　　　　B. 次价值客户　　　　C. 潜在价值客户　　　　D. 低价值客户

2. （   ）的潜在价值比较高，而当前价值比较低，说明客户的经营能力和影响力都比较高，如一些有潜力的新入网零售客户。

A. 价值客户　　　　B. 次价值客户　　　　C. 潜在价值客户　　　　D. 低价值客户

3. （   ）的当前价值和潜在价值均较高，是理想客户。

A. 价值客户　　　　B. 次价值客户　　　　C. 潜在价值客户　　　　D. 低价值客户

4. 所谓（   ），也称为客户细分，是指根据客户的属性，将所有客户划分为不同的类型，对他们进行分类研究，制定相应的服务策略，合理分配服务资源，从而达到维护客户、

最大限度地提高客户满意度的目的。

　　A. 客户类别　　　　　　B. 客户分类　　　　　　C. 客户分组　　　　　　D. 客户规模

5. 下列关于客户价值管理的意义说法正确的是（　　　）。

　　A. 根据公司战略区分不同价值重点客户

　　B. 根据客户的价值调配资源

　　C. 针对性满足客户期望，提升整体满意度

　　D. 以上答案都正确

三、任务拓展

 学以致用

"啤酒与尿布"的故事

　　"啤酒与尿布"的故事产生于20世纪90年代的美国沃尔玛超市中。沃尔玛超市的管理人员分析销售数据时，发现了一个令人难以理解的现象：在某些特定的情况下，"啤酒"与"尿布"两件看上去毫无关系的商品会经常出现在同一个购物篮中，这种独特的销售现象引起了管理人员的注意，经过后续调查发现，这种现象出现在年轻的父亲身上。

　　在美国有婴儿的家庭中，一般是母亲在家中照看婴儿，年轻的父亲到超市购买尿布。父亲在购买尿布的同时，往往会顺便为自己购买啤酒，这样就会出现啤酒与尿布这两件看上去不相干的商品经常会出现在同一个购物篮的现象。如果这位年轻的父亲在卖场只能买到两件商品之一，则他很有可能放弃购物而到另一家商店，直到可以一次同时买到啤酒与尿布为止。沃尔玛超市发现了这一独特的现象，开始在卖场尝试将啤酒与尿布摆放在相同的区域，让年轻的父亲可以同时找到这两件商品，并很快地完成购物。沃尔玛超市可以让这些客户一次购买两件商品，而不是一件，从而获得了很好的商品销售收入，这就是"啤酒与尿布"故事的由来。

　　当然"啤酒与尿布"的故事必须具有技术方面的支持。1993年，美国学者艾格拉沃（Agrawal）提出通过分析购物篮中的商品集合，从而找出商品之间关联关系的关联算法，并根据商品之间的关系，找出客户的购买行为。艾格拉沃从数学及计算机算法角度提出了商品关联关系的计算方法——Aprior算法。沃尔玛超市从20世纪90年代尝试将Aprior算法引入POS机数据分析中，并获得了成功，于是产生了"啤酒与尿布"的故事。

　　问题：

　　（1）什么叫数据挖掘？它主要对数据进行哪些分析？它主要应用在哪些方面？

　　（2）你认为沃尔玛超市采用哪种数据挖掘技术？在数据开发利用方面有哪些成功之处？

　　（3）你认为企业对数据资源的开发利用需要做好哪些方面的工作？

参 考 文 献

［1］王炎，杨川川. 商务礼仪 ［M］. 北京：电子工业出版社，2022.

［2］符莎莉，杨珩. 市场营销实务 ［M］. 北京：电子工业出版社，2020.

［3］蔡瑞林，张冠兰. 客户关系管理 ［M］. 北京：北京交通大学出版社，2019.

［4］高田歌. 商务素养 ［M］. 北京：电子工业出版社，2019.

［5］杨贺，王继彬，张晓. 商务礼仪 ［M］. 北京：电子工业出版社，2022.

［6］王丽丽，王军华. 商务能力教程 ［M］. 北京：高等教育出版社，2019.